银行业用户验收测试实战汇编

叶　旻　编著

中国金融出版社

责任编辑：肖丽敏
责任校对：李俊英
责任印制：张也男

图书在版编目（CIP）数据

银行业用户验收测试实战汇编/叶旻编著．—北京：中国金融出版社，2020.1
ISBN 978－7－5049－9978－8

Ⅰ.①银…　Ⅱ.①叶…　Ⅲ.①银行业—调查报告—重庆　Ⅳ.①F832.771.9

中国版本图书馆 CIP 数据核字（2019）第 030263 号

银行业用户验收测试实战汇编
Yinhangye Yonghu Yanshou Ceshi Shizhan Huibian

出版发行　中国金融出版社
社址　北京市丰台区益泽路 2 号
市场开发部　（010）63266347，63805472，63439533（传真）
网 上 书 店　http://www.chinafph.com
（010）63286832，63365686（传真）
读者服务部　（010）66070833，62568380
邮编　100071
经销　新华书店
印刷　北京市松源印刷有限公司
尺寸　185 毫米×260 毫米
印张　25
字数　530 千
版次　2020 年 1 月第 1 版
印次　2020 年 1 月第 1 次印刷
定价　76.00 元
ISBN 978－7－5049－9978－8
如出现印装错误本社负责调换　联系电话（010）63263947

序　　言

现代信息技术的应用使我国金融行业的经营管理和服务水平得到了质的飞跃。伴随金融业务与信息技术的深度融合，我们也看到，如何避免新型业态的发展、拓展服务领域带来的风险，已成为当前的核心命题。

测试作为行业降低系统风险、确保服务质量和用户满意的有效手段，成为信息化过程中不可逾越的重要节点。当前以区块链、大数据、生物识别、人工智能为代表的新技术的引入，业界开展的架构适应性转型，软件测试工作还将面临前所未有的新技术、新业态的冲击。“测试人”仍须不忘初心、砥砺前行、开拓创新、奋勇向前。

近几年，从“银行科技发展奖”的评选中，我们可以看到测试领域的获奖项目不断涌现，研究的课题也更加丰富多样。自 2016 年首届“银行业软件测试成果交流会”在北京成功举办，搭建了一个交流共融的平台。每年一届的交流会都受到了行业的广泛关注，成果交流、经验分享、对标国际、共同推进，已成为银行业“测试人”重要品牌的盛会。2018 年，更是将共同制定“中国银行业软件测试标准框架”作为大会主题联合攻关，凸显交流会对行业的影响力。

本书作者是近几年在银行软件测试岗位中涌现出来的佼佼者。在这本书中，他们结合自身丰富的经验，汲取百家所长，参考国际标准，分享了银行业用户验收测试应该如何做、如何管的想法和案例。它是一本成果汇编，展示了近几年中国银行业软件测试领域的最佳实践；更是一个目标，激励着从业者继续奋斗、努力赶超。我相信，在银行业“测试人”的共同努力下，银行业测试必将迎来更美好的明天。

在本书付梓之际，谨以数言为序。

中国金融学会金融科技专业委员会
秘书长兼主任委员
中国人民银行科技司原巡视员、
副司长

2018 年 10 月 26 日

专家推介

我国软件业已全面进入高质量发展新阶段。由于软件规模和复杂度迅速增加，而且客户和用户的需求日益增强，提高产品质量成为一项艰巨的工作。掌控软件质量的直接途径就是开展软件测试，测试通常至少占项目总成本的30%—40%，为此国内外学术界和行业界陆续发布了各类模型方法和技术标准：如测试成熟度改进模型（TMMi，1998年发布，2017年中国分会成立）、关注测试人员职业发展路径的知识体系（ISTQB：2002年发布，2006年大中华分会成立）和软件系统与测试国际标准（ISO 29119：2015年发布，我国代表自2010年起参与全程编写）。相较于对上述方法和标准体系的重视，对特定领域的软件测试技术和案例的应用研究尚无成熟体系可言。

在金融领域，高质量软件与国家经济发展的关联程度日趋紧密，软件的质量保障显得尤为重要。随着软件规模和复杂程度的增加、新技术的不断涌现、行业对软件系统的依赖程度日渐攀升、用户对所用软件的质量要求不断提高，这些都对软件质量保障带来更大的挑战。我国银行业线上线下业务融合，直入城市和乡村。尤其随着互联网技术与金融深入融合，甚至基于历史大数据的种子和养殖培训都可以在村镇银行网点实施和交易。我国银行业的各个一线网点正经历着工、农、商等多种金融业务在互联网时代的复杂交织而蓬勃有序地发展，其演进之新之快，史上未见。掌握银行业软件质量控制的核心技术、铸造大国利器势在必行，因而在加快标准、体系制定的同时，加大力度推动银行业软件测试最佳实践的推广与应用尤为重要。

本书聚焦在中国银行业验收测试的方法和要点，着眼于如何把测试原理、方法和技术应用于银行业系统与软件验收测试的实践中去。同业案例精要，能够更深层次地指导实践。例如，在介绍测试流程中点明了与业务，与责任相关人的关联关系；在业务、功能、用户需求分析中结合手机银行的具体软件产品各个层次和粒度来分析需求；提供了大量的场景表、测试数据表、交易界面、控制台可视化界面等极具参考价值的真实史料，体现了笔者从软件产品测试到过程改进，再到测试人员组织的全方位亲历过程中萃取的经验和细致的思考，以独到的见解勾画出了银行业软件向高质量发展新阶段迈进的必经之路。本书的思想和案例，切入点独特，不拘泥于理论，在我国银行业软件测试迅猛发展过程中具有划时代意义。

同济大学软件学院教授、博士生导师

TMMi 基金会中国分会副理事长

中国软件测试认证委员会（CSTQB）首席代表

刘琴

2018 年 11 月 26 日

前　言

近几年，随着经济全球化、金融市场化及信息化的日益深入，中国银行业面对国内和国外经济环境的竞争压力和挑战日益加剧，而金融科技的日新月异，新的金融业态的蓬勃发展，也使中国银行业受到了强大的冲击，亟须增强对市场的预判和快速反应能力，风险防控和创新能力，进一步提高商业银行的核心竞争力。因此，各家银行通过强化信息化建设，特别是不断升级应用系统来拓展服务范围、增加服务渠道和丰富服务方式，推动业务更好更快地发展。而这使得以往默默无闻的银行软件测试迎来了快速发展的机遇。

测试是软件工程全生命周期中保障软件产品质量的重要一环。银行搞测试主要是为了更好地保证产品和服务质量，提升客户满意度，降低系统运行风险。银行软件测试的产生最初是为了检验开发质量，作为开发环节的一个步骤而存在。随着业务发展、产品丰富、系统复杂程度的提高，测试工作慢慢从开发阶段独立出来，更加系统地从需求、开发和用户角度，全方位地保障系统的研发投产预期。与此同时，测试队伍也逐渐从开发队伍中独立出来，甚至成为与开发组织平级的测试组织。

在单元、集成、系统和用户验收测试等基本测试阶段中，用户验收测试是站在银行应用系统最终用户的角度对即将交付使用的系统进行测试验收的环节。作为银行应用系统投产前的最后一道防线，越来越受到重视，并逐步向体系化、规范化、精细化测试管理发展。这里的用户不仅包括银行内部的系统使用者、基层的柜员、客户经理等，还包括直接使用银行网银、手机银行客户端等系统的客户。

2016 年 8 月 12 日，由人民银行指导、中国金融出版社主办的首届银行业软件测试成果交流会在北京成功召开。这声“集结号”将银行业的“测试人”紧密联系在了一起，也建立起了一个畅所欲言、交融互通的平台。笔者在这次会议中了解到各家国有大型商业银行都建立了成熟的软件测试体系，也研究创新出切实可行的测试方法和工具平台。但同时也发现中小型银行发展参差不齐、形式多样。总的来说，一些发展较快的银行已经通过引入国际标准，形成了标准化的测试方法论；一些发展较晚的银行则还在试验摸索适合自身的定位和方向。俗话说：“之所以成功是因为站在巨人的肩膀上”，那是否可以形成一系列行业最佳实践来作为行业的这个“肩膀”呢？之后的两届交流会继续将促成行业合作、共享共建，形成中国银行业软件测试标准框架作为主题。笔者一直致力于测试方法论和发展方向的研究，亲自参与自身所在银行测试中心的组建、发展和持续提升，并与多家银行保持着密切的交流和合作。本书将前期在用户验收测试方面的交流心得和案例进行了梳理，结合中国银行业软件测试的实际情况和最佳实践，参考国际标准进行了汇总编撰，希望能给银行业测试的从业单位和个人参考启发。

本书分为三部分，共 18 章。从“银行业用户验收测试的现状与展望”“如何做好银行业用户验收测试”和“如何管好银行业用户验收测试”三方面内容着手，用通俗易懂的语言描述了中国银行业用户验收测试的方法要点，并将银行业内有代表性的实战案例进行了汇编。当然，由于行业发展迅速，本书发表时其中的实例内容恐已有新的变化，后续笔者也将结合新的案例继续进行修订。

本书的联合作者还有黄杰、黄秋莹、章韬韬、胡明娟、郭鹏等。

目　录

第一部分　银行业用户验收测试的现状与展望

第二部分　如何做好银行业用户验收测试

第一部分

银行业用户验收测试的现状与展望

第一章　银行业软件测试的现状

第一节　银行业软件测试的构成

众所周知，我国的软件测试产业起步较晚，与国际先进水平相比差距较大，在人力和物力方面的投入也有很大的差别。软件测试在整个软件产品开发中的经济比率不足10%，远远达不到国外的30%—50%。伴随着我国软件产业的蓬勃发展，企业对软件质量的重视与日俱增，“质量即生命”成为行业内的共识。在这种情况下，软件测试逐渐被重视，行业内各公司纷纷投入资源，尤其是以银行为代表的金融行业，由于用户广泛，一旦出现问题就会引发严重后果，所以尤其重视测试工作的推动与发展。当前银行业务高度依赖IT，我国银行业开展信息化建设已经超过20年的时间，从最初IT辅助业务到IT实现业务，发展到今天的IT驱动业务。比如，大部分银行超过70%的业务交易都通过电子渠道完成，电子渠道已经是商业银行不可或缺的交易渠道，也是人民群众经济生活中重要的金融工具和媒介。不仅如此，商业银行内部管理和业务发展等方方面面都离不开信息技术的支撑。银行用户对系统稳定性的要求决定了银行对应用系统的质量要求越来越高，这对银行业软件测试工作提出了很高的要求。银行业务领域较广泛，系统关系较复杂，也无疑增加了软件测试工作的复杂性。

但无论如何复杂，银行业的软件测试还是严格按照软件工程的要求进行了系统的部署和安排。从测试经典模型V模型来看，银行业务的软件测试同样可以分为单元测试、集成测试、系统测试和验收测试。

一、单元测试

（一）什么是单元测试

单元测试也称为模块测试、组件测试，是针对软件中的最小可测试单元进行的检查和验证。开发人员在编写代码时，需要反复调试保证它能够编译通过。但代码即使通过编译，也只是说明了它的语法正确，却无法保证它的语义也一定正确，没有任何人可以轻易承诺自己所写代码的行为一定是正确的。银行软件单元测试主要是用来验证代码的行为是否与开发人员期望的一致，因此，基本上都是由开发人员边开发边执行。

（二）单元测试的测试重点

单元测试属于白盒测试的范畴，主要关注每个具体单元模块内部的逻辑结构和功能是否正确，侧重于发现程序设计或实现的逻辑错误。可能包括功能测试和特定的非功能特征测试，比如资源行为测试（如内存泄露）或健壮性测试和结构测试（比如分支覆盖）等。银行业软件单元测试主要依据组件规格说明、软件设计或数据模型等设计测试案例。

（三）单元测试的特点

单元测试属于早期测试，发现缺陷后就能明确知道是哪一单元产生的，从而使问题尽早暴露，也便于问题的定位解决。但单元测试具有不彻底性，对于模块间的接口信息是否正确、相互调用关系是否符合设计无能为力，只能依靠其他测试来进行保障。

二、集成测试

（一）什么是集成测试

集成测试，也叫组装测试或联合测试。在单元测试的基础上，将所有模块按照设计要求（如根据结构图）组装成为子系统或系统，进行集成测试。简单来说，系统就是由许多单元组合成组件，而这些组件再集成为程序的更大部分。虽然经过单元测试，单独的单元可以正常工作，但并不能保证集成之后也能正常工作。一些局部反映不出来的问题，在全局上很可能暴露出来。因此，需要通过集成测试检验接口以及集成组件或系统间交互时存在的问题。银行软件的集成测试多由软件开发组织承担。

集成测试根据不同的测试对象规模分为不同类型，如组件集成测试，主要对不同软件组件之间的相互作用进行测试，一般在单元测试之后进行；系统集成测试，主要对不同系统或软硬件之间的相互作用进行测试，一般在系统测试之后进行。

（二）集成测试的测试重点

正如前面的定义所说，集成测试的测试重点主要是接口和系统内不同部分的相互作用。测试人员应该关注两个组件、模块之间的交互，而不是每个组件、模块的功能。功能测试和结构测试方法都可以应用在集成测试。测试特定的非功能特征（如性能）也可以包含在系统集成测试中。

（三）集成测试的特点

集成测试的意义在于它能间接地验证概要设计是否具有可行性。但是集成的规模越大，就越难在某一特定的组件或系统中定位缺陷，从而增加了风险，并会花费额外的更多时间去发现和修理这些故障。另外，集成测试可能会遗漏相关组件外的问题，或者与外部系统的接口常常被忽略。

三、系统测试

（一）什么是系统测试

系统测试，就是对整个系统的测试，即将硬件、软件、操作人员看作一个整体，检验它是否有不符合系统运行要求的地方。系统测试主要是通过与系统的需求规格说明进行比较，检查软件是否存在与系统规格说明不符合或与之矛盾的地方，从而验证软件系统的功能和性能等满足规格说明所制定的要求。部分银行的软件系统测试已由独立的测试组织承担，也有部分银行仍由软件开发组织进行测试。

（二）系统测试的测试重点

银行软件系统测试的主要内容包括：一是功能测试。即测试软件系统的功能是否正确，其依据是需求文档，如《产品需求规格说明书》。由于正确性是软件最重要的质量因素，所以功能测试必不可少。二是健壮性测试。即测试软件系统在异常情况下能否正常运行的能力。健壮性有两层含义：容错能力和恢复能力。三是非功能测试。即要满足系统非功能的需求。

（三）系统测试的特点

系统测试可能会遗漏因对用户需求错误理解造成的缺陷，或者没有满足或没有完全满足用户的隐性需求。

四、验收测试

（一）什么是验收测试

验收测试，也称为交付测试，是在软件产品完成了单元测试、集成测试和系统测试之后，产品发布之前所进行的软件测试活动。这是根据用户需求，业务流程进行的正式测试，目的是确保软件准备就绪，供最终用户使用。银行软件验收测试即站在银行一线员工或客户的角度来检验银行系统是否满足用户需求。目前，银行的验收测试由业务部门人员或独立测试组织承担。

（二）验收测试的测试重点

验收测试是向用户表明系统能够像预定要求那样工作。经过集成测试后，已经按照设计把所有的模块组装成一个完整的软件系统，接口错误也已经基本排除，接着就应该进一步验证软件的有效性，即软件的功能、性能、安全、兼容性、使用体验等方方面面如同用户所合理期待的那样，这就是验收测试的任务。在工程及其他相关领域中，验收测试是指确认一系统是否符合设计规格或契约之需求内容的测试，可能会包括化学测试、物理测试或性能测试。

（三）验收测试的特点

验收测试一般是由使用系统的用户或客户来进行，同时系统的其他利益相关者也可能参与其中。

第二节　银行业软件测试的组织形式

国内银行在IT板块中的测试组织，早期都是作为开发组织的一部分出现，随着银行对于软件测试的日益重视，测试的独立性也不断加强，逐渐发展到开发组织下的独立团队或二级部门，有的银行还成立了独立的测试组织，如测试中心，开始专业化、规模化开展银行测试工作。

一、组织形式的发展阶段

纵观银行业软件测试组织形式的发展历程，主要有以下几个阶段。

一是由开发组织的开发人员自行测试。软件测试发展初期，测试多在开发项目团队自行开展，可以是自己对自己开发的代码进行测试，也可以相互交叉开展。开发人员缺乏独立性，往往根据自己的理解对代码进行测试，一旦发现缺陷，开发人员能够马上修复，可以大大缩短解决问题的时间；由于开发人员对系统设计和开发的代码很熟悉，知道哪些地方可能存在更多问题，可以有针对性地进行测试。但通常情况下，开发人员愿意花费更多的时间在开发活动上，而留给测试活动的时间很少，测试活动的质量无法得到保障。其实客观来讲，让开发人员发现自己代码中存在的缺陷有一定的难度，而发现其他开发人员代码中的缺陷可能不太卖力或者不愿意报告。此外，开发人员设计的测试案例通常集中在正面的功能测试案例上，对于一些非功能测试以及异常情况的考虑比较少。

二是由开发组织内部的独立团队进行测试。开发组织内部有专门的测试人员或测试团队，这些测试人员或测试团队由开发组织负责人统一管理。在该模式下，测试人员已从开发人员中独立出来，因此，测试人员具有一定的独立性，他们可以采用和开发人员不同的视角分析和检查被测试产品；同时测试人员和开发人员联系紧密，可以和开发人员及时沟通。但是这种模式下，测试人员仍然受到开发经理的制约，迫于整个项目进度和经费的关系，测试的时间和资源投入可能不够，在开发任务紧张的情况下，这些测试人员还可能负责部分开发任务，从而不能保证测试质量。

三是由独立的测试组织进行测试。在这种情况下，测试组织具有相当的独立性。此时，测试组织重点关注被测试对象的质量，并直接向利益相关者汇报，发现缺陷成为测试组织最重要的目标之一。由于整个团队都负责测试相关活动，测试组织对测试对象中出现的问题能够进行客观分析和评价，可以集中精力培养整个团队的测试能力，成为专业的测试组织。但由于测试组织独立于开发组织，测试组织成员的开发技能相对较弱，对于系统的需求、设计和代码的理解需要投入更多的工作量，而且测试人员和开发人员需要建立正式的沟通渠道，而且需要建立更加完善的配置管理和缺陷管理系统。当然，怎样调和开发组织和测试组织之间的合作关系，也需要更上一级的管理人员贡献更大的智慧。

二、测试独立性的优缺点

随着银行业软件测试的发展，测试组织的独立性越来越强。测试独立的优点有：

一是独立的测试员是公正的，对发现缺陷抱着客观的态度，能够以揭露软件中的错误为目的进行工作，可能发现一些开发人员不易关注的缺陷。

二是独立测试作为一种专业工作，在长期的工作过程中势必能够积累大量的实践经验，形成自己的专业优势。而专业测试组织可以通过专业化分工，有效提高测试水平、保证测试质量，充分发挥测试效用。

三是由于专业优势，独立测试工作形成的测试结果更具信服力，而测试结果常常和对软件的质量评价联系在一起。因此，由专业化的独立测试机构进行评价的权威性更强，往往具有“一票否决权”。

四是独立测试机构的主要任务是进行独立测试工作，测试经费、人力和时间等资源更有保证，不会因为开发的压力而减少对测试的投入，从而可以避免开发组织“重开发、轻测试”的现象对测试工作造成的不利影响。

当然测试独立性也并不是越高越好，随着独立性的提高，也会面临一些问题。

一是与开发组织脱离（如果完全独立），容易引起开发人员和测试人员的对立现象。

二是整个信息化建设过程的复杂度越来越高，沟通成本越来越大，协调管理难度增加。

三是协作效率降低，原来只需在组织内部通过简单沟通方式就能解决的问题，现在需要通过建立企业级的配置管理、缺陷管理和文档管理工具来解决。

四是测试人员重点关注测试相关技能，对开发技能掌握得越来越不够，不利于发现系统需求和设计方面的缺陷，也不利于更为精准地评估测试范围，特别是回归测试。

五是开发人员可能因为有测试组织的存在，丧失对软件质量的责任感。开发人员可能会觉得产品质量应该是测试组织的事情，而不是整个项目团队的责任。

【同业实例1－2－1】

某银行的测试职能是从2005年起由其数据中心（北京）独立承担的。其特点有：一是测试人力资源充足，现有测试人员近800人，每年仍会招聘应届毕业生约100人。下设测试管理部、测试1～5部、安全部、测试支持1～3部；二是测试工作范围较广，除承担系统测试、验收测试、技术相关测试外，还安排测试人员参加业务需求的研制和评审，编写测试案例，参与产品上线支持、推广和培训工作；三是测试环境独立充裕，该银行拥有独立的测试场地、机房和设备，光用于测试的环境就有8套，并安排专人管理和发布待测程序版本；四是测试准入和准出控制严格，测试开始前要求开发组织提交质量控制报告，测试完成后要对案例覆盖率和通过率、重要缺陷修复率等关键指标进行把关。

【同业实例1－2－2】

某银行测试中心成立于2007年，隶属于总行信息技术部，测试中心一共下设四个部门，分别是测试管理部、测试环境、功能测试和非功能测试部，负责集成测试、系统测试、非功能测试用户验收测试以及投产版本检验等工作。该银行测试中心目前一共有3套测试环境，分别为基础测试环境、动态调配测试环境以及准生产测试环境，测试环境由测试中心统一计划，根据实际测试需求统筹安排。测试中心提供6种专业的测试服务，包括集成测试计划服务、测试需求分析服务、测试案例分析服务、性能测试服务、自动化测试服务、测试案例库和知识库。

【同业实例1－2－3】

某银行的测试职能是由数据中心（北京）来承担的，下设测试管理部、测试1～3部、测试保障部五个二级部门来负责全行SIT测试，共有测试人员300多人，另外还有9家测试重点联系分行的近50名测试人员，以及不到100人的外协队伍作为人员补充。该银行细化了对软件产品的测试职责，进一步增强了专业测试力量。在充分认识软件测试必要性和重要性的同时，结合自身软件开发和运维的实际需要，不断探索如何在适应各方面约束的基础上，更加有效和高效地开展软件测试工作的方式和方法。

【同业实例1－2－4】

某银行于2011年底成立测试中心，作为IT板块独立的部门负责全集团用户验收测试。该中心采用矩阵化管理模式，横跨行政维度的三个二级部（测试管理部、业务测试部和技术测试部），下设25个测试项目组，3个支持团队，2个管理团队，构成项目维度。目前已形成行编、外包近800人的测试队伍。该中心的主要工作流程包括：收集年度测试需求，明确年度工作计划，牵头规划全行测试费用预算；与业务需求部门明确系统质量目标，制订测试方案，按测试职能分工分解任务，编写测试案例，建设和维护测试案例库；实施功能测试、安全、兼容性、基线等非功能测试，编制相关系统和机具的操作手册，提供操作培训；编写测试报告和风险评估报告，配合进行投产决策；建立测试管理体系和制度，做好测试人才队伍建设工作；跟踪研究国内外先进测试理论，建设测试管理和实施工具持续优化测试体系。

【同业实例1－2－5】

2008年初某银行在信息技术部内成立了质量测试部，负责开展专业化的系统测试和质量保障工作。目前已承接了该银行大部分业务的系统测试，累计测试了1000余个项目，为该银行信息系统稳定运行发挥了重要作用，接下来将进一步开展用户验收测试工作。

第三节　银行业软件测试的发展现状

一、银行业软件测试取得的成果

国内各家银行经过数年的摸索和实践，其测试工作已取得了较大的发展。

1. 重视测试理论的研究与落地

随着ISTQB、TMMi等软件测试领域的国际标准逐步被引入国内，各大银行纷纷开始学习借鉴，并根据各自的实际情况加以改造和应用，构建标准化的测试理论体系。2018年，工商银行通过了TMMi 5级认证，在这之前交通银行通过了TMMi 4级认证，招商银行、浦发银行也通过了TMMi 3级认证，其他还有多家银行也在积极努力。同时，在人民银行的指导下，工商银行牵头编写了《中国银行业软件测试标准框架》，交通银行也正在与CSTQB（ISTQB中国分会）合作编写中国银行业软件人才培养和评价体系。

2. 测试方法工具的研发和应用

随着测试技术的发展，目前国内银行已经逐渐摆脱单纯依赖手工测试和粗放型管理的局面，开始外购或者自主开发测试工具来提高软件质量，提升测试效率，节省成本费用，细化测试管理。部分银行甚至走上了自主研发测试工具的道路，根据自己的实际情况和特点自己研发测试工具（见表1－3－1）。

3. 测试组织结构、流程建设逐渐成熟

目前，多数银行开始采取弱矩阵式组织结构，即在测试组织内设置若干部门，各部门的管理人员负责人才培养和调度，测试方法和策略，外部沟通和协调测试工作组织；在组织内设置质量经理和若干项目经理来负责工作任务分配和统一协调，以此来强化管理力度。此外，很多银行都制定了信息系统测试工作相关规范、标准化测试流程，明确测试过程各类活动及其具体步骤、完成标准，实现测试过程的可视、可控，避免因测试过程的随意性导致测试结果的不可预期。

表1－3－1　　近几年人民银行科技发展奖测试类获奖项目统计

获奖年限	项目名称	完成单位	获奖等级
2012	中国银行测试项目群管理模型研究与实践	中国银行	二等奖
2012	中国农业银行软件测试技术支持体系研究项目	中国农业银行	二等奖
2012	华夏银行IT全过程质量管理系统	华夏银行	二等奖
2012	中国光大银行基于全面指标体系的项目价值评估方法研究	中国光大银行	三等奖
2012	中国银行基于度量驱动的测试质量控制方法与实践	中国银行	三等奖
2012	中国银行功能测试自动化系统	中国银行	三等奖
2012	中国银行UAT测试管控平台	中国银行	三等奖
2012	中信银行一体化敏捷开发和管理平台	中信银行	三等奖

续表

获奖年限	项目名称	完成单位	获奖等级
2013	中国银行测试工程精益管理	中国银行	二等奖
2013	中国农业银行项目测试精细化管理综合指标体系研究与实践	中国农业银行	二等奖
2013	中国农业银行 IT 规章制度体系架构设计研究与实践	中国农业银行	三等奖
2013	中国银行软件开发全生命周期配置管理系统	中国银行	三等奖
2013	华夏银行企业级业务支撑平台	华夏银行	三等奖
2014	基于业务全视图和智能模型构建的协同测试平台	交通银行	二等奖
2014	华夏银行基于测试需求驱动的智能化测试案例设计及测试执行平台	华夏银行	二等奖
2014	基于特征建模及形式化描述的自动化测试技术研究与实现	中国农业银行	三等奖
2014	华夏银行基于桌面云技术的开发测试过程信息安全保护项目	华夏银行	三等奖
2015	中国工商银行金融行业软件测试成熟度模型及应用	中国工商银行	三等奖
2016	基于耦合分析的项目群功能测试方法研究与实践（软科学）	中信银行	二等奖
2016	基于在线报文回放的回归测试平台	吉林省农村信用社联合社	三等奖
2016	使用真实数据进行银行交易系统全自动回归测试的研究和实践（软科学）	中信银行	三等奖
2016	基于质量风险评估的分级质量管理体系（软科学）	中国银行	三等奖
2016	互联网金融下的应用安全测试研究（软科学）	中国工商银行	三等奖
2016	面向回归测试的测试案例集优化研究与实践（软科学）	中国农业银行	三等奖
2017	DevOps 开发测试运维一体化项目	中国银行	二等奖
2017	中国银行自动化测试智能调度平台项目	中国银行	三等奖
2017	支付系统自动化测试平台	人民银行清算总中心	三等奖
2017	基于引擎驱动技术的性能测试一体化实施平台	上海浦发银行	三等奖

二、银行业软件测试的难点

尽管银行业软件测试迅速发展，也取得了一定成果，但同时也依然面临众多难点。

一是测试场景依赖于对业务的掌握程度。不同于普通软件测试，可能对业务需求进行一定了解就可以顺利完成。要做好银行软件系统测试，则需要对银行业务进行充分的理解和掌握，而且由于银行业务交互错综复杂，即使仅需测试某一块业务，也必须了解与之相关的其他业务。加之各家银行纷纷向“流程银行”转型，银行应用系统不再是模块化的组合，而是形成全行统一的业务流程体系，因此，测试场景需要贯穿整个业务流程，这就要求测试组织对银行整体业务都有深入的理解。

二是测试覆盖依赖于对系统的熟悉程度。由于银行应用系统之间的关联非常紧密，系统间的接口关系尤为复杂，以核心业务系统为例，银行的其他所有系统几乎都会直接或间接地与核心业务系统交互，因此，在测试中会涉及相关系统接口的测试，往往需要联调外部系统的环境、数据、业务等。只有对应用系统了如指掌，才能确保充分的测试覆盖。另外，银行的核心系统每天都要进行批处理，这需要在测试前设计好如何进行批处理测试，以及批处理与正常测试的时间安排等。

三是测试环境依赖于对真实环境的对应程度。为确保测试结果的可用性和准确性，测试环境需要尽可能与真实环境一致，但真实环境涉及不同用户、多种外联等复杂情况，且对网络、硬件配置的要求较高，测试环境难以与其完全一致，只能尽可能模拟。因此，测试环境与真实环境的对应程度会对测试结果起到关键性作用。

四是测试队伍依赖于对全能人才的培养方式。由于银行业软件测试的特殊性，测试组织一方面需要在全业务流程的测试过程中，熟悉全行各类业务，建立全业务视角；另一方面需要在验收系统、分析缺陷和跟进修复的过程中关注软件的兼容性、性能效率、易用性等非功能特性。因此，一个专业的测试队伍需要全能的测试人才，这就对人员培养提出了很高的要求。

五是测试资源依赖于对测试工作的投入管理水平。测试资源包括测试所需的软件、硬件、人力、环境、技术、资金等各方面。在多数情况下，资源都是有限的，但测试项目却会有进度、质量等各种要求，如何合理调配测试资源，确保多项测试任务顺利开展，则需要较高的资源管理水平。

第四节　国际标准究竟为中国银行业的软件测试带来什么

一、早期为什么要接触国际标准

（一）中国银行业软件测试缺乏标准

近几年来，我国银行业软件测试发展势头逐步加快，各家银行纷纷重视测试体系建设，确保系统稳定和服务质量。银行软件测试也逐步向体系化、规范化、精细化管理发展，更侧重于用户体验、场景融合、风险防控等测试目标，使软件测试成为信息化过程中不可逾越的关键环节。但各行尽管已经建立了各自的测试流程或方法体系，对测试过程的规范性、测试结果的可信度，以及时间费用等资源投入的合理性还是“心里没底”，甚至在申请年度预算时还经常会面对外界的质疑。因此，亟待引入一套行业普遍认可的、通用性的实施和评价标准，一方面规范和指导测试行为，另一方面便于实施管理。

（二）银行软件测试从业人员缺乏系统的知识结构和客观的评价标准

当前银行软件测试仍是劳动密集型产业，主要还是依靠人力来完成，因此从业人员的能力水平很大程度上左右了测试的价值发挥。由于没有完全对口的学科专业，银行测试人员的教育背景和工作经历呈现多样化，有的行还大量使用外协人员。测试人员对应该掌握哪些专业知识和积累哪些工作经验缺乏全面系统的了解，对个人职业生涯发展路径缺少客观清晰的认识。而银行在招聘和使用软件测试从业人员时，没有统一明确的选人用人和能力评价标准，一般只能依靠个人提供的从业经历和工作年限来衡量；对于在职的测试人员也缺乏长期系统培养方案和职业规划，不利于保持测试队伍的专业性和稳定性。因此，需要通过引入一套成熟有效的知识体系和方法标准，为从业人员构建清晰的知识框架，协助用人单位制定行业公认的评价策略。

（三）银行软件测试团队的价值定位不够明确

银行业软件测试与开发有所不同，有的银行在开发部门内部组建专职测试队伍，有的在科技部下设测试中心，也有的大行在 IT 板块内部组建了相对独立的测试部门，各家银行都在摸索测试组织的价值定位。有的测试组织主要承担集成、系统等与开发结合更为紧密的测试工作，有的定位于开展非功能测试，有的则代表业务部门、最终用户进行验收测试，逐步发展为“监理验收中心”。无论未来银行软件测试如何定位，都需要引入一套更为全面系统、行之有效的行业标准来正确引导。

二、近期行业实践的主要成果

2016 年，第一届银行业软件测试成果交流会让中国银行业全面接触到了国际通用的测试成熟度模型集成（TMMi）、软件测试资质认证（ISTQB）等标准。在之后的几年时间内，大多银行测试组织都开启了通过引入国际标准，开展自身测试过程改进，建立知识架构体系，提升测试价值发挥的实践，并取得了一定的成效。

其实最先接触这些标准的银行，之前都已形成了自身的测试理论方法体系，搭建了功能强大的测试管理平台，积淀了较为完备的测试资产，在行业内已获得一定认可。但对标以后，不但发现了不足，更重要的是逐步清晰了进一步提升价值的目标定位和奋斗路线。以交通银行为例，在与 TMMi 标准对标过程中，新增或完善了 6 项制度规范、34 项模板文档，如《测试度量管理规范》《测试取数标准》《产品质量管理规范》等，通过进一步规范测试度量体系，显著提升识别产品风险的能力；跨二级部成立质量管理团队，作为中心对外服务的“一站式”窗口，明确质量目标，统筹资源费用，在提升质量管控能力的同时，还促进中心内外协作，推动开发测试运维一体化进程，缩短软件产品研发周期。中心 87% 的测试人员通过 ISTQB 认证，为持续提升测试团队专业能力奠定了坚实基础。招商银行通过 TMMi 的过程改进，建立了一套比较完整的测试度量管理平台，实现了项目状态的实时监控、测试质量的自动评估，从而确保项目都能达到测试出口标准。

三、与国际标准组织合作的经验和展望

从前期引入国际标准的效果来看，多家银行软件测试的成熟度和团队能力得到了显著提升，然而也不得不指出，银行业软件测试价值定位、发展远景等战略问题依然需要我们自己寻找答案。因此，我们要客观理性地看待国际标准，探索更深层次的合作方式，共同助推行业发展。

（一）不要照本宣科，要以我为主

“尽信书不如无书”，对于国际标准也是如此。目前越来越多的国内银行引入 TMMi

等国际通用标准，掀起了“过级热”。“过级”是好事，但还是要不忘初心，牢记引入国际标准需要解决的问题，不要迷失在荣誉中。从客观来看，虽然国际通用标准可以对银行测试组织的过程改进起到一定帮助，但国际通用标准经过了很长时间的发展积淀，为了具有较强的普适性，更侧重于测试理论和方法论的指导，但要与中国银行业软件测试的实际需求较好契合，还需要我们做大量工作。因此，“过级”不是最终目的，各家银行要更多考虑的是将国际通用标准“本土化”，结合自身组织的实际情况“取其精华”。正如人民银行科技司前巡视员杨竑在2018年银行业软件测试成果交流会上强调的那样，银行软件测试目前的关键问题就是要形成系统性的测试标准，在新型架构下创造出更好的测试手段、方法、工具。

工商银行通过借鉴TMMi的模型和架构，从多年测试实践经验出发，充分考虑金融测试的自身特点，设计全新的评估策略和方法，实施金融行业软件测试成熟度模型及应用项目，建立了金融业测试成熟度模型F－TMM，为银行业软件测试组织测试规划和工作实施提供了理论依据和实际指导，对金融软件测试的发展和组织建设具有一定的规范指导意义。该项目获得2015年度银行科技发展奖三等奖。

2018年，在人民银行科技司指导下，工商银行牵头编写了《中国银行业软件测试框架》。该框架在2018年银行业软件测试成果交流会上发布。该框架将测试工作组织整体划分为目标、组织、规范、过程、风险、质量、知识、工具八个绩效域，即测试组织发展需要重点建设的八个方面，并围绕这八个方面将各行优秀实践经验进行归纳总结，作为中国银行业软件测试组织建设的指导框架，帮助同业迅速缩短差距水平，从而整体提升银行业软件测试的交付价值，意义深远。

（二）不要各自为政，要合作共赢

目前，国际标准组织和中国银行业的合作形式主要还是以提供对标咨询为主，彼此促进作用的空间并没有充分释放。比如在解决银行测试人才普遍缺口较大、新型测试岗位人才缺失、大量使用外协人员成本和风险较高、人才职业发展规划不够清晰等共性问题上，需要整个银行业、行业标准化组织，甚至邀请高校参与，群策群力，共同谋划。

2018年，交通银行牵头联合了建信金融科技公司、国际测试成熟度模型集成（TMMi）基金会中国分会、CSTQB中国软件测试认证委员会、同济大学、上海杉达学院等高校组成“联合工作组”，共同开展了银行业软件测试人才“产学研”共建共享体系建设的尝试。该项目积极响应国家领导人“产学研深度融合创新体系”的号召，打通了“产业、教育、科研”发展链条，形成了行业合力，构建了“一个基础理论，两个行业标准，三个应用领域，一个共建共享智慧平台（连接N家银行，N所高校和专业培训机构，N名测试人才）”的四层“产学研”创新融合框架。在这个框架内，银行与标准化组织合作（“银标合作”）制定了《银行业软件测试人才建设基础理论》，在深入分析银行业软件测试工作内容和要求等基础上，完整定义了银行业软件测试人才建设所涉及的细分领域，并分别明确了级别划分、知识体系、资质标准、价值考核、生涯规划五方面内容，为银行业软件测试人才建设框架奠定理论基础。据此，CSTQB优化完善了其现有的标准体系，新增了《CSTQB 银行业软件测试认证标准》，填补了CSTQB 标准体系在银行软件测试人才建设方面的空白；启动了银行业软件测试从业人员教育和认证体系筹备工作。有了行业方面的支持，银行不用再“各为其政，闭门造车”，可以利用行业资源升级其软件测试人才培养、选人用人策略，真正实现了与行业标准化组织相互促进，合作共赢。正因为有“银标合作”的良好基础，在上述框架内，银行与高校的合作（“银校合作”）以及银行间的合作（“银银合作”）也得以顺利开展，重构包括银行、标准化组织、高校和专业培训机构、从业人才等主体组成的银行测试生态圈，实现了多方合作共赢模式，进一步推动行业良性发展。项目推广半年多以来，已有 29 家银行接入“联盟链”，测试专业人才也正在以每月近 200 人的速度持续加入。

综上所述，国际标准对中国银行业软件测试行业的发展的确功不可没。但是长期来看，这项工作还是要根据我们自身发展的需要和价值定位来考虑，不瞎听吆喝，不迷失自我，坚持自己的发展道路。我们可以利用 TMMi 和 ISTQB 组织的资源和经验与之深入开展合作，构建适应中国银行业软件测试行业健康发展的生态圈，为中国银行业的高质量发展，顺利实现数字化、智能化转型持续贡献更多“测试力量”！

第二章　银行业用户验收测试的现状

一、银行业用户验收测试的发展历程

用户验收测试是软件开发结束后，对软件产品投入实际应用之前进行的最后一次质量检验活动。它不只是检验软件某个方面的质量，还要进行全面的质量检测，由此判断开发的软件系统是否符合预期的各项要求，以及用户能否接受的问题。用户验收测试有助于确保业务需求得到满足，为系统在生产中使用做好高度信任的准备。银行业用户验收测试的发展较晚，主要是由于行业内普遍认为，只要进行了系统测试就能证明系统满足了需求功能，验收测试可有可无。但随着金融市场的竞争日益激烈，一方面银行系统作为一线营业网点提供优质服务的基础，更加受到前台使用人员的关注；另一方面网银、手机银行等产品的广泛应用，满足客户的使用场景和习惯成为提升竞争力的有效手段，使得用户验收测试越来越得到各家银行的重视。银行业用户验收测试的发展主要经历了以下几个阶段。

一是由业务部门进行测试。银行系统的需求提出部门大多为银行业务部门，因此发展初期，大部分是由业务部门人员承担此项工作。业务部门通常是通过组织本部人员、借调分行人员和聘请外包测试人员的方式完成。由于验收测试工作专业性比较强，凭借业务人员“想到哪、测到哪”的方式，测试进度和范围得不到有效保障，难免出现纰漏。此外，这种测试方式往往在系统上线后“曲终人散”，测试资产和经验难以积累下来，今后如因系统升级需要复测时，还要重新“埋锅造饭”，成本较高。

二是由专业部门进行测试。为消除业务部门测试弊端，部分银行逐步将测试组织独立出来，有的在开发组织内部组建专职测试队伍，有的在科技部下设测试中心，也有的大行组建了相对独立的测试组织；有的测试组织在业务板块，有的成立在IT板块，有的则是跨部门的项目型组织。一方面专业团队具备专业的测试方法论、测试工具和测试环境等，可以保证测试质效和测试覆盖度，确保系统可用性和用户满意度；另一方面测试资产和经验可以得到有效积累，并能充分发挥复用效用。当然，专业部门虽站在用户角度开展测试，能够代表用户对软件系统进行验收，但毕竟对于实际应用中的测试场景无法全面考虑。

三是总分联合模式。部分大型商业银行率先认识到以上问题，在分行设置体验中心，与总行专业部门形成联合模式，配合总行专业部门补充测试场景。还有一些银行为了在用户体验和设备兼容性方面追求更好的测试覆盖，开展众测模式等更有创造性的尝试。

二、银行业用户验收测试的定位和价值

无论是在哪个发展阶段，何种组织形式，不同银行中用户验收测试的定位基本还是一致的。大多数还是隶属于信息科技板块，以技术人员为主，主要职责由原来的集成测试、单元测试等逐步向用户验收测试拓展，在IT板块内部扮演了质量“复核员”的角色。这种传统测试组织模式，作为银行业信息系统的品质控制和品质保证，也就是我们常说的QA和QC，对信息系统的正确性、完整性、安全性起到了重要作用。完善产品研发投产流程，规范产品测试评价体系；实施系统质量评测，提示产品投产风险；与开发人员高效沟通，确保尽快修复产品缺陷。

用户验收测试在银行业发展中也具有一定的价值。一是改善用户体验。测试人员凭借对基层人员操作习惯和使用情况的充分了解，或在测试过程中提出产品操作使用上的问题，或在产品功能评审过程中提出操作设计建议，改善银行软件产品的用户体验。二是提升需求能力。有的银行的测试组织在测试过程中不但发现技术性缺陷，也提出需求合理性建议。有的银行更是将测试工作前移，从一开始参与业务需求的评审，从专业角度对业务的原始需求提出建议。三是发现系统风险。测试通过对软件产品生命周期全过程的质量把控，以及功能和非功能特性的检测，在上线前提示系统风险，全面提升了软件质量，降低了系统上线后的缺陷率，保证了系统和业务的稳定。

三、银行业用户验收测试的难点

银行业用户验收测试实施过程中同样也存在众多难点。

一是如何来代表用户？银行软件系统的主要用户是前台一线的柜员、客户经理，以及使用银行产品的客户等，要开展银行业用户验收测试就要以这些用户的视角去检验软件系统，这就要求测试人员必须模拟所有用户可能涉及的使用场景，并利用专业能力将这些场景转化为测试功能点、案例、检验标准等。另外，还需要充分模拟用户的环境，确保测试结果的有效性。这对于测试组织的专业水平和环境模拟能力提出了很高的要求。

二是如何来识别用户需求？由于银行软件系统的用户比较多样化，对于软件系统的需求也会有所不同，因此，在测试时除了要检验是否满足普通需求外，还要对个性化需求进行充分考虑。这也是用户验收测试中的一大难点。

三是如何覆盖用户的关注点？用户对于银行软件系统的要求，除了功能是否可以满足外，还对性能、安全等都有很高的要求，如手机银行登录需要多长时间？转账输入密码是否安全等，因此，开展用户验收测试时需全面考虑各方面需求。

第三章　银行业用户验收测试的展望

尽管近几年中国银行业软件测试进入了发展的“快车道”，但随着我国金融风险防范要求的进一步提高，银行所处国内外经济形势的进一步复杂多变。作为银行信息化建设的重要环节，软件测试的价值通常来说分为两个方面：一方面是发现缺陷、预防缺陷和提升用户及客户体验，另一方面是揭示软件质量和研发过程风险，及时通报所有干系人，便于组织应对，为了紧跟发展形势，充分发挥应有的价值，银行业用户验收测试的发展之路究竟何去何从？

第一节　银行业用户验收测试的定位和价值的发展趋势

其实，不少银行已经结合自身的发展形成了切实可行的创新探索和最佳实践，也提出了要打造新型测试中心的口号。比如，鼓励测试人员进行转型，创造性地设置了“测试需求岗”、“测试开发岗” 和 “测试运维岗”。他们并不是要去替代业务人员写需求，替代开发人员写代码，替代运维人员做维护；而是通过测试前移、后延，在需求设计、系统设计、程序研发和系统运维端进一步开会测试人员的专业价值，减少这些环节因为产生缺陷而对整个研发运维流程造成的返工成本，真正做到从发现缺陷到预防缺陷的转型。要实现这个转型，测试人员就要实现自我革命，除了掌握测试技能，还要去学习需求工程、开发技能和运维知识。此外，测试人员还要和最终用户建立联系，真正做到代表用户，把用户的诉求和关切融入到软件研发的全过程。拥有如此职能和人员的测试组织，我们称之为“新型测试中心”。

一、银行业用户验收测试未来的定位和价值

新型测试中心并不是摒弃了传统测试中心的职责，而是将传统的测试组织与开发队伍紧密结合，依然扮演 QA 和 QC 的角色，形成高效的开发测试“联合团队”，实施系统开发与测试的统一管理，确保信息系统的质量和安全，并实现高效的 IT 交付；同时，将新型的测试组织独立于 IT 交付部门和业务需求部门，作为信息系统的业务保证和业务控制（即 BA 和 BC），扮演好“第三方监理”的角色，做好业务部门与技术部门的“联络员”，从而进一步为业务发展保驾护航。

（一）协助业务需求优化，确保用户黏性

银行 IT 交付部门在银行中的角色主要是为业务部门提供产品技术支持，根据业务需求进行系统开发测试。而业务需求多是业务部门为符合政策监管要求和提升产品竞

争力提出的，对于客户使用时的功能实现考虑不够全面，新型测试中心将充分发挥用户验收测试的作用，站在客户的角度，同时用更专业的眼光发现可完善的产品功能，协助业务部门优化业务需求，确保产品可用性，增强用户黏性。

（二）推动开发测试融合，专注用户体验

随着“以客户为中心”的产品理念愈发受到关注，新型测试中心的发展方向将是融合与专注相结合。一方面推动 SIT 测试和开发的高效融合，确保系统安全，提高产品质量，通过一体化管理缩短交付周期；另一方面则要在加强 UAT 测试的同时，更加专注用户体验，从内部分散测试扩展到整体统筹、众测模式，真正做到“客户的系统和产品”。

（三）充分发挥监理效用，优化供求关系

1. 联络业务技术

由于业务语言与技术语言的差异，业务部门与技术部门一直存在沟通不够顺畅的问题，需求人员无法明白技术人员的反馈，技术人员不理解需求人员的要求，最终可能造成技术实现与业务功能的差异。新型的测试中心独立于业务和技术部门，专业的测试人员通过需求分析与业务人员建立紧密联系，在检测系统、反馈缺陷的过程中与技术人员建立沟通，从而成为连接业务与技术的桥梁，提升最终系统与业务需求的贴合度。

2. 一体化的测试协同

一个银行产品系统的全生命周期需业务部门、开发组织、测试组织等多个职能部门、多方面资源的通力配合，传统的测试协同主要依靠电话、邮件、会议等方式，沟通效率会大打折扣，甚至成为影响测试进度的因素。新型测试中心可以发挥自身的“监理”效用，集成统一的即时通信工具、微信、云桌面、二维码等新技术，构建跨地区、跨部门的测试协同平台。在系统投产前，业务部门、分行用户、开发人员和测试人员可以在自己的工作环境便捷地参与到测试过程中，包括沟通业务需求、远程演示体验、分析研究缺陷和组织操作培训等；系统投产后，测试人员对分行用户进行远程指导，解决系统操作等问题。从而降低业务部门和分行用户参与系统建设的成本，提高沟通质效，促进测试协同的一体化管理。

3. 服务计价

目前，银行 IT 交付部门大多还是成本中心，依然维持“年初努力要预算，过程一事一立项，事后评估走过场”的状态。尽管有的银行 IT 成本分摊的工作已经开展多年，但对于业务需求的 IT 成本约束力度还不够理想，井喷式的业务需求与有限的 IT 资源之间的矛盾仍然突出。新型测试中心作为开发组织与业务部门的“第三方监理”，可以独立为业务部门提供服务，建立“明码标价”的测试服务目录，根据不同的质量要求、优先级顺序、技术实现手段等实现智能灵活的服务方案推荐、交付和应变机制；推行实时动态的服务报价手段和价格杠杆策略；与业务部门形成更紧密的服务供求关系。

二、银行业用户验收测试从业人员未来的定位和价值

当前测试人员因其工作贯穿全流程、接触多角色，掌握了更为全面的业务知识，而站在IT、业务和用户的多重立场也使其更具洞察力，更适合参与业务创新、市场营销和项目决策，尤其在跨界创新、融合沟通方面更是优势明显。具体来说，可以在以下几个方面发挥新的作用。

1. 参与基层业务营销，协助提高一线获客能力

测试人员对业务场景、用户诉求、系统架构的熟悉，尤其是平时面向各种角色积累的洞察沟通能力，使其能在业务一线的产品推广上发挥意想不到的作用，不但可以协助营销人员推介产品，更助其善于引导，敢于拍板。测试人员可以和传统营销人员一起搭档出击，成为银行金融产品推广过程中的“售前”人员。

2. 梳理全行业务流程，发挥产品创新引领作用

在目前“测试前移后延”的基础上，测试人员可以利用自身熟悉业务、懂得技术，又了解用户体验的优势，在融合业务与技术方面发挥更大价值，既可以协助业务人员优化产品需求，又可以协助技术人员优化产品设计。特别在梳理、整合跨部门的业务流程方面，可以发挥其贯穿全流程、掌握全业务的优势，将自身角色进一步提升，实现突破和跨界，成为金融产品创新的“设计师”。

3. 提高软件交付质效，提升研发投入回报水平

未来测试人员可以在完成好银行软件产品“质检员”的基础上，利用好自身“既懂业务，又懂技术，还懂用户”的特点，做好业务部门和技术部门的联络员，将角色转变为银行软件产品的“监理师”，不但要在开发测试阶段发挥作用，更要在软件产品全生命周期各个阶段中“无处不在”，在产品规划、需求编制、软件设计、用户验收等各方面提供合理意见，解决业务与技术部门在产品研发过程中的各种分歧，抑制重复需求和过度开发现象，减少过程管理不到位造成的内耗，整体提升银行软件研发交付的投入回报水平。

【同业实例3－1－1】

某银行测试组织的发展经历了系统集成测试、用户验收测试为主的价值定位，目前成功转型为业务研发中心，可以着重在需求和验收两端发挥价值。该中心在IT板块与软件研发中心、数据中心相互独立，各司其职，率先在银行业内树立了测试组织新型定位的一个标杆。

某银行的测试组织同样从开展系统测试到同时开展系统测试和用户测试。为了能够代表更多的用户，该行测试组织自行研发了一套面向社会的移动版众测工具，可以在手机的应用市场自行下载。该行将体验测试、兼容性测试和生物样本采集等任务通过这个工具向社会发布。工具提供了简单方便的操作说明和任务描述，最重要的是完

成任务以后可以及时兑现奖励。通过这种方式，该行的测试组织将测试的实施者向测试的组织者转型，是银行业软件测试发展的一个成功案例。

某先进IT企业，为了推进测试组织的转型，取消了测试工程师岗位，要求测试人员在规定时间内完成向测试开发工程师的转型，除了擅长传统测试工作以外，必须会独立研发自动化测试等测试工具，提升测试方法手段，从而应对新的测试工作需要。该企业测试组织研发了一个自助测试平台，将测试案例、脚本、挡板、数据等测试资产整合起来，打造成一项对开发人员的服务。开发人员可以将完成的代码轻松地通过这个自助测试平台进行测试。测试完成后，平台会自动将测试结果通过邮件发送给开发人员，便于其尽快进行缺陷修改再测试，或提交代码准备投产。这又是测试组织发展的另一个方向。

第二节　银行业用户验收测试的未来发展方向和领域

在互联网金融的浪潮之下，伴随着信息技术的快速发展，探索在新的形势下如何有效地开展测试工作，如何适应产品的开发周期，银行业的测试工作呈现出如下的发展趋势。

一、银行业用户验收测试的未来发展方向

（一）测试前移与后延，覆盖环节增多

在传统的瀑布模式下，测试总是在开发完成之后才开始介入，测试工作完成后，也不再承担后续环节的工作。现在部分银行开始尝试让测试工作前移与后延，由被动地接受任务到主动地参与任务。测试组织提前参与需求的设计与评审，可以及早发现需求的缺陷，在设计阶段就可以消除问题，避免后期重新返工。测试后延，参与上线后的问题跟踪，及时对生产问题进行测试与验证，提高问题解决的时效性。同时，培训、指导业务人员使用业务系统，可以促使业务部门更快、更熟练掌握相关技能，推动新系统的应用，产生经济效益。

（二）金融产品推出速度加快，敏捷测试开始流行

在当前的形势之下，金融行业竞争异常激烈，各银行、互联网公司为了占领市场，金融产品推陈出新速度异常迅速，如何在新形势下开展测试工作成为了一门课题。基于敏捷方法的开发与测试模式，在快速迭代中持续实现和完善产品需求。敏捷测试，成为银行测试组织新的趋势，区别于传统的测试模式，由于功能迭代频率高，每个迭代的测试时间也非常少，敏捷测试关注新功能的增量测试，回归测试尽量采用自动化测试，传统测试长周期、大规模手工测试的模式已经变得越来越不合时宜。

（三）基于移动应用的测试技术不断出现

随着智能设备在社会上的普及，移动应用已经成为我们日常生活的一部分，这在很大程度上也改变了银行的业务模式。手机银行、移动支付使用范围非常广泛，如何

有效地进行移动应用的测试，是银行测试组织不得不重视的一个问题。众所周知，由于移动设备和移动操作系统的多样性和碎片化，使得移动应用的测试成为了业内公认的难题。为了测试一个移动应用，经常需要购买大量的手机，还需要区分不同的操作系统、网络制式等，投入的测试成本高昂且低效。为了提高测试效率，通过移动设备云（远程真机和模拟器相结合）进行测试、使用自动化脚本进行功能或者兼容性测试的测试工具成为了选择，这为银行移动应用的测试工作带来解决思路和办法。

二、银行业用户验收测试未来可能的发展领域

（一）云技术在测试中的应用

以银行为代表的测试工作，经常受困于缺少测试环境、缺少测试数据、测试地点、网络等情况，导致测试受阻，不能按时交付测试产品。基于云的测试，可以在很大程度上避免这样的问题。通过云技术，测试组织可以分布于不同地点协同测试，共享测试环境、测试数据等测试资源。云的出现，简化了测试过程，节约了测试成本，提高了测试效率，成为各大银行测试中心的研究重点。

（二）行业共建共享的众测模式

就测试的投入产出而言，目前大部分商业银行已穿越回报趋于线性变化的初级阶段，迈进了边际效益下降的成熟阶段。在这个阶段，银行要继续追求满意的测试效益，就要探索新的方法论和技术手段。“众测”是通过变革测试主体和统筹方法来提升测试效益的一种尝试。目前国内银行在“众测”的应用上主要有两种尝试，一种是“行内众测”，就是在本行范围内临时性地招募一批最终用户参与待测系统的体验或验收工作；另外一种是“内主外辅”，就是在测试阶段将部分测试任务通过外部机构组织公众用户来完成。而从实施路径上来看，银行众测目前主要有“合作”和“自建”两种尝试，有的银行与“众测”机构开展合作，将被测系统直接外包给外部机构组织实施，将其反馈的测试报告纳入对产品质量进行综合评估的依据范围。也有的银行首先打造一个“众测”实施管理平台，然后组织内部人员进行试点，再伺机对外推广。“众测”利用了众包的形式快速拓展测试人员属性族群，通过变更测试主体和统筹方式，灵活有效地扩大了测试覆盖面，为银行测试在进入“边际效率”逐步降低的测试发展阶段如何“精打细算过日子”提供了一个选型。如果运用管理智慧积极引导和实践，实施得当，风险可控，众测将会是对银行软件产品传统测试的有力补充，真正实现“花小钱，办大事”的目标。

（三）全链路测试方法应用于性能测试

随着银行系统越来越多，架构越来越复杂，系统之间形成了复杂的互相依赖和调用关系。在这种情况下，传统的单机、单系统性能测试的结果可参考性大为下降。使用传统的性能测试方法，由于忽略了系统间、应用间的互相调用关系，大量使用挡板、模拟器等技术将被测系统的外部依赖能力无限扩大了，即便测下来单机或单系统性能没问题，也不表示整合在一起以后，在终端用户的视角上系统性能没问题。在这种情

况下，全链路测试模拟端到端的方式进行压测，不使用或少使用模拟器，可以较为真实地反映系统投产上线后，终端用户的使用体验，正逐渐成为银行性能测试的探索方向。

（四）AI 技术的应用

从 AlphaGo 大胜李世石到李彦宏的“无人驾驶”汽车上了北京五环，着实让人工智 AI 火了一把。随着 AI 的兴起，银行业落地了一些典型的 AI 应用场景，比如刷脸支付、预授信、授信审批、人物画像、推荐引擎、智能客服和催收质检等，为银行创造了价值。

将 AI 技术应用到软件测试上，利用 AI 技术测试普通的软件，彻底提升自动化测试的水平，能解决一些之前难以解决的问题。事实上，AI 在测试领域已经开始崭露头角。AI 应用于测试的案例逐渐增多，例如，2015 年，Facebook 公司就使用 FailBot 和 PassBot 等管理测试（见 Never Send a Human to do a Machine’s Job：How Facebook uses bots to manage tests in GTAC）。同年，Google Chrome OS 团队使用芬兰一家名叫 OptoFidelity 公司生产的机器人（Chrome TouchBot）来测量 Android 和 Chrome OS 设备的端到端延迟。

新一代 AI 测试工具，在测试的不同环节使用 AI 技术使测试更加智能化，测试机器人层出不穷。不仅局限于如何设法让 AI 模拟人类的行为，造出一个测试机器人，还要思考能否彻底颠覆传统的测试思路，采用全新的思路，开辟一条全新的道路，从而解决测试问题。

✓ Applitool 工具采用一种自适应的算法来进行可视化测试，并不需要预先设置，也不需要明确地调用元素，就能够发现应用程序中的潜在错误。

✓ Appvance IQ 工具根据应用程序的对应关系，并分析实际用户活动，使用深度学习自动生成自动化测试脚本。

✓ Eggplant Digital AI 工具使用深度学习从界面上寻找缺陷，并能够自动生成测试案例，这极大地提高了测试效率。

✓ Mabl 测试平台是由一群前 Google 员工研发的，侧重对应用程序进行功能测试。在 Mabl 平台上，我们通过与应用程序进行交互来“训练”测试机器人。录制完成后，经训练而生成测试将根据设定测试日程时间安排自动执行。

✓ ReTest 工具是一家德国公司的产品，源于 AI 研究项目，使用 AI 猴子来自动测试应用程序。

✓ Sealights 和 Sauce Labs 类似，也是一个云测试平台，能够利用深度学习技术分析被测系统的代码以及与之对应的测试，不局限于单元测试，还包括系统级的业务测试和性能测试。

✓ Test. AI 是一款将 AI 添加到 Selenium 和 Appium 的工具，使用似于 Cucumber 的 BDD 语法格式定义测试。Test. AI 能在应用程序中动态识别屏幕控件，并自动执行测试案例。

✓ Testim 工具专注于降低测试维护成本，试图利用深度学习来加快开发、执行和维护自动化测试。

随着 AI 技术的逐渐推广，人类社会必将进入一个 AI 时代。基于 AI 的测试逐步成熟，在未来的某一天必将爆发式增长。测试人员需要做好准备，利用 AI 技术解决测试中现有的痛点，提升测试效率。

【同业实例 3－2－1】

以下是某银行将图像识别等 AI 技术运用于手机银行自动化测试的实例。

银行业软件系统自动化测试，更为广泛运用于单元测试和接口测试领域，而在功能测试领域，自动化测试的开展难度较大。主要受限于系统 UI 的变化较为频繁，自动化测试运维人员不得不花费额外的精力用于排查、定位并修复由于系统 UI 变化而导致的自动化执行报错，从而导致自动化功能测试的投资回报率（ROI）偏低。

在自动化功能测试的探索中，某银行尝试了许多工具，最终采用 Airtest 开源工具开展移动端自动化功能测试，效果较为显著。Airtest 是基于图像识别和 poco 控件识别的自动化功能测试工具。使用 Airtest 开展自动化功能测试，测试人员可快速开发出具备较高兼容性的基于图像识别的自动化脚本，可支持无法用 UI 控件定位的自定义控件、H5、小程序等，亦可使用一套代码兼容 Android 和 IOS。更重要的是，基于图像识别技术的自动化测试脚本，可自动兼容系统 UI 样式的改变，大量减少了由于系统 UI 变化而导致的自动化测试执行报错，有效降低自动化测试的运维成本，提升自动化功能测试的投资回报率（ROI）。

【同业实例 3－2－2】

某银行将 AI 技术运用于测试人力资源的分配和管理。为实现外协测试人力资源的高效使用，在确保测试质量的前提下，最大限度地提升资源利用率，控制外包成本，测试中心对测试人员采用动态资源池的管理模式。该行测试中心打造了一体化测试管理平台，采用聚类分析、用户画像等智能算法，细致刻画每位测试人员在银行业务、测试技术、项目管理等维度的知识储备和技术能力，以及记录了历史参与项目和考核情况。在为测试任务分配人员时，平台综合测试任务所需能力、测试人员工作饱和度、测试成本要求等信息，为每个测试任务智能分配最适合的测试人员，形成临时测试团队。测试经理可以根据实际情况进行微调，同时不断训练平台模型。当然要做得好，除了训练模型以外，更重要的是确保平台上积累了大量有关数据，数据质量要可保证。

第二部分

如何做好银行业用户验收测试

第四章　用户验收测试总体流程

第一节　用户验收测试总体概述

用户验收测试是软件完成开发后，在投入实际应用以前进行的最后一次质量检验活动。它是软件开发生命周期的一个阶段，这时相关的用户或独立测试人员将根据事先确定的方案对系统进行测试和验收。验收的目的是判断软件产品是否符合预期的各项要求，以及用户能否接受的问题。它的结果可以作为决定系统是否能够投产上线、交付用户使用的依据。本书第一部分中已有介绍，银行用户验收测试工作由银行业务部门或独立的测试组织负责。

一、何时开展用户验收测试

一般而言，开展用户验收测试是在软件正式交付最终用户使用或者项目正式上线前。银行也是如此，开发组织完成系统开发和单元、集成、系统等测试工作以后，业务部门或独立的测试组织会在系统正式投产前开展用户验收测试。

二、用户验收测试包含哪些内容

用户验收测试是一项严格的测试活动，它要对软件进行全面的质量检验，还要决定软件是否满足最终用户的使用要求和使用感受。

通常来说，用户验收测试阶段，需要开展功能测试、性能测试、安全测试、兼容性测试用户体验测试等各类测试工作，除非软件系统的最终用户确认对于某一方面的质量特性不予要求。

功能测试，主要验证一个软件系统提供的功能是否能够满足用户需求。

性能测试，主要验证一个软件系统提供服务的效率和能力。

安全测试，其实应当属于功能测试的一种，但是它更注重于发现安全隐患，而非一般的功能缺陷。

兼容性测试，主要验证软件在不同运行环境中能否正确地进行交互，保证软件按照用户期望的方式进行操作。

用户体验测试正越来越受到关注，在功能测试验证了系统是否“能用”的基础上，它主要检测系统是否“好用”。

第二节　用户验收测试的准入准出条件

软件测试阶段何时开始何时结束也称为准入准出条件，用户验收测试的准入准出条件是指何时可以开始执行测试，以及何时可以结束测试，进入交付或投产决策阶段。

一、为何要定义用户验收测试的准入准出条件

用户验收测试作为整个项目过程中最后一次质量检验活动，应当在具备一定的条件下进行才能保证测试的质量和结果，也就是说只有在具备这些条件的情况下，才准许开展用户验收测试。如果在不具备条件时“强行”开展测试，就像不具备施工条件就开始工程建设，带来的后果将是影响进度、影响质量、无法完工（完成测试）。如果某些基础条件没有具备，比如系统的开发完成度较差，以至于系统中部分功能都无法完成正常操作，则可能无法开展测试。

同样，如何判断测试可以终止，称得上是软件测试过程中最难以回答的问题之一，因为测试人员无法知道刚刚发现的缺陷是不是最后一个缺陷。实际上，除了非常小规模的软件，希望所有的缺陷都通过测试发现是不切实际的。因此，在测试过程中，我们经常会遇到有限的资源条件（测试经费、测试时间、人力资源等），与“无限”的缺陷之间的矛盾。在这样两难的情况下，我们需要用一些准则来帮助我们判断测试是否可以结束了。

二、如何定义用户验收测试的准入条件

用户验收测试准入条件的定义没有统一标准，各家银行可以基于各自实际情况制定，但是如果你打算“认真”地进行用户验收测试，那么对于准入条件的定义还是需要慎重一些，因为它会对整个测试质量起到重要的影响。一般而言，在定义用户验收测试准入条件的时候可以考虑以下几个方面：

✓ 交付物的内容和形式是否满足要求。

✓ 前一阶段的工作是否已经完成。

✓ 对被测系统进行初步审查。

（一）交付物的内容和形式是否满足要求

这一项内容主要定义的是执行用户验收测试前，需要上游部门或组织提交哪些内容，以何种方式提交。通常情况下，这些内容包括被测系统、相关文档以及其他必要信息。

其中对于相关文档，由于用户验收测试定位于“站在最终用户的角度”，因此测试依据主要是项目的需求说明书。如果有条件（包括项目是否可以提供，以及测试人员是否有能力看懂），也可以提供系统设计说明书等其他文档作为补充。实际上，用户验收测试是对系统的一次整体测试，如果测试类型包含了对性能、安全性、用户体验性

等方面的验证的话，项目的各类技术性文档也必不可少。同时依据项目组内部的共识和职责分工，文档还有可能包括安装部署说明书、操作手册、用户手册等。

而至于其他必要信息，则可能包括了测试完成期限、其他特殊说明事项、开发组织联络人、需求确认联络人等各项测试必要信息。

（二）前一阶段的工作是否已经完成

这一项内容的定义看上去好像是一句废话，前一阶段的工作没有做完，怎么会进入下一阶段呢？实际上这却是经常发生的。因为工期紧张、进度延迟，很多阶段的工作不得不压缩，而且通常不会大幅度压缩开发周期，而是精简或省略很多必要的测试步骤。正式的用户验收测试执行之前，系统应当已经完成了单元测试、集成测试和系统测试，各阶段的测试有各自的范围、特点和侧重，要避免进入这样的误区，即用最后一次“完整而全面”的测试来替代前面的测试。实际上，用户验收测试的侧重点是验证系统交付的成品是否符合最终用户的原始需求，与之前任何一个阶段的测试重点均不一样，而且在此之前也没有条件达成这个目的。因此到了用户验收测试阶段，还将大量的精力与成本投入到基本功能、流程的验证上面是不符合这个阶段测试的要求的，也会使用户验收测试的效果大打折扣。

（三）对被测系统进行初步审查

如果说以上两项是对上游组织的要求，这一项内容则是测试组织自己对交付物的检查，以确保上游组织交付的东西是符合之前的定义的。一般而言，这项检查主要针对的是被测系统，检查的方式是进行测试，通常我们把这一类测试叫作冒烟测试。冒烟测试这一术语源自硬件行业，它原指在对一个硬件进行更改或修复后，直接给设备加电，如果没有冒烟，则该组件就通过了基本测试。在软件测试领域中，冒烟测试通常用来验证交付的软件的功能是否基本可用，从而符合开展正式测试的条件。当然在实际项目中，用户验收测试组织也可以通过其他方式来判定交付的被测系统是否可以测试，比如让测试人员进行自由测试等。目的其实就是一个：以比较小的代价验证被测系统功能基本可用，可以开始正式测试。除冒烟测试以外，这项验证工作也可以包括对交付文档等的内容审查，以确定交付物符合用户验收测试组织的要求。

【同业实例 4－2－1】

为确保系统建设工作的有序开展，IT 建设资源的合理投入，某银行设立了一系列测试准入控制规范。其控制用户验收测试准入的主要方法包括：一是要求开发组织提供集成测试（SIT）报告，用于确认前一阶段测试工作的完成情况以及存在的问题，从而判断被测软件可否进入用户验收测试；二是实施冒烟测试，通过投入少量测试资源，对待测系统实施基本功能测试，确认被测系统质量达到用户验收测试准入条件后，方可进入正式的用户验收测试阶段。

三、如何定义用户验收测试的准出条件

（一）用户验收测试准出需要考虑的问题

何时可以结束测试？与上一个问题相比，这可能是一个更加难以回答的问题。在讨论这个问题之前，有几点原则是需要首先提及的。

✓ 完全的测试是不可能的。

✓ 测试只能确认程序有错，无法证明程序没错。

✓ 测试也需要投入成本。

这些原则都是学习软件测试课程时最早被告知的“常识”，我们可以把它们视为软件测试的基本规律，是任何一个阶段的测试都必须遵守的。在这些基本原则之上，则是很多现实的限制条件。

✓ 我们的时间是有限的。（产品最终需要上线）

✓ 我们的经费是有限的。

✓ 我们的资源是有限的。

因此，制定测试的准出条件需要考虑很多情况，我们既要考虑测试是否充分，也要顾及外在的限制条件，所以这是一个需要平衡考虑的准则。更多的测试量可以发现更多的缺陷，这意味着系统的质量会更高（如果发现的缺陷大部分都被解决的话），但是同时也意味着更高的成本投入，而如何计算出最优测试量则是一个比较复杂的难题，也许会涉及数学、统计学、预测、数据挖掘等各领域的知识和技术，需要通过数学建模的方式来进行。目前虽然已经有不少企业或组织提出了类似的计算模型，但是由于难以考虑和涵盖各种类型、规模、行业的软件测试特点，因此计算结果的准确性需要斟酌。同时这些模型还有一个问题是它只考虑了测试成本，没有考虑测试周期限制，所以实际过程中真正使用这一方法来进行准确判断的情况不是很多。

当前的实际项目中，测试准出条件的制定，更多的还是依靠原则和经验。这听上去有点主观，因此我们首先要排除一些不好的准出原则，比如：

✓ 当测试时间用完以后，测试便结束。

✓ 当所有的测试案例执行完毕后，测试便结束。

这两条原则显然是不合理的，因为它们没有考虑任何与测试质量相关的因素。

（二）用户验收测试准出条件

如何将测试质量纳入准出条件？我们可以从以下几个方面进行考虑。

1. 所有计划的测试案例均已被执行，并且发现的缺陷已经修复

这其实是一个比较基本的要求，前半句保证了预计的测试工作量已经完成，后半句保证了测试的成果（发现的缺陷）得到了有效的应用（被修复）。当然这样的描述还是比较粗略，实际项目中，也不是所有的缺陷都有可能被修复，测试组织可以按照自己的情况定义一个修复标准，规定重要的缺陷必须要修复，一些次要的缺陷可以遗留。因此，类似的准出条件可以更加精细地定义为“已经按照计划执行完三轮（或其

他数量轮次）测试，所有发现的重要级别以上的缺陷已经全部修复”。如果组织对于被测系统有着更多的积累，以上这条关于缺陷修复的描述还可以进一步细化为“所有发现的重要级别以上的缺陷已经全部修复，次要级别的缺陷修复率在80%以上（或者属于关键模块的次要缺陷已经全部修复）”等。

2. 已发现规定数量的缺陷，并发现的缺陷已经被修复

制定这条原则的原始想法是，既然测试的目的是发现缺陷，那为什么不将测试的准出条件定为发现了既定数量的缺陷呢？基于这条原则的测试准入条件可能会定义为“测试已经发现了100个缺陷，并且发现的缺陷已经被修复完毕”。可能读者已经意识到了，要制定这样的准出条件，需要解决如何确定要发现的缺陷数量。这可以通过几种方法来大致预测被测系统的缺陷总数。第一种是利用以前类似系统的测试经验来预测出数字。第二种是运用数学模型，将一些影响因素作为输入条件，然后通过计算得到预测的缺陷数量。还有一种获得预计数量的粗略方法是使用行业范围内的平均值。无论哪一种方法，都需要积累相当多的经验和数据，而且即使可以进行人为预测或模型计算，仍难以保证预测数量的准确性，因此实际项目中，很少有用比较绝对数量来进行判断的情况。

3. 发现的缺陷数量已经开始收敛，并且达到了收敛标准

这一条原则与上一条的区别在于没有规定需要发现缺陷的具体数量，而是通过观察测试组发现的缺陷是不是越来越少，从而判断被测系统中的大部分缺陷是否已经被发现了，从而可以结束测试。使用这一原则需要记录每个单位时间（比如“工作日”）的发现缺陷数，并通过观察统计曲线的形状来进行判断。这里需要考虑两个问题：一个是发现缺陷数量的下降是真的由于不断的测试导致遗留的缺陷越来越少了，还是因为之前编写的测试案例由于重复执行，已经无法发现新的缺陷了；或者测试人员对于功能模块的重复测试有可能产生了疲劳，也可能会导致无法发现新的缺陷。解决这一问题，还是需要在测试管理中依靠富有经验的人员，采用每一轮引入一些新的测试案例，安排不同人员在不同轮次测试同一模块，或者在每轮测试中安排一些自由测试等方法，观察以上措施实施后的缺陷发现情况来判断是否符合准出条件。另外一个问题是发现缺陷效率降低的标准，或者说缺陷收敛的标准是什么？这个问题的解决方法类似第二个原则，经验判断、行业平均标准和数学模型计算是三种常用的方式。

综上所述，我们在制定用户验收测试的准入与准出条件时应当综合考虑所在企业或组织的开发、测试成熟度，积累的经验、组织管理实施能力、未来发展的规划等因素，挑选适合自己当前实际工作情况的方法。如果企业和组织在软件开发、测试方面还在初级发展阶段，则可以先应用一些满足基本原则的准入准出条件；如果组织中有经验丰富、能力较强的人员，则可以运用一些数据比对，加上人为的决断；如果组织在软件开发测试方面已经发展得相当成熟，积累了很多经验，则可以尝试将这些经验进行提炼，运用数学计算方法进行比较精确的判断。当然无论采用哪种方法，测试的准入与准出条件都要可以保证测试的质量和效率。

【同业实例4－2－2】

某银行在实施用户验收测试过程中，主要将测试覆盖度、缺陷修复情况、缺陷收敛等相关质量监控指标纳入用户验收测试准出条件，综合评估用户验收测试可否结束。用户验收测试准出需满足以下条件：

✓ 测试覆盖度：测试案例已覆盖相关高频交易；

✓ 测试完成度：已严格依据测试大纲中划定的测试范围和要求完成测试，相关过程记录、文档齐全；

✓ 缺陷修复：测试过程中发现的各类缺陷（含开发类和需求类等）均已解决；

✓ 缺陷收敛：测试后期，缺陷检出数量得以收敛。

【同业实例4－2－3】

某银行尝试通过缺陷预测技术辅助判断用户验收测试可否准出。其缺陷预测技术，是基于历年积累的测试过程数据建立的缺陷预测模型，该模型可根据测试项目的进展数据，评估测试项目的缺陷移除率。缺陷移除率指标为该银行日常质量监控的重要指标。对于缺陷移除率偏离基准值范围的测试项目，将无法退出测试，需继续实施测试，直到测试缺陷移除率达标。

第五章　如何做好功能测试

第一节　怎样理解用户验收阶段的功能测试

一、什么是功能测试

提起功能测试，打一个比较形象的比喻，比如我们日常生活中用到的手机，在出厂前都需要做检测，首先是否能够打电话、通话音质是否清晰、短信是否能够正常收发等，这些工作就是我们所要讲的功能测试。功能测试就是对产品或者被测系统的各项功能进行验证，检查产品是否达到了用户的功能需求。

二、用户验收阶段功能测试的特点

功能测试并不是用户验收测试阶段特有的测试类型，在集成测试、系统测试阶段，都会有功能测试。那么，用户验收的功能测试和其他阶段的功能测试相比，有什么区别呢？首先是测试内容的不同，其实这体现了测试由小到大、由内至外、循序渐进的测试过程。集成测试中的功能测试，关注的重点是模块与模块之间的接口，同时还要测试一些主要的业务功能；系统测试的功能测试主要关注功能模块是否能够正常工作，系统的输入输出是否正确，从而完整地模拟客户环境来进行测试；用户验收测试阶段的功能测试，侧重点是功能是否达到设计要求，是否满足用户需求，业务逻辑是否合理等方面。其次，不同测试阶段的功能测试人员也有所区别，集成测试和系统测试阶段主要是由开发组织内测试团队来承担，而用户体验测试阶段主要是由业务部门或者独立的代表用户的测试组织进行测试。

三、何时适合开展功能测试

之前讲述了用户验收测试阶段功能测试的定义、特点，那么什么时候开展用户验收测试阶段的功能测试比较合适呢？通常情况下，到了用户验收测试阶段，在测试开始前一般应该检查的是被测系统的主要功能和主要业务流程是否正确，这就是冒烟测试。冒烟测试通过之后，就可以开展功能测试了。用户在使用系统或者产品时，首先关注的是产品的功能是否能够正常使用，是否能够满足使用目的；其次才是用户界面是否美观、操作是否方便、系统响应速度是否迅捷等。

第二节　怎样建立功能测试的流程和规范

一、什么是测试流程

没有规矩，不成方圆。我们做一个项目的用户验收测试工作，也需要建立相关的流程和规范，为测试工作的顺利开展提供指导和保障。用户验收测试作为整个项目上线前的最后一道关，重要性不言而喻。过程决定结果，测试流程的优劣，直接决定了测试工作能否正常有序地进行，测试结果的质量是否有所保障。

功能测试流程一般由多项具体工作组成，通常包括编写测试计划、进行需求分析、选择和部署测试工具、编写测试案例、铺设测试数据、测试执行、缺陷跟踪、编写操作手册、提交测试报告等工作。当然，不同的项目，相关测试流程也存在区别，需要具体问题具体分析，这里我们描述的是银行常见项目的测试流程。

二、什么是测试规范

如果说测试流程定义测试活动和顺序，测试规范则是为了保证测试中各个过程被正确执行并得到预期的结果。测试流程的成功执行需要很多保障性工作，测试规范是对测试流程的约束，也是补充说明。

测试规范通过文档进行定义，通过评审进行检查。文档是严格的，定义了流程在定义和执行过程中必须遵守的约束；评审是开放的，要求集思广益，避免了个人知识和经验的局限，并且可以检查文档定义的规范是否被遵守。

以下列举了测试工作对应的规范：

✓ 测试计划：测试计划评审规范。
✓ 测试需求分析：需求分析规范、需求评审规定。
✓ 测试案例设计：案例标准、案例等级、案例评审、案例管理、需求覆盖。
✓ 测试执行：案例执行规范、缺陷等级。
✓ 缺陷跟踪：缺陷处理流程、缺陷属性、缺陷管理规范。
✓ 测试总结：测试报告、资产归档规定、知识库管理规范。

另外，还有一些重要的规范贯穿整个测试生命周期，如版本管理、测试环境管理、测试资源管理、启动测试标准、终止测试标准、引入自动化测试条件等。

三、测试过程中的人员角色定义

测试组织包括不同的角色，每个角色都有自己的职责。测试过程中，除了测试组织，项目中其他组织也会参与部分过程。这里列举了测试过程中常见的角色和职责。

（一）测试经理

制订、调整测试计划，协调测试环境和资源。

组织测试准备、测试执行，监督测试结果并检查测试准出条件。

测试进度管理，评估测试和产品质量。

对测试过程风险进行管理，必要时采取应对措施。

根据在测试过程中收集的信息编写测试总结报告。

（二）项目经理

制订项目计划，管理项目进度，控制项目成本。

及时和测试经理沟通，明确系统需求。了解测试进度，协调测试资源。

（三）开发经理

交付测试程序版本。

参与测试计划评审。参与测试案例评审。修复系统缺陷。

（四）测试需求分析人员

熟悉需求规范，根据需求规范进行需求分解。

完成测试规范说明书（测试案例大纲）。

参与需求文档评审和设计文档评审。参与测试案例评审。

（五）测试案例编写人员

熟悉需求，撰写和更新测试案例。

（六）测试执行人员

执行测试案例，跟踪和报告测试缺陷。

快速有效地与开发人员、测试组内人员沟通测试问题。

内部小组人员的知识共享。

（七）配置管理员

搭建测试环境，维护测试基准环境。

（八）测试质量组成员

监督测试结果并检查是否满足准出条件。参与测试案例评审。

度量和分析测试过程中的数据，提出改进建议。

四、常见的测试流程介绍

流程通常都是可以定制的，项目测试的组织者可以根据项目的工期、人员配备、环境、工具等具体因素来定制相关测试流程（见图5－2－1）。

测试流程也可以按照阶段来进行划分，通常可分为：

（一）计划与设计阶段

1. 测试流程说明

一旦接收到项目任务后，需要进行测试项目立项，确定测试（项目）经理人选。确定以后，需要对项目的需求进行评审，召开需求评审会议对系统的需求规格说明书进行讨论，明确需求消除歧义。需求明确无异议后，可以正式启动测试工作。组建测试团队，选择测试团队的成员，召开测试启动会议。明确功能需求或测试需求，形成

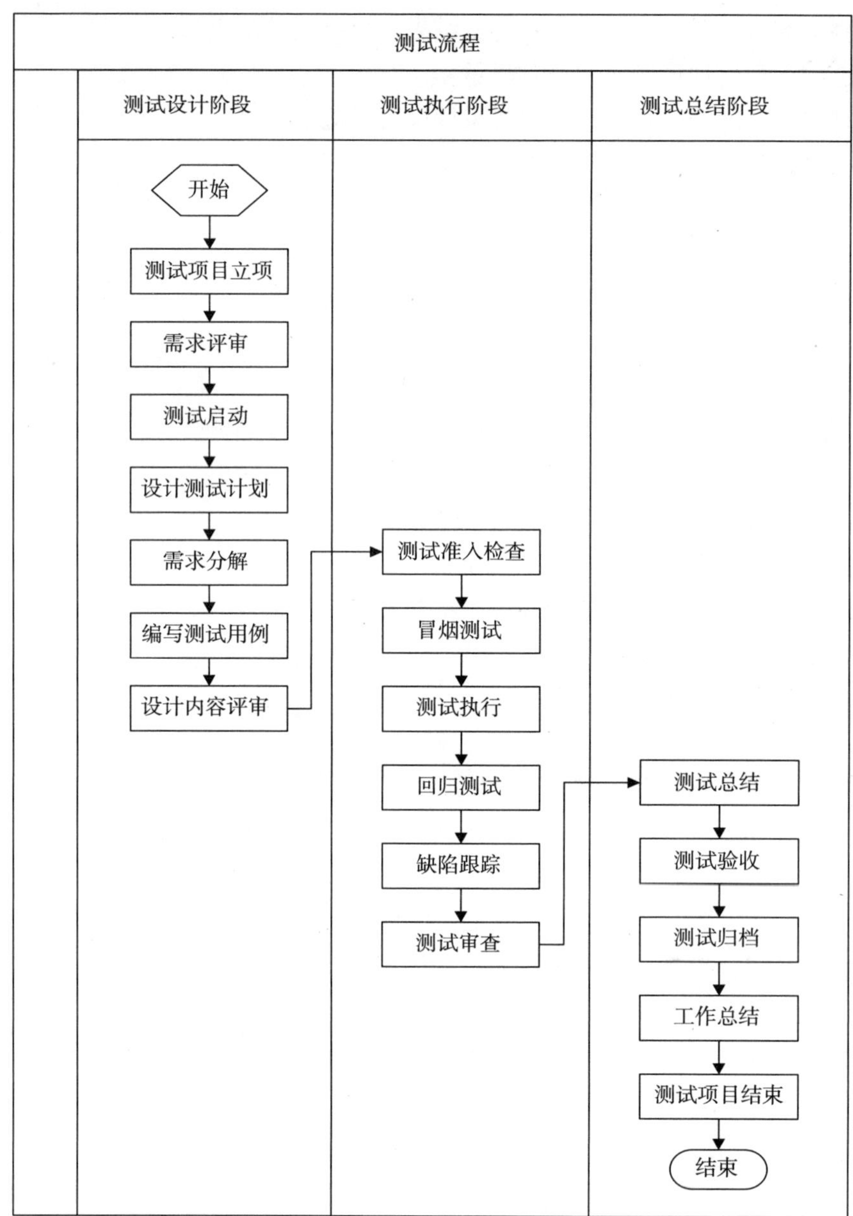

图 5－2－1 功能测试流程

测试目标，编制测试计划和方案并进行评审，评审通过后，他们将作为项目的基本规则和纲领，对项目的后续实施进行指导。

测试需求确定后，需要进行测试需求分解，测试需求分解是将需求分解为可测试的功能点以及业务流程列表，形成相应的测试大纲。测试大纲需要进行评审，评审通过后，用来指导测试人员编写测试案例。

测试团队根据测试大纲编写测试案例。测试案例编写完成后，组织需求部门、开发组织等相关人员进行评审，评审通过后，测试组发布测试案例，等待测试执行。

2. 测试流程要点

根据以上的流程说明，我们可以将测试的计划与设计阶段拆分为独立的流程要点加以分别说明，便于读者能够更清晰地识别和理解测试流程中的关键节点。

（1）测试启动。

测试启动是通过组建团队，明确测试目标、范围和风险，最终召开测试启动会的过程。启动会中应该让领导表达对测试工作的支持，调动员工的积极性，为日后开展工作扫除障碍（见表5－2－1）。

表5－2－1　　测试启动

前置条件	工作内容	成果
需求规格说明书评审通过	任命测试经理 成立测试团队 明确测试目标和范围	测试启动会 测试计划书（粗略）

（2）测试计划制订。

基于需求制订的测试计划为质量需求验证和确认活动的有效开展进行规划和指导，并对测试任务、时间、资源、成本、风险等进行估算或评估。测试人员通过测试计划了解整个测试情况以及不同测试阶段要进行的测试任务，并达成共识（见表5－2－2）。

表5－2－2　　测试计划制订

前置条件	工作内容	成果
项目计划已完成 需求规格说明书评审通过	制订测试计划 组织测试计划讨论 评审测试计划	测试计划书

测试计划书中应该至少包括以下关键内容：

✓ 测试内容：需要测试的功能范围，以及测试优先级。

✓ 测试方案：需要采取的测试方法和策略。

✓ 测试资源：测试需要的人员、硬件、软件等资源。

✓ 测试团队架构：测试组内各个成员的角色和相关职责。

✓ 里程碑：测试过程中的重要节点，或阶段目标。

✓ 交付文档：测试过程和完成后必须要提交的产物，包括测试计划、测试案例、测试报告等。

✓ 风险管理：可能出现的风险，例如进度延期、需求出现重大变更等，以及风险应对措施。

（3）测试需求分解。

分解测试需求是参照需求规格说明书，对需求进行分析和分解，形成测试大纲的过程，分解后的需求用以指导编写测试案例（见表5－2－3）。

表5－2－3　　测试需求分解

前置条件	工作内容	成果	常用方法
需求规格说明书评审通过	逐步分解需求，形成测试大纲	需求分析结果清单或测试大纲	测试功能点矩阵 业务场景矩阵

在需求分析时，一般从两方面分解：

✓ 功能点拆分：需求分析人员将需求分解成功能点列表。

✓ 业务流程拆分：需求分析人员根据业务流程逻辑，将需求分解为业务场景清单。

（4）测试案例设计。

设计测试案例是测试案例编写人员根据需求规格说明书以及需求分析结果清单，编写测试案例的过程（见表5－2－4）。

表5－2－4　　测试案例设计

前置条件	工作内容	成果	常用方法
需求规格说明书评审通过 需求分析结果清单已生成	测试案例设计 测试案例评审	测试案例清单	划分等价类法 边界值分析法 场景图法 因果图法 枚举法 错误推测法

（二）测试实施阶段

1. 测试实施阶段流程说明

在测试案例、测试环境都准备好的情况下，测试团队根据用户验收测试的准入条件，对提交到用户验收测试阶段的待测版本进行审核，不符合准入条件的版本做退回处理；符合准入条件的待测版本开始进行冒烟测试。冒烟测试通过的版本，可以交由测试团队进行测试。冒烟不通过的，被测版本则挂起暂停测试，直至开发组织修复好冒烟问题才进行解挂。在测试实施阶段，测试团队执行测试案例，提交并跟踪缺陷，填写测试相关记录，编写阶段性测试报告。

系统缺陷修复或新的待测程序版本发布后，需要进行回归测试。回归测试是对前期测试执行阶段发现的问题、缺陷集中的功能、业务比较重要且使用频繁的功能进行再次测试，确保系统在上线后，已被修复的问题不会重新出现，重要的、高优先级的业务不会发生错误。回归测试过程中，尽可能针对回归测试的侧重点选择相应的测试案例。回归测试案例执行中，如果有遗留缺陷，必须指明处理方式。

在用户验收测试中，测试团队需要对测试过程和结果进行审查。针对测试过程的审查主要检验测试的实际情况是否与测试计划一致，是否遵守测试组织拟定的规范和流程，是否发生偏差。针对测试结果的审查主要对测试组成员执行的案例全部或抽样进行复测，对提交的测试结果文档等进行检查，如测试附件、截图，检验对缺陷的处理是否按照预定的级别进行提交，缺陷处理是否及时等情况。

测试执行完成后，需要编写或者更新操作手册。

2. 测试实施阶段流程要点

根据以上的流程说明，我们可以将测试实施阶段拆分为独立的流程要点加以分别说明，便于读者能够更清晰地识别和理解测试流程中的关键节点。

（1）测试执行。

执行测试案例是测试执行人员根据测试计划中分配给自己的测试任务，执行相应的测试案例，并把执行结果和执行过程中发现的缺陷记录下来的过程（见表5－2－5）。

表5－2－5　　测试执行

前置条件	工作内容	成果	常用方法
冒烟测试通过 测试案例清单已生成	分配测试任务 验证测试环境 执行测试案例 记录测试结果 缺陷记录	测试结果记录 缺陷记录	手动测试 自动化测试

（2）回归测试。

回归测试是重新测试系统中已经通过测试的测试区域，以验证修复缺陷是否对系统产生影响的过程。回归测试的测试案例来源于之前编写的测试案例库。实际工作中，回归测试需要在每个阶段反复进行，可结合自动化测试工具，提高回归测试效率（见表5－2－6）。

表5－2－6　　回归测试

前置条件	工作内容	成果	常用方法
本期测试案例执行完毕 缺陷基本被修复	选择回归测试案例 执行回归测试案例	回归测试总结报告 回归测试结果记录	手动测试 自动化测试

（3）缺陷跟踪。

一旦开始执行测试，缺陷跟踪就会贯穿于整个测试执行过程。测试团队在测试过程中，无论是执行测试案例发现的缺陷，或者随机测试发现的缺陷，都必须记录并且准确地提交缺陷详情。缺陷被修复后，测试执行人员需及时对缺陷进行验证，根据验证结果更新缺陷状态。选择合适的测试管理工具进行缺陷跟踪管理，可以减少成本，提高效率（见表5－2－7）。

表5－2－7　　缺陷跟踪

前置条件	工作内容	成果	常用方法
测试执行开始	记录缺陷 提交缺陷 验证缺陷	缺陷跟踪报告	测试管理工具

（4）测试报告编写。

测试团队完成了计划内的测试任务后，测试经理把本阶段测试的结果和分析写成文档的过程（见表5－2－8）。

表5－2－8　　测试报告编写

前置条件	工作内容	成果	常用方法
阶段性测试任务已完成	测试结果统计 编写测试报告	阶段性测试报告	测试报告模板

阶段性的测试报告主要包含以下内容：

✓ 测试报告的版本。

✓ 测试的人员和周期。

✓ 本周期测试发现的缺陷以及缺陷的处理情况。

✓ 经过此周期的测试，所有缺陷的数量、状态以及分布情况。

✓ 测试案例的执行情况。

✓ 测试评估：经过本周期的测试，哪些功能已经实现，哪些功能还未实现，还遗留哪些问题。

✓ 亟待解决的问题：写明当前项目中面临的最严重、最优先的问题。

（三）测试总结阶段

1. 测试总结阶段流程说明

测试团队在测试实施阶段结束后，需要编写根据测试计划、测试记录、阶段性测试报告、缺陷记录等素材编写测试总结报告。测试总结报告完成后，需要进行测试验收，验收工作包括测试文档验收、测试效果验收、测试评估以及相应的测试建议。测试验收通过后，测试团队需要将测试计划、测试案例、缺陷记录、测试报告等测试过程中涉及的文档进行归类和存档。

完成以上工作后，测试团队需要进行工作总结，测试人员可以针对项目发表意见，针对工作中出现的问题进行讨论，寻求解决方式，完善工作流程，提高工作效率。上述工作完成后，测试组正式解散。

2. 测试总结阶段要点

（1）测试总结报告。

测试团队完成了所有的测试执行工作，测试经理把测试过程和结果写成文档，分析发现的问题和缺陷，对总体测试质量评估和分析，按照测试报告的文档模板编写测试总结报告。测试总结报告是最后阶段的产物，为验收和交付打下基础（见表5－2－9）。

表5－2－9　　测试总结报告

前置条件	工作内容	成果	常用方法
测试执行结束 缺陷报告 阶段性报告	测试结果统计 测试质量分析 编写测试报告 投产风险识别	测试总结报告（风险提示）	测试总结报告模板

测试总结报告需包含以下基本内容：

✓ 测试资源概述：多少人、多长时间。

✓ 测试结果摘要：描述需求的测试结果，系统实现了哪些功能点，哪些还没有实现。

✓ 缺陷分析：按照缺陷的属性分类进行分析。

✓ 测试覆盖率：对测试过程中，覆盖到需求进行统计，哪些需求已覆盖，哪些未覆盖。

✓ 测试评估：从总体上对项目的质量进行评估。

✓ 遗留问题：测试结束后还遗留哪些问题没有解决以及对应的处理方式。

✓ 测试建议：从测试组的角度为测试工作提出建议。

✓ 风险识别与应对：分析可能发生风险的潜在原因，并提出应对措施。

（2）测试验收。

测试验收工作是在以上工作全部结束后，对测试的过程、效果进行验收，宣布测试结束（见表5－2－10）。

表5－2－10　　测试验收

前置条件	工作内容	成果
测试执行结束 测试报告完成	验收测试成果 签发验收报告	验收测试报告

一般由测试启动会议上约定的验收人员，对项目的测试工作进行验收，验收内容包括：

✓ 测试效果验收：测试是否达到预期目的。

✓ 测试文档验收：测试过程文档是否齐全、符合标准。

✓ 测试评估：从总体上对测试的质量进行评估。

✓ 测试建议：指出本次测试工作的不足，需要在以后的工作中改进的地方。

✓ 风险识别与应对：针对提示的投产风险和应对措施分析风险是否可控。

（3）测试归档。

测试验收通过后，在测试过程中产生的文档，在测试结束后必须进行归类和存档，并以版本号封存（见表5－2－11）。

表5－2－11　　测试归档

前置条件	工作内容	成果
测试验收通过	归档文件	所有测试相关文档归档

测试相关文档类型主要分为：

✓ 业务需求规格说明书。

✓ 测试计划文档。

✓ 需求分析文档。

✓ 测试案例文档。

✓ 测试附件文档。
✓ 操作手册文档。
✓ 缺陷跟踪报告。
✓ 测试报告书。
✓ 测试验收书。

【同业实例 5－2－1】

某银行对于测试流程的规范有完整的定义（见图 5－2－2）。

对于测试流程各阶段的说明如下：

1. 测试立项阶段。

项目已经立项，项目经理根据实际情况已经初步拟订出项目计划。

工作内容及交付物为：

项目经理提交《项目计划》在测试组备案，以备后续测试工作的顺利安排。

2. 需求分析阶段。

测试人员对项目的初次接触，熟悉项目业务，系统构造的关键阶段。参与的测试人员不必太多，一般情况只有测试负责人参与。

工作内容及交付物为：

✓ 项目测试人员视各项目情况参与《项目需求》评审。熟悉项目实际业务规则及相关知识，了解项目需求范围。由业务人员提交《项目需求》。

✓ 根据各项目情况安排相关业务知识培训。

✓ 项目测试人员参与《需求规格说明书》评审。参与分析《需求规格说明书》是否满足《项目需求》，是否设计合理。由项目开发组提交《需求规格说明书》《项目计划》（模板参见附录一）。

✓ 测试人员对《需求规格说明书》进行静态测试。

✓ 项目测试人员参与《详细设计》评审，由项目开发组提交《详细设计》文档。

✓ 测试人员对《详细设计》进行静态测试。

✓ 根据项目情况安排系统架构、开发语言等相关培训。

3. 测试计划制订阶段。

尽管测试的每一个环节都是独立的，但是必定要有一个起到框架结构作用的测试计划。此阶段要求测试负责人对项目的整体情况以及相关业务有一定程度的了解。

工作内容及交付物为：

✓ 确定测试策略，测试目标和测试通过的依据。

✓ 确定测试范围，分配测试工作。

✓ 拟定测试工期。

✓ 评估测试风险。

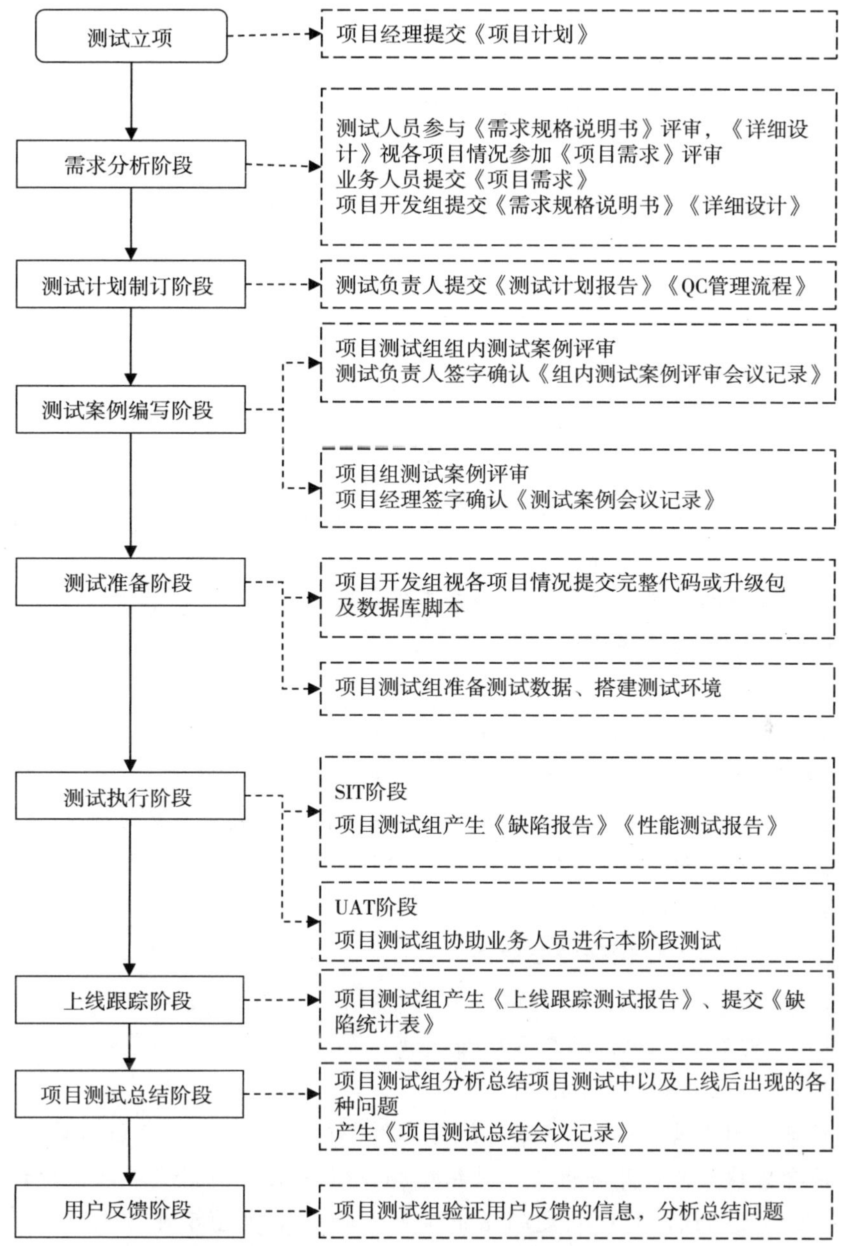

图5－2－2　某银行测试流程

✓ 项目测试负责人提交《测试计划报告》。

✓ 项目测试负责人按照《QC缺陷管理方案》编写《QC管理流程》，并在QC中立项。

4. 测试案例编写阶段。

此阶段是测试质量的保障和基础，是测试工作中最重要的环节。它要求测试人员对项目的情况、业务规则和系统各个功能点都要有较深的了解以及进行细腻的分析。

工作内容及交付物为：

✓ 测试人员根据《需求说明书》《需求规格说明书》等相关文档和依据编写“系统测试案例”。

✓ 测试人员根据《详细设计》等相关文档和依据编写“功能测试案例”。

✓ 测试组内部进行组内测试案例评审，旨在提高测试案例编写质量。

✓ 测试案例评审（与会人员包括项目经理、开发人员、测试人员、业务人员），旨在弥补测试案例的漏洞。

5. 测试准备阶段。

工作内容及交付物为：

✓ 准备测试数据。

✓ 项目开发组视各项目情况提交完整代码或升级包。

✓ 项目开发组提交数据库脚本。

✓ 开发人员与测试人员交接系统部署工作。

✓ 测试人员搭建测试环境。

6. 测试执行阶段。

前期的需求分析、测试计划、编写测试案例等工作都是为测试执行阶段做的准备工作。测试执行阶段，测试人员才真正接触系统。此环节对测试人员认真执行测试案例、灵活运用测试技巧有着更高的要求，还要求测试人员与开发人员保持良好的沟通，以便正确定位和及时修复系统缺陷（见图5－2－3）。

工作内容及交付物为：

✓ 运用辅助工具进行代码安全扫描。

✓ 进行系统集成测试阶段，测试人员按计划有序地执行测试案例，提交系统缺陷，验证已改缺陷。每轮测试执行结束后填写《测试跟踪报告》，根据每轮测试情况安排小结会议，最后生成总体的《测试报告》。

✓ 分析每轮测试数据：“测试案例执行率”“缺陷统计分析”“遗留缺陷分析”。

✓ 评估分析结果，召开评审会，对系统测试跟踪报告和测试活动进行评估，评估测试结果是否满足测试计划中制定的结束条件。特别要对遗留缺陷进行全面的分析和评估。若满足，测试过程结束，则可准备系统上线；若不满足，还要增加测试轮次、追加测试案例进行测试。

✓ 根据各项目需求进行性能测试，提交《性能测试报告》。

✓ 用户验收测试阶段，测试人员需要辅助业务人员进行系统验证测试。

7. 上线跟踪阶段。

产品已发布生产环境，由于系统运行环境的变更可能出现测试阶段未知问题。

工作内容及交付物为：

✓ 上线后进行跟踪测试，分析存在的问题，提交《上线跟踪测试报告》。

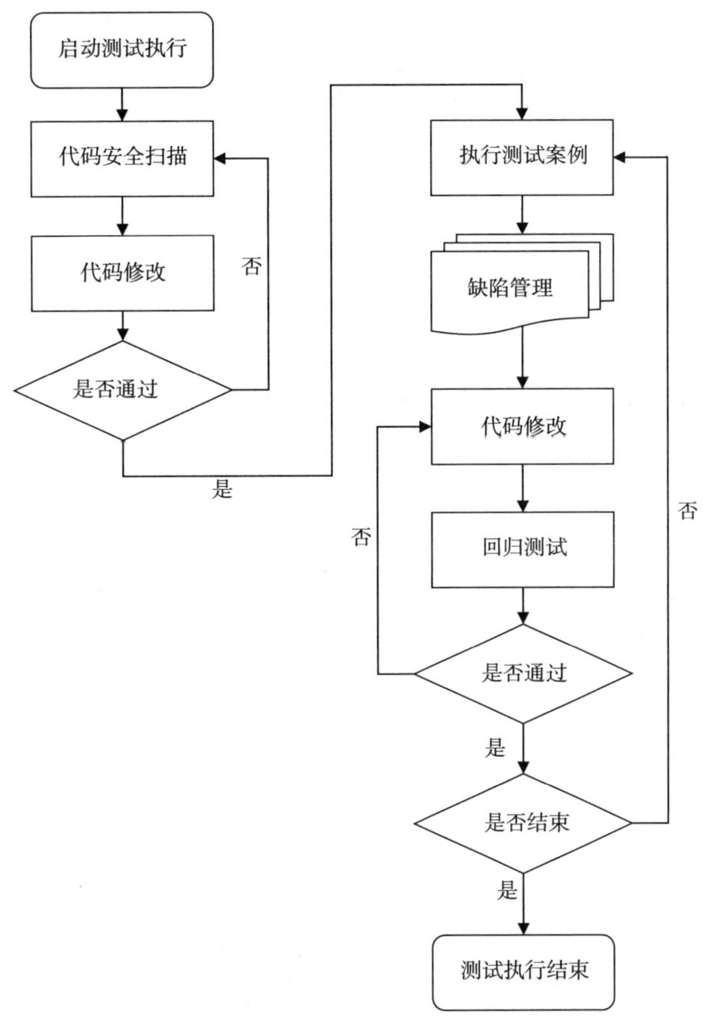

图 5－2－3　银行测试执行流程

✓ 项目测试负责人，提交该项目的《缺陷统计表》。

8. 项目测试总结阶段。

各阶段测试工作结束，项目质量以及测试情况基本清晰。

工作内容及交付物为：

✓ 对各阶段的测试工作情况进行分析总结。

✓ 对用户验收测试阶段以及上线后出现的缺陷进行评估。

✓ 项目测试组进行项目测试总结会议，产生《会议纪要》。

9. 用户反馈阶段。

产品已在生产环境中应用了一段时间，由于业务流程或数据量的原因可能发生测试阶段未发现的问题，以及一些易用性等体验类问题等。

工作内容及交付物为：

✓ 验证上线后用户反馈的信息，分析、总结问题，提高测试工作质量。

10. 上线后项目维护阶段。

产品上线后，根据项目需求和用户反馈等原因对已上线项目进行小部分的修改和完善。

工作内容及交付物为：

✓ 项目开发人员根据项目上线后新增加或修改的部分填写《问题列表》。

✓ 测试人员针对项目上线后变动的部分有针对性地补充之前 QC 上的测试案例。

✓ 按照测试流程进行测试，测试过程中发现的缺陷记录在 QC 中。

✓ 将最终测试结果填写到《系统更新测试报告》。

【同业实例 5－2－2】

某公司作为全球最大的测试服务提供商之一，该公司的基本测试流程规范也是按阶段来区分和定义的，具体定义如下：

1. 测试需求分析。

表 5－2－12　　测试需求分析

流程要点	详细说明
输入	需求规格说明书 软件开发验收标准
工作内容	学习被测试系统 开发测试需求
输出	测试需求文档 测试需求追溯矩阵

2. 测试计划。

表 5－2－13　　测试计划

流程要点	详细说明
输入	测试需求
工作内容	准备测试计划
输出	基线测试计划 更新测试需求追溯矩阵

3. 测试设计。

表 5－2－14　　测试设计

流程要点	详细说明
输入	测试需求 测试计划
工作内容	开发测试设计规范 准备测试案例
输出	基线测试设计规范 基线测试案例 更新测试需求追溯矩阵

4. 测试自动化。

表 5－2－15　　测试自动化

流程要点	详细说明
输入	基线测试设计 基线测试案例规范
工作内容	从自动测试识别测试衰退 为自动化测试准备测试案例
输出	基线测试脚本

5. 测试执行。

表 5－2－16　　测试执行

流程要点	详细说明
输入	基线测试设计 系统被测试
工作内容	搭建测试环境 准备测试 执行测试案例和测试脚本 在测试报告中记录测试日志 在缺陷日志里记录缺陷
输出	测试设计和执行报告 测试完成确认检查表 测试缺陷记录

6. 测试报告和关闭。

表 5-2-17　　测试报告和关闭

流程要点	详细说明
输入	测试报告 测试缺陷日志 测试审核报告 接受准则
工作内容	准备发布说明书 进行版本发布
输出	版本发布检查表 发布说明书 用户接受确认

第三节　如何编写测试计划

一、测试计划是什么

测试计划是什么？首先，它应该是一个纲领性的文件，指导着整个测试过程。业界常常这样说，一份糟糕的计划，不如没有计划，充分说明了合理制订测试计划的重要性。其次，它应该是基于事实情况的预测性估算，一份好的测试计划肯定是可以落地的，能够基于事实情况或者经验去指引测试的实施，并且对测试过程中的工作量、资源投入、风险等因素做到准确的预估。

二、如何编写测试计划

合格的测试计划，主要包括几个关键因素：测试范围、测试策略、测试资源、测试进度、组织结构、测试流程、质量管理、项目风险、沟通管理、文档管理等。以上要素基本涵盖了一份测试计划需要包含的内容。当然，因为项目的差异，测试计划中包含的内容也会有所区别，但基本的构成要素应是相同的。

（一）准确地划分测试范围

那么一份测试计划中，最重要的内容是什么呢？项目开始之前，我们必须要明确知道项目的内容，哪些内容需要测试，哪些不需要测试，要避免去做无用功。归纳一下，这就是测试范围。

要掌握测试范围，首先要做的工作就是测试需求分析。测试需求分析的作用就是把业务需求或需求规格说明书转化、分解成测试大纲。这是一个把需求文档转化为指导测试纲领性文件的过程。在此过程中，项目管理者可以明确测试的任务和内容到底是哪些，工作的边界在哪里，哪些事情需要做，哪些事情不需要做。比如，需要测试的功能点具体有哪些，有没有安全测试的需求、需不需要做性能方面的测试？这些内容如果明确了，那么我们的测试范围也就明确了。测试范围是确定测试进度计划和资源的主要依据。

（二）确定测试的策略和方法

测试需求确定后，接下来就需要确定测试策略和方法。那么什么是测试策略和方法？测试经理需要考虑验证测试需求中功能点的测试方法。根据功能点的重要性，确定测试优先级，对于重要、使用频率高的功能，必须要全面验证，保证资源投入当前最高优先级的任务上。功能点具体怎么测试？运用什么样的方法来进行测试？比如要测试手机银行，是通过各种操作系统、手机型号来进行测试，还是通过模拟器在个人电脑上进行测试？是通过手工测试还是应用自动化工具来进行测试？需要调用的外部环境或者系统能不能正常或者随时使用，是不是需要挡板或者模拟程序？这些就是我们需要考虑的测试的策略和方法。

（三）合理评估、分配测试资源

测试经理需要合理估算测试所需的资源。测试资源可以简单地分为人和物。人可以对应不同的岗位，如需求分析人员、测试案例设计人员、测试执行人员。物可以分为硬件、软件和耗材，硬件包括个人电脑、服务器等，软件包括测试需要用到的各种应用工具，如 Office 等，另外还包括一些测试需要的耗材，如空白卡、存折等。我们在评估测试资源的时候，需要全面考虑，尽量避免遗漏。那么怎么去评估测试资源的数量需求呢？对于人员的需求，可以根据工作量和人员的平均工作效率，结合项目的时间要求，推算出测试人员的需求数量；至于测试耗材的需求，可以参照历史项目经验进行评估。在同时有多个项目的情况下，测试经理或测试组织的管理团队需要根据项目的优先级确定每个项目的测试资源。

（四）合理安排测试进度

测试进度计划是项目计划中最重要的组成部分。进度计划包含了测试的任务排序、资源分配、时间安排。制订测试进度计划，需要先对项目的工作任务进行分解，排列工作任务的优先级顺序，然后再拟定任务的完成时间和需要的资源，形成一个总体的进度计划。如果需要再精细一些，那么我们可以将测试团队再进一步拆分为一个个测试小组，再分别制订各个小组的进度计划。

在项目执行过程中，我们需要实时地跟踪项目进度，定期提交项目进度报告，报告项目的执行情况、实际进度与计划进度的偏差，以及项目存在的问题等。当发现计划偏差时，需要分析发生的原因，并寻找解决的办法。比如，当实际进度落后于计划进度时，若是由于测试人员投入得不够，那么解决办法就是多投入测试人员或增加加班。当然，偏差发生的原因多种多样，包括计划制订不合理、工作任务顺序不正确、严重缺陷等，作为一个测试经理，需要认真地分析进度偏差发生的原因并予以解决。当需要变更项目进度计划时，我们需要提交进度调整申请计划，在得到上级部门或者组织的审批后，才能正式地变更项目进度计划。

（五）科学地规划测试团队结构

什么是测试团队？测试团队就是以实施某一个测试任务为目的，按照一定的形式组建起来的团队。测试团队常见的组织结构一般有三种形式，即职能型、项目型、矩阵型。职能型结构是一种传统的、松散的测试组织形式，如测试经理、测试组长、测试组员等；项目型组织通常是按照项目来设置的；而矩阵型组织结构是为了最大限度地利用组织中的资源和能力而发展起来的，它是由职能型和项目型组织结构组成的一个混合体。上述三种项目组织形式，各有优缺点，项目组需要根据自己的情况来选择项目结构（见表5－3－1）。

表5－3－1　　不同测试团队组织结构区别

组织结构 团队特征	职能型	矩阵型			项目型
		弱矩阵	平衡矩阵	强矩阵	
测试经理权力	很少或没有	有限	小到中	中到大	高
资源调动权力	很少或没有	有限	小到中	中到多	高
资源实际控制人	职能经理	职能经理	职能经理、测试经理	测试经理	测试经理
测试经理属性	兼职	兼职	全职	全职	全职

注：职能经理是指测试组织内行政团队的负责人，测试经理是测试组织内测试团队的主要负责人。

【同业实例5－3－1】

某银行测试中心成立初期采用矩阵式管理。通过项目组的方式组织队伍完成测试任务。各二级部负责行政事务的管理，项目组负责具体测试任务的组织和实施。项目组的人员由各二级部抽调组成。测试中心矩阵式组织架构方式如图5－3－1所示。

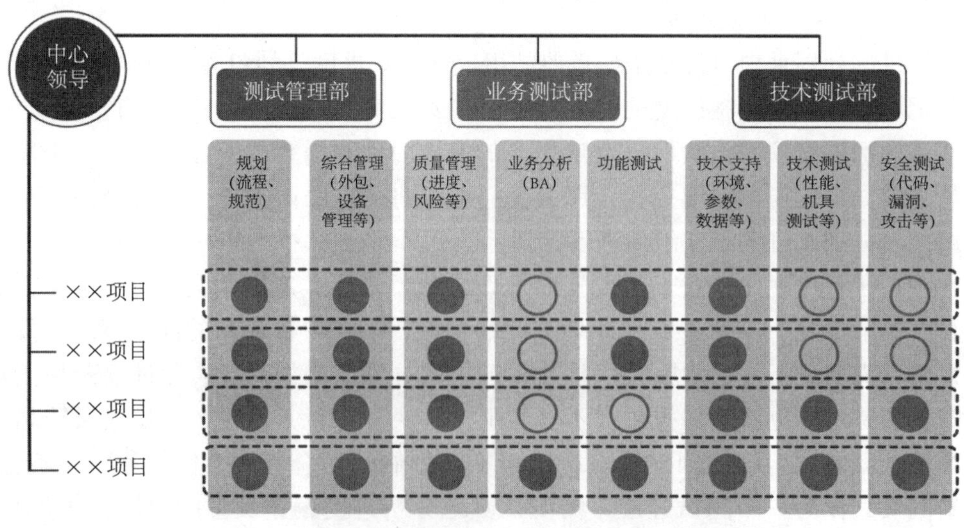

图5－3－1　某银行测试中心矩阵式组织架构

2015 年开始，该银行测试中心试行扁平化管理，从原来的一个庞大的测试项目组转变为多个面向不同业务条线的较小型项目组，项目经理和项目组的管理半径大为缩短，提高了管理效率。测试中心扁平化管理模式如图 5－3－2 所示。

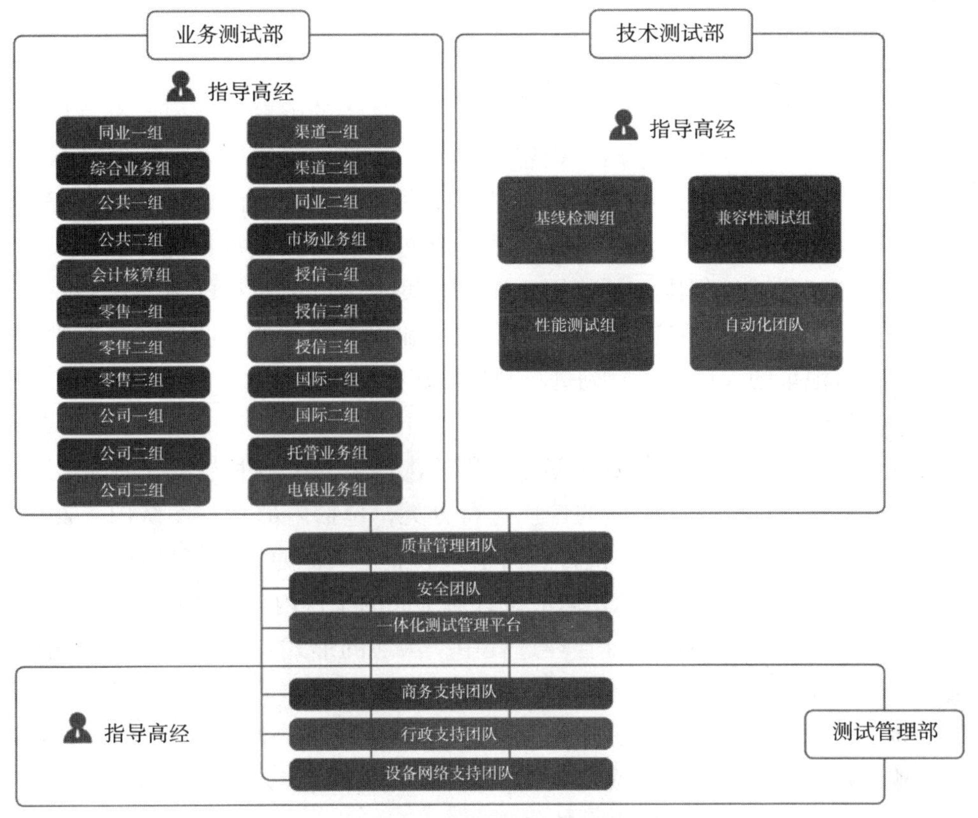

图 5－3－2　某银行测试中心扁平化管理模式

该银行测试中心运用“二级部＋项目组”双管齐下的矩阵化管理思路，在测试管理部、业务测试部和技术测试部三个二级部基础上，设立了 25 个测试项目、5 个管理支持团队，形成了二级部纵向管理、项目组、支持管理团队横向协作的矩阵式组织管理体系。并跨二级部组建了中心级的管理团队，即质量管理团队和信息安全管理团队，从而进一步提升测试中心专业化价值。

（六）严格把控质量管理

什么是质量管理？质量管理是指测试项目需要达到的标准，包含项目组确定质量政策、目标与职责的过程和活动，从而使项目满足其预定的需求。质量管理活动通常分为三个步骤，分别为规划质量目标、实施质量保证、实施质量控制。规划质量目标就是根据国际国内标准和行业特征，针对待测系统的实际情况，明确其所需达到的质量要求。质量保证就是建立和完善质量控制的方法、手段和工具的活动。质量控制就是对项目质量进行评估并发现缺陷，跟进修复质效的过程。

项目质量管理既要管结果，又要管过程。测试结果可以用测试案例执行率、通过率、缺陷关闭率、二次缺陷率等指标来衡量其质量；而测试过程则判断其是否符合既定流程，项目实际进度是否符合进度计划，项目的过程文档是否按照要求进行管理等。在测试计划中，我们需要规定项目的质量目标以及测试流程，还需要规定负责质量检查的角色或者团队。

（七）做好风险管理

很多人会问，什么是风险？这里并不对风险做具体的解释，下面会有专门的章节介绍风险的含义以及风险应对方面的内容。在测试计划中，测试经理需对项目中可能存在的风险进行识别和分析，将识别出来的风险形成清单，标注风险的严重程度，并预设应对措施。在测试过程中，测试团队需要定期评估测试执行情况，监控风险，并进行预警。例如，测试过程中，可能因为工作强度大，造成人员的流失风险，这时项目管理者则需要采取应对措施，可以建立人才库和资源储备池，明确准备规则，一旦人员流失，储备池里的人员可以立刻进行替换交接等。

（八）建立有效沟通机制

沟通管理是项目管理的重要组成部分，好的沟通是完成项目管理工作和实现项目目标的前提。沟通活动可按照不同的性质进行分类，包括内部（在团队内）和外部沟通（与其他团队或部门）、正式（报告、简报）和非正式沟通（电子邮件）、垂直（上下级）和水平沟通（同级）。测试团队应该针对不同的工作内容，制订沟通计划，选择符合实际需要的沟通方式。在项目管理过程中，沟通的形式是多种多样的，比如项目的例会、晨会，我们在沟通计划中可以明确，例会什么时候开、频率是什么、什么人要参加、会议开多久、是站着开还是坐着开、会议记录谁来写、项目通知如何下达，是邮件通知还是口头通知、项目成员因为问题而产生分歧该如何解决等，这些内容就是我们在沟通计划中，应该明确出来的内容。

（九）严格管控测试文档

测试文档指测试中产生的文档（需求说明书、测试报告、测试案例及截图文档、测试凭证、测试报表、操作手册、重要邮件）和管理文档（规章制度、报告、会议纪要、收文发文、申请单等）。在项目计划中，应明确规定需要保存的项目文档类型、保存期限、使用方式等内容。另外，需要对文档的版本进行管理，明确文档的版本号以及相应的管理方式。

【同业实例 5 -3 -2】

某银行对于项目或项目群的测试都需要制订测试计划，测试计划包括以下内容：

1. 测试目标。

依据项目的实际情况，描述本次测试的功能性和非功能性测试总体目标。

2. 组织架构及职责。

明确本次测试所有涉及单位及其职责，以及本次测试所有涉及单位的负责人。

3. 功能测试实施规划。

描述测试各个阶段的里程碑划分、资源分布情况和可交付的工作件。

（1）测试阶段划分。

分析并确定测试阶段（例如内部测试、连接测试、系统集成测试、用户验收测试、上线）；并明确每个测试阶段的起止时间。

（2）人力资源规划。

简要描述计划在测试各个阶段拟需要的人力资源数量和技能要求规划。

（3）测试环境规划。

简要描述计划在测试各个阶段拟使用的功能测试环境，包括：

系统连接逻辑示意图及说明：测试相关各系统的逻辑连接示意图。

测试环境物理规划：明确在测试各阶段，各关联系统的测试环境的物理部署位置，包括总行集中测试环境、开发中心测试环境、数据中心测试环境、分行测试环境。

（4）测试数据规划。

简要描述计划在测试各个阶段拟使用的测试数据及其来源。

（5）测试范围设计。

明确本次测试的总体业务范围，划分的测试线路设计，例如交易线、签约线、轮询发布线、数据转换线等。

明确各阶段的测试范围，采用的主要方法和策略。

明确本次测试可以不用测试的范围。

（6）测试管理工具。

明确各阶段的测试管理工具及其使用方法。

4. 非功能性测试实施规划。

描述本项目非功能性测试（例如性能测试、安全测试、安装测试和可恢复性测试等专项测试）的目标、阶段划分、资源分布情况和可交付的工作件。

（1）非功能性测试阶段划分。

简要描述非功能性测试的测试阶段划分，例如系统测试阶段是否需要性能测试、安装测试、可靠性测试等，如在用户验收测试阶段何时启动测试等。

（2）测试环境规划。

简要描述计划在各项非功能性测试阶段拟使用的测试环境。

（3）测试数据规划。

简要描述计划在各项非功能性测试阶段拟使用的测试数据及其来源。

（4）测试策略设计。

针对测试线路所建议的测试方法和策略。

5. 测试风险分析。

维护测试需求中的风险分析表，依据实际情况进行增、删、改的操作。

【同业实例5-3-3】

某公司测试中心对项目的测试计划有严格的要求和定义，对每个项目都需要从以下方面完备地进行计划。

1. 范围和目标。

描述验收测试的范围，确认交付的软件或系统是否达到了和客户协商指定的需求。

（1）可测试的特性。

列出验收期间可以被测试的特性。

（2）不可测试的特性。

列出验收期间不该测试的特性。

（3）缩写和简写。

列出在本文档中用到的缩写和简写。

2. 验收标准。

说明和用户协商指定的验收标准。

3. 测试就绪的标准。

指出验收测试开始的首要项，也就是测试准入标准。

4. 测试步骤。

指出实施验收测试的地方。

指出怎样执行验收测试：

谁来准备验收测试案例，怎样来审核它们？

谁负责建立测试环境？

谁来执行验收测试？如何审核和验收测试结果？

在验收测试结果上签署结果（接受，有条件地接受或拒绝）。

5. 测试安排。

描述测试工作中的活动，开始日期和结束日期。

6. 资源。

（1）硬件和软件资源。

列出执行验收测试需要的硬件和软件资源。

（2）人力资源。

列出执行验收测试需要的人力资源和技术装置。

7. 测试环境。

描述执行验收测试所需要的不同的测试环境。

8. 测试案例。

说明在提供的版本里要测试的案例。包括：

测试案例 ID。

测试目标。

测试类型。

测试日期。

前提条件。

测试案例描述。

期望的结果。

9. 测试日志。

提供可以链接到验收测试案例和测试日志模板的一个链接。

10. 缺陷处理。

(1) 缺陷分类（见表 5－3－2）。

表 5－3－2　　缺陷分类

重要程度分类	重要程度分类指南
重大	问题是致命的（例如，处理过程中的应用程序失败或是中止），并且阻挠用户使用应用程序 问题（或可能原因）导致悲惨的结果（包括金钱损失）或是不期望的结果
重要	在软件或系统中的问题可能导致一个重要的事物功能的严重损坏，该事物功能的工作区是可用的
次要	次要缺陷导致（或可以导致）系统小的或是可以忽略的结果，这些缺陷是很容易矫正的

(2) 缺陷日志和追踪。

可以提供链接到测试缺陷日志模板，在该模板里捕获和追踪验收测试缺陷。

11. 测试暂停标准。

描述什么情况下验收测试可以暂停。

12. 测试恢复标准。

描述在验收测试期间暂停情况恢复测试的标准。

13. 验收。

描述验收标准，以防客户在正式的验收中出现延迟。

【同业实例 5－3－4】

基于以上模板，可以根据项目实际情况进行定制，例如某公司为某银行资金交易系统制订的测试计划如下：

1. 测试范围。

(1) 测试阶段。

本项目主要包括如下测试阶段：用户验收测试（UAT）。

每个阶段的输入、输出和主要活动见表 5－3－3：

表 5－3－3

阶段	输入	主要活动	输出
用户验收测试	《系统需求说明书》 《接口联调测试报告》 《接口联调测试案例》	验收测试计划 验收测试执行	《验收测试计划》 《验收测试报告》 《验收测试日志》

（2）测试内容。

某银行资金交易系统共包括十个模块：基础数据管理，牌价管理，外汇买卖，结售汇，其他资金交易，交易监控，资金管理，风险管理，报表，系统管理。其中外汇买卖为此次测试服务的测试内容（见表 5－3－4）。

表 5－3－4

模块名称	子模块名称	测试内容
外汇买卖	即期交易	交易发起（实时扣账） 交易发起（延时扣账） 交易违约（延时扣账） 交易撤销
	远期/择期交易	交易签约 交易提前履约 交易到期履约 交易展期 交易违约 交易撤销（反交易）
	掉期交易	交易签约 交易提前履约 交易到期履约 交易展期 交易违约 交易撤销（反交易）
	挂单交易	即期挂单 撤单
	交易指定成交	交易指定成交
	非敞口要素修改	非敞口要素修改

2. 测试方法和策略。

（1）测试方法。

根据以往金融行业积累的测试经验，以及某公司测试项目的方法论，对于此次测试某银行资金交易系统的测试方法采用场景法分析业务功能推导业务规则，增加业务流分析一级在重要业务复杂交易中采用业务案例的分析方法，确保测试分析的完备性。

在产生测试案例时采用以等价类划分为主边界值分析为辅的测试数据分析方法，确保测试数据的完备性。

（2）测试策略。

具体测试策略定义如下：

依据测试二八原则的理论，优先级高的模块要投入大部分人力进行测试，对于优先级高的模块要保证三轮测试，要保证在内部测试阶段发现所有功能性的缺陷。

采取轮循测试的策略保证系统的质量，即一个系统至少由两人分别执行全测试，两个人共同为系统质量负责。

在做外汇买卖时交易产生的会计目录，鉴于会计目录的专业性，只检查会计分录产生路径的正确性，不测试会计分录内容的正确性，不为这个功能点单独设计案例，具体的测试由会计人员完成。

对于模块内部的配置参数等这些系统功能，尽可能地与业务功能相结合进行测试，即在设计业务功能的测试案例时，把系统功能考虑进去，在执行时同时检测两部分功能的检查点。

根据测试人员尽早介入的原则，测试人员应该在项目的需求阶段就介入到项目组中，但目前已经开始进入验收测试阶段，所以对于测试组来说，此阶段的主要任务是了解测试需求，设计测试案例，再进行全面的回归测试。

在需求变更时要继续细化追加测试案例，设计的测试案例对业务需求的覆盖要达到100%，覆盖所有的功能点。

在测试过程中如果涉及了性能测试调优，性能调优阶段肯定会涉及代码的改动，这时我们采取波及分析的方法对功能的影响范围进行分析，只对该范围内的功能进行回归测试，在性能调优完后，进行一轮全覆盖的功能测试。

3. 测试时间管理。

测试进度安排。

测试工作由六个阶段组成，本计划只涉及资金交易系统外汇买卖模块资金交易的功能测试。本计划得以执行有一个前提假设，开发人员要在案例设计前准备好测试环境并已经充分地进行了单元测试（见表5-3-5）。

表5-3-5

<table>
<tr><th>里程碑</th><th>日期</th><th>交付物</th><th>工作日</th></tr>
<tr><td>项目启动</td><td>xx. xx—xx. xx</td><td>测试项目计划</td><td>n</td></tr>
<tr><td>测试需求分析</td><td>xx. xx—xx. xx</td><td>测试需求分析表格</td><td>n</td></tr>
<tr><td>测试案例设计</td><td>xx. xx—xx. xx</td><td>测试案例文档</td><td>n</td></tr>
<tr><td>测试执行——第一轮迭代</td><td>xx. xx—xx. xx</td><td rowspan="3">测试报告
缺陷报告</td><td>n</td></tr>
<tr><td>测试执行——第二轮迭代</td><td>xx. xx—xx. xx</td><td>n</td></tr>
<tr><td>测试执行——第三轮迭代</td><td>xx. xx—xx. xx</td><td>n</td></tr>
<tr><td>总结和汇报</td><td>xx. xx—xx. xx</td><td>项目总结汇报文档</td><td>n</td></tr>
</table>

4. 测试规范管理。

(1) 测试标准。

①测试准入条件。

本次测试准入条件包括:

- 开发组提交《功能需求说明书》。
- 开发组提交单元测试报告,单元测试案例保证覆盖功能的80%以上。
- 程序包能在测试环境中正确地安装和部署,且系统通过执行冒烟测试,表明系统主要功能已经实现,无阻碍测试的流程或功能。

②测试准出条件。

本次测试准出条件包括:

- 所有测试案例均已执行,且覆盖了业务变更需求。
- 严重程度为1级、2级的缺陷全部关闭。
- 严重程度为3级的缺陷关闭数大于70%,未关闭的缺陷已有明确的处理意见。
- 严重程度为4级的缺陷关闭数大于70%,未关闭的缺陷已有明确的处理意见。

③测试中止条件。

本次测试中止条件包括:

- 1级缺陷造成系统无法运行,并经开发确认短时间(3日)内无法修复。
- 单个功能点80%测试案例数发现2级以上(包括2级)缺陷。
- 需求重大变更。
- 开发重大修改。
- 如存在严重程度为2级(包括2级)以上的未解决缺陷,已将风险通知需求方和运维方并同意中止。
- 遇到上述所列条件的任意一项,可以同该银行客户方协商,中止测试。

④测试重启动条件。

测试中止后重新启动测试满足的条件包括:

- 开发组织已经修复了导致测试中止的所有缺陷。
- 经过业管部门和测试部领导同意后重新启动测试执行。
- 交付版本通过冒烟测试所有缺陷都已经修改或修改功能已经实现,达到可接收版本要求。

(2) 缺陷处理办法。

缺陷处理办法遵照《某银行资金交易系统——缺陷管理流程》中的规定。

(3) 测试案例管理。

首先测试案例的编写必须遵循《需求案例缺陷编写规范》中的规定,以Excel作为案例的管理工具。

(4) 测试数据管理。

该银行资金交易系统的测试数据最主要来自测试技术保障部,这部分数据以文件的形式存储在FireFly配置管理服务器上，数据的来源是获取现网业务的实际数据。

（5）测试执行管理。

利用Excel来对测试执行过程进行管理，测试组成员前一天生成下一个工作日需要执行案例的Excel表，测试工程师通过Excel执行测试案例，记录测试执行过程。

5. 测试资源管理。

（1）软、硬件环境：按照表5－3－6格式统计编写测试环境的应用系统配置清单

表5－3－6

硬件环境	应用服务器	数据库服务器	客户端
硬件配置			
软件配置			
网络环境			

（2）测试工具。

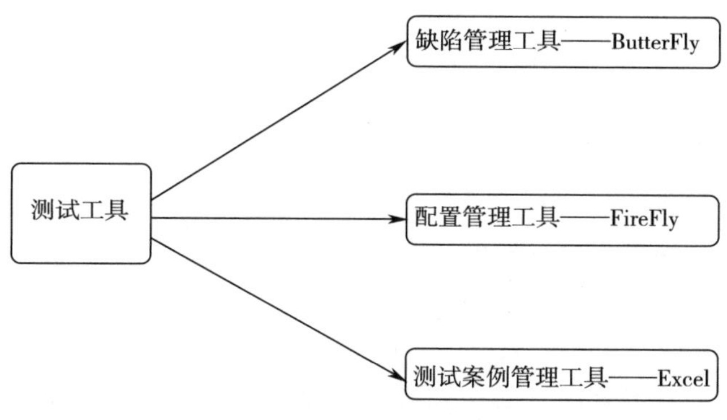

图5－3－3　测试工具

（3）人员安排。

①人员组织结构。

参考人员组织结构图。

②人员职责及技能要求。

表5－3－7　　人员职责及技能要求

人员	系统或工作	技能要求	备注
人员1	创建测试计划、管理测试活动、制定测试规范、协调测试组的日常工作、测试需求分析、测试案例编写、测试执行、项目监督控制	资深的测试及测试管理经验，有行业背景	确保测试工作保质保量完成
人员2	测试需求分析、测试案例编写、测试执行	资深的测试经验，有行业背景	独立完成测试需求分析，测试案例编写及执行

续表

人员	系统或工作	技能要求	备注
人员 3	测试需求分析、测试案例编写、测试执行	资深的测试经验，有行业背景	独立完成测试需求分析，测试案例编写及执行
人员 4	测试需求分析、测试案例编写、测试执行	有三年测试经验的初级测试工程师，有行业背景	根据设计好的案例，执行测试，在执行过程中对案例进行完善

③人员培训规划。

表 5-3-8　　人员培训规划

培训内容	触发培训条件	培训依据	培训时间	培训人
系统实现技术框架培训	无，此培训一定开展	现有系统的技术架构	4 个小时	开发组
业务培训	依据后期进场的人员对业务掌握情况而定	业务规范及需求文档	8 个小时	业务人员

6. 测试质量管理。

测试质量管理主要包括两方面的内容：一是检查，二是度量。质量管理的工作暂时由测试组长来担任。

（1）检查的内容。

按照测试阶段检查表检查测试过程。

检查测试案例、记录文档、缺陷记录文档。

跟踪进度。

跟踪缺陷解决状况。

阶段结束时判定品质状况、判定缺陷收缩情况、保证未完成项的关闭。

（2）检查的目的。

确保各项目测试过程按规划进行，需求分析、案例编写、测试执行符合相关规范。

确保各阶段提交的工作成果（提交物）符合产品规格说明书以及制定的规范。

确保软件测试过程是可控的，可追踪的。

确保对问题（或缺陷）的管理是可控的，可追踪的。

7. 沟通管理。

（1）沟通渠道。

邮件、项目例会、QQ 群、电话作为项目组成员相互沟通的渠道。这里指的沟通既包括测试组成员内部的沟通也包括测试组与开发组之间的沟通。

测试组如果不是特殊需要不再单独组织项目例会，而是跟着开发组织一起参加项目经理组织的项目例会。

（2）会议管理。

①会议通知。

所有会议一律必须采用邮件通知，一个完整的会议通知邮件，应包含以下内容：

会议名称。

会议主旨和目标。

会议议项。

会议时间。

会议地点。

会议议程。

会议主持人。

建议所有邮件形式会议通知，采用 Outlook 中 Meeting Request 形式。

②会议变更。

会议的变更包括会议改期、会议取消。

会议取消：邮件通知相关人员会议取消。

③会议进程。

在会议进行过程中需要有效掌握进度，控制节奏，保证会议效率。

④会议主持。

会议必须有唯一的有效的主持人，控制会议日程、进度、发言和讨论，安排会议纪要等事宜。

控制会议进程。

会议开场：讲述会议目的和会议议程。

会议中场：按会议议程讨论、汇报、建议。

会议结束：总结已达成的目标、重复任务安排细节、计划下一步行动。

控制会议时间。

每个阶段按照会议议程进行，避免跑题过长。

某阶段未完成的任务进行记录并安排下次会议进行。

参与人配合。

参与人应在会前熟悉会议议题，做好必要的准备。

按时参加，提前请假，说明请假原因。

在会议进行中进行针对性问题的提问，避免偏离主题。

⑤会议跟踪。

项目经理将对会议纪要的下一步行动进行跟踪和监控。于每周三前核实下一步行动的实施情况。在星期四的周例会上进行及时反馈。

8. 配置管理。

项目组把 FireFly 作为配置管理的工具，配置管理工具及配置管理文档由该银行客户提供，HP 配置管理员暂时由测试组成员兼职担任。

9. 目前风险分析。

(1) 文档不完整。

需求文档和设计文档比较陈旧，对变更没有准确记录，文档的描述不够详细。

(2) 系统功能与需求文档相差较大。

系统功能与需求文档相比有一定的差距，测试需求的分析不能完全参照需求文档的描述。

(3) 需求变更频繁且没有详细描述。

需求变更较多，且描述比较简单，没有详细的描述说明，也没有详细设计文档说明，只有大的条目，且有些最新的需求变更并没有及时更新到 ButterFly 服务器上。

(4) 对开发人员的讲解依赖性大。

基于以上几个原因，在测试需求分析阶段要更多地依赖开发人员的讲解，尤其对需求变更的理解和实现都要经开发人员口述得到，加大了测试分析的风险，并且在制订计划时要考虑更多的沟通时间，增加一些额外时间在里边。

第四节　怎样梳理和整合业务需求

一、为什么要梳理和整合业务需求

业务需求定义了用户通过系统能完成哪些业务工作，简而言之，就是谁使用系统做什么。业务需求记录在《需求规格说明书》中，是由需求部门和开发组织共同定义的，描述了软件系统的预期特性。在《需求规格说明书》中，业务需求往往写得比较笼统和粗略，很多需求的细节，如功能点和业务流程并没有得到清晰地展现。基于以上情况，测试人员在做测试设计的时候，可能难以覆盖所有系统功能或业务流程，从而导致测试不全。在用户验收测试中，梳理业务和整合业务需求的目的就是通过将业务需求逐层分解细化，直至拆分到最小单元，从而清楚地知道测试范围和测试要点，明确要测什么，再进一步考虑该怎样测。因此，测试需求是测试计划的基础与重点。

二、如何区分需求的不同层次

银行业务的需求，基本可以分为三个不同的层次：业务需求、用户需求和功能需求。

(一) 业务需求

业务需求表示组织或客户高层次目标，是比较宏观的目标。业务需求通常来自项目的业务部门。业务需求描述了组织为什么要开发一个系统，即组织希望达到的目标。

(二) 用户需求

用户需求描述的是用户的目标，或用户要求系统必须能完成的任务。以用户为中心，设定场景、事件或案例，分析用户需要的功能。用户需求从属于业务需求，是业务需求的具体阐述。

(三) 功能需求

功能需求规定开发人员必须在产品中实现的软件功能，用户利用这些功能来完成任务，满足业务需求。功能需求有时也被称作行为需求。

三、归纳业务需求的规则分类

业务规则是对业务内容进行定义或约束的语句，业务规则用于声明业务结构，或者控制、影响业务的行为。业务规则分为如下类型：

（一）事实

事实就是对业务的真实陈述，常常描述重要业务术语间的关联。其他业务规则可能会引用事实，但事实本身通常不会直接阐述软件的功能性需求。如每笔交易都有一个业务编号或单笔交易需要收取手续费。

（二）约束

约束限制了系统或用户可以执行哪些操作。有些词和短语表明了约束，包括必须、不可以、可以和只有等。约束的例子如账户余额为零不能做转账操作。

（三）动作触发规则

在特定条件下触发某个动作的规则被称为动作触发规则。该规则引出对某项功能性需求的定义，是软件在条件满足时表现出正确的行为。如每个季度的最后一天，系统通过批量生成季度报表；个人定期存款，期满后自动转存为个人活期存款。

（四）计算

业务规则使用特定数学公式或者算法进行的计算。如个人存款利息的计算。

四、如何确定业务需求分解的颗粒度

业务需求中业务场景的目标和交互基本都可以被展开为更精细、更小颗粒度的目标和交互。也就是说，每一个业务需求理论上都是可以拆分为更为具体和详细的需求。在对业务目标进行分解时，参考国际上通用的标准，我们给业务需求分成了五个层次：概要、业务、功能、子功能、活动。接下来我们介绍这五个层次需求的具体含义（见图5－4－1）。

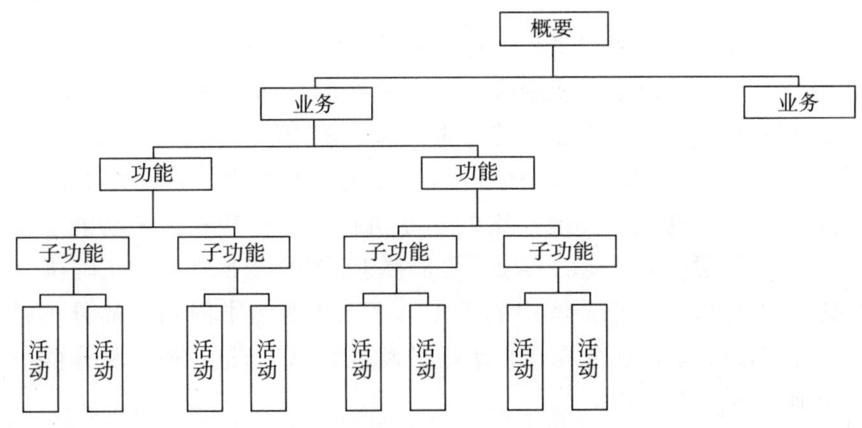

图5－4－1　业务需求层次

（一）什么是概要层次需求

概要层次需求包含多个用户目标，一般都是最高层次的目标，即开发这个业务系统的主要目的是什么。概要层次在需求中起如下作用：

✓ 显示用户的主要目标和目的。

✓ 显示高层目标的具体组成和结构。

✓ 为低层案例提供目录表。

概要层次需求的实现通常需要花费较长时间，而不是短期内就能够立刻完成的。该层次通常更关心系统需要实现的目标。比如网上银行，就是一个概要层次的需求，网上银行的主要目的是为客户提供便捷快速的金融服务，而不需要去柜台办理具体业务，这个概要需求包含了很多具体的用户目标，如转账汇款、集团业务、现金管理等。那么对于网上银行这个概要层次的需求，转账汇款、现金管理就是这个概要目标的具体实现。

（二）什么是业务层次需求

业务层次需求与概要层次需求类似，业务层次需求是概要层次需求的细化说明。业务层次需求通常说明系统的某个交易的业务目标和业务流程。我们刚才举了例子，如果说网上银行是个概要层次的需求，那么组成网上银行的业务功能如转账汇款、现金管理等就是业务层次的需求，是对网上银行这样的概要层次需求的具体解释和实现。

（三）什么是功能层次需求

功能层次需求是用户使用系统的目标，相当于业务过程中的“基本业务过程”。功能层次的需求已经基本“落地”，是业务层次需求的具体实现和组成部分。功能需求通常说明系统某个具体交易的功能实现。比如我们刚才举例说明的转账汇款，这个业务层次的需求一般由行内转账、跨行转账等这样的功能层次需求组成。也可以这么说，行内转账实现了用户使用网上银行系统的目的，行内转账是对网上银行这样的高层次战略目标的具体落地行为。

（四）什么是子功能层次需求

子功能需求是指那些在实现用户目标时可能会被用到的目标，这些子功能的组合实现了功能需求，也就是说子功能层次为功能层次的具体实现。比如我们在做跨行转账的时候，跨行转账是一个功能层次的需求，那么做跨行转账需要用到哪些具体的功能呢？首先，账户状态的校验、账户余额与转账金额的校验、转账类型的选择，安全校验、手续费计算等，这些子功能层次的功能执行了跨行转账这个功能层次的功能。可以这么理解，功能层次的功能的实现，是依赖于子功能层次功能的正确执行。

子功能层次的分析为需求分解中的重点，可以按照需求规则中的分类进行分析，分别为：事实、约束、动作触发规则、计算四个方面对需求进行梳理和分解。

（五）什么是活动层次需求

活动是指最底层的功能需求，是实现一个功能需求的最小功能单元，在实现用户目标时可能会被用到的目标。只有当迫不得已时才会把它包含进来。针对活动，需求分析工程师没有必要单独分析，它们的内容应该被融合到子功能需求中。依然是网上银行转账汇款的例子，我们通过跨行转账做了一笔汇款，系统会生成流水单号和回单号。流水单号和回单号对跨行转账来说，就是一个最底层的需求，继续再往下已经没有办法、也没有意义去分解。网上银行系统在实现转账汇款这个目标时，用到了回单号自动生成这个活动层次的需求，但是该功能并不是我们在做系统分析时关注的重点。

以上的内容我们阐述了业务需求的五个层次，再总结一下，从高层目标到具体实现，从概要、业务、功能、子功能到活动。为了帮助读者更为形象和客观地认识到这五个层次之间的联系与区别，我们举了网上银行的例子：

✓ 概要层次：网上银行系统。
✓ 业务层次：网上银行——转账汇款、现金管理。
✓ 功能层次：转账汇款——行内转账、跨行转账。
✓ 子功能层次：跨行转账——账户状态、转账方式。
✓ 活动层次：跨行转账——流水号、回单号。

五、梳理测试需求的步骤和方法

（一）测试需求梳理的步骤

我们在梳理业务需求的过程，其实就是在分析、整理测试需求的过程。测试需求梳理分为五步（见图5－4－2）。

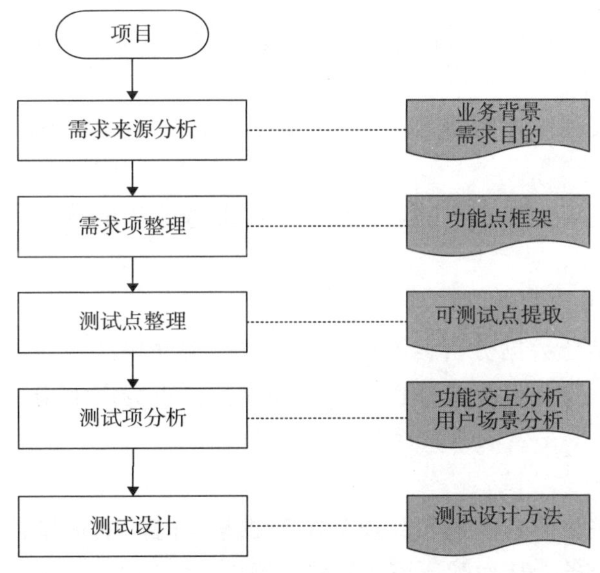

图5－4－2　测试需求梳理步骤

1. 分析需求来源

首先需要清楚该业务需求的背景和设计目的，明确承担测试需求分析工作的人员需要具备什么业务知识和技能，待分析的需求属于什么业务类型，为后续的需求分析工作做好准备工作。

2. 需求项整理

需求项整理就是根据我们之前谈到的业务需求层次来进行分析，最终形成一个功能点框架，为接下来的需求分析提供目录参考。比如网上银行的功能点框架就是转账汇款——行内转账、跨行转账等，将这些功能点列为清单，就形成了测试功能点框架。

3. 测试点整理

测试点整理的产出是可作为测试指导的测试大纲，我们在得到功能点框架后，再根据需求分析中的层次，分析出我们的测试重点包括子功能，以及基础业务流程，最终形成测试需求大纲。

4. 测试项分析

测试项分析是在测试需求大纲的基础上，根据用户使用该系统或者功能的实际情况，模拟真实的业务场景，分析业务场景在执行过程中涉及的各种正常、异常流程。

5. 测试设计

测试设计包括测试管理的设计以及各种测试技术应用的设计。在众多的测试方法中（手工测试、自动化测试等），测试设计就是要根据需求特性，选取最合适的测试方法或测试方法组合。

（二）测试需求梳理要点

在测试需求分析过程中，根据被测系统的特性，我们需要关注如下需求分析要点：

1. 页面要素分析

页面要素分析关注用户界面要素是否满足设计要求，是否符合行业和公司规范。

2. 测试数据分析

数据分析主要关注输入框的数据、反显数据的来源、数据的输出、数据的关联等。

3. 业务流程分析

业务流程分析主要关注基本的业务流程、各业务流程的分支、明确规定不可使用的业务流程等。

4. 功能交互分析

功能交互分析结合数据分析，流程分析主要来关注操作入口明确、合理；实现功能的步骤简洁明确，符合实际业务逻辑并足够简洁，不会产生步骤上的混乱；交互执行的结果正确完整等。

5. 用户场景分析

用户场景分析关注的是模拟实际业务中形成某一时间的场景，转变成系统中该事件触发的业务功能链条，从而验证该场景的正确性。

六、测试需求分析矩阵

之前的内容中，我们谈到了需求分析的层次，需求分析的步骤以及要点。那么需求梳理和分析的最终展现是什么呢？一般是形成需求分析的矩阵，之前我们谈到了功能点的测试大纲以及业务场景，所以在这里我们也简单地分为测试功能点矩阵和业务场景矩阵。

（一）测试功能点矩阵

根据测试需求分析的步骤以及要点，建立测试需求分析矩阵，可以方便、详尽地获取测试需求，明确测试执行时需要实施的测试类型。测试功能点形成步骤如下：

1. 根据软件需求说明文档，列出具有可测试性的需求。根据需求分解的层次规定，列出功能点框架。

2. 根据功能点框架，从测试角度出发，分析每条需求描述中输入、输出、处理、限制、约束等，形成测试子项。

3. 根据测试子项的业务特点，列出相应的测试大纲清单。

4. 根据测试大纲的测试分类，选择适合的测试类型。

建议测试需求矩阵，将上述步骤、需求文档、功能点清单、测试子项、测试大纲、测试类型填入测试跟踪需求矩阵（见表 5－4－1）。

表 5－4－1　　测试跟踪需求矩阵举例

业务需求	需求规格描述	需求标示	功能点	子标示	功能子项	测试纲要	测试类型
出口收款	在出口交单之后，付款行将款项通过报文的方式汇给收单行，收单行收到款项之后，将款项入客户账，也可暂时挂账	1	收款方式	1.1	部分收款	1. 出口收款，做部分收款，检查部分收款是否成功 2. 继续做第二次部分收款，检查收汇是否成功	功能测试
				1.2	全额收款	检查全额收汇是否成功	功能测试
		2	触发方式	2.1	电文触发	检查报文 202 是否能成功触发收汇	功能测试
				2.2	头寸触发	检查头寸触发方式是否成功收汇	功能测试
				2.3	手工匹配	检查手工匹配方式能否生成收汇编号	功能测试

（二）业务场景矩阵

业务流程矩阵利用场景图来进行业务流程分析，各个功能点按照不同的顺序组成了业务流。以流程目的推导业务的场景，从而达到业务流程遍历的目的。场景图中的每条路径都用基本流和备选流来表示，基本流是经过案例的最简单的路径；备选流可能从基本流开始，在某个特定条件下执行，然后重新加入基本流中；也可能起源于另一个备选流，或者终止案例而不再重新加入某个流。

业务场景形成步骤如下：

1. 根据软件需求说明文档，分析业务场景的基本流和备选流。

2. 明确基本流通过的功能节点，标明基本流以及备选流的触发条件和结束条件；确定哪些备选流可以回归主业务场景即基本流，哪些备选流最终无法回到主业务场景，从而结束业务流程。

3. 在基本流和备选流确定后，形成业务场景表。确定每个场景所需要经历的基本流和备选流，形成业务场景表，填入测试数据后，即可供测试设计人员编写测试案例（见表5－4－2）。

表5－4－2　　业务场景表示例

编号	场景名称				
1	出口收款成功	主事件流			
2	清算行银行号错误	主事件流	备选事件流2a	主事件流步骤2	主事件流
3	头寸金额为0	主事件流	备选事件流3a	主事件流步骤3	主事件流
4	头寸金额币种不匹配	主事件流	备选事件流3b	主事件流步骤3	主事件流
5	买入卖出币种相同	主事件流	备选事件流4a	主事件流步骤4	主事件流
6	结汇金额为0	主事件流	备选事件流5a	主事件流步骤5	主事件流
7	结汇金额大于5万美元	主事件流	备选事件流5b	主事件流步骤6	主事件流
8	输入汇率为0	主事件流	备选事件流6a	主事件流步骤6	主事件流
9	汇率二级授权	主事件流	备选事件流6b	主事件流步骤7	主事件流
10	汇率浮动大于0.0005	主事件流	备选事件流6c	主事件流步骤6	主事件流
11	无对应币种结算账号	主事件流	备选事件流7a	主事件流步骤7	主事件流
12	费用账号余额不足	主事件流	备选事件流8a	主事件流步骤8	主事件流
13	费用结算账号状态异常	主事件流	备选事件流8b	主事件流步骤8	主事件流
14	费用缓收	主事件流	备选事件流8c	主事件流步骤9	主事件流
15	利息结算账号余额不足	主事件流	备选事件流9a	主事件流步骤9	主事件流
16	利息销账币种不符	主事件流	备选事件流9b	主事件流步骤9	主事件流
17	利息销账部门号错误	主事件流	备选事件流9c	主事件流步骤9	主事件流
18	取消确认	主事件流	备选事件流10a	流程结束	
19	打印失败	主事件流	备选事件流11a	主事件流步骤11	主事件流

【同业实例5－4－1】

某公司测试中心的业务需求分析按以下步骤进行：

- 从业务角度定义业务流程。
- 业务专家根据业务领域，对业务流程进行逐层梳理，先识别出完成业务所涉及的角色及其业务行为，再依据角色的业务行为，分析出业务流程上包含的业务功能。
- 每个业务功能都能当作业务子流程继续分解。
- 对业务功能不断分解，直到分解成最小的业务功能，即不能再分解出下一级业务功能，最小的业务功能称为业务单元。
- 业务单元无法再分解出下一级业务功能，只能分解成具体的执行操作。
- 在业务流程上，有很多需要进行条件判断的业务场景，包括满足条件和不满足条件的业务场景。满足全部条件的业务场景流，即最长的流程，称为主事件流，其他流程称为备选事件流。

【同业实例5－4－2】

某银行对测试需求有如下定义：

1. 测试需求分析。

测试需求分析是测试工程过程中的一项极其重要的活动环节，是开发过程与测试过程之间的桥梁，其主要分析工作包括分析业务需求和软件需求的用户操作界面、业务规则和业务流程（场景），导出系统测试阶段的测试需求。

2. 测试需求。

测试需求是测试需求分析的输出物。其主要作用是：

- 界定测试范围。
- 制定测试进度时间表、分配资源的依据。
- 编写测试案例的依据。
- 定位测试缺陷。
- 衡量测试完成的标志和标准。

3. 测试需求的来源。

测试需求来源于项目（群）的“访谈纪要”“业务需求”“软件需求”“用户操作界面”“概要设计”及系统间的“接口规范”等与应用软件需求、设计和开发相关的文档。

【同业实例5－4－3】

某公司对测试需求的管理使用开放的工具，项目相关人员可以查看需求定义，以确保测试需求被准确地定义，并且生成可执行和可测试的测试交付标准。

- 使用工具定义可执行的测试需求。
- 用户可以查看测试需求并提供意见和反馈。
- 将测试需求和用户场景与其他工作交付物进行关联管理。
- 通过测试需求定义交付标准和测试案例。

第五节　怎样保证测试案例精而全

一、什么是测试案例

测试案例通俗地说，是为某个目标（功能或非功能）而编写的一组测试输入数据、执行步骤和条件以及预期结果，以便验证某个目标是否满足预期需求。简单地说，测试案例就是设计一个场景，是软件程序在这种场景下，必须能够正常运行并且实现程序设计的执行结果。

二、编写测试案例的原则

测试案例是软件测试全过程的核心，是测试执行环节的基本依据。要保证测试案例精而全，必须遵循以下几点原则。

（一）高覆盖、低冗余

在条件允许的情况下，要保证测试质量就要求测试案例能够覆盖所有测试需求，不会出现测试需求未被覆盖的情况；要保证测试效率则要求测试案例必须是低冗余度，以最少测试案例覆盖最多需求，避免测试设计和测试执行工作量的浪费。

（二）标准化、规范化

测试设计人员在设计测试案例时，应该采用标准的测试案例设计方法，如边界值、等价类、场景图等，使测试案例标准化、规范化，这同样是测试质量的重要保证。

（三）测试结果可验证、可再现

测试案例在设计时，应明确测试结果。测试执行时，可以根据测试实际情况对比测试预期结果，判断测试案例执行的结果是成功还是失败。应保证，同样的测试案例，系统的执行结果应该是一样的。测试案例的描述应该简洁明了，既不过分简单也不拖沓冗长难以执行，并需要避免含糊不清的测试步骤。

三、如何编写测试案例

（一）测试案例的要素

测试案例由一系列的要素组成，通常情况下，一般包含序号、类别、名称、前置条件、操作步骤、预期结果、备注等要素。当然，由于被测系统的区别，测试案例的组成要素也会有所区别，这里所描述的是通用的测试案例结构。下面是对测试要素的简单描述。

1. 序号

序号是测试案例的标识，用来对测试案例计数。

2. 类别

表示测试案例的类型，如功能测试案例和非功能测试案例等。

3. 名称

每个测试案例应有相应的名称或标识符，对应测试案例的测试目标（测试点），作用是阐述该测试案例的目的。

4. 前置条件

前置条件表明执行该测试案例所需要的基本条件，比如需要预先执行哪些操作，铺设哪些数据等，案例的执行依赖于这些前期条件。

5. 操作步骤、步骤号

实施测试案例的执行步骤，把测试的操作过程定义为一系列按照执行顺序排列的相对独立的步骤。

6. 预期结果

说明测试案例执行中由被测软件所产生期望的测试结果，即经过验证认为正确的结果。期望测试结果应该有具体内容，如确定的数值、状态或信号等，不应是不确切的概念或笼统的描述。

7. 备注

注释或记载需要另行说明的文字。

（二）测试案例的类型

用户验收测试的功能测试案例可以分为四类：冒烟测试案例、通过性测试案例、失效性测试案例、页面要素测试案例。

冒烟测试是对软件基本功能是否正常的初步判断，用于确认是否可以进行后续的正式测试工作。冒烟测试通过是后续测试开展的前提条件。

通过性测试是在正常情况下对软件功能正确性和完整性的测试，检测软件各项功能是否都具备。

失效性测试是在某个无法接受、反常或意外的条件或数据下，用于论证只有在所需条件下才能够满足该需求。

页面要素测试是针对软件页面展示、输入控制、外设响应、屏幕输出和打印输出等内容的测试。

（三）设计测试案例的方法

用户验收测试完全采用黑盒测试技术，故测试案例的设计也采用黑盒测试设计的技术和方法。黑盒测试方法主要有划分等价类法、边界值分析法、场景图法、因果图法、枚举法、错误推测法等。

1. 等价类

（1）等价类法的概念。

等价类测试方法是在黑盒测试中最常见的一种测试方法，根据需求等测试条件把所有可能的输入数据，划分成若干部分，然后从每一个部分中选取少数的具有代表性的数据作为测试案例，从而保证测试案例的完整性和代表性。等价类测试方法适用于处理输入的测试，要求有清晰的需求分类。使用等价类划分方法设计测试案例，要首先划分等价类，再进行测试案例的选取。

（2）等价类的测试案例设计举例。

需求：同业外汇交易。

MT202 General Financial Institution Transfer 单笔银行头寸调拨报文发送时间：

头寸报文必须确保能够满足支付货币的清算截止时间。美元必须在 T（交割日）-1 前发送，其他币种必须在 T（交割日）-2 前发送。

划分等价类。

根据限定条件，以 USD 为基准，则 USD 为有效等价类，其他非 USD 币种为无效等价类；同时在此基础上，根据交割日时间区间划分，当支付货币为 USD 时，T-1 为有效等价类，T－2 或者 T 为无效等价类；支付货币为非 USD 时，T－2 为有效等价类，T－3 或者 T－1（T）就为无效等价类。

2. 边界值

（1）边界值法的概念。

边界值分析法属于黑盒测试方法，就是对输入或输出的边界值进行测试。边界值分析法适用于目的性强，输入或输出有明确边界分类要求的测试。通常边界值分析法要结合等价类划分法的使用，假定错误更多地存在于划分的边界上。边界值与等价类划分的区别是，边界值分析不是从某等价类中随便挑一个作为代表，而是将这个等价类的每个边界都要作为测试条件。

（2）边界值的测试案例设计举例。

需求：外汇 NDF 交易。

外汇 NDF 交易，交割币种只能为 USD。对于定价日 MT300 报文的 USD 金额，依据交易日交易价格（CNY）及修改的定盘价重新计算后显示，并四舍五入。

划分边界值。

需要测试定价日 MT300 报文 USD 金额显示。

边界值：四舍五入，当计算金额在四舍五入位 =5 时也需要进位。需要测试小数位等于 5、小于 5、大于 5 时的计算显示。

3. 场景图

（1）场景图法的概念。

银行业务系统几乎都是通过事件触发来控制流程的。事件触发时的情景便形成了一个场景，而同一事件不同的触发顺序和处理结果就形成事件流。事件流可以比较生动地描绘出事件触发时的情景，有利于测试设计者理清测试案例设计思路，同时使测试案例执行者更容易理解测试案例。事件流又分为基本流和备选流，前面已讲过具体定义。场景图分析法适用于业务流程的设计，处理逻辑事务的测试目标，协助案例设计人员搭建案例整体框架，实现从上至下的案例设计理念。它需要和其他案例设计方法配合使用（见图 5－5－1）。

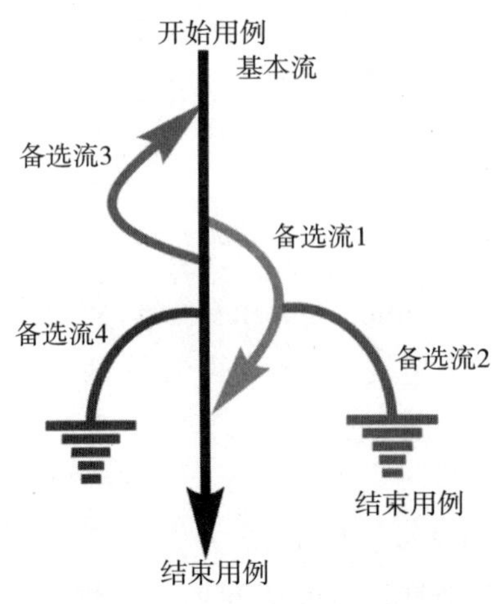

图 5－5－1　场景图法示意

图5－5－1中案例的每条路径都用基本流和备选流来表示，直黑线表示基本流，是案例的最简单的路径；备选流用不同的色彩表示。从基本流开始，在某个特定条件下触发，形成一个新的备选流，然后重新汇入基本流中；也可能一个备选流形成另一个备选流；新形成的备选流直接终止案例，而不再重新加入某个流。

（2）场景图的测试案例设计举例。

需求：出口收款。

交单收汇在收到国外头寸时，根据客户需要或头寸信息，进行全额或部分收款，并且可以选择原币或折币种入客户账，并根据情况收取相应费用。如果客户之前有做融资，应优先还其融资金额，头寸剩余金额入客户账，同时要从客户的结算账号中扣除相应的利息。详见图5－5－2，表5－5－1。

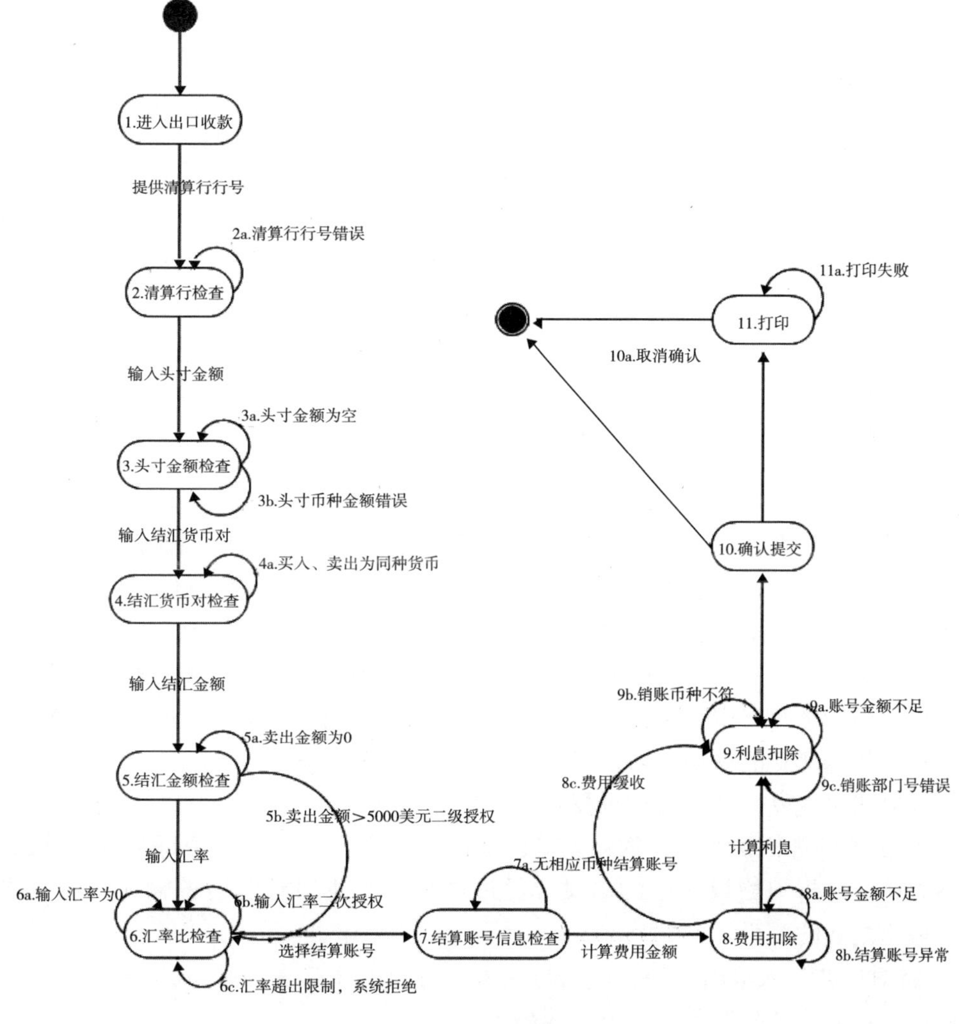

图5－5－2　场景图法举例

表 5-5-1　　场景图法举例

编号	场景名称				
1	出口收款成功	主事件流			
2	清算行银行号错误	主事件流	备选事件流 2a	主事件流步骤 2	主事件流
3	头寸金额为 0	主事件流	备选事件流 3a	主事件流步骤 3	主事件流
4	头寸金额币种不匹配	主事件流	备选事件流 3b	主事件流步骤 3	主事件流
5	买入卖出币种相同	主事件流	备选事件流 4a	主事件流步骤 4	主事件流
6	结汇金额为 0	主事件流	备选事件流 5a	主事件流步骤 5	主事件流
7	结汇金额大于 5 万美元	主事件流	备选事件流 5b	主事件流步骤 6	主事件流
8	输入汇率为 0	主事件流	备选事件流 6a	主事件流步骤 6	主事件流
9	汇率二级授权	主事件流	备选事件流 6b	主事件流步骤 7	主事件流
10	汇率浮动大于 0.0005	主事件流	备选事件流 6c	主事件流步骤 6	主事件流
11	无对应币种结算账号	主事件流	备选事件流 7a	主事件流步骤 7	主事件流
12	费用账号余额不足	主事件流	备选事件流 8a	主事件流步骤 8	主事件流
13	费用结算账号状态异常	主事件流	备选事件流 8b	主事件流步骤 8	主事件流
14	费用缓收	主事件流	备选事件流 8c	主事件流步骤 9	主事件流
15	利息结算账号余额不足	主事件流	备选事件流 9a	主事件流步骤 9	主事件流
16	利息销账币种不符	主事件流	备选事件流 9b	主事件流步骤 9	主事件流
17	利息销账部门号错误	主事件流	备选事件流 9c	主事件流步骤 9	主事件流
18	取消确认	主事件流	备选事件流 10a	流程结束	
19	打印失败	主事件流	备选事件流 11a	主事件流步骤 11	主事件流

4. 因果图

(1) 因果图法的概念。

等价类法和边界分析法等并没有考虑到组合输入的情况，因此多个输入条件组合起来可能出错的情况容易被忽视。需要考虑采用一种适用于多种条件的组合，相应能产生多个动作的形式来进行测试案例的设计，这就需要采用因果图法。

因果图法就是一种利用图解法分析输入条件组合情况，生成测试案例的方法，它适用于输入条件之间有相互制约关系的测试案例，用于处理多个输入交互，多个条件交互，多个状态交互的场景。因果图法最终生成的是决策表。

由因果图法生成测试案例的步骤：

✓ 分析软件规格说明书中的输入输出条件并分析出等价类，将每个输入输出赋予一个标志符。分析规格说明中的语义，通过这些语义找出相对应的输入与输入之间，输入与输出之间的关系。

✓ 将对应的输入输出之间，输入与输出的关系关联起来，并将其中不可能的组合情况标注成约束或者限制条件，形成因果图。

✓ 由因果图转化成判定表。

✓ 将判定表的每一列拿出来作为依据，设计测试案例。

（2）因果图的测试案例设计举例。

需求：某银行海外同业外汇拆借业务。

通常情况下，当收到交易行确认报文且匹配成功的情况下，美元拆借交易在起息日 -1 日晚批处理生成拆借交易报文 MT202。

对于起息日已过的拆借交易需要进行即时处理，如该交易的起息日≤交易日，不再等待对手行交易报文，作为强制匹配交易即时发起汇款报文 MT202 及账务处理。其他情况均需要处于等待状态。

一是分析业务需求说明书中的原因和结果（见表 5 -5 -2）。

表 5 -5 -2　　同业外汇拆借（拆出）交易流程控制案例分析

原因		结果	
C1	美元拆借交易	E1	即时生成并发送 MT202 报文及发起账户处理
C2	起息日≤交易日	E2	当晚批处理生成 MT202 报文及发起账户处理
C4	交易日 = T -1 日		

二是画出因果图（见图 5 -5 -3）。

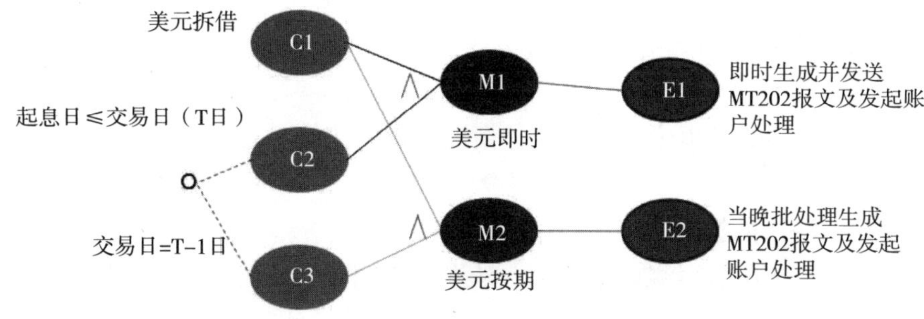

图 5 -5 -3　示例因果

三是将因果图转换成决策表（见表 5 -5 -3）。

表 5 -5 -3

C1	1	1
C2	1	0
C3	0	1
M1	1	0
M2	0	1
E1	1	0
E2	0	1
测试案例	Y	Y

5. 枚举法

（1）枚举法的概念。

枚举法是在编写测试案例时将所有可能出现的情况一一列举出来，并逐一编写测试案例进行覆盖的案例编写方法。枚举分析法适用于对案例覆盖率要求高，需检验所有或大部分测试输入条件预期结果的情况。

（2）枚举法测试案例设计举例。

需求：IBP 账户额度查询。

IB 系统中账户额度查询有以下查询条件：

✓ 按账户系统账号查询。

✓ 按账号名称查询。

✓ 按额度代码查询。

✓ 按账户细目查询。

✓ 按账户系统账号、账号名称查询。

✓ 账户系统账号、账号名称、额度代码查询。

✓ 账户系统账号、账号名称、额度代码、账户细目查询。

✓ 账户系统账号、账号名称、额度代码、币种查询。

✓ 查询条件为空查询。

✓ 枚举测试设计。

在编写测试案例的过程中，将这 9 种情况都编写出来，这就是枚举。

6. 错误推测法

（1）错误推测法的概念。

错误推测法是指在编写测试案例时，人们可以根据各种经验或者直觉推测程序中可能存在的各种错误，从而有针对性地检查这些错误的测试案例编写方法。错误推测法适用于案例设计人员经验丰富，对该类需求说明书分析较为透彻的情况。

（2）错误推测测试案例设计举例。

需求：IB 系统人工记账。

错误推测测试设计：

IB 系统人工记账科目为 28201 的挂销账抹账交易，根据经验知道容易出现问题，编写案例时科目为 28201 的账号可以从一般科目中特意拿出来编写。

（四）测试案例设计方法的应用

设计测试案例时并不局限于某一种方法，而是可以根据具体设计的场景、待测系统的特点和项目的需求等情况来选择多种方法，从而有效提高测试效率和测试覆盖率，比如下面几条是有的银行在实践中总结的经验。

✓ 通常先考虑进行等价类划分，包括输入、输出条件的等价划分，将无限测试变成有限测试，从而减小测试范围，提高工作效率。

✓ 经验表明，边界值分析方法设计出的测试案例发现程序错误的能力最强，是等价类方法的有效补充。

✓ 对于业务流程清晰的系统可以利用场景图法。

四、编写测试案例的流程

设计测试案例的时候，需要有清晰的测试思路，对要测什么，按照什么顺序测试，覆盖哪些需求做到心中有数。作为用户验收测试案例的编写者，不仅要掌握软件测试的技术和流程，而且要对被测软件的功能规格说明、业务需求和用户试用场景都有比较透彻的理解。测试案例设计过程一般包括几个步骤：

1. 首先分析需求规格说明书，并根据需求说明书拆分功能点和业务流程，形成测试大纲。测试需求分析时需要列出以下类型：

常用的或者规定的业务流程。

各业务流程分支的遍历。

明确规定不可使用的业务流程。

没有明确规定但是不应该执行的业务流程。

其他异常或者不符合规定的操作。

2. 根据测试大纲，选择相应的测试案例设计方法，构造一系列输入值增加测试类型，设计测试案例。

3. 利用测试案例模板编写测试案例。

4. 测试案例编写完成后，需要进行案例评审，再根据评审意见对测试案例进行修改。

5. 需求规格说明发生变更后，需及时更新维护现有测试案例，保证测试案例的正确性。

【同业实例 5－5－1】

某银行制定了测试案例设计指南，其中针对不同类型的测试案例规定了相应的设计方法和模板。测试案例设计指南按照测试目的不同主要将案例分为：验证性测试案例、页面要素测试案例、正面测试案例和负面测试案例。

一、测试案例设计原则

1. 基于测试需求的原则。应按照测试类别的不同要求设计测试案例，同时还应保证需求覆盖率。

2. 基于测试方法的原则。应明确所采用的测试案例设计方法。

3. 兼顾测试充分性和效率的原则。测试案例集应兼顾测试的充分性和测试的效率；每个测试案例的内容也应完整，具有可操作性。

4. 测试执行的可再现性原则。应保证测试案例执行的可再现性。

二、测试案例设计步骤

1. 分析需求说明书；

2. 根据需求说明书，拆分待测试功能点或待测流程；

3. 选择合适的案例设计方法；

4. 针对待测试功能点或待测流程，设计案例；

5. 案例评审及案例修改。

三、测试案例要素

每个测试案例应包括以下要素：

1. 名称。每个测试案例应有唯一的名称或标识符，对应测试案例的测试目标（测试点）。

2. CQ 单号。每个测试案例应有唯一的名称或标识符，对应测试案例的测试目标（测试点）。

3. 操作步骤、步骤号。实施测试案例的执行步骤，把测试的操作过程定义为一系列按照执行顺序排列的相对独立的步骤。

4. 预期结果。说明测试案例执行中由被测软件所产生期望的测试结果，即经过验证认为正确的结果。期望测试结果应该有具体内容，如确定的数值、状态或信号等，不应是不确切的概念或笼统的描述。

5. 备注。注释或记载需要另行说明的文字。

四、测试案例的编写要求和格式

1. “名称”栏。

名称要求简洁明确，为对一个独立测试点的描述，且不能重复。“名称”栏内不允许出现‘:%′*？ < > |”等特殊字符。

举例：

1 新增行内转账 -1 借同业存放贷存放同业

1 新增行内转账 -2 借同业存放贷内部挂账户（来账）

1 新增行内转账 -3 借同业存放贷联行存放

2. CQ 单号

CQ 单号为 CQ 系统产生的编号为 BA 系统产生的虚拟 CQ 单号。

3. “操作步骤”栏。

操作步骤按序号进行编写（步骤 1、步骤 2……）。如果该案例存在前提条件和所需的测试数据，步骤 1 中则填写该前提条件和所需的测试数据。比如：该笔测试案例需要用到某一冻结的 DD 账户，那在步骤 1 中应注明这一前提条件。操作步骤中页面名称使用双引号“”表示，功能按钮使用中括号【 】表示。

举例：

步骤 1：CAST 系统向 IB 系统发送借存放同业、贷同业存放，起息日为 T+1 的 202 报文。

步骤 2：点击“往来账人工经办”菜单，进入“往来账人工经办 - 查询”页面。

步骤 3：查询条件全部为空，单击【查询】按钮查询收到的往来账报文。

步骤4：选择一条查询结果，单击【经办】按钮打开“往来账人工经办明细”页面。

4. “预期结果”栏。

每一个测试点应该有一个明确的预期结果，测试案例执行时，测试结果符合预期结果该条测试案例为通过，否则为不通过。不存在中间状态。

5. “备注”栏。

“备注”栏可以为空。

五、测试案例库体系

某银行构建了可视化的“业务全视图”，以及与之关联的测试案例库体系。

测试案例关联平台实现了全行业务图的动态可视化展示。用户可以通过流程设计器（动态设计Web拓扑图），直接在“业务全视图”上新增、删除或修改业务分类节点，从而进行业务模型梳理和直观的可视化展示（见图5－5－4）。

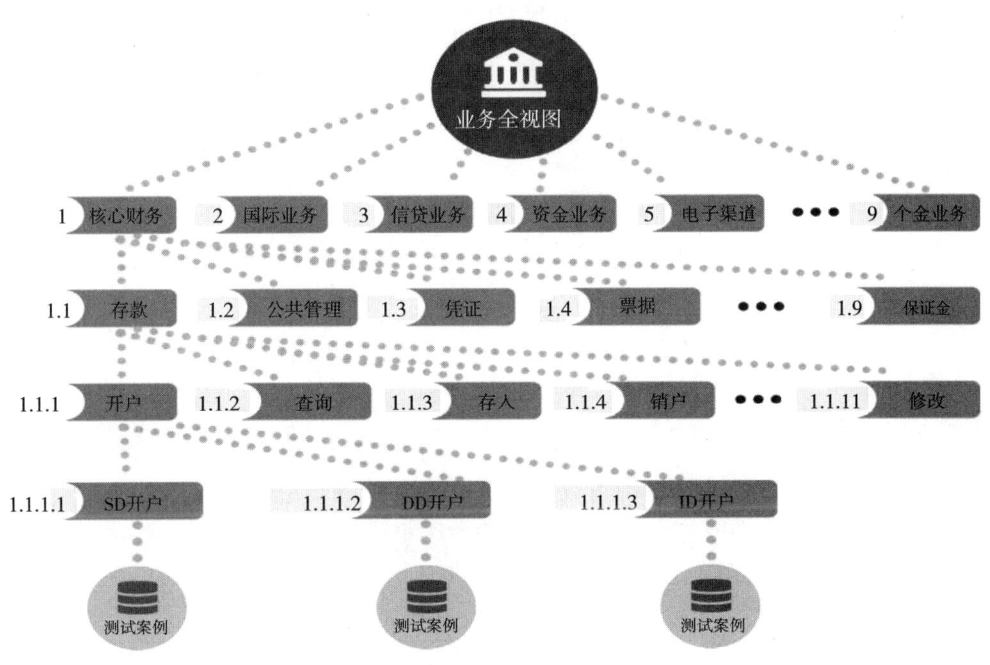

图5－5－4

二是构建了与全行业务视图对应的业务场景和案例库。将业务管理制度、需求和系统操作手册等文档、业务流程图、测试案例等测试资产以及培训课件、视频等与“业务全视图”的相关节点建立对应关系，并采用案例搜索引擎和QC目录快速检索，极大地提升了大数据量下的案例库检索速度。通过菜单式的测试需求选取界面，在测试需求分析和案例设计时，方便测试设计人员定义测试范围。确定以后针对不同的需求范围涉及的功能点自动抽取形成待测案例集，推荐给用户，从而实现了测试资产的智能复用。并通过内嵌的算法计算测试案例覆盖度和案例冗余度，提示案例精简方案，实现了“以最精简案例集实现最大覆盖度”的目标。

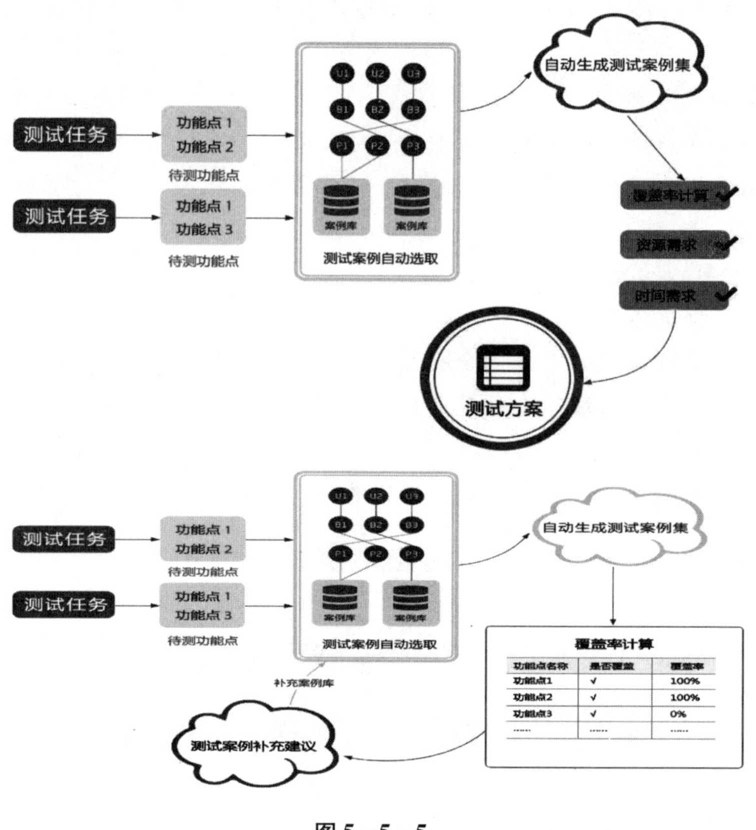

图 5 –5 –5

【同业实例 5 –5 –2】

某银行采用业务案例驱动测试案例的设计方法（见图 5 –5 –6）。

该行根据用户与系统的一系列交互动作来描述系统的业务流程。

包括以下内容：

- 模型名称。
- 简要介绍。
- 前置条件。
- 主事件流。
- 备选事件流。
- 特殊需求。
- 后置条件。

下面以“违约交易”业务案例为例，谈谈如何进行测试案例设计：

1. 定义业务案例。

客户可以对一笔已经发生的交易发起违约，违约前提是原交易存在，发起申请后由复核员进行复核，由复核员发起询价，询价时间应在有效交易时间内，否则交易失

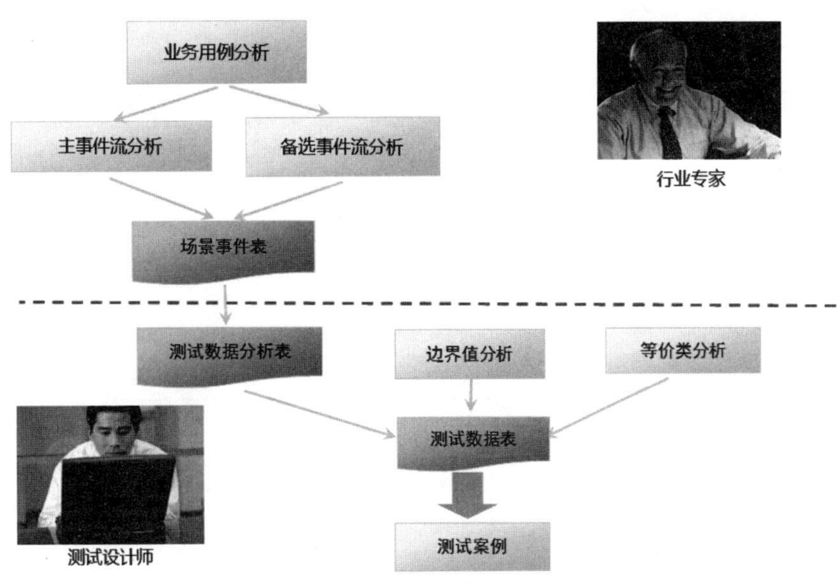

图 5-5-6

效，有效交易时间内确认成交，这笔违约交易成功（见图 5-5-7）。

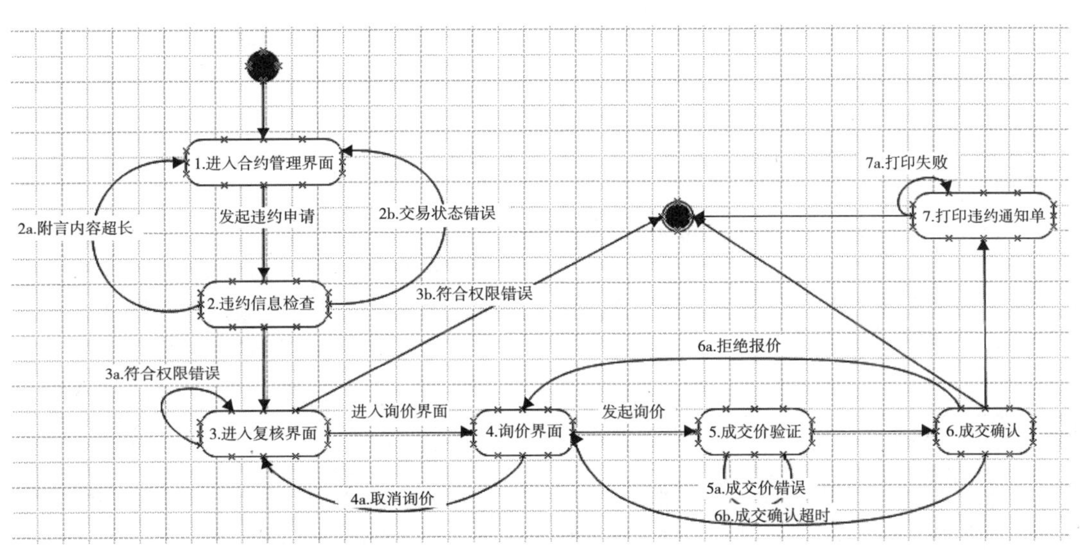

图 5-5-7

2. 整理主事件流备选事件流。

表 5-5-4

<table>
<tr><td>参与者</td><td>经办员，复核员，FM 系统</td></tr>
<tr><td rowspan="3">前置条件</td><td>1. 发起行经办员及发起行复核员登录 FM 系统。</td></tr>
<tr><td>2. 发起行经办员有权限发起即期违约交易单，发起行复核员有权限复核即期违约交易单。</td></tr>
<tr><td>3. 客户基础信息在系统中存在。</td></tr>
</table>

续表

主事件流				
	动作类型	动作简述	动作详述	
1	业务	进入 18A2 即期交易合约管理页面	发起行经办员在 FM 系统进入 18A2 _即期交易合约管理页面，输入查询条件选择要进行违约操作的即期交易（延时扣账）	
2	业务	选择违约申请	略	
3	系统	提交违约申请	略	
4	业务	进入 18A0 待处理任务列表	略	
5	业务	发起询价	略	
6	系统	成效确认	略	
7	业务	打印违约通知单	略	
备选事件流				
	起点	条件	动作	恢复
	1	经办员无创建权限	双击交易信息，系统提示“当前操作员不能够操作”	返回主事件流步骤 1
	3	选择状态为申请，结清，复核的即期交易（延时扣账）	略	返回主事件流步骤 1
	5	修改成交价符合范围	略	返回主事件流步骤 6
	5	修改成交价超出范围	略	返回主事件流步骤 5
	3	取消发起交易	略	返回主事件流步骤 1

3. 整理场景表。

表 5 -5 -5　　场景

编号	场景名称	主事件流	备选事件流	返回
	即期违约交易成功	主事件流		
	经办员权限不足	主事件流步骤 2	备选事件流 1a	主事件流步骤 2
	交易状态错误	主事件流步骤 2	备选事件流 1b	主事件流步骤 2
	修改成交价	主事件流步骤 3	备选事件流 3a	主事件流步骤 4
	取消发起违约	主事件流步骤 3	备选事件流 3b	主事件流步骤 1
	复核员权限不足	主事件流步骤 4	备选事件流 4a	主事件流步骤 4
	拒绝申请	主事件流步骤 5	备选事件流 5a	关闭交易
	交易超时	主事件流步骤 5	备选事件流 5b	关闭交易
	取消复核	主事件流步骤 5	备选事件流 5c	主事件流步骤 4
0	扣账失败	主事件流步骤 5	备选事件流 5d	主事件流步骤 6
1	取消打印	主事件流步骤 6	备选事件流 6a	关闭交易
2	打印失败	主事件流步骤 6	备选事件流 6b	主事件流步骤 6

4. 整理测试数据表。

表 5 -5 -6　　测试数据

编号	经办员权限	交易状态	成交价修改	取消申请	复核员权限	申请拒绝	超时	取消复核	扣账失败	取消打印	打印失败	期望结果
1	V	V	I	I	V	I	I	I	I	I	I	违约交易成功
2	I	N/A	N/A	N/A	N/A	N/A	N/A	N/A	N/A	N/A	N/A	经办员权限不足，不能申请违约交易

续表

编号	经办员权限	交易状态	成交价修改	取消申请	复核员权限	申请拒绝	超时	取消复核	扣账失败	取消打印	打印失败	期望结果
3	V	I	N/A	N/A	N/A	N/A	N/A	N/A	N/A	N/A	N/A	当前交易状态不能发起违约交易
4	V	V	V	I	V	I	I	I	I	I	I	修改成交价的违约交易成功
5	V	V	I	V	N/A	N/A	N/A	N/A	N/A	N/A	N/A	经办员取消违约申请，关闭违约申请界面
6	V	V	I	I	I	N/A	N/A	N/A	N/A	N/A	N/A	复核员权限不足，不能复核违约交易
7	V	V	I	I	V	V	N/A	N/A	N/A	N/A	N/A	复核员拒绝违约申请，违约申请状态变为拒绝
8	V	V	I	I	V	I	V	N/A	N/A	N/A	N/A	违约交易超时，违约申请失效
9	V	V	I	I	V	I	I	V	N/A	N/A	N/A	关闭复核界面
10	V	V	I	I	V	I	I	I	V	I	I	扣账失败，系统生成应收账款
11	V	V	I	I	V	I	I	I	I	V	N/A	关闭打印界面
12	V	V	I	I	V	I	I	I	I	I	V	打印失败，提示打印失败原因，界面等待继续打印

5. 完成测试数据表。

表 5－5－7　　　　测试数据

编号	经办员权限	交易状态	成交价修改	取消申请	复核员权限	申请拒绝	超时	取消复核	扣账失败	取消打印	打印失败	期望结果
1	经办员账号登录	待交割	未修改	未取消	复核员账号登录	通过申请	操作时间 60s	未取消	余额充足	未取消	成功	违约交易成功
2	复核员账号登录	N/A	N/A	N/A	N/A	N/A	N/A	N/A	N/A	N/A	N/A	经办员权限不足，不能申请违约交易
3	经办员账号登录	结清	N/A	N/A	N/A	N/A	N/A	N/A	N/A	N/A	N/A	当前交易状态不能发起违约交易
4	经办员账号登录	待交割	1.23468	未取消	复核员账号登录	通过申请	操作时间 60s	未取消	余额充足	未取消	成功	修改成交价的违约交易成功

续表

编号	经办员权限	交易状态	成交价修改	取消申请	复核员权限	申请拒绝	超时	取消复核	扣账失败	取消打印	打印失败	期望结果
5	经办员账号登录	待交割	未修改	取消	N/A	N/A	N/A	N/A	N/A	N/A	N/A	经办员取消违约申请，关闭违约申请界面
6	经办员账号登录	待交割	未修改	未取消	经办员账号登录	N/A	N/A	N/A	N/A	N/A	N/A	复核员权限不足，不能复核违约交易
7	经办员账号登录	待交割	未修改	未取消	复核员账号登录	拒绝申请	N/A	N/A	N/A	N/A	N/A	复核员拒绝违约申请，违约申请状态变为拒绝
8	经办员账号登录	待交割	未修改	未取消	复核员账号登录	通过申请	操作时间130s	N/A	N/A	N/A	N/A	违约交易超时，违约申请失效
9	经办员账号登录	待交割	未修改	未取消	复核员账号登录	通过申请	操作时间60s	取消	N/A	N/A	N/A	关闭复核界面
10	经办员账号登录	待交割	未修改	未取消	复核员账号登录	通过申请	操作时间60s	未取消	余额不足	未取消	成功	扣账失败，系统生成应收账款
11	经办员账号登录	待交割	未修改	未取消	复核员账号登录	通过申请	操作时间60s	未取消	余额充足	取消	N/A	关闭打印界面
12	经办员账号登录	待交割	未修改	未取消	复核员账号登录	通过申请	操作时间60s	未取消	余额充足	未取消	打印机未连接	打印失败，提示打印失败原因，界面等待继续打印

【同业实例5－5－3】

某公司使用Test Manager来创建、管理、执行和跟踪测试计划和测试案例。它使测试活动能在开发早期就能参与，并且在缩短测试周期的同时提高测试质量。

- 测试相关的交付物都保存在Team Foundation Server上，从而可以进行版本管理。
- 可以将测试案例和自动化测试关联。
- 在测试执行过程中，可以收集丰富的信息，可以为后续的缺陷修复提供资料。

- 可视化的测试过程跟踪和管理。

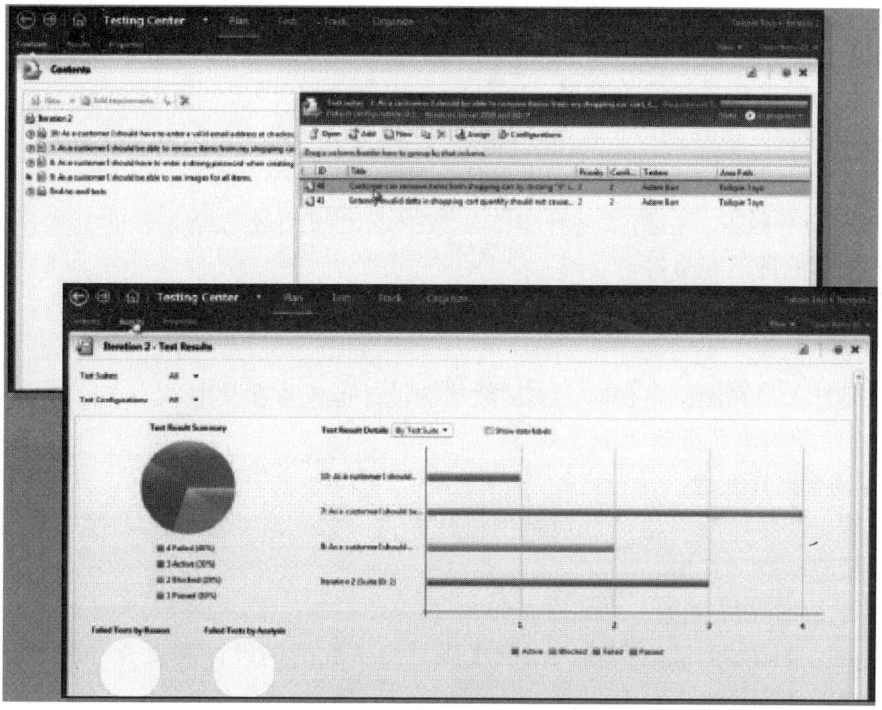

图 5-5-8

第六节　怎样高效准备和铺设测试数据

一、什么是测试数据

在用户验收测试过程中，测试案例和测试数据是密切相关的。打个比方，测试案例是枪的话，测试数据就是子弹。测试数据是测试案例能够得以执行的基础和重要保证。测试数据对测试的验证和测试结果的分析，具有重要的支撑意义。测试数据和测试案例的结合，产生一个可重复使用的、独特的、可追溯至应用需求的业务场景。

那么什么是测试数据呢？如测试一个跨行转账的案例，需要选择转出账户、转入账户、转账金额等，这些信息就是测试数据，是执行测试案例的必要条件。在测试过程中，测试数据的准备是测试工作的重要一环，也称为测试数据铺设。但是铺设过程往往存在很多问题，例如测试数据需求难以收集和统计，测试数据需要处理，大批量的测试数据没有时间和人力铺设等问题。测试数据的准备往往会消耗项目组大量的时间和人力，如何高效、高质量地铺设大量测试数据，满足测试需求，确保信息安全，成为一个重要的课题。

二、有哪些类型的测试数据

在做测试数据铺设之前，需要先确定测试数据的类型。测试数据通常分为基础数据、基本业务数据和过程业务数据。

✓ 基础数据。包括用户、权限、配置、参数等。

✓ 基本业务数据。包括账号、流水号、保证金账号等。

✓ 过程业务数据。在测试过程中产生数据，比如经过已经截息的个人存款账号、已经做过摊销的押汇账号等。

三、如何整理测试数据需求

测试设计人员在测试案例时，测试数据的设计也包含在其中。

（一）设计测试数据的两个原则

1. 测试数据真实性

测试数据要尽可能与生产环境数据特性保持一致，既要有意义、接近真实性，但又不包含敏感信息的数据。

2. 测试数据高覆盖度

测试数据要满足测试案例输入限制规则，测试数据的设计需要充分覆盖测试案例要求，重要的业务规则必须有明确的测试数据进行覆盖。

（二）测试数据需求收集流程

测试数据需求收集的流程，步骤通常如下：

1. 测试数据需求分析

测试案例设计人员需要提出满足测试案例执行的测试数据需求。对于重点的业务规则，必须有明确测试数据进行覆盖。测试数据也必须具有意义、接近真实数据。

2. 测试数据需求整理

测试数据设计完成后，需要将数据需求抽取出来，整理成测试数据需求清单。测试数据需求抽取可以通过填表方式进行收集，优点是可以统计得比较精确，但是缺点也很明显，需要耗费大量的人力和时间，效率低下；通过固定的测试案例格式，由系统自动收集的方式，优点是自动化收集，效率高，但可能存在一定的冗余度。

3. 测试数据需求评审

测试数据需求清单整理好以后，需要项目组相关人员共同评审，确认测试数据是否满足测试需求。测试数据的评审一般包含以下内容：测试数据是否包括各种主要业务逻辑相关的数据（例如，各种账号、所有网点）；测试数据是否为大批量、重复数据，测试人员是否可以自己解决数据问题；是否识别了所有敏感字段。测试数据需求评审通过后，由相关人员铺设测试数据。

四、测试数据铺设方式

通常来说，测试数据主要有三种铺设方式，分为新造数据、导出生产数据、使用历史数据。

（一）新造测试数据

在测试数据准备时，新造测试数据一般是通过手工铺设测试数据和自动化铺设测试数据两种方式。

1. 手工铺设测试数据

测试人员通过手工执行业务交易的方式铺设测试数据，在测试数据需求量小的情况下，可以选择此种方式，如果数据需求量较大，通过手工铺设测试数据的方式，效率较低，同时会消耗大量人力资源。

2. 自动化铺设测试数据

通过自动化脚本的方式，执行业务交易铺设测试数据，可以提高数据铺设效率，节省测试资源。由于自动化铺设测试数据，需要预先编写测试脚本，随着业务系统的变更和发布，测试脚本也要随之变更维护，所以此方式适用于大批量、重复的业务测试数据的铺设。如果是单独的、少量的测试数据铺设，考虑到测试成本的因素，不建议使用自动化的方式进行数据铺设。

（二）使用生产数据

在铺设测试数据过程中，使用生产数据也是选择之一，其优点是这样的数据更接近真实性。

需要使用生产数据作为测试数据，通常需要如下步骤：

1. 生产数据申请

需求提出部门或者测试组织，经授权按照规定的流程提出生产数据提取申请，交由生产数据归口管理部门评估和审批。

2. 生产数据提取和变形

由于生产数据的重要性和保密要求，在金融行业内，未经数据脱敏变形的生产数据正常情况是不能导入测试环境直接使用，以防止数据泄露。一般情况下，数据中心（运维中心）负责在生产环境提取数据。数据提取出来后，数据中心（运维中心）使用脱敏（变形）脚本将生产数据脱敏（变形）确保不涉及敏感数据泄露，再交由测试环境管理团队导入测试环境。数据脱敏（变形）规则通常由科技管理部门制定，脚本一般由开发组织编写，再将数据导入测试环境中。

3. 导入测试环境

脱敏（变形）数据导入测试环境前，需要在测试环境分析导入数据与被测系统的数据库是否异构。如果存在异构情况，还需要编写和使用脚本。

（三）使用历史数据

使用测试环境的历史数据也是测试数据准备的一种方式。使用测试环境历史数据的优点是可以直接使用，无须新造数据或者导入生产数据，可以大大节省时间和成本。但是历史数据也可能存在脏数等问题，需要进行数据核实和校验。测试环境的历史数据是测试组织在完成测试后保存在测试环境上的。在保存前，需要进行数据清理，避免垃圾数据混杂。这种在测试环境管理和维护历史测试数据的工作被称为“养数据”，是提升测试数据准备质效，避免数据泄露风险的有效手段。

五、测试数据使用方式

测试数据铺设完成，交付测试人员使用时，应建立相应的数据使用流程。通常来说，分为两种情况：数据先备份后使用、数据不备份直接使用。

（一）数据先备份后使用

如果存在以下情况，项目组需要考虑先备份初始化测试数据，再进行使用。

每个轮次测试都要使用初始化测试数据。

测试数据准备时间较长。

测试环境管理团队先将测试数据进行备份，然后再导入测试环境中，项目团队再根据测试案例的分配情况，将测试数据分配给测试人员使用。

（二）数据直接使用

如果测试不会重复使用到某些测试数据，那么该部分的测试数据就无须进行备份，可以直接导入测试环境供测试人员使用。

【同业实例 5－6－1】

某银行定义了规范的测试数据管理维护流程（见图 5－6－1）。

具体流程定义如下：

- 测试项目组根据测试计划和测试方案，提出测试配套数据的需求。
- 测试数据管理员收到申请后，检查测试数据库中是否存在符合需求的数据。
- 如所需测试数据不存在，测试数据管理员向开发、数据中心提交生产数据提取申请。开发中心负责编写数据提取和变形脚本，数据中心负责执行脚本、提取数据，并将结果数据反馈给测试数据管理员。测试数据管理员将提取的数据放入测试数据库中。如所需测试数据存在，则无须进行生产数据提取流程。
- 测试数据管理员从测试数据库中将所需测试数据出库并导入测试环境数据库，通知测试项目组。
- 测试项目组通知测试人员进行测试活动。
- 测试结束后，测试项目组评估测试数据是否须再利用。
- 如确认无须再利用，则通知测试数据管理员销毁测试环境中的测试数据。
- 如确认仍须利用，则由测试数据管理员评估测试数据安全性。
- 如通过安全性评估，则保留测试数据；如未通过安全性评估，仍由测试数据管理员销毁测试环境中的测试数据。

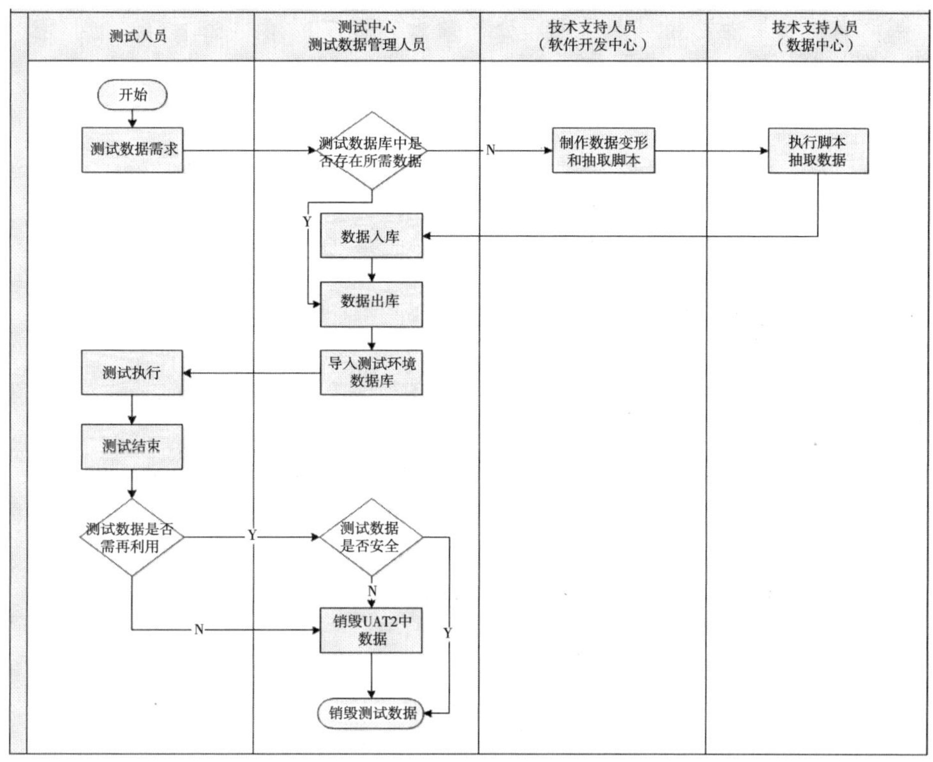

图5－6－1　测试数据管理流程

【同业实例5－6－2】

某银行测试规范对测试数据的管理进行了详细定义。

1. 测试数据相关活动。

开发中心下属的业务测试部在系统测试阶段派出数据管理经理，负责测试数据的相关工作。

- 在测试策略定义阶段，负责编写项目总体测试策略中测试数据规划和测试数据结果检核方法设计的制定。
- 在测试计划阶段，负责编写项目总体测试计划中测试数据分析和测试数据准备的工作计划。
- 在测试准备阶段，负责组织系统测试阶段的测试需求数据分析工作，负责准备项目测试的测试数据管理。
- 在测试执行阶段，协助完成系统测试准入审查中测试数据的审查工作。

测试评估阶段，完成对测试数据策略、计划、定义和收集的分析总结。

2. 测试数据的质量标准。

对于测试数据，设定了质量标准：

- 测试数据中是否包含非法数据。

- 测试数据中是否包含覆盖正常业务的数据。
- 测试数据是否覆盖所有的业务分支。
- 测试数据是否包含边界值（最大、最小）。

3. 测试数据需求定义模板。

针对测试数据的管理，定义了两类模板：

- 测试数据需求模板：模板规范了收集测试数据需求，并转换为测试数据的过程。
- 测试数据准备跟踪表：记录了需求来源、负责人、时间节点、相关模块等。

第七节　怎样统筹安排测试执行

在用户验收测试过程中，我们通常认为，有效的测试计划是测试案例设计、测试执行的指导性文件，是成功测试的前提和必要条件；测试执行则是测试计划和测试案例实现的基础，严格的测试执行是完成测试任务、提高测试质量的重要保证。

一、测试执行的前提

用户验收测试的前提，取决于采用的开发模式。开发模式的不同，会导致测试执行的前提有所区别。

如果按照传统的瀑布模式的开发方法，进入测试执行的前提为：

✓ 被测系统已经开发完成。

✓ 所有需求、设计文档均已批准、定稿。

✓ 系统集成测试的结果满足用户验收测试的准入标准，如缺陷修复率、案例执行通过率等。

✓ 测试计划、测试案例设计已完成；测试环境已经准备好。

✓ 已经通过冒烟测试，主要功能没有缺陷，表明被测系统具备一定的可靠性，可以开始全面的测试。

如果采用敏捷方法，测试执行的前提条件会有所不同，由于敏捷方法注重的是快速迭代和交付，所以很少会有完整的需求文档和详细的测试案例，但是冒烟测试、缺陷修复率、测试案例通过率等条件仍然也是测试执行的主要前提。

二、测试执行基本过程

测试执行的基本步骤主要包括资源分配、任务分配、测试环境验证、测试案例执行、记录测试结果、缺陷跟踪，回归测试七个环节（见图 5－7－1）。我们这里讲述的是测试的执行安排，所以测试环境的搭建没有包含在本节内容，相关内容将在后续章节介绍。

（一）资源分配

资源主要分为人员、设备、软件三种类型。在测试执行之前，需要在测试工程师

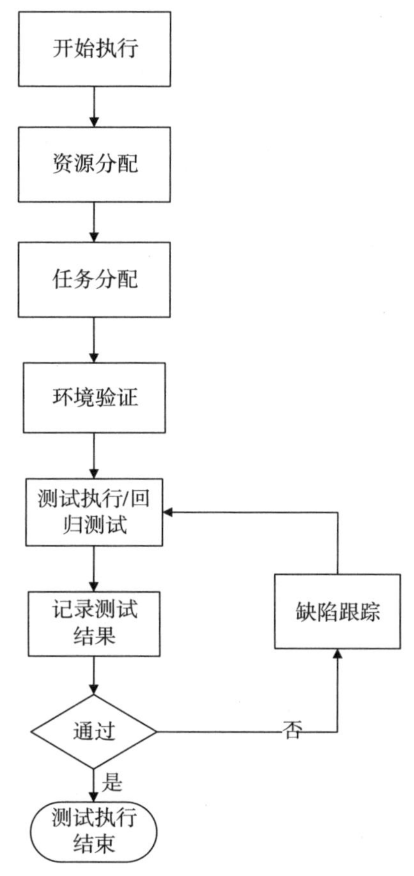

图 5-7-1　测试执行的基本流程

人才库中按测试资源需要，参照技能特长、工作经验、知识储备等情况进行匹配挑选和分组派岗；将测试需要的硬件分配给测试工程师，安装测试需要的应用软件。测试资源需求可以从测试计划中获取。测试结束后，原则上所有资源必须释放，开展回顾评估和成本统计，便于今后分摊或计价，也为不断提高测试组织的专业能力积累数据。

（二）任务分配

测试任务的分配需要考虑到多种因素，如测试进度计划、平均测试执行效率、测试人员数量、功能的优先级、被测程序发布到测试环境日期等。测试经理需要借助测试管理工具，或者建立任务分配跟踪表，便于任务分配和管理。测试经理可建立测试案例集，将测试案例分配给测试工程师并进行跟踪管理。

在进行任务分配时，应首先，根据进度计划的里程碑，确定某段时间内的工作任务。需注意待测程序发布到测试环境的时间，只有在发布完成后才能进行测试。其次考虑功能优先级，重要的功能或者使用频繁的功能，应优先安排测试；次要的、或者低使用率的功能可适当延后测试。最后还应考虑任务的难易程度，避免等量分配。

（三）测试环境验证

测试案例的执行依赖于测试环境，测试开始之前，应首先验证测试环境是否部署成功、参数是否配置正确，用户是否能够正常登录等。测试环境验证完成之后，再开始测试执行工作。

（四）测试案例执行

测试案例的执行，目前已经普遍借助工具平台来执行，测试工程师更容易查看分配给自己的测试案例以及案例状态，有利于测试案例的跟踪统计。

1. 测试案例的五种状态

✓ 等待执行。

新建立的测试案例集的初始状态为等待执行。

✓ 未完成。

未完成表示测试案例已经在执行过程中，但是由于某些原因，并没执行结束。

✓ 测试通过。

测试通过表示测试案例的预期结果和实际结果一致，测试成功。

✓ 测试失败。

测试失败表示测试案例的预期结果和实际结果不一致，需要分析原因，是需求问题、环境问题、操作问题，还是系统存在缺陷等，总之测试不成功。

✓ 不能执行。

不能执行表示由于缺陷未修复或测试前置条件不满足等原因导致测试无法正常开展。

2. 测试案例的执行方法

用户验收测试案例的执行方法分为手工执行和自动化执行。

（1）手工执行。

测试案例的手工执行，由测试人员按照测试案例的步骤描述，输入测试数据，操作被测系统，记录测试的数据和结果，判断测试成功还是失败的过程。

（2）自动化执行。

测试案例的自动化执行，由测试案例脚本按照测试案例的步骤，调用测试数据，自动操作被测试系统，记录测试结果，比较测试预期结果和实际结果，判断测试成功还是失败。

测试案例执行方式的选择，取决于测试的实际需求和条件。自动化执行测试案例的优点在于批量执行，测试效率高；可以做到无人值守运行，不需要人为操作和监控；可以在夜间运行，有效延长工作时间。但是自动化测试执行也并不是一定优于手工执行，自动化测试脚本问题、自动化测试框架和环境问题，以及测试数据准备等问题异常情况，可能会导致测试执行失败。只有在测试案例复用频率较高，如回归执行次数多，以及业务流程较为简单的情况下，自动化测试执行的效益才能发挥出来；相反如果测试案例业务流程较为复杂、涉及系统较多、案例使用频率低，为了降低出错概率，确保测试效率，建议采用手工执行的方式自动化测试的相关话题将在下一章详细介绍。

3. 测试案例的优先级

由于测试案例的测试目的、执行的前驱后继关系和对执行条件的要求各不相同，它的执行优先级也有所区别，比如冒烟测试案例是对被测系统主要功能和流程的验证，应先执行。如果冒烟测试不通过，可将版本退回修改，其他类型的测试案例无须再执行，直至冒烟测试案例执行成功，用户验收测试准入通过。通过性测试案例是对被测系统功能点正常输入条件的验证，优先级在冒烟测试之后。失效性测试案例是对被测系统功能点异常输入条件的验证，优先级在通过性测试之后。联动性测试案例是对功能点数据关联的验证，优先级在失效性测试之后；页面要素测试案例是对被测系统页面元素的验证，优先级较低，可以放在最后执行。当然，因为被测系统的不同，测试的业务流程不同，待测案例的优先级划分也会有所不同，测试经理要根据项目的实际情况进行判断。

我们当然也可以根据测试案例的重要性划分优先级。这样有利于突出测试重点，及时发现测试过程中的问题，避免工作量的浪费，节约测试时间。

（五）记录测试结果

在测试执行过程中，会产生很多过程和结果数据，这些输出结果是测试案例执行的记录和证明，也是测试是否通过的判定依据。由于测试环境上被测系统的版本变更频繁，之前测试通过的测试案例在下一个版本中，有可能会因为程序变更引起测试失败，所以严格地记录每个版本的测试结果，可以作为证据来证明之前的测试行为，更为定位和分析缺陷提供参考。

测试结果通常包含测试输入数据、测试附件、测试实际结果记录，以及更新测试状态等。

✓ 测试输入数据。

在测试过程中，使用的测试数据，如转账的账号、转账的金额、授信的额度等，这些都是测试输入数据。

✓ 测试附件。

对整个测试步骤的记录，可以使用记录上传测试截屏的方式生成测试附件，保存下来。

✓ 测试实际结果。

对应的是测试预期结果，测试步骤中包含每一个步骤的预期结果，测试工程师在执行测试案例过程中，需要将测试案例中每一个测试步骤的实际结果，填入执行记录中。

✓ 更新测试状态。

根据测试实际结果是否跟预期一样，标记测试步骤或更新测试案例执行后的状态。

（六）缺陷跟踪

缺陷跟踪是测试过程中的最重要环节。测试工程师在测试过程中发现缺陷后，需要按照规定的要求进行提交。比如规定的缺陷提交、修复、验证等步骤的流程和角色。

测试工程师应按照规定的时间和频率，对缺陷的修复处理情况进行跟踪处理。

目前行业内普遍采用测试管理工具来提高缺陷的处理效率，不会出现缺陷丢失和遗忘的情况，同时还有助于评估缺陷的回归测试范围。这类工具不仅是给测试工程师使用，最好是开发工程师、需求人员共享，这样可以促进测试过程信息的透明，提高缺陷定位、修复和复测期间的沟通效率。同样的，它可以自行开发、外购，或使用开源工具。

关于缺陷具体的处理流程，这里不做具体介绍，后面会有单独章节具体说明。

（七）回归测试

考虑到修复缺陷时会更改源代码，可能会影响这部分源代码涉及的所有功能，所以在复测范围不仅要包括测试失败的案例，还要覆盖有可能受影响的所有功能。理论上，软件发布新版本后，都需要进行回归测试，验证以前发现和修复的错误是否在新软件版本上出现。

回归测试阶段的测试策略基本上有四种。

1. 全量回归

选择测试案例库的全部测试案例进行全量回归测试。这是最安全的方法，这种方法能够确保回归遗漏风险最低，但测试成本最高。时间上也未必允许。

2. 基于案例选择回归

可以基于一定的风险标准来从测试案例库中选择部分案例进行回归测试。如率先执行最重要的、关键的和可能造成较大风险的测试案例，而跳过那些非关键的、优先级别低的测试案例。这种方案对案例的分类梳理和回归选择的能力要求较高。

3. 基于操作选择回归

可优先选择最重要或最频繁使用功能相关的测试案例进行回归，有助于发现对系统可用性有重大影响的故障。这种方法比较贴近用户，但需要对用户使用场景和系统设计架构都有所了解。

4. 仅测试修改部分

当测试者对系统修改的部分比较了解，可以详细分析修改部分对系统的影响范围，从而可以仅对被改变的模块和接口开展回归测试。这种方法尽管效率得以提高，但对评估人的要求较高，系统投产风险也较高。

测试经理在回归测试开展前可根据项目进度、资源、开发团队支付能力等情况选择不同的方法开展回归测试。

三、测试执行过程中的指标

前面我们已经介绍了测试执行的基本过程。在执行过程中测试团队或测试组织的质量管理团队会对测试执行过程进行跟踪监控，根据分析测试执行和缺陷修复情况，评估执行过程和被测系统的质量以及识别投产风险。测试经理要根据具体分析结果及时调整测试计划和资源安排。如何充分掌握执行过程情况，我们列举了六项基本指标供读者参考。

（一）测试案例执行进度

测试案例的执行进度，是体现测试整体进度的直接指标，测试案例执行进度 = 已执行的测试案例数量/计划执行的所有测试案例数量。此数据只表明执行进度，不体现测试过程的质量水平。

（二）测试案例通过率

测试案例的通过率，是评估被测系统质量的间接依据。测试案例通过率 = 已通过的测试案例数量/已执行的测试案例数量。如果发现测试的通过率趋势越来越高，趋近于 100%，则可考虑结束测试执行。

（三）缺陷趋势分析

根据测试执行的时间顺序（可以月或周或日为时间单位）和被测系统已被发现的缺陷数趋势，可以更详细地分析研究被测系统的质量情况。如果缺陷数的趋势越来越收敛，趋近于零，则可考虑结束测试执行；如果缺陷数的趋势不收敛，则可能存在以下情况。

✓ 代码修改引发新的缺陷。

✓ 前一版本的测试存在覆盖率不足的问题，新版本的测试发现了上一版本未发现的缺陷。

✓ 前期测试因为缺陷导致部分案例不能执行，缺陷修复后可以执行这些案例，发现新的缺陷。

（四）缺陷分布密度

缺陷分布密度 = 对应于某个功能的总缺陷数/对应于某个功能的测试案例总数。缺陷分布密度反映的是被测系统的缺陷分布占比情况，测试经理可以根据此数据判断测试的侧重点，及时调整测试资源的分配。

如果要更精确地分析软件质量，可以进一步分析不同优先级和严重程度缺陷的分布密度。

如果缺陷主要集中在某项功能上，则需关注以下问题：

✓ 该项功能是否过于复杂？

✓ 该项功能的需求设计、实现是否有问题？

✓ 开发资源是否不足？

（五）缺陷修复时间

缺陷从新建到关闭的时间，表明缺陷修复的效率。

（六）缺陷修复质量

缺陷修复质量可参考每次修改后发现的缺陷数量（包括重现的缺陷和由修改所引起的新缺陷），有时又称为二次缺陷数。此项指标用来评价开发组织修复缺陷的质量，如果修改某项功能后，此数值较高，测试组织应当及时通知开发组织。否则将影响整个软件交付周期市场和软件质量。

四、测试执行的退出标准

测试执行通常在两种情况下可以考虑结束。一是测试达到预期目的后，按计划结束；二是受到时间进度、资源的限制被迫结束。测试执行的退出条件在测试计划中需明确说明。通常情况下，秉持的条件是“Good-Enough”原则，即在质量和成本之间做折中和平衡，根据预算的成本和质量标准实施测试活动，当成本消耗完，且测试质量达到预期目的时，测试活动可考虑停止。

（一）达到了覆盖率的要求

测试覆盖率是退出测试执行的最重要条件。根据测试计划中覆盖率的要求，功能点、业务场景相关的测试案例需要达到预设标准。例如在单元测试阶段，通常关注的是语句覆盖；在集成测试阶段，关注的是接口的覆盖；在用户验收测试阶段，关注的是对功能点和业务场景的覆盖率。覆盖率的大小则根据业务部门、用户对待测系统的质量目标和测试费用、时间投入来决定。

（二）在固定的周期内缺陷趋势呈收敛状态

在测试执行即将结束的一段时间内，没有发现新的缺陷，或者即使仍然有缺陷出现，但没有严重缺陷，缺陷数量也明显呈收敛趋势。在此情况下，可以考虑停止测试。如果发现的缺陷属于严重缺陷，或者缺陷趋势仍然呈上升趋势，表明未发现的缺陷可能仍然很多，不满足退出条件，需要加强测试强度和范围，直至符合测试退出要求。

（三）基于成本的考虑

测试执行到一定阶段时，查找缺陷的成本逐渐增大，如果超过了潜在缺陷可能造成的损失和代价，则可以停止测试。但如之前所述，此原则不适用于可靠性要求高的软件系统。基于成本的考虑，其实是在质量和成本之间寻找一个平衡点。在不超支的情况下，使质量达到最好。

我们可以用图 5 –7 –2 来表示，随着测试周期的延长，测试成本也随之增加，但是质量的提高却逐步放缓，因此在测试后期，寻找缺陷的成本越来越高，那么测试经理就需要在两者之间进行权衡，寻找最有利的时间点退出测试。

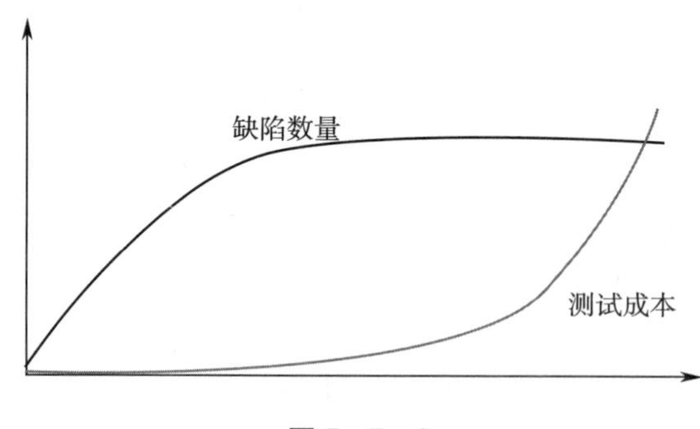

图 5 –7 –2

（四）项目组达成一致

有时由于外部因素技术、成本等各种原因，项目组（包括管理层、业务开发、测试部门等）可能会形成一致意见，认为可停止测试，评估好风险，做好应对预案，先暂时“带病投产”，后需再采取治疗改进措施。

（五）因时间进度、资源限制必须结束

以上我们阐述的都是测试活动符合了预先定义好的标准，在某个阶段内停止相关测试活动。但是，测试工作也会存在被迫结束的情况，比如为了完成上级单位的指令，生产系统抢修，甚至为了抢占市场，必须按计划尽快发布软件。不过这样也会带来诸多问题，软件本身可能存在潜在的严重缺陷；已知的缺陷可能还没有来得及修改；测试覆盖率不足，多种不确定因素和隐患可能引发严重问题，造成不可估计的损失。

【同业实例 5－7－1】

某银行测试规范对测试执行管理进行了如下描述。

1. 参与的角色。

- 测试经理。
- 测试工程师。

2. 相关部门。

- 测试中心。
- 开发中心及项目组。

3. 启动时机。

测试执行准入检查完成之后开始测试执行。

4. 活动描述。

- 执行测试：测试经理根据计划安排测试工程师进行测试执行。
- 跟踪：测试经理对测试工程师提交的缺陷进行跟踪管理：确保所有发现的缺陷都提交到缺陷管理工具中；指派某个测试工程师确认所有缺陷的有效性；对缺陷状态的跟踪管理；测试经理跟踪测试执行进度：对测试工程师提交的测试执行结果进行分析和统计，确定在任务时间范围内，测试案例所完成的百分比是否符合进度要求；测试经理跟踪测试执行情况，如果对测试计划产生重大影响，则进入变更处理流程。
- 协调：测试经理对测试执行过程中碰到的各种问题进行协调处理。

5. 质量标准。

测试执行的质量标准为：

- 测试案例 100% 以上都执行完毕。
- 测试案例通过率达到 70%—90%（视不同类型系统而定）。
- 是否达到《测试计划》中要求的其他质量标准。

第八节　怎样有效跟踪缺陷

一、什么是缺陷

我们这里要说的缺陷是软件缺陷，常被叫作 Bug。IEEE 729—1983 对缺陷有一个标准的定义：从产品内部看，缺陷是软件产品开发或维护过程中存在的错误、毛病等各种问题；从产品外部看，缺陷是系统所需要实现的某种功能的失效或违背。

我们知道，软件的需求说明书对开发的系统进行定义，给出系统的细节，比如做什么、不能做什么、满足什么规则。这种协定从简单的口头说明到正式的书面文档有多种形式。一般而言，至少满足下列五个规则之一才称发生了一个软件缺陷。

✓ 软件未实现需求说明书要求的功能。

✓ 软件出现了需求说明书指明不应该出现的错误。

✓ 软件实现了需求说明书未提到的功能。

✓ 软件未实现需求说明书虽未明确提及但应该实现的目标。

✓ 软件难以理解、不易使用、运行缓慢或者最终用户认为不好。

为了更好地理解每一条规则，下面我们来看看自助取款机（ATM）的例子。

自助取款机（ATM）的需求说明书可能表示它能够提供取款、转账等功能。在使用取款机取款，插入银行卡时，结果什么反应也没有，根据第一条规则，这是一个缺陷；如果在取款时，系统抛出异常错误，导致取款不成功，根据第二条规则，这是一个缺陷。假如你在使用ATM时，发现取款机除了可以取款、转账外，还提供存款功能，需求说明书中从没提到这一功能，根据第三条规则，这是一个缺陷。第四条规则中的双重否定让人感觉有些奇怪，但是其目的是捕获那些需求说明书上的遗漏之处。在测试取款机时，我们会考虑操作时突然断电的情况下，取款机会如何反应。如果出现未吐钞又扣减账户金额的情况，根据第四条规则，这是一个缺陷。第五条规则是全面的，更多的测试角度是从用户体验性出发，如果在使用ATM取款时，觉得操作复杂、系统速度缓慢、数字按键太小极其不方便按，这些都是缺陷。

二、为什么会出现缺陷

现在我们知道了软件缺陷是什么，但它们为什么会出现呢？让人感到惊奇的是用户验收测试阶段发现的软件缺陷并非因为编程错误，从对行业内众多项目进行调查研究而得出的结论来看，第一大来源反而是需求说明书有关的问题。

比如需求说明书没有对某些功能进行要求和说明；评审不够充分、描述不够全面，经常变更等。

第二大来源是设计有关的问题。设计程序员规划软件的过程，如建筑师为建筑物绘制蓝图。而设计问题与需求说明书的问题一样，比如随意、易变、评审不充分等。

三、如何跟踪管理缺陷

为了正确地跟踪每个缺陷的处理过程，可以利用工具对缺陷状态进行实时跟踪管理。

（一）缺陷的记录信息

缺陷的记录信息，通常情况下包含以下几项内容：

✓ 测试软件名称。

✓ 测试版本号。

✓ 测试人员名称。

✓ 测试环境。

✓ 缺陷序号。

✓ 缺陷类型。

✓ 缺陷状态。

✓ 严重等级。

✓ 优先等级。

✓ 缺陷名称。

✓ 详细步骤。

✓ 测试附图。

✓ 测试注释。

（二）缺陷有哪些状态

在整个缺陷处理过程中，缺陷会经历多种缺陷状态，反映了缺陷处理的情况和进度。一般情况下，缺陷包含以下状态：

✓ 新增（New）：测试中新报告的缺陷。

✓ 打开（Open）：被确认并分配给相关开发人员处理。

✓ 修正（Fixed）：开发人员已完成修改，等待测试人员验证。

✓ 拒绝（Declined）：拒绝修改缺陷。

✓ 延期（Deferred）：不在当前版本修复缺陷，等待下一版本修复。

✓ 关闭（Closed）：缺陷已被修复。

以上列举的都是缺陷的基本状态。当然，有时根据实际需要也会定义一些不同的状态，比如再次打开（re-open）、重复缺陷（duplicated）等。缺陷状态的转换是随流程的变化而改变，所以缺陷的处理流程应与缺陷状态一起被关注和跟踪。

（三）如何划分缺陷的等级

测试人员要对软件缺陷进行分类，以简明扼要的方式指出其对软件本身以及对软件的用户和用户行为造成怎样的影响，标注其修改的优先次序。给软件缺陷划分严重级和优先级的通用原则是：

✓ 表示软件缺陷所造成的危险的恶劣程度。

✓ 表示修复缺陷的重要程度和次序。

1. 严重级

（1）致命：系统崩溃、数据丢失、数据毁坏。

（2）严重：操作性错误、错误结果、遗漏功能。

（3）一般：小问题、错别字、UI 布局、罕见故障。

（4）建议：不影响使用的瑕疵或更好的实现。

2. 优先级

（1）最高优先级：立即修复，停止其他测试工作。

（2）次高优先级：在产品发布前必须修复。

（3）中等优先级：如果时间允许应该修复。

（4）最低等优先级：可能不影响软件版本发布。

一般的严重级和优先级的划分都用数字 1—5 来表示，测试组织可根据自身的情况和特点进行设定。

（四）缺陷管理的基本流程

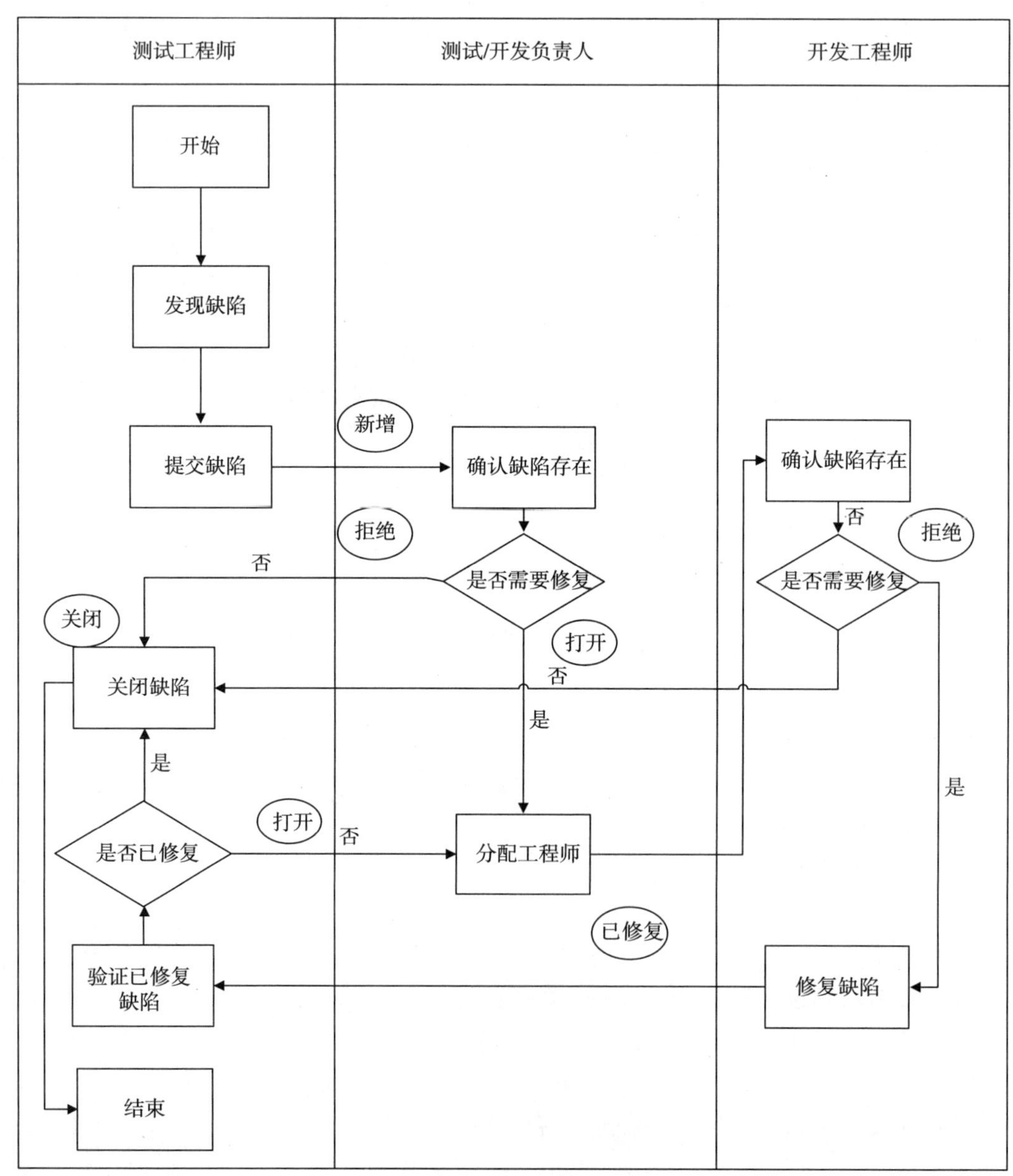

图 5－8－1　缺陷跟踪流程

缺陷跟踪管理的流程可以概括为以下步骤：

1. 测试人员在测试过程中发现新的缺陷，提交缺陷，此时缺陷的状态为“新增”。

2. 测试组长或特定角色的人员验证缺陷，如果确认是缺陷，分配给相应开发人员，状态设置为“打开”；如果不是缺陷，则拒绝，将状态设置为“拒绝”。

3. 开发人员查询状态为“打开”的缺陷，如果不是缺陷，则置状态为“拒绝”；如果是缺陷，则修复并置状态为“已修复”；如果是不能解决的缺陷，要留下文字说明并保持缺陷为“打开状态”；对于不能解决和延期解决的缺陷，不能由开发人员自己决定，一般需要评审会议通过才能认可。

4. 测试人员查询状态为“已修复”的缺陷，验证缺陷是否已解决。如果缺陷已经被修复，置缺陷状态为“关闭”；如果缺陷没有解决，则置状态为“重新打开”。

（五）缺陷跟踪管理的原则

缺陷在处理过程中，必然会遇到各种争议，可以按照以下原则进行处理：

1. 为了保证缺陷处理的正确性，需要有丰富测试经验的测试人员验证发现缺陷是否是真正的缺陷。

2. 解决缺陷时要保留相关信息，包括解决人员姓名、时间、解决方法、解决意见、缺陷状态。

3. 拒绝或延期处理缺陷不能由开发人员单方面决定，应该由项目负责人、开发组织负责人、测试组织负责人，甚至需求部门负责人等相关干系人共同决定。

4. 缺陷修复后应及时验证，测试人员应每天定时查看状态为“修复”的缺陷，并及时进行缺陷验证。

5. 当缺陷处理过程中遇到争议，比如是否是真的缺陷、缺陷的等级是否符合要求等，测试人员与开发人员就这些问题产生不同意见时，需要提交项目负责人、开发组织负责人、测试组织负责人甚至需求部门负责人一起进行“会诊”。

【同业实例 5 －8 －1】

某银行测试规范对缺陷管理进行了如下描述。

1. 缺陷等级分类。

对缺陷的描述可以从以下不同角度和维度来分类、划分等级：

- 缺陷的严重程度。

这主要是从对系统产生的后果和影响来考虑的，严重程度反映的是缺陷可能造成的影响或后果，不考虑原因、不考虑缺陷本身的特征属性。

- 缺陷的分类。

按照对缺陷本身的特征和现象来划分，考虑的维度是缺陷产生的动机和原因，比如功能不符合要求、内容页面缺失、数据不一致等。

• 缺陷的原因。

按照缺陷发生的原因来划分，比如是因为业务需求问题造成的或者是因为软件设计问题引发的缺陷等。

• 缺陷紧急程度。

按照修复缺陷的紧急要求来划分，比如需要立即执行修复的缺陷的紧急程度为高，不需要立即解决的为中，可以暂缓解决的为低。

2. 过程描述。

过程规范如下：

• 测试执行之前，测试经理在接口分析师及测试工程师的协助下，从便于分析测试结果以及解决测试缺陷解决的目的出发，定义缺陷的级别、分类。

• 测试经理根据不同项目的要求定义缺陷管理的角色、职责及目标。

• 测试经理根据不同项目的特性定义的缺陷处理流程。

一般缺陷处理流程如下：

• 提出缺陷：测试工程师记录在执行测试过程中发现的缺陷，并提交至缺陷管理系统。

• 缺陷确认提交：收到缺陷后，测试经理指定测试工程师确认缺陷的有效性，若无效由该测试工程师关闭缺陷，否则由其提交给项目开发组进行分析修复。

• 缺陷修复：项目开发组收到缺陷后，分析确定缺陷原因，交由相关人员修改，修改后通知测试工程师验证。

• 缺陷验证：测试工程师收到缺陷已修复的通知后，对已修复的缺陷进行验证，验证通过后进入关闭阶段，若验证不通过，则重新提交给项目开发组。

• 缺陷关闭：测试经理指定工程师对已验证的缺陷或确认为无效的缺陷进行关闭，关闭时须记录缺陷关闭的时间、关闭缺陷的版本等信息。

3. 缺陷跟踪控制。

缺陷跟踪控制的流程规范如下：

• 测试经理定期或不定期组织相关人员召开缺陷例会，统计分析缺陷分类、级别。

• 根据缺陷的紧急程度，不同紧急程度的缺陷要求在规定的响应时间内被修复解决。

• 如果缺陷在规定时间内未被修复，测试经理有权通过测试中心报告缺陷到各项目组所在的开发中心。如果开发中心受理后，缺陷仍然没有得到及时修复，测试经理可以提升缺陷为问题并提交到项目管理实施条线协调解决。

• 测试经理须跟踪缺陷的修复验证情况，督促缺陷在规定时间内被修复验证。

第九节 怎样选择和部署测试工具

一、为什么要使用测试工具

俗话说，工欲善其事，必先利其器。软件测试发展前期，主要依赖手工执行，测试管理、缺陷跟踪也主要是靠 Word、Excel 来记录，很难做到连续、完整地管理测试过程，精确、有效地管理跟踪缺陷状态，项目质量难以得到保证。大型项目也只能靠"人海"战术来完成。随着软件工程的发展，软件测试也越来越受重视，各大 IT 公司纷纷推出软件测试工具，比如微软公司推出的测试管理工具 Product Studio、自动化测试工具 AutoTest；MicroFocus 推出的功能测试工具 Silktest、性能测试工具 Silkperformance；Mercury 公司（后来被惠普公司收购）推出的功能测试工具 QTP、性能测试工具 LoadRunner、测试管理工具 QC 等。上述测试工具功能强大，但是价格也非常昂贵，于是国外逐渐出现了一些免费的开源测试工具，如 Bugzilla、Mantis 等，国内也逐渐出现如 Bugfree 等优秀的测试工具。从银行业软件测试工具使用的情况来看，同样经历了使用 Word、Excel 等办公软件到采购商用测试软件，再到采购服务客户化改造商业软件（定制开发），以及进入完全自主开发的几个阶段。

二、测试工具的分类有哪些

目前在测试行业内用到的测试工具很多，基本上覆盖了整个测试过程。按照工具的性质，基本可以分为以下几大类：测试管理工具、测试案例设计工具、静态分析工具、白盒测试工具、黑盒测试工具。在实际的测试过程中，可以根据测试的要求和特点组合使用测试工具。

（一）测试管理工具

一个优秀的测试管理工具，可以极大地提高测试效率，把控系统质量，节省测试成本。国内多数银行在测试管理工具尤其是执行跟踪、缺陷跟踪方面，早已告别了使用 Word、Excel 等办公软件的时代。基本处于采购商业软件再进行客户化改造和完全自主开发阶段。优秀的测试管理工具至少具备以下功能：

✓ 测试需求管理。

✓ 测试计划管理。

✓ 测试案例管理。

✓ 测试执行管理。

✓ 测试缺陷管理。

✓ 测试报表管理。

比如测试需求管理支持对需求的整理和分解；测试计划管理支持建立测试的执行计划；测试案例管理支持对测试案例的统一管理，并且能够建立需求和测试案例之间的关联，可以统计测试的覆盖率；测试执行管理，可以分配测试任务，记录测试执行结果和文档；测试缺陷管理支持缺陷的提交和状态跟踪，并且能够和执行过程相关联；测试报表管理支持测试过程相关的统计和分析，至少包括测试案例覆盖率分析、测试进度、缺陷统计分析等。通过测试管理工具，可以有效地管理测试需求并且保证每个需求都有对应的测试案例覆盖，每个测试案例都确保得到相应的处理；项目管理者能对项目的测试进度、资源使用、测试风险以及测试效率有全局的了解，可以做出针对性的调整。

（二）测试案例设计工具

测试案例设计工具分为两类，一类是基于需求的测试案例设计工具，另一类是基于代码的测试案例设计工具。对于基于需求的测试案例设计工具而言，多用于系统或者用户验收测试，且在使用中不受软件开发语言和运行平台的限制。使用此类工具的前提是需要高质量的需求规格说明。如果需求规格说明比较模糊，或者需求变更较大的情况下，则此类工具就不适用。

此类工具的通常做法，先将功能需求转化为文本形式的因果图（一种测试案例设计方法），然后再导入工具中，工具根据因果图自动生成测试案例。当然，我们在测试案例设计过程中，不能完全依赖此类工具，测试案例设计的主要工作量还是需要测试设计人员来完成，工具只能作为一种辅助存在。较为推荐的办法是在使用这些工具的同时，再人工审查进行补充完善。

（三）黑盒测试工具

黑盒测试工具也被称为功能测试工具，在用户验收测试中应用范围非常广泛，并且也已经发展得非常稳定和成熟。黑盒测试工具可以分为两种，一种是功能自动化测试工具，一种是性能测试工具。

1. 功能自动化测试工具多用于系统测试或者用户体验测试阶段的回归测试中。工具的原理就是记录并模拟用户的操作，再使用配套的测试数据，执行测试并判断测试成功与否。说到底，其实就是模仿人的操作，自动去执行测试案例，并记录测试结果。运用此类测试工具，优点是通常可以提高测试效率、扩大测试范围；缺点也比较明显，一旦涉及需求的变更，需要维护脚本，花费的成本也颇为昂贵。

现在常见的功能自动化测试工具通常包含如下功能：录制、回放、检查、可定制。“录制”就是记录下对软件的操作过程；“回放”就像重播电影一样重新进行录制的操作；“检查”就是对测试结果的正确性进行校验；可定制就是根据项目的情况，配置符合项目特点的功能和流程，不过这种情况下往往需要对测试工具做二次开发。

2. 性能自动化测试工具的主要目的是度量应用系统的可扩展性和性能，是一种预测系统行为和性能的自动化测试工具。在性能测试过程中，通过实时的性能监测来确认和查找问题，并发现系统的瓶颈所在，从而针对所发现的问题对系统性能进行优化，确保软件成功部署上线以及稳定运行。

使用性能测试工具对软件系统的性能进行测试时，大概可分为以下几个步骤：首先，需要录制软件中待测系统的功能操作过程，录制完成后，工具生成相应的脚本；然后，根据测试的要求，填入测试数据，对脚本进行设置，如设置并发用户数量、网络带宽等，使脚本运行的环境和我们实际的测试环境基本相似；最后运行测试脚本。执行我们所录制的操作，并实时地为我们展现被测试系统的各项性能数据。

三、测试工具的选型原则

对测试工具的选择可综合考虑以下几个原则：

（一）功能

功能是选择测试工具应首先考虑的问题。在测试工具选型中，并非功能越多越好，工具能够帮助测试人员完成何种工作，效果如何，这是重要的参考因素。另外，考虑测试工具的功能要结合测试的不同阶段，不同的测试阶段的测试重点不同，那么其对测试工具的功能需求自然也不一样。

（二）性能

测试工具的性能主要考虑以下因素：测试工具是否可以跨平台使用，在 Windows、Unix 系统上是否都可以使用；工具与操作系统和开发工具的兼容性如何；工具与被测系统的集成能力如何，测试数据是否方便导入等。

（三）价格

考虑工具的价格，分析其性价比是否值得购买，有时还要考虑其维护和二次开发的成本。

（四）测试工具使用的连续性和一致性

连续性是指在选择测试工具时，有必要对测试工具的选择有一个全盘的考虑，分阶段、逐步地引入测试工具。在不同的测试阶段，可以预先计划使用相应的测试工具；面对不同的测试类型，能使用的测试工具也不相同。一致性是指使用的测试工具的品牌与兼容性，推荐使用一个系列的测试工具，这样可以在最大程度上避免功能的重复性，提高兼容性。当然，在这一点上，自己开发工具是最好的考虑。

四、银行业普遍可能引入的测试工具

在这里我们根据之前划分的测试工具类型，汇总了业内使用较为普通的测试工具，但国内大型银行基本都已进入自主开发阶段。

（一）测试管理工具

测试管理工具除了自主开发目前在行业内应用比较广泛的商业工具有惠普公司的 Quality Center、IBM 公司的 Testmanager、微软公司 Product Studio、QADirector（Compuware）、开源软件 TestLink 等。

（二）测试案例设计工具

测试案例设计工具除了自主开发目前在行业内使用比较多的商业工具是 BendeRBT、TestCase Designer。

（三）黑盒测试工具

功能自动化测试工具有 QTP、RFT、SilkTest 等商业工具软件；也有 Selenium 等开源软件。性能测试工具使用最为广泛的是惠普公司的 LoadRunner、Micfocus 的 SilkPerformance、微软的 QA Load 等。

五、如何部署测试工具

不同类型的测试工具，部署的方式也不尽相同。测试工具的部署安装，需要考虑三个方面。第一是测试工具的部署特点，适合哪种安装部署方式；第二是使用、维护的便利性，哪种安装部署的方式便于测试人员使用，就尽量考虑哪种部署方式；第三是成本因素，很多商业测试工具价格昂贵，运维和二次开发成本更高，部署的方式也要多考虑成本的因素。综上所述，测试工具的安装部署方式需要考虑项目的实际情况，再决定符合项目特点的安装部署方式。

（一）单机安装部署

单机部署测试工具，一般是项目中使用测试工具的测试人员较少，或者测试工具只有单机版本，没有服务器版本。如白盒类的测试工具，一般都是单机安装，没有特殊原因的话，很少会安装在服务器上。另外，测试案例设计工具、静态分析工具，很少会涉及证书的问题，基本属于单机版的测试工具，所以一般都是在测试人员在自己的工作电脑上进行安装使用。

（二）服务器安装部署

需要部署在服务器上的测试工具，一般都是使用者众多，而且基本都按 License（证书）进行收费。从效率和成本的因素上来考虑，最好也安装到服务器上进行使用。也有一些测试工具，例如测试管理工具从功能上就只适合安装在服务器上。

测试工具安装在服务器上，测试人员需要首先访问服务器的地址和端口，工具根据使用者访问的连接数分配证书进行使用，所以大部分在服务器端的测试工具都有证书数量的限制，一旦访问的测试人员数量超过了证书数量，就会导致无法访问等问题。

【同业实例 5-9-1】

某银行于 2013 年开始自行开发了一体化测试管理平台。

平台主要由 4 个系统组成：测试设计和案例库管理系统、测试执行管理系统、自动化测试管理系统和测试基础管理系统，共有 1170 个功能点。4 个系统之间进行信息传输和共享，统一进行用户信息维护和权限配置管理，实现了统一的用户身份识别和授权管理。其中，测试设计和案例库管理系统由需求分析子系统、案例库管理子系统、测试设计子系统 3 个子系统组成，共包括 12 个模块、239 个功能点；测试执行管理系统由测试项目管理子系统、测试执行管理子系统、测试缺陷管理子系统 3 个子系统组成，共包括 8 个模块、86 个功能点；自动化测试管理系统由自动化测试设计管理子系统、自动化参数管理子系统、自动化测试执行管理子系统、测试数据服务子系统、自动化脚本管理子系统5个子系统组成，共包括19个模块、76个功能点；测试基础管理系统由测试报表管理子系统、中心人员管理子系统、外协人员管理子系统、测试资源管理子系统、技术支持管理子系统、测试资产管理子系统、平台配置管理子系统7个子系统组成，共包括29个模块、769个功能点。

该平台覆盖了该银行业务系统需求提出、开发、测试、投产上线的全流程，是同业内首次将“业务全视图”作为业务部门、分行和技术人员沟通的界面，提高测试设计质量和效率；将测试准入准出判断、技术风险评估与资源分配调整通过智能模型构建实现智能化计算；将移动办公、二维码、即时通信工具、云桌面等新技术应用到质量监控、资源管理和测试协同上，并且结合了该银行投产上线的特点与测试中心的实际，具有较高的实用性，同时在同业中也具有一定的借鉴推广价值。

1. 测试设计和案例库管理系统。

一是该系统实现了全行业务视图的智能构建方式，为测试设计人员提供需求分析框架等导向型支持，提高了测试需求分析的质量，降低了跨业务、跨部门业务分析的复杂程度，最终形成可动态维护的业务全视图，作为决策者、业务部门、技术人员沟通的界面，更是测试设计、执行和质量评估的核心基础。二是通过内嵌案例集质量算法，自动分析案例集覆盖率、冗余度等测试设计质量指标，指引测试设计人员进行案例补充和精简，从而实现“以最精简案例，覆盖最全面功能”的案例集设计目标。三是提供菜单式的测试方案制订功能，包括设置测试轮数、每轮侧重、回归范围等参数，以及每轮所需测试物料和测试数据需求的自动提取和汇总，从而实现了智能化测试方案设计工具。

该系统通过对同业和该银行软件测试历史数据的挖掘与分析，归纳出影响测试资源分配的关键因素，再以此抽取银行历史数据中相应的数据构建历史经验数据库；根据影响因素和影响关系进行数学建模，将历史经验数据和当期测试的客观信息（如测试案例数）作为输入条件，利用模型算法自动形成测试资源分配方案；在测试过程中，反复使用上述方法，不断将最新的测试执行信息（如实际进度、未测案例数）作为输入条件通过模型再次计算，形成资源分配调整方案；在测试完成后，根据实际执行情况和结果，进一步丰富历史经验数据库。

该系统通过对同业和该银行业务系统测试历史数据的挖掘和分析，归纳出被测系统的缺陷特征和识别趋势以及与之相关的关键因素（如系统类型、需求功能数、案例有效性等）；构建数学模型，根据将关键因素相应的数据作为输入条件使用模型进行计算，预测当前被测系统的缺陷识别趋势，并以此为基准与之后的实际测试情况对比，从而作为测试准入、准出判断的参考依据；将缺陷类型细分（如严重性缺陷、体验性缺陷等），并使用上述手段预测各种类型的缺陷发展趋势，以此为基准与实际情况做对比，从而为识别待测系统的投产风险提供依据，为被测系统上线决策和风险应对提供支持。

2. 测试执行管理系统。

该系统实现了测试任务分配、测试计划制订、测试案例执行，以及开发类、非开发类缺陷和测试受阻问题的跟踪管理，同时内嵌了全行统一的即时通信工具，实现了跨地区、跨部门的业务人员、开发人员和测试人员的测试协同，即使不在同一办公地点的人员，也可针对测试需求、测试任务、测试案例和测试缺陷等方面进行远程沟通和实时协同作业，最终完成整个测试过程的实施。

3. 自动化测试管理系统。

该系统将自动化测试脚本与“业务全视图”和测试案例库建立关联，在测试设计、测试执行、缺陷管理和质量监控等环节实现了“手自一体”的一体化管理理念，同时还构建了测试数据库，实现了测试数据统筹分配和复用；组建了自动化测试执行机群，实现了“测试云”和“24 小时测试”等目标。

4. 测试基础管理系统。

该系统实现了测试费用成本、外包测试人员、测试设备耗材、测试资产制度、技术支持服务等测试资源生命周期管理，同时通过调用上述 3 个系统的过程和结果数据，根据预设的计算规则形成实时详尽的系统质量监控、测试过程管理、测试人员绩效、内部成本计价等重要数据的收集、分析和展示，为管理、决策提供实时数据支持，同时还引入移动办公、二维码、云桌面等新技术，优化了外包测试人员、测试设备耗材、基础技术支持、测试资产管理和内部成本计价方法，为该银行业务验收测试的持续循环优化提供良好的基础和数据支撑。

【同业实例 5－9－2】

某银行的测试管理平台原先是使用 HP 公司的产品（如 HP QC 系统），考虑到测试管理模式的发展变化、HP 产品的功能、性能局限以及客户化工作的难度等原因，3 年前该行以国内某测试服务企业的测试管理系统为基础，经过不断地调整、优化和 2 次开发，目前已形成第 2 代测试管理平台，彻底替代了 HP 的测试管理产品。该平台现已涵盖测试项目管理、测试需求管理、手工测试执行管理、缺陷管理、人力资源管理、设备管理、考核管理等模块，具备开放性、可扩展性。

【同业实例 5－9－3】

某公司有一套完整的解决方案，通过对以下测试工具的使用，使测试工作更高效：

● 需求管理和测试管理工具：HP ALM，前身是 QC。HP ALM 是完整应用生命周期的一部分，包括需求、测试和开发管理，并通过项目与产品组合管理、强化和敏捷管理器等解决方案进行扩展，为高品质应用的计划和安全提供支持。

● 功能测试工具：HP Sprinter。HP Sprinter 可释放测试人员的创造力并使探索性测试再次变得有趣。HP Sprinter 可加速手动软件测试的创作和执行，避免重复性任务，如注入数据、对不同平台运行重复测试以及跟踪步骤，因此测试人员可以专注于探索所测试的应用。通过使用 HP Sprinter，测试人员可以获得清晰的报告以便准确再现缺陷，并在最大程度发挥其对探索性测试的影响的同时，缩短测试周期时间。

● 性能测试工具：HP LoadRunner。HP LoadRunner 是一款单一工具，可以测试移动、Web 和应用程序，以在应用正式上线前获得有关端到端系统性能的准确视图。

● 自动化测试工具：惠普统一功能测试软件（HP UFT），前身是 QTP。UFT 是一款功能性的测试自动化解决方案，可提高测试自动化所有方面的测试效率，包括 Web、移动、API 或服务测试以及集成或业务流程测试。UFT 是适用于功能测试自动化的软件，旨在帮助测试组织注重早期开发阶段，提前将测试自动化融入敏捷开发周期中。

● 安全测试工具：HP Fortify on Demand。HP Fortify on Demand 是云中的托管应用安全测试服务。通过该服务，任何组织都可以快速测试一些应用的安全性或启动全面的安全计划，而无须进行额外的软件和人员投资。

【同业实例 5－9－4】

某公司通过广泛使用测试工具来提升测试能力。通过对虚拟或物理测试工具的管理，可以方便快速地重现缺陷，也可以更方便进行自动化测试。

● 通过工具定义工作流，为工作流上的编译、部署和测试节点定义不同的环境要求。

● 缺陷的诊断数据可以从测试环境的不同设备上进行收集。

● 通过 System Center Virtual Machine Management（SCVMM）来管理测试环境时，某个设备配置可以作为模板保存，便于以后复用。

● 可以将某个时间点，测试环境中所有机器的状态作为快照进行保存，便于以后重现缺陷时百分之百还原环境。

● 可以在同一时间通过部署多份不同的环境，为不同版本的程序提供测试环境。详见图 5－9－1。

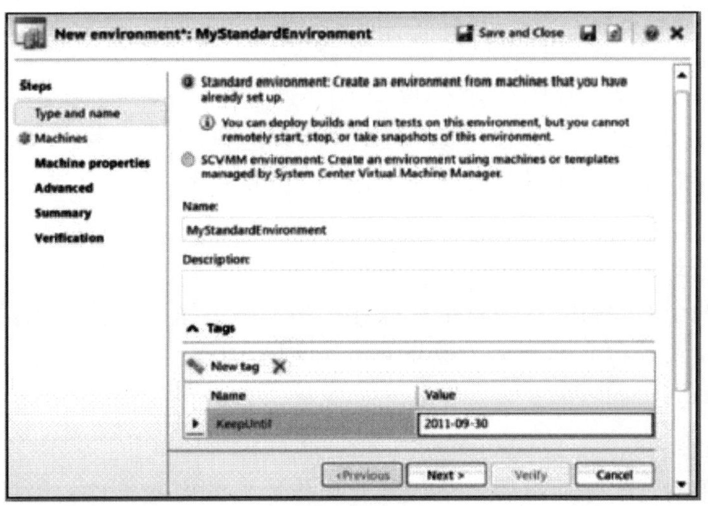

图 5－9－1

第十节　怎样有效利用操作手册

一、什么是操作手册

顾名思义，操作手册是指导用户使用、维护软件产品的文档。操作手册充分地描述软件产品所具有的功能及基本的使用方法。用户通过阅读操作手册，对软件产品的功能、操作有一定的认识。按照操作手册上的说明，通过实际操作，能够掌握软件产品的操作方法，还能解决过程中出现的各种问题。

二、什么时候编写操作手册

目前银行业内，编写操作手册的时间点并不一致，看法也不尽相同。有些银行的操作手册编写是由业务部门负责，有些是由测试组织负责，而由开发组织编写操作手册的情况并不多见。但事实上，从软件工程角度出发，操作手册的编写由开发组织从需求分析阶段开始进行更为合理。

在需求人员编写出需求规格说明书的同时，开发组织应完成操作手册的初稿。该初稿应包括软件产品主要的功能描述以及界面描述。在设计和实现（编码）阶段，项目组应随着软件产品的逐步细化以及变更的情况，同步完成操作手册的修改和细化。当软件产品完成集成测试时，操作手册的编写工作应基本完成，即此时操作手册的内容除因测试中发现错误而需进行部分改动外，不需要在内容方面进行大量增减。操作手册的内容和格式可以在系统测试或者用户验收测试期间进一步修改，必须在产品正式交付前完成定稿并发给用户。

三、检验操作手册的要点

操作手册作为最重要的用户文档组成部分，不仅在产品交付后为广大使用者提供指导服务，在用户验收测试阶段也提供重要支持。我们在定义用户验收测试准入条件时，把它作为交付文档的组成部分。如果用户操作手册内容和形式不符合条件，测试组织可以拒绝受理其测试申请。检验用户操作手册质量的要点包括以下几个方面。

（一）完整性

保证内容的全面性和完整性是把握操作手册质量的重要方面。质量良好的操作手册，应该能够包括软件产品的所有功能模块和相关内容，能够指导用户顺利地安装、设置和使用软件。

（二）一致性

检查操作手册与实际功能的一致程度。操作手册的内容不仅要保证其全面性和完整性，还要确保它与一起发行的软件产品的实际功能相一致，并需要根据软件的升级而及时更新操作手册。

（三）准确性

检查操作手册是否遵守完整性、语言、语法、连贯性与格式方面的规则。发现手册中的错误，如错别字、图片序号与描述不匹配等，应及时加以纠正。

（四）统一性

检查操作手册的描述语言和风格是否统一。为方便用户的阅读和提高阅读感受，应尽量统一风格。

（五）易理解性

检查操作手册对关键、重要的操作是否有图文说明，并且文字和图表是否易于理解。

（六）用户操作实例

检查对主要功能和关键操作提供的实例是否丰富，提供的实例描述是否详细。详细充分的实例描述可以帮助用户快捷地掌握关键。

四、如何利用操作手册

操作手册主要用于验收测试的前期准备阶段，和需求说明书或者功能说明书一起作为一些过程的输入条件。

（一）测试培训：

作为测试准备阶段的培训教材，操作手册能够帮助验收测试的测试人员快捷地掌握软件的各项功能和操作方法。

（二）案例设计：

操作手册是测试案例设计的重要依据之一。案例设计人员依据操作手册的图文说明和操作实例，更易于描述测试步骤和预期结果，特别是对于页面相关测试案例的设计。

【同业实例 5－10－1】

某银行对于操作手册有可用的模板，其中格式都已进行定义。模板包括封面（文档名称和版本信息）、版本变更情况（修改时间、修改人和修改内容）、页眉页脚和正文部分。使用模板时只需将模板内容进行替换或添加。正文部分通常需要截图来直观说明系统信息。

1．第36应用 代理财政支付（FA）

1.1 〖专户资金划库及退付挂账（361054）〗

1.1.1操作说明

该交易主要用于从中央财政专户开户行在接到财政部的划库单、调库单或退款单、利息调库单后，从专户进行调库、调户、利息调库或退款时使用。

1.交易画面

交易画面一

交易：专户资金划库及退付挂账
划 转 标 志 [ ]

交易画面二

交易：公共财政预算资金调库-明细信息

凭证编号 签发日期 转出金额 收款国库账号 收款国库名称 收款国库开户行 科目名称
科目编码 资金用途 项目编码 项目名称

【退出】 【明细信息】

交易画面三

交易：公共财政预算资金调库
转出账户 [0-中央财政非税收入专户]
凭证种类 [000-其他]
凭证号码 [ ]
签发日期 [ ]
收款国库账号[ ]
收款国库名称[ ]
收款国库开户行[ ]
科目编码 [ ]
科目名称 [ ]
项目编码 [ ]
项目名称 [ ]
转出金额 [ ]
资金用途 [ ]

2. 栏位描述

栏位描述一

输入项名称	类型/长度	输入属性	注释
划转标志	X(1)	必输	0- 公共财政预算资金调库 1- 财政专户资金调户 2- 暂存款退付 3- 利息调库

栏位描述二

输入项名称	类型/长度	输入属性	注释
凭证编号		显示	
签发日期		显示	
转出金额		显示	
收款国库账号		显示	
收款国库名称		显示	
收款国库开户行		显示	
科目名称		显示	
科目编码		显示	
资金用途		显示	
项目编码		显示	
项目名称		显示	

栏位描述三

输入项名称	类型/长度	输入属性	注释
转出账户		显示	默认“0-中央财政非税收入专户”
凭证种类		显示	默认“000-其他”
凭证号码		显示	
签发日期		显示	
收款国库账号		显示	
收款国库名称		显示	
收款国库开户行		显示	
科目编码		显示	

1.1.2 出错信息说明

1. 显示“CZF109划转金额不等于支付凭证金额”：输入的转出金额不等于凭证金额。

2. 显示“CZF008查询结果为空”：输入的凭证号码不存在。

3. 显示“CZF107退付金额不能大于拟退付金额”：输入的退付金额大于拟退付金额。

4. 显示“CZF108暂存款信息不存在”：输入暂存款拟退款流水号错误。

1.1.3 交易要点提示

1. 该交易需复核。

2. 输入的转出金额必须等于凭证金额，否则系统报错。

3. 暂存款退付的转出金额必须小于等于拟退付金额，否则系统报错。

1.1.4 交易输出内容

1. 提示“交易成功，该交易尚需复核！”

【同业实例 5－10－2】

某银行对于操作手册有固定的模板和格式。以外汇系统用户手册为例，按功能和子功能区分章节，在每个子功能点下，依次进行“功能点介绍”“操作流程”“页面要素信息”和“页面按钮信息”。

2.交易

2.1 即时交易

2.1.1 功能介绍

即时交易：网银用户开通外汇业务后在网上实时买进外汇。

2.1.2 即时交易操作流程

操作流程：

	操作流程	页面代码
1	选择买入卖出币种	PB060231001
3	交易结果信息	PB060231002

1. 用户安全登录外汇模块后，点击交易菜单，页面默认进入即时交易选择买入卖出币种页面，如图：

页面号：PB060231001

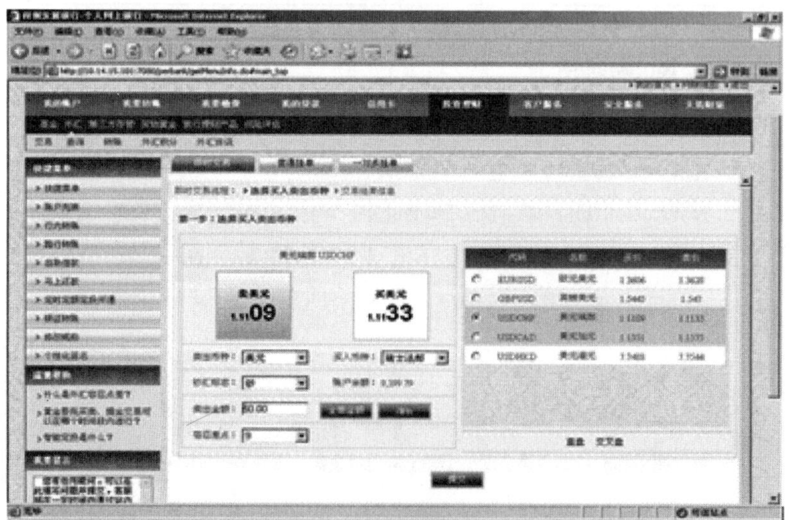

2. 选择卖出买入货币对，输入卖出金额，容忍点差，点击【询价】，提交交易，如图：

页面号：PB060231001

3．提交后进入即时交易结果页面，如图：

页面号：PB060231002

2.1.3 页面要素信息

字段名 Filed Name	描述 Description	有效数据 Valid date	是否必录 Required	说明 Rermarka
即时交易选择货币对页面				
卖出币种	卖出币种	下拉框选择	Y	卖出币种选择必须是账户中存在的币种
买入币种	买入币种	下拉框选择	Y	
钞汇标志	买卖货币的标志	下拉框选择	Y	钞汇标志分为钞汇两种，与账户中的货币标志对应
卖出金额	卖出币种的金额数	输入框	Y	卖出金额数折合美元要求大于等于50美元
容忍点差	用户容忍的标准点差数	下拉框选择	Y	容忍点差值包含0~9
即时交易持果页面				
外汇流水号	交易流水	只显示	自动显示	
交易账户	交易账号	只显示	自动显示	
客户姓名	无	只显示	自动显示	
钞汇标志	无	只显示	自动显示	
买入币种	无	只显示	自动显示	
卖出币种	无	只显示	自动显示	
买入金额	无	只显示	自动显示	
卖出金额	无	只显示	自动显示	
优惠点数	无	只显示	自动显示	
成交汇率	无	只显示	自动显示	
成交时间	无	只显示	自动显示	

2.1.4 页面按钮信息

操控键 Fileld Name	描述 Description	说明 Rermarka
全部金额	交易账户的全部金额	交易账户的全部金额
提交	询价后提交该笔即时交易	询价后提交按钮可操作

第十一节　功能测试的前瞻性研究

前面的章节中，我们讲述了功能测试的基本流程、功能测试的方法、案例设计、测试执行等，其中理论和实践做法基本都是基于传统的测试方法论，那么在新技术飞速发展的今天，传统的功能测试也有了新的发展，我们在这里可以做一些探讨。

一、银行业适合敏捷测试的功能测试

（一）什么是敏捷测试

敏捷测试是遵守敏捷开发方法原则之下的软件测试实践，由敏捷团队的所有人员参与，宗旨是保证持续快速地交付有价值的软件。敏捷开发模式是一种解决传统开发模式无法应对需求不断变化的软件开发方法，是以快捷响应用户的需求为重点，采用快速迭代和循序渐进的方法不断把软件开发成果反馈给用户的软件开发的模式。在敏捷开发中，迭代周期短，通常两周到一个月为一个迭代周期，测试应该前移，测试人员应尽早开始测试，包括及时对需求、开发设计的评审，使用持续测试技术，一旦有新的代码进入，就自动对软件产品质量进行即时反馈，银行业务中有互联网、线上金融相关的业务系统和手机银行等系统，基本是采用这种方式开发测试的，它们的开发过程区别于传统的业务采用瀑布式开发方法定期变更，发布大版本的方式。而是“百米冲刺”，在小周期内及时、持续地响应客户的频繁的需求变化。敏捷测试就是随着业务需求的改变，正确地建立测试策略，确保整个生产过程的质量，及时地发布用户真正需要的产品。

（二）敏捷测试的特点与实质

由于测试周期变短，意味着测试进行得更为频繁，测试工作量随之增大。敏捷测试人员在关注产品需求、产品设计的同时，追求采用自动化的方法，从源代码、接口和界面层实现自动化测试，从各个维度去关注产品质量。

目前业内流行多种敏捷方法，如极限编程、SCRUM 等。敏捷开发方法也不是一成不变的准则，而是一个方法的最佳实践。各个组织和企业也不断定制着自己的最佳方法。但普遍具有几大特点：

1. 拥抱需求变化

当下的需求并不是最终的决定，团队需要积极接受业务部门提出的需求变更，同时，团队应该及时向业务部门反映当前周期内的缺陷和错误。在测试过程中，测试计划会根据业务价值交付的顺序进行灵活的调整。

2. 精简过程文档

敏捷测试中直接沟通交流的效率远大于文档。敏捷团队鼓励测试人员通过主动沟通明确需求，尽量避免和减少复杂的文档。敏捷开发、测试的文档要简洁、清晰，任何表达清晰的文字、图片等形式都是被认可的。需要指出的是，精简文档不是无须文档，所以要注意不能走极端。

3. 测试驱动开发

敏捷项目测试人员应熟悉整个软件生命周期，要在不同阶段确认和验证、预防缺陷，而不是等到软件开发完成后才去发现缺陷。测试驱动开发一般可以分为单元测试驱动开发（UTDD）和验收测试驱动开发（ATDD），前者大多由开发人员负责，后者主要由测试人员负责。测试人员可以利用专业测试知识和需求理解能力，驱动、指导开发。使产品更容易符合需求获得客户满意度。

4. 自动化测试

由于敏捷项目快速迭代的特点，用自动化做回归测试是真正实现敏捷的关键。可根据实际情况，选定或准备合适的工具，对相对稳定的功能采用自动化测试，减少回归时间和成本，将原本可发挥更大价值的人力从重复的手工测试中解放出来。

5. 民主的团队

敏捷团队是一支民主的团队，团队成员能够平等参与讨论、决策，因为群策群力更容易激发灵感，产生创造性思维。测试人员的视角应更接近客户，要敢于发表意见、提出建议，尽早揭示风险、暴露问题，以免在后期造成更大的影响。

（三）敏捷测试流程

敏捷项目需求变化比较快、产品开发周期短，功能不断累加，会给测试工作带来很大挑战，传统的软件测试流程必须要做出调整。如不再要求编写完备的测试计划，而是在每个迭代周期，写出简短的测试计划，列出测试要点即可。编写测试案例方面也不再严格要求规范标准，甚至可以仅针对业务场景直接进行验证，并进行探索性测试。

在敏捷测试流程中，测试是一个持续的质量反馈过程，测试人员要全程参与需求、产品功能设计等讨论，参与代码复审，测试中发现的问题要及时反馈给项目干系人员。

（四）敏捷测试工具

目前行业内已有多种测试工具可以支持敏捷测试，比如：

✓ 单元测试 Xunit 系列（Junit、Nunit）。

✓ 功能自动化 Selenium、WaitR、QTP 等。

✓ 性能测试工具 Jmeter、Loadrunner 等。

✓ 敏捷测试过程管理工具 Visual Studio 2010。

（五）敏捷测试适用的银行业务种类

“敏捷”的特点在于更强调紧凑的团队组织、面对面地沟通、频繁的软件版本交付（快速迭代），以及用户体验和反馈。它解决了瀑布模型对研发过程严格分级、参与团队相对独立，导致需求变化成本较高、沟通协作难度较大的主要问题。但是从传统软件研发的观念来看，频繁地交付程序版本，变更生产环境，将对运维保障工作造成一定的风险和压力。因此，“敏捷开发”并不是“万能药”，传统的软件开发模型也并非完全过时。如何从全局角度，根据不同的业务和项目特点选择合适的开发模式，平衡好“组织、节奏、风险”等因素，是一个不能忽视的课题。

从银行业业务系统和研发组织情况来看，传统业务由于比较强调稳定性、可靠性和安全性，需求、研发和测试团队规模庞大，更适用于传统的瀑布或迭代开发模型“大步稳行”。而网络渠道、互联网线上金融、手机银行等业务存在研发时需求萌动并且要求快速投产、随时调整的情况，较适用采用“敏捷开发”和“敏捷测试”，“小步快跑”。因此，银行业要采用敏捷测试还需根据自身实际情况和业务种类来进行选择。

二、如何去预测产品中有多少缺陷

我们在测试完一个软件产品，临近发布时，总是会担心，发布之后会不会有问题？还有多少缺陷没有被发现？有没有一种办法可以预测产品的缺陷数量？其实银行业内早些年就开始了这样的研究和探索，这里也和大家一起做一些分享。

测试缺陷预测模型是一种利用软件缺陷的发现趋势来监控测试过程质量的方法。通过对历史数据的收集、分析和归类，我们可以找出发现软件缺陷的规律，从而构造出缺陷发现趋势的曲线模型。再通过判断实际发现问题数与曲线模型是否吻合，分析项目测试执行过程中是否存在异常点。通过对异常点的分析，找出项目过程中可能存在的风险，并及时采取有效措施实施应对。

（一）缺陷预测的基本原理

测试缺陷预测模型的基本思想是通过历史测试数据，计算出已测应用系统的缺陷密度。再根据当前项目下每个应用的功能点数，折算出项目的历史标杆。最后通过抽样研究生成缺陷分布的数学模型，把历史标杆分布到测试周期的每一天，就可以预测每一天可能发现的缺陷数了。另外，为了持续保证预测的准确性，需要不断更新历史数据。

（二）建立缺陷模型

1. 计算应用的缺陷密度

我们设想应用是拥有相同的业务种类或技术特点的系统功能模块划分，那么计算应用的历史缺陷密度可以给当前应用做参考。

（1）有历史数据的应用可以根据历史数据计算缺陷密度。

前提条件：具有一定时期内各应用的测试功能点信息和缺陷信息数据。

计算方法：根据历史数据，获取各应用历史功能点总数和历史发现缺陷总数，计算出各应用每百个功能点发现的缺陷数。

各应用缺陷密度 = 各应用历史发现缺陷数 / 各应用历史功能点数 × 100。

（2）暂无历史数据的应用，可以按照平均水平计算。

各应用缺陷密度 = 总历史发现问题数 / 总历史功能点数 × 100。

2. 考虑每个应用的新增、修改占比

项目中的功能模块分为两类，新增功能和修改功能。一般情况下，新增功能的缺陷会比修改功能多，所以需要考虑项目中这两类功能的规模占比。

（1）计算每个应用的新增、修改占比。

前提条件：对各个功能模块的功能点评估区分新增和修改内容。

计算方法：应用的新增占比和修改占比公式如下：

新增占比 = 新增功能点 /（新增功能点 + 修改功能点）。

修改占比 = 修改功能点 /（新增功能点 + 修改功能点）。

（2）确定新增、修改占比的调节系数。

计算方法：通过对历史项目的测试缺陷进行抽样，统计得出新增和修改的调节系数。如：

新增：调节系数 1.25。

修改：调节系数 0.68。

3. 计算项目的标杆值

要计算项目的标杆值，首先要计算应用的标杆值，因为应用是拥有相同的业务种类或技术特点的模块划分。由于这些模块存在共性，所以历史值才对当前值有参考意义。

（1）计算各应用标杆值。

前提条件：已经计算出各应用的缺陷密度和新增、修改占比。

计算方法：结合各应用历史缺陷密度和当前功能点数，考虑各应用变更类型占比，计算各应用标杆值。

各应用标杆值 = 各应用功能点数 × 各应用缺陷密度/100 × 新增交易占比 × 新增交易调节系数 + 各应用功能点数 × 各应用缺陷密度/100 × 修改交易占比 × 修改交易调节系数。

（2）计算项目标杆值。

前提条件：已经计算出应用的标杆值。

计算方法：项目由多个应用组成，项目的标杆值由组成项目的各应用标杆值加总得出。

项目的标杆值 = $\sum$ 应用的标杆值。

4. 定义曲线发现模型

计算出项目的标杆值，可以知道项目结束时该项目历史应发现的总缺陷数。但是这些缺陷如何分摊到项目的测试周期中，需要定义缺陷发现曲线，传统的缺陷发现曲线有两种，增量曲线和累计曲线。

✓ 增量曲线：体现测试周期中每个工作日发现的缺陷数。

✓ 累计曲线：体现测试周期中截至当前工作日的发现总缺陷数。

增量曲线的优点是可以反映每天的测试工作是否正常，而累计曲线的优点是反映项目的总体测试情况。因为项目更关心整体指标，所以我们选择累计曲线来进行建模。

（1）收集历史数据。

前提条件：在缺陷管理系统中有记录缺陷的发现时间。

计算方法：对历史项目进行无偏抽样，把抽样项目根据缺陷的发现时间绘制出发现缺陷数的累计曲线，可以使用Excel工具生成。

（2）建立问题发现曲线模型。

前提条件：抽样项目的缺陷发现曲线已经生成。

计算方法：通过双曲正切函数匹配抽样项目的缺陷曲线，具体如下：

模型计算公式说明：

缺陷数 =（标杆值 ×（TANH（（天数 - 总天数/2）×（π/总天数））+1）/2）×1.25。

（三）缺陷模型的实施验证

根据测试计划的安排，测试工作可能分成多个轮次，而各轮次的问题数并非是均匀分布。总体来说，因为程序逐渐趋于稳定，前面轮次发现的缺陷数会比后面的多。根据历史数据的抽样，可以计算各轮次缺陷数的占比，再根据缺陷发现曲线项目的监控图形。

1. 定义各轮次发现问题数占比

前提条件：获得测试计划的轮次信息。

计算方法：标杆值根据测试轮次按比例分配，具体规则如下：

测试轮次仅为一轮，则该轮次测试发现100%缺陷。

测试轮次为两轮以上，则首轮发现所有问题的70%，中间各轮次均发现剩余问题的70%，最后一轮发现剩余的全部问题。

举例说明：

测试1轮，则标杆值按一轮100%分配。

测试2轮，则第一轮发现问题70%，第二轮发现问题30%。

测试3轮，则第一轮发现问题70%，第二轮发现问题21%，第三轮发现问题9%。

以此类推。

2. 展现项目的监控图形

前提条件：缺陷发现曲线和测试轮次占比已经生成。

计算方法：根据之前计算的各轮次标杆及测试天数，计算出各轮次的缺陷发现曲线，加总获得项目的缺陷发现曲线。

例如：假设某项目某期投产测试两轮，第一轮测试时间为2014/05/23至2014/06/03，共8个工作日，第二轮测试时间为2014/06/04至2014/06/13，共8个工作日，项目总标杆值为114个。

通过计算：第一轮的标杆 = 114×70% ≈80。

第二轮的标杆 = 114×30% ≈34。

【同业实例5-11-1】

在软件测试过程中，测试人员往往会产生以下困惑：软件中还残余多少缺陷；一个软件在什么时间点可以终止测试。这两个问题在传统测试过程中，往往是依赖于测试人员的经验，或是按照测试计划进行执行。某公司对测试项目的缺陷进行建模，通过时间序列的缺陷模型，可以对特定软件项目的缺陷进行预测和分析。

软件可靠性模型适用的项目特征为：

- 适用于瀑布型软件项目。
- 项目测试过程中，软件功能或资源（如人员）方面没有大的变更。
- 项目测试周期大于15 个工作日。

建模的过程包括搜集历史数据和建立历史测试数据库，将各类项目的周期、测试人员和发现的缺陷的数据搜集起来，作为参考数据导入历史数据库，通过对各数据关系的分析，找出适用的缺陷模型，该模型根据时间的参数，可以计算出每个时期的缺陷数量。

如何应用缺陷模型进行新项目缺陷预测呢？根据项目类型找到适用的缺陷模型，将项目周期、测试周期、测试人员信息作为参数代入缺陷模型，可以得到该项目根据时间变化预测找到的缺陷数量。将预测缺陷数量和实际发现的缺陷数量进行比对，可以评估是否有大量隐藏缺陷未发现。

第六章　如何在验收测试阶段的功能测试中运用自动化技术

第一节　怎样在功能测试中运用自动化测试

一、什么是自动化测试

在回答什么是自动化测试这个问题之前，我们先来回顾一下功能测试的目的，它是基于需求规格说明书，测试产品的功能是否都能正常使用、是否达到了需求规格说明书的要求。传统意义上的功能测试都是依靠测试工程师手工进行测试的，如果测试工作量非常巨大，就需要大量的测试工程师。项目成本和人员风险就会变得非常高。测试质量受人为因素，影响得不到充分的保证。那么有没有一种办法，在减少测试工程师人工需求的同时，又能保质保量完成测试任务呢？当然，行业内都在不断尝试运用自动化测试技术来解决上述问题。

自动化技术是人们在生产的过程中，为了提高工作效率，不断地对操作方法、技术或者工具进行改进，以机器代替手工，从而节省时间和成本的一种手段。自动化测试则是把以依赖人工的测试行为转化为机器执行的一种测试方式。也就是说，原本由测试人员执行测试案例，改为由机器执行测试案例。通过发挥机器执行速度快、重复一致性高等特点，完成许多手工无法完成或者难以实现的一些测试工作。正确、合理地实施自动化测试，可以快速、全面地对软件进行测试，从而节约人工和时间成本，缩短产品发布周期。

经过实践和总结，业界总结了自动化测试过程的金字塔形策略结构（见图6－1－1）。

在三层金字塔中，最下层是单元测试，指对软件中最小的可测试单元（通常为代码）进行检查和验证；最上层是界面测试，指通过自动化手段操控用户界面实施功能验证；中间层是服务/接口测试，指自动设置不同的输入数据，用于验证服务/接口的功能的自动化测试方式。

在金字塔模型中，越往上自动化实现难度越大，投入产出比也越低。在《Google软件测试之道》中，Google 70%的投入为单元测试，20%为接口/集成测试，10%为用户界面层的自动化测试。

银行用户验收阶段的自动化测试，主要是采用界面自动化测试和服务/接口自动化测试。

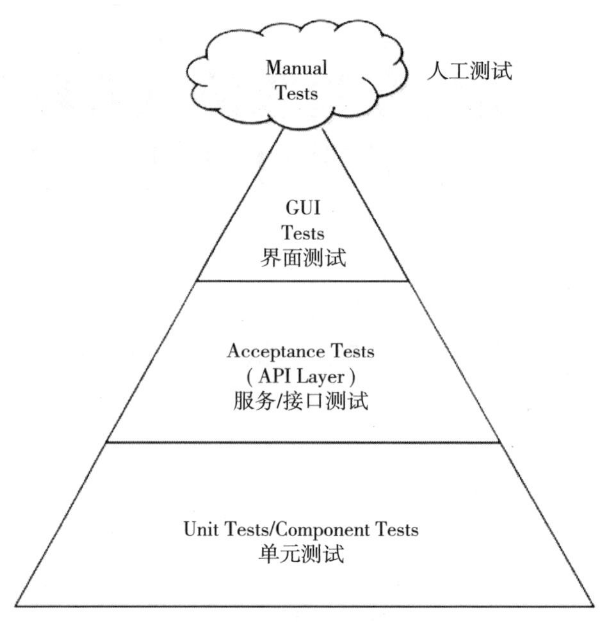

图 6－1－1　自动化测试金字塔

对于银行的验收测试而言，自动化测试普遍运用在测试数据铺设、回归测试以及非功能测试方面。

二、为什么要开展功能自动化测试

（一）开展功能自动化测试的优点

概括地说，功能自动化测试具有以下优点。

1. 大幅提高测试效率

大规模的软件系统测试，单纯依靠人力将非常耗时和烦琐，而正确、合理地使用自动化测试工具，无论是将测试过程的某些步骤实现自动化，还是将整个测试过程进行自动化，都可以有效提升测试效率。同时，测试工具还可以加强对整个测试过程的控制和管理，能够确保测试的进度。

2. 扩大测试覆盖率

由于手工测试受到人力的限制，在回归测试过程中，可能并不能覆盖所有的功能点，通过自动化测试工具则可能突破限制，扩大测试范围，提高测试覆盖率。

3. 更好地重现软件缺陷

利用机器进行自动化测试，可以保证每次测试运行的脚本是相同的，具有更好的一致性和可重复性，这一点是手工测试难以做到的，因此能够更好地重现软件缺陷，确保测试质量。

4. 充分利用测试资源

自动化测试在理想状态下可以按计划完全自动地进行，因此在开发人员和测试人员休息时，仍可利用机器在周末或者晚上执行自动化测试，从而充分提升测试环境、测试机器和测试耗材等资源的利用率。

（二）功能自动化测试的局限性

虽然自动化测试可以提高测试效率，能够完成手工测试不能完成的工作，但自动化测试在实际应用中也存在局限性，并不能完全替代手工测试。具有以下特征的项目就不适用自动化测试。

1. 测试周期短

周期较短的项目，相应的测试周期也很短，准备自动化测试脚本时花费了大量精力，但因为不能得到重复利用，而难以实现自动化测试的价值。

2. 测试前置条件要求高

有些业务规则比较复杂的系统，或者业务流程冗长的系统，对于测试前置条件的准备要求较高，需要多种角色多个环节处理，可能造成自动化测试脚本编写等测试准备时间都比直接进行手工测试所需的时间更长。

3. 用户体验性测试

界面的美观、易用性的测试，无法用统一的、可直接判断的标准来进行测试，因此无法用测试工具来实现。

4. 需求变动较大的软件产品

如果软件产品需求变动较大，自动化测试脚本需相应进行维护和修改，可能导致投入成本高于实际效益。

因此，作为测试工程师，在考虑选用自动化测试的过程中，还需要了解项目组对于自动化测试的期望并消除他们一些不切实际的期望。

当然，在某些测试本身就无法通过人工方式完成，或人工测试需要投入大量成本，这些项目必须考虑引入自动化测试。比如大数据量的输入测试、配置测试、兼容性测试等。

（三）功能自动化测试的前提

实施自动化测试通常需要同时具备以下前提。

✓ 不苛求所有测试范围都实现自动化。

✓ 被测对象具有长期可维护性。

✓ 软件需求变动不频繁，或项目中的某些功能模块相对稳定。

✓ 项目周期足够长，可以满足自动化测试需求的确定、自动化测试框架的设计、测试脚本的编写与调试等耗时较长的准备工作。

✓ 资源投入相对充裕。

（四）如何计算自动化测试的成本和收益

自动化测试的成本和收益该如何衡量？我们可以建立自动化测试的成本效益分析模型，来计算所需投入的成本和可能获得的回报。

1. 自动化测试的成本

总体来说，自动化测试的成本分为工具成本加上自动化实施成本，其中工具成本分为测试工具、测试框架开发、资源投入成本；自动化实施成本分为前期的脚本开发成本加上后期的维护成本。

工具成本具体包括：一是工具购买和二次开发成本，自动化测试工具目前主要有开源和商业工具两种，商业测试工具需要考虑购买成本，开源工具虽然不需要支付购买成本，但是因为要适应项目，所以往往需要进行二次开发，相应的开发成本也要计入成本。二是要考虑测试框架的开发成本，自动化测试框架基本都是根据测试组织的自身特点进行定制，其中的开发成本也需要计入工具成本。三是资源投入成本是指计算机、服务器、外设等硬件的投入成本，这些成本是固定成本。

此外，自动化实施成本分为脚本开发成本和脚本维护成本。脚本开发成本是指项目前期脚本开发投入的人力和时间；随着项目的发展，需求以及系统都有可能发生变更，所以需要投入人力和时间对脚本进行维护，这就是项目后期的脚本维护成本，这些成本都是不固定的，会随时变更。

自动化测试的成本又可以分为固定成本和可变成本，其中固定成本就是自动化测试工具、框架、设备等，不受自动化测试的成果数量和运行次数的影响；可变成本如测试脚本开发、执行、维护成本，对测试成本的计算有着较大作用。由于测试往往是一个重复的活动，因此自动化测试的运行次数也是计算收益的重要因素。

2. 自动化测试的收益

自动化测试的投入成本包括前期的建设成本（C_1），即自动化测试框架平台开发、测试设备准备、脚本编写等方面的花费，测试过程中脚本维护的成本（C_2），以及运行成本（C_3），其产出包括常规测试缺陷（D_1）和回归测试缺陷（D'_2），N'为自动化测试的轮次，因此投入产出比 $R' = \dfrac{C_1 + (C_2 + C_3) \times N'}{D_1 + D_2^{'}}$。如果采取手工测试，投入主要为人力成本（$C$），$N$ 为手工测试轮次，则投入产出比 $R = \dfrac{C \times N}{D_1 + D_2}$。由此可见，自动化测试前期建设成本较高，在短期内优势难以体现，甚至成本高于手工测试，只有自动化测试脚本不断被重复使用，即 $N = N'$ 越来越大，而每次脚本维护变动较少时，$C_2 + C_3$ 小于 C 且趋于0，才能使得 $C_1 + (C_2 + C_3) \times N'$ 远小于 $C \times N$。在同一个测试周期中，由于自动化测试效率远高于手工测试，N'远大于 N，如果采用自动化测试进行回归测试，则可以有效扩大回归测试范围，提高缺陷产值，即 $D'_2 > D_2$。从而使得 $R' < R$，经济效果更好。

【同业实例 6 -1 -1】

某公司关于自动化测试成本收益的计算，有一套计算表格，原理是：

（1）选定需要自动化的功能。

首先要看哪些功能模块需要写成自动化测试脚本，对比这些需要自动化的功能模块。

（2）计算手工测试的时间。

如果手工测试的话，需要多少人/日、会执行多少轮次。

(3) 计算编写自动化脚本的时间。

如果写成自动化脚本，需要多少人/日、执行脚本花费的时间。

(4) 计算一个轮次手工/自动化测试时间对比。

计算出手工测试相对于自动化测试节省出来的时间。

(5) 计算自动化持平手工测试时间的轮次。

计算出自动化测试至少需要运行几轮，才能追平手工测试花费的时间，也就是说自动化测试花费时间与手工测试时间相持平。

(6) 计算自动化测试收益率。

根据手工测试执行时间减去自动化脚本执行时间，再减去每轮执行维护的时间再乘以运行的轮次，得到结果之后再除以编写脚本花费的时间与每轮执行维护的时间乘以运行的轮次之和，得到了自动化测试的收益率（见表6-1-1）。

表6-1-1

软件产品	要自动化的测试用例数	手工执行用例时间	开发自动化测试脚本的时间	每次自动化测试执行的维护时间	自动化每年执行次数	自动化测试的第N年收益率	自动化测试第1年收益率	自动化测试第2年收益率	自动化测试第3年收益率
Model 1	60	5	20	2	4	$\frac{5\times4\times N-20-2\times4\times N}{20+2\times4\times N}$	-28.60%	14.29%	57.14%
Model 2	200	10	30	2	4	$\frac{10\times4\times N-20-2\times4\times N}{20+2\times4\times N}$	31.58%	115.79%	200%

备注：时间单位为人×天。

（五）开展功能自动化测试有哪些误区

在自动化测试中，总是有一些误区，有可能导致项目的失败。特别在银行测试工作中，因为更关心投入产出，所以当自动化测试不能达到管理部门预期的时候，测试组织往往会背负较大压力。这里我们可以列举一些关于自动化测试常见的片面理解，供大家参考。

1. 自动化测试可以完全替代手工测试

其实并不是所有的测试过程都可以自动化。如测试设计、编写案例等环节无法通过机器实现，执行案例中也有不少案例不适合使用自动化手段完成，比如较长流程的交易、更关注用户体验的交易等，还是需要人工参与。因此，自动化测试无法取代手工测试，而是手工测试的辅助和补充。

2. 自动化测试有助于发现新缺陷

自动化测试的特点是一致性和重复性，应更多用于回归测试，因此主要用来发现缺陷修复后还可能存在由此导致的其他缺陷，而要发现更多的新缺陷还是要依靠手工测试，通过加强测试分析、设置多种测试场景、有针对性地编写案例等方式来实现。

3. 自动化测试能大幅降低工作量

引入自动化测试技术并不会马上减轻测试工作量，相反，在实施自动化测试前期，投入的工作量会更大。因为编写、维护自动化测试脚本等前期准备工作往往需要花费巨大的工作量。只有在积累了一定量的脚本，并且可以持续、重复使用的情况下，自动化测试才能逐步发挥降低工作量的效用。

4. 自动化测试适用于所有测试阶段

其实自动化测试有它的适用范围。比如基于用户界面的自动化测试更适用于回归测试。而在其他阶段，就显得不是那么适合。因为项目初期，测试刚开始，软件系统不稳定、缺陷多等原因都会导致自动化测试执行失败。

【同业实例 6 -1 -2】

某银行的自动化测试，从实施范围来看，属于实施—调整—再实施这样的一个过程。该银行测试中心在初期实施自动化测试时，还是将自动化测试定位于服务手工测试，测试案例编写完成后，自动化测试组编写测试脚本，然后进行自动化回归测试。但是由于系统的变更以及项目周期的问题，导致测试脚本需要频繁维护；而且因为项目周期的问题，编写脚本的时间非常紧张。按照这样的模式实施了一段时间后，该银行测试中心发现自动化测试的效果一般，没有达到预期。在经过调整后，目前该银行的自动化测试一般应用在以下两个方面：

- 高频交易测试。

高频交易主要是指经常使用或者操作的业务交易，如开户、存款、取现等交易。这些交易在日常生产和生活中，被使用的频率非常高，同时也是银行的核心业务，如果这些业务出了问题，可能会给银行带来较大的损失。在银行每一次的投产窗口，这些高频交易的正确性都应该得到保证。

在平常的测试中，由于人力物力的限制，测试范围都与变更需求相关，与本次需求无关的业务功能，通常情况下是不会纳入测试范围的。而那些表面看起来与变更需求无关的业务，是真的不受影响吗？事实却不尽然，已经有很多例子告诉我们看似不相关的功能，其实存在千丝万缕的联系，哪怕是一个账号的关联或者一个接口的数据传输，都有可能导致错误，我们经常会听到消息说，某某银行系统变更后开不了门，这类问题往往就是高频业务出了问题而导致的。该银行在每次上线之前，都会将这些高频交易通过自动化脚本的方式执行一遍，确保上线后这些高频交易不会出现错误。将高频交易纳入自动化测试，是目前很多银行自动化测试的选择，实施效果也非常理想。

- 自动化模拟仿真。

该银行测试中心将自动化测试应用到模拟仿真上来，不得不说，是自动化测试的一个进步。银行类的用户验收测试，往往会遇到外部系统的问题。很多业务系统需要和其他的系统进行交互，但真实情况是，我们在测试时，经常会遇到环境不全，外围系统缺少的情况，导致测试不能进行下去。如果由于环境的问题，放弃验证这些功能，又可能导致测试覆盖度不全，出现测试遗漏。诸如此类的问题，经常会困扰测试组织，影响测试进度。比如人民银行第二代支付系统，各个银行自己开发二代支付系统，在测试过程中，需要和人民银行的系统联机，由于人行的系统开放时间都比较固定，而且时间也短，导致该银行在测试方面受阻。该银行测试中心利用自动化测试工具，开发了一个人行系统的模拟仿真程序，本行的二代支付系统向仿真程序发送报文，仿真程序就返回相应的报文，达到模拟人行系统的目的。

利用自动化测试模拟仿真程序，是自动化测试的另一重要功能。优势在于可以避免出现无外围系统无法测试的情况。现在业内很多公司，也利用自动化测试工具开发出系列的仿真程序，比如某公司的仿真模拟，集成在他们的测试框架中；某公司也有一整套的仿真模拟，都可以进行集成。将自动化测试与仿真模拟相结合，已经成为自动化测试的一种趋势。

综上所述，该银行测试中心的自动化测试，主要应用在高频交易和仿真模拟上，它们的自动化测试探索之路，也经过一段曲折，最终形成了目前的模式。

【同业实例 6－1－3】

某银行测试中心自动化测试，从 2013 年开始试点，截至目前，也形成了自己的一套模式。业务人员设计出测试案例后，自动化测试人员根据测试案例编写脚本，脚本编写完成后，将测试脚本上传至测试管理平台。手工测试人员在执行测试案例时，可以看到该案例下是否有自动化脚本，如果脚本存在，手工测试人员可以自主选择自动化执行或手工执行。

总结一下，该银行测试中心在试点期间的模式是，业务人员设计案例—自动化测试人员编写脚本—手工测试人员执行脚本。这个模式的出发点是为了让自动化测试发挥最大作用，为手工测试提供最大程度的服务。不过由于受到自动化技术条件的限制，这个模式也存在相应的问题，首先，自动化测试应该是讲究 RIO（投资回报比），大部分测试案例只会使用一次，然后就不再使用，针对这样的测试案例，花大力气开发出来的测试脚本，显然不符合 RIO 精神。其次，自动化测试版本应建立在相对稳定的被测版本之上，也就是说，应用在回归测试上。让自动化测试去测试新版本，或者充当冒烟的角色，显然是不合适的，自动化测试并不能发现更多的缺陷。最后，由于受到项目周期的限制，在此种模式下开发出来的脚本普遍质量不高，需要维护的成本非常高。

在经过调整之后，测试中心重新确立了自动化测试的模式，将自动化测试主要应用在两方面：一是高频交易；二是测试数据铺设。

- 高频交易。

某银行高频交易的自动化测试，模式与其他银行基本一致。

- 测试数据铺设。

测试数据一直是用户验收测试的一个问题。缺少测试数据是导致测试进度缓慢的重要原因之一。铺设测试数据需要投入大量的人力和时间，并且重复性劳动较多。从这个角度来看，铺设测试数据是自动化测试一个较好的应用。利用自动化测试，可以快速和便利地铺设测试数据，节省了大量的人力和时间。

某银行测试中心自动化测试数据铺设，目前是采用服务菜单方式，也就是说，手工测试人员发现需要测试数据后，可以先检查服务清单，是否能提供相关业务系统的测试数据铺设服务。如果有相关业务系统的数据服务，测试人员就可以在管理系统上提交测试数据铺设申请，经过审批后，自动化测试组就开始相关铺设数据，并反馈给数据需求提出人员。

【同业实例 6－1－4】

某公司的自动化测试，与传统 IT 行业内自动化测试存在比较大的区别。虽然该公司的测试队伍非常庞大，将测试工作分包给众多的公司，但是以上问题如果只是靠人工去测试的话，只会收效甚微。

- 外设仿真测试。

对设备进行测试一直是个比较大的难题，过去采用的一种方法是使用蛮干的方法，即使用大量的硬件设备并让大量具有创造性的测试人员进行手动测试。实际上，很多年以来，这是对一个具有合理数量的设备和配置进行测试的唯一办法。所以从表面来看，对设备进行自动化测试似乎根本就是不可能的，但随着时间的推移，出现了比较好的解决方案。该公司开发了一个仿真框架 DSF（device simulation framework），可以对这类测试进行自动化，并且这种方法广泛地被该公司内外的人所使用。使用软件对真实硬件设备进行仿真，DSF 需要在内核级别改变硬件的访问方向。要实现这一点，自动化开发人员必须将 DSF 框架的核心嵌入操作系统的内核，将总线和设备的仿真分开到两个仿真器中。

DSF 最早的仿真目标是 PS/2 键盘，然后是 USB 存储器，接着是视频设备等。仿真设备的切入点是基于组件对象模型（COM）的，这使得测试人员可以使用任何支持 COM 的语言（包括 VBScript、JS 或者 C#），使用仿真设备迅速地创建自动化驱动测试。

DSF 可以模拟显示现在由测试人员实施的许多设备的物理测试。在现代的操作系统中，对硬件进行手动测试是不切实际的。通过仿真设备对硬件测试进行自动化能够在很大程度上节约成本，并且能够在更短的时间内实施更多的测试。通过 DSF，一个单一的仿真设备就可以覆盖几乎所有的硬件测试。例如一个设备的手动测试可能是在某一个特定操作的中间拔掉设备的电源，通过 DSF，这一活动可以进行自动化和重复。此外，对一个物理光驱进行测试，主要就是一个手动过程。在一个典型的测试方案中，测试人员需要插入磁盘，确保磁盘是可读的，然后弹出磁盘。其他常见的测试包括读盘时拔出设备或者突然断电。DSF 使得测试人员有机会对所有这些任务实施自动化。

- 用户界面测试。

该公司推出了 AutoTest 自动化测试框架。该框架的特点是设立一个标志值，比如一个标准页面，然后自动抓取被测产品的页面与标准页面进行比较，自动化测试框架将异常的页面进行截屏保存，标出异常点，比如文字没有显示完整等，并生成一条相关记录，供测试人员检查确认是否确实是缺陷。

- 敏捷开发测试。

该公司部分产品和项目采用敏捷开发的模式，所以自动化测试在敏捷项目中也得到了应用。在敏捷项目中，该公司目前的做法是，增量部分采用手工测试方法，非增量部分采用自动化测试。敏捷开发中的自动化测试，除了传统的基于 UI 的自动化测试之外，还有接口等方面的自动化测试（见图 6－1－2）。

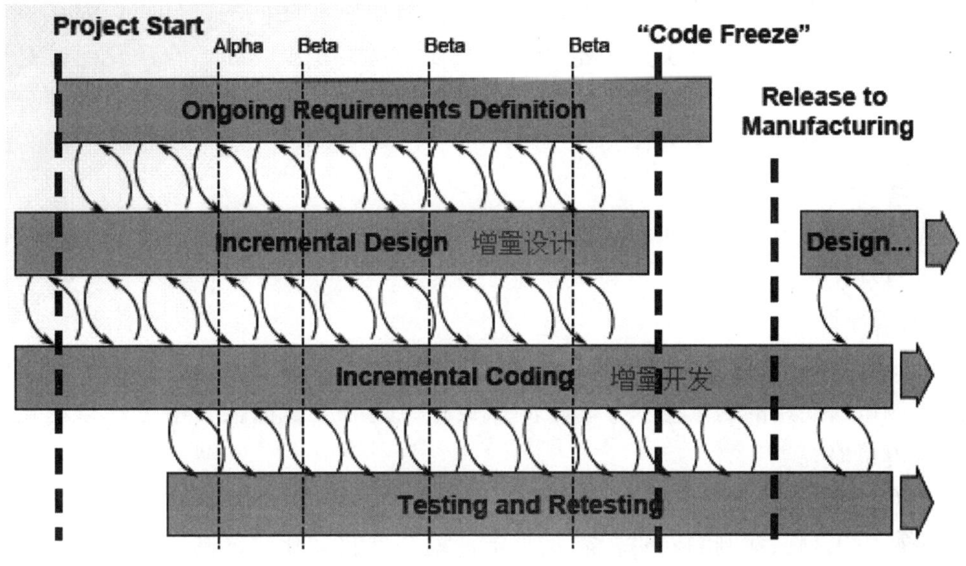

图 6－1－2

该公司自动化测试的基本场景如图 6－1－3 所示。

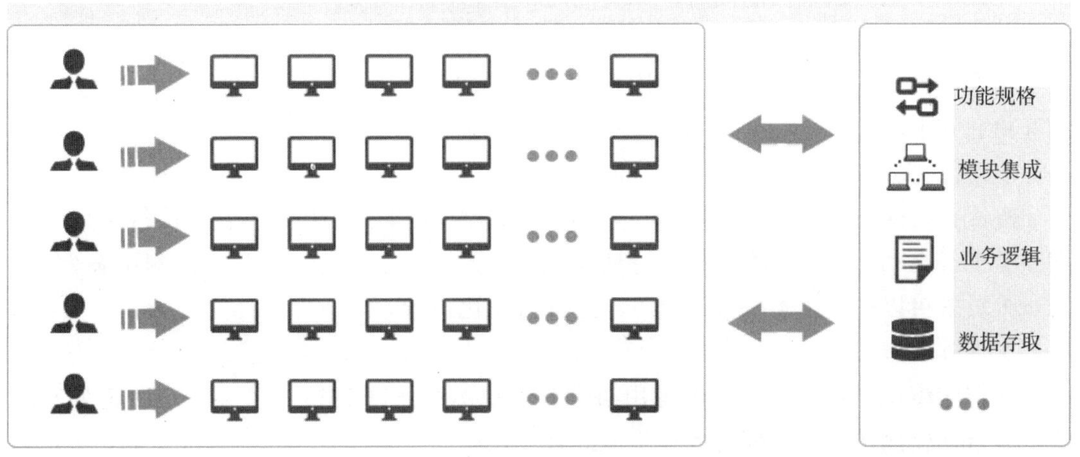

图 6－1－3　该公司自动化测试基本场景

第二节　怎样建立功能自动化测试的流程和规范

一、自动化测试与手工测试的区别

自动化测试流程与手工测试流程基本一致，大致分为分析测试需求，设计自动化测试案例，搭建自动化测试的框架，编写自动化脚本，最后进行测试执行和结果评估等环节。

通过自动化测试与手工测试的流程图，可以看出两者之间的共同点以及区别。从常规情况来看，自动化测试贯穿于整个手工测试过程，也就是说，自动化测试是为手工测试服务的。当然，引入自动化测试不可避免会改变手工测试的流程，在部分环节需要加入自动化测试的相关内容。

✓ 需求评审。

在需求评审环节，需要加入对项目开展自动化测试的可行性分析，确定项目是否适合开展自动化测试。

✓ 测试计划。

在测试计划环节，需要根据测试质量目标、时间和资源条件确定自动化测试的范围、确定测试所使用的测试技术，确定测试策略，划分测试阶段、手工和自动化测试的衔接统筹策略等。

✓ 编写测试案例。

在设计手工测试案例的同时，需要对于计划开展自动化测试的部分参考手工测试案例，设计自动化测试案例，编写自动化测试脚本。

✓ 测试案例评审。

在评审手工测试案例的同时，需要同时检查自动化测试脚本。

✓ 测试数据准备。

在准备测试数据方面，可以使用自动化测试技术，通过运行自动化脚本生成数据，如开户、开卡等。

✓ 测试执行。

测试执行的模式基本分为两种，一种是手工测试和自动化测试混合执行；另一种就是手工、自动化测试都独立执行。如果是混合执行的模式，那么一条测试案例下，测试人员既可以选择手工执行，也可以选择自动化执行。

✓ 回归测试。

在回归测试过程中，可以选择由自动化测试替代人工进行。事实上，在这个方面应该是自动化测试最能发挥优势和价值的领域之一。

✓ 缺陷跟踪。

自动化测试的缺陷跟踪，缺陷可以由自动化测试框架（平台）进行自动提交，由人工进行复核。

✓ 测试总结。

在测试总结中，需要将手工测试案例和自动化测试的案例、执行情况等相关数据（见图6－2－1）汇总，通盘考虑测试结果，为下一步投产决策和准备提供依据。

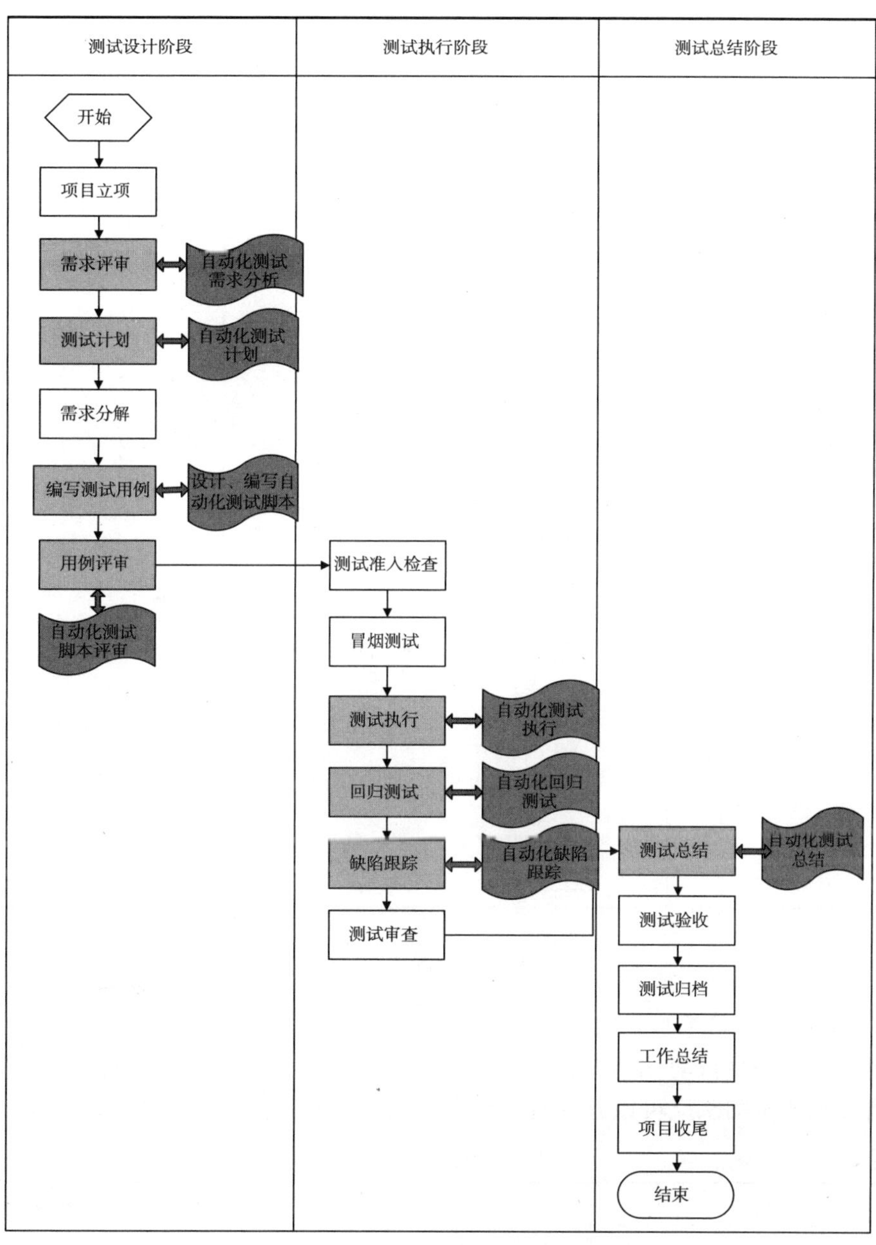

图6－2－1　手工—自动化测试流程对比

二、自动化测试具体流程

前面我们讲述了功能测试流程中，引入自动化测试会形成什么变化，哪些环节需要做出改变。那么完整的自动化测试流程应该是什么呢？每个流程需要做哪些事情呢？详见图6－2－2。

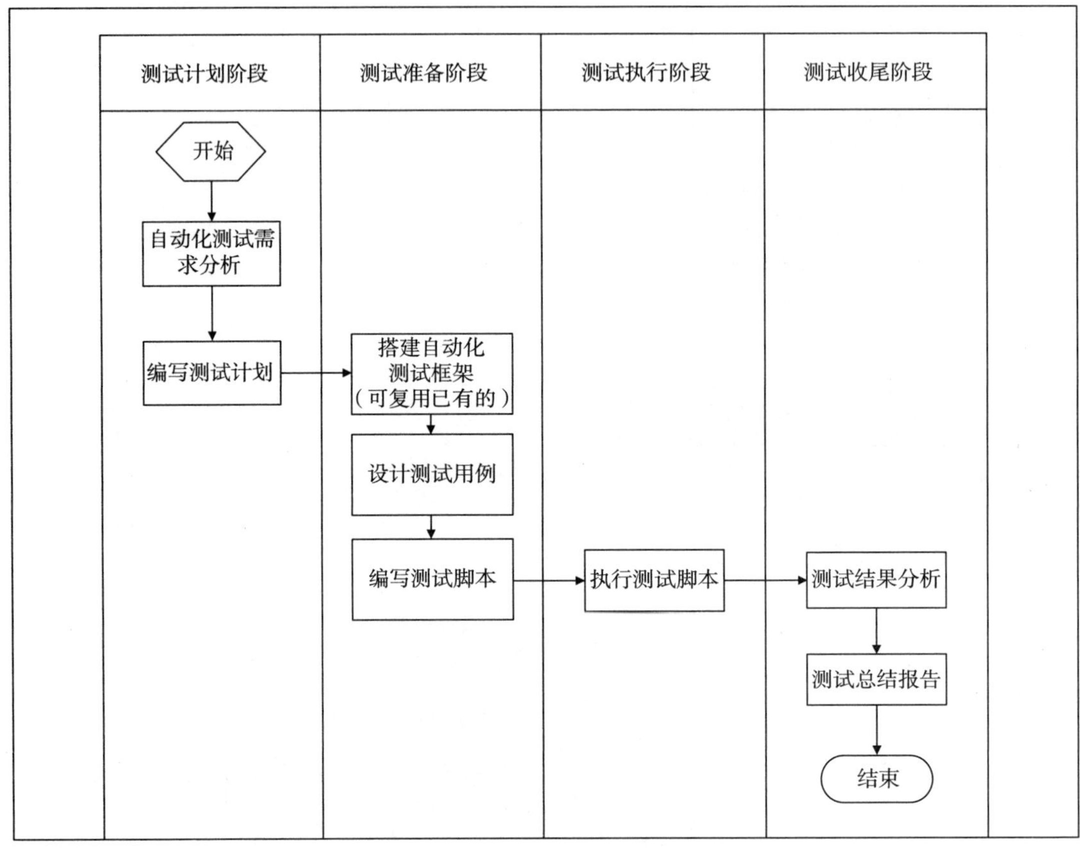

图6－2－2 自动化测试流程

（一）自动化测试需求分析

当测试项目满足自动化的前提条件，并确定该项目需要使用自动化测试时，测试团队或自动化测试团队就可以开始自动化测试需求分析（见表6－2－1）。

表6－2－1 自动化测试需求分析

前置条件	工作内容	成果
需求规格说明书评审通过	分析测试需求 建立测试大纲	测试大纲

（二）自动化测试计划编写

测试计划中需要明确自动化测试范围、相应的测试案例和测试数据准备方式等，要形成详细文档。此外还需要明确所使用的测试技术、测试策略和测试方法等（见表6－2－2）。

表6－2－2

前置条件	工作内容	成果
需求规格说明书评审通过	制定自动化测试策略 选择测试方法和工具 制定测试周期 编写测试计划	自动化测试计划书

（三）自动化测试框架的搭建

自动化测试框架搭建过程需要确定调用哪些文件、结构，以及调用的过程和文件结构如何划分（见表6－2－3）。

表6－2－3

前置条件	工作内容	成果
自动化测试计划书完成	设计自动化框架 评审自动化框架设计 搭建自动化测试框架	自动化测试框架

自动化测试框架的典型要素如下。

✓ 公用对象。

不同的测试案例会有一些相同的对象被重复使用，这些公用的对象可被提取出来，在编写脚本时随时调用。

✓ 公用的环境。

✓ 公用的方法。

✓ 测试数据。

对于某个具体的测试任务来说，可以利用已有的测试框架开展测试，就不用重复建设了，当然自动化测试框架也要不断优化，使其更好地支撑自动化测试。

（四）测试案例设计

测试案例的设计如之前章节阐述的原则，需要考虑测试案例的颗粒度和层次，测试案例的颗粒度决定了案例的复杂度、覆盖度，不能仅从颗粒粗好还是细好来判断，而应该根据系统的实际情况来分析决定案例的大小和数目。案例颗粒度太大，案例覆盖度较差，一旦执行出错将很难定位；案例颗粒度太小则可能造成项目周期延长或者成本浪费。

在大型项目中，相同测试案例的组合可能会在多个功能模块中被使用，因此在设计测试案例时，可以将测试某一个模块或者功能点的测试案例集合起来，形成测试套件，执行案例时便可执行整个套件，而无须再执行套件内的单个测试案例（见表6－2－4）。

表 6－2－4

前置条件	工作内容	成果
自动化测试计划完成 测试大纲已生成	设计测试案例 评审测试案例 选择可自动化测试的案例	可进行自动化测试的案例库

（五）测试脚本编写

测试脚本开发必须通过详细、合理的设计，要对脚本代码进行封装，形成函数，进而形成脚本文件和数据文件分开管理。这样有利于自动化测试脚本的开发与维护，从而节省自动化测试的投入成本，也使得不同层次测试人员或者开发人员可以相互配合开发脚本。另外，编写测试脚本是一种开发工作，因此，必须遵循脚本规范，所有开发脚本的人员要按照统一的编码规范进行编码。除了编码要规范，测试案例与库函数名的命名也要遵守统一约定，这样便于管理（见表 6－2－5）。

表 6－2－5

前置条件	工作内容	成果	工具
自动化测试案例选择完成 自动化测试框架搭建完毕	设计测试脚本 编写测试脚本 调试测试脚本 修改测试脚本	可执行的自动化测试脚本	自动化测试工具自动生成，或者编程语言手工编程

开发人员需要对测试脚本进行分类。根据脚本的功能，可以分为公共的脚本库、不同模块专用的脚本库，以及直接构建测试案例的脚本。为了降低未来的脚本维护成本，需要对脚本进行有效的分层。这样既方便管理，又能提高脚本的复用率。

公共类库包括所有模块都可能用到的最高频率使用的方法，不同模块都会经常调用这些方法，比如对常用控件的控制方法、文件操作的方法，生成报告和输出测试日志等。

模块专用类库，在模块内部将高频使用的方法抽象出来，作为一个模块内的公共类。它可以是一组相互关联的操作，比如生成一个电器产品的订单操作等。

测试案例脚本在最外层，它是根据测试案例编写的，面向具体应用的自动化执行程序。它可以直接调用公共类库或模块特定类库的方法。

（六）测试执行

根据测试计划执行测试脚本，定义异常情况处理机制，并监控测试执行的过程。通常情况下，测试执行由测试框架进行自动调度，不需要人为干预。测试人员只需要设置预约时间，到了预设的时间点，由测试框架调度测试脚本自动执行（见表 6－2－6）。

表 6－2－6

前置条件	工作内容	成果	工具
测试脚本编写并调试完毕	配置测试脚本 执行测试脚本 处理执行过程中的异常中断	测试结果记录	运行自动化测试工具自动执行

（七）测试评估

自动化测试的测试结果由计算机自动生成，需要人工对测试结果进行评估和判断。通常情况下，测试框架可以自动收集测试结果，并按照规定的格式生成测试报告（见表 6－2－7）。

表 6－2－7

前置条件	工作内容	成果
测试脚本执行完毕	整理测试结果 分析测试结果 报告和记录缺陷	测试结果报告 缺陷跟踪报告 测试案例更新

测试执行结束后，需要对测试结果进行分析以及验证，总结测试报告。其中总结性报告是提供给用户，而详细报告作为反馈文档提供给测试团队成员。此阶段由测试设计工程师与测试执行工程师共同参与。在整个测试流程中，测试数据是贯穿整个流程的关键因素，测试数据是被设计用于测试应用程序的各种功能。此外，可以使用手工或工具来分析和整理测试结果、测试度量、缺陷报告及测试评估总结等。

【同业实例 6－2－1】

某公司在实施自动化测试时，一共有 7 个步骤。

（1）自动化可测性分析。

自动化可测性分析包括确定自动化测试的范围，约定自动化页面元素规范。

（2）测试案例评审。

业务场景以及页面元素评审，确定被测系统的页面元素操作方法。

（3）测试案例设计。

设计自动化测试案例，在设计测试案例的同时，建立页面对象（控件查找）。

（4）测试案例编写、评审。

编写自动化测试脚本，主要是针对控件的操作。脚本完成后，进行脚本评审。

（5）冒烟测试。

被测版本部署之后，建立对象与控件操作之间的关联，然后使用脚本进行冒烟测试。

(6) 测试执行/缺陷提交。

测试脚本执行，并提交在测试过程中发现的缺陷。

(7) 测试总结。

提交测试结果文档，结束自动化测试流程。

【同业实例6-2-2】

某银行自动化测试流程分为如下步骤：

(1) 组建自动化测试小组。

明确组长和自动化测试分析师，获得“可行性分析”结果，获得“手工测试现状分析”结果，获得开发方相关信息。

(2) 确定自动化测试策略。

初步确定工作周期，分析自动化测试风险（工具、技术、环境、人员），编制《自动化测试工作策略》。

(3) 自动化测试需求分析。

按照“自动化率目标”，依据“业务测试过程可自动化判断标准”对所有业务测试过程进行优先级划分，编制《自动化测试需求分析说明书》。

(4) 确定自动化测试计划。

依据《自动化测试需求分析说明书》设计所有自动化测试过程的执行顺序、前后关联关系、执行时间、开发计划等，编制《自动化测试计划》。

(5) 自动化测试过程设计（见图6-2-3）。

依据《自动化测试计划》中的时间规划，针对每一个自动化测试过程进行开发设计，包括过程间数据传递方法、组件间数据传递方法，编制《自动化测试过程设计说明书》。

(6) 自动化测试业务组件设计。

依据《自动化测试过程设计说明书》中的要求，针对每一个自动化测试业务组件进行开发设计，包括输入/输出参数、执行步骤、验证方法等，编制《自动化测试业务组件设计说明书》。

(7) 自动化测试实现。

依据《自动化测试过程设计说明书》和《自动化测试业务组件》中的要求，在工具中实现自动化业务组件和脚本。

(8) 自动化测试运行。

依据《自动化测试计划》中的运行计划部分，按照时间的要求执行所有自动化测试内容。

(9) 自动化测试分析。

依据自动化测试结果，分析自动化测试的测试需求覆盖率、自动化测试效果等，编制《自动化测试分析报告》(见图6-2-3)。

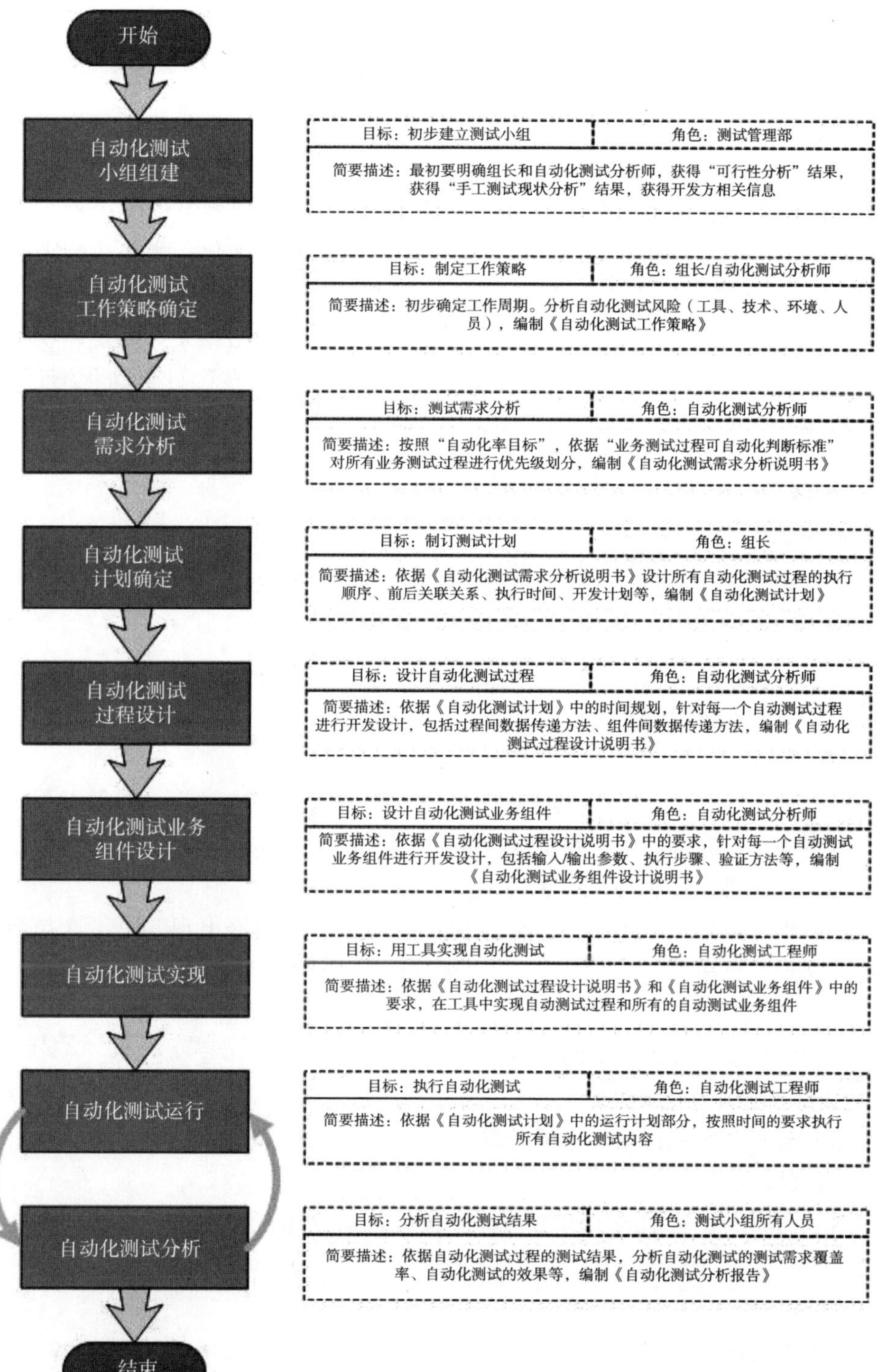
开始
自动化测试
小组组建
目标：初步建立测试小组
角色：测试管理部
简要描述：最初要明确组长和自动化测试分析师，获得“可行性分析”结果，获得“手工测试现状分析”结果，获得开发方相关信息
自动化测试
工作策略确定
目标：制定工作策略
角色：组长/自动化测试分析师
简要描述：初步确定工作周期。分析自动化测试风险（工具、技术、环境、人员），编制《自动化测试工作策略》
自动化测试
需求分析
目标：测试需求分析
角色：自动化测试分析师
简要描述：按照“自动化率目标”，依据“业务测试过程可自动化判断标准”对所有业务测试过程进行优先级划分，编制《自动化测试需求分析说明书》
自动化测试
计划确定
目标：制订测试计划
角色：组长
简要描述：依据《自动化测试需求分析说明书》设计所有自动化测试过程的执行顺序、前后关联关系、执行时间、开发计划等，编制《自动化测试计划》
自动化测试
过程设计
目标：设计自动化测试过程
角色：自动化测试分析师
简要描述：依据《自动化测试计划》中的时间规划，针对每一个自动测试过程进行开发设计，包括过程间数据传递方法、组件间数据传递方法，编制《自动化测试过程设计说明书》
自动化测试业务
组件设计
目标：设计自动化测试业务组件
角色：自动化测试分析师
简要描述：依据《自动化测试过程设计说明书》中的要求，针对每一个自动测试业务组件进行开发设计，包括输入/输出参数、执行步骤、验证方法等，编制《自动化测试业务组件设计说明书》
自动化测试实现
目标：用工具实现自动化测试
角色：自动化测试工程师
简要描述：依据《自动化测试过程设计说明书》和《自动化测试业务组件》中的要求，在工具中实现自动测试过程和所有的自动测试业务组件
自动化测试运行
目标：执行自动化测试
角色：自动化测试工程师
简要描述：依据《自动化测试计划》中的运行计划部分，按照时间的要求执行所有自动化测试内容
自动化测试分析
目标：分析自动化测试结果
角色：测试小组所有人员
简要描述：依据自动化测试过程的测试结果，分析自动化测试的测试需求覆盖率、自动化测试的效果等，编制《自动化测试分析报告》
结束

图 6－2－3

第三节　怎样编制合理的自动化测试计划

自动化测试的测试计划，与功能测试计划基本一样，通常包括项目周期、实施人员、需求分析时间、案例设计时间、执行时间、结果分析、过程跟踪等要素。但是也有区别，如还要重点考虑自动化测试的范围、成本收益、技术难度等因素。想要实施自动化测试，首先需要考虑项目本身被测系统是否适合自动化；哪些功能需要自动化测试，也就是测试范围是什么；哪些测试案例适合自动化，比如页面要素的测试案例需不需要自动化、复杂的业务流程是否利于自动化；最后比较关键的是，项目的预算以及实施自动化测试的成本是否可以接受。以上几个因素在制订自动化测试计划中，需要认真分析。

一、项目计划有哪些重要因素

✓ 项目的影响。

分析自动化测试是否有利于项目进度，以及确保覆盖率和防范风险。

✓ 项目复杂度。

自动化是否容易实现，取决于项目的复杂度，包括编程语言、UI 技术、业务逻辑复杂度、需求变更频度等多方面的原因。

✓ 项目时间。

实现自动化测试总共需要多少时间，每个阶段需要多少时间，如需求分析、案例设计、脚本编写、测试执行、测试报告等测试环节相应的时间安排。

✓ 需求稳定性。

软件需求和被测系统代码是否能够保持稳定，不会频繁出现变更，这与测试脚本的维护工作量息息相关。

✓ 测试覆盖率。

自动化测试能否覆盖系统的关键特性和功能。

✓ 资源投入。

是否充分具备实施自动化测试所需的人力资源、测试环境、硬件资源和数据资源。

✓ 测试执行。

负责执行自动化测试的小组是否具备执行自动化测试的技能和经验，执行时间是否充足。

✓ 测试报告。

测试报告准确描述了执行的结果，如测试通过率、测试失败率、测试覆盖率等。

✓ 资产管理。

自动化测试的资产包含测试案例、测试脚本、函数库、测试数据、对象库等，是否妥善保存，是否使用工具平台对资产进行管理。

二、自动化测试范围评估

百分之百的自动化并不是开展自动化测试追求的目标，盲目扩大自动化测试的范围只会取得相反的效果。自动化测试工程师应该在一个合理的可以进行自动化的范围内投入精力，在能力条件许可的情况下，再逐步扩大自动化测试的范围。

确定自动化测试的范围应该着重从以下几方面进行考虑。

（一）自动化回归测试

自动化测试的收益来自自动化测试脚本的重复使用，所以应该把回归测试作为自动化的首要目标。自动化测试应该重点关注那些重复测试的案例，难以重复执行的测试案例不值得自动化。所以回归测试刚好是这个类型。

（二）对稳定的应用进行测试

在对某个功能进行测试化测试之前，首先应该确定该功能是否稳定。对一个将来可能发生变化的功能进行自动化是没有意义的，因为应用一旦改变，相应的测试脚本就要随之改动，这将会付出额外的时间和成本，所以只能对稳定的功能进行自动化。

（三）不考虑业务复杂度、时间要求比较高的功能

实施自动化应优先考虑业务逻辑简单、没有操作时间要求的功能。自动化一个业务逻辑复杂或者时间要求的功能的工作量，远高于其他功能，并且往往测试结果也很难满足要求。测试团队的管理者必须清醒地认识到，如果一个功能或者案例很难自动化，那么就应该把它留给手工测试，百分之百的自动化并不是测试团队追求的目标。

在用户验收测试过程中，自动化测试应用的范围主要在：关键业务流程的自动化测试、关键功能的自动化测试。

【同业实例6－3－1】

某公司在选择自动化范围时，会有一个调查问卷表（见表6－3－1），由项目组成员进行填写，调查问卷包括多项内容，比如：

- 该功能是不是在每个测试轮次都要进行测试？
- 系统用户界面是否保持稳定？
- ……

该问卷从多个方面调查如技术、成本、时间、质量等调查项目是否符合自动化要求，测试人员填写完成后，会得到一个评估分数，以确定项目是否适合做自动化。

Automation Evaluation Guide

Should You Automate?

Answering the questions in the table below will allow us to determine whether your application is a suitable candidate for automation. Please fill in the form below and send it back to – Department Manager

In most cases we will be able to give you an immediate yes/no answer as to whether your application should be automated. If the application is suitable, we can then perform a more detailed analysis of your requirements, and get some estimates of the time/effort required.

表6-3-1

Questions	
1. Is your application's manual testing currently being performed by a team from If not, additional knowledge transfer will be needed to ensure that the automation can be performed effectively and efficiently. Ideally, manual and automated tested should not be thought of as two independent activities. To automate an application properly it requires a skilled professional with in-depth knowledge of the application, and for this reason we strongly recommend making use of the existing expertise within the manual testing team.	Yes ☐ No ☐
2. Has any of your application's testing been automated previously by another group? Any existing automation work done by an outside group may not be compatible with current TCoE automation frameworks. The cost of reviewing existing work and making sure it is compatible and up to standard should be considered. TCoE will work with you to decide how best to use your legacy investment in automation.	Yes ☐ No ☐
3. Do you plan to have future releases/enhancements for your application? Test cases take time to automate, so there will always be a measurable lag between code deployment and having the tests being ready to run. For this reason, automating a single-release application is unlikely to be cost-effective.	Yes ☐ No ☐
4. How often do you currently run the core/business critical test cases each release? Automation pays for itself over time through its consistency and repetitive nature. You are likely to see a faster ROI if you have existing manual test cases that need to be run repeatedly during a single release. TCoE can help to automate the core/business critical test cases during the initial automation development phase, and then increase automation coverage in future releases as new functionality is added.	Daily ☐ Weekly ☐ Project milestones ☐ Once only ☐ *(please check one)*
5. How often do you want to run the core/business critical test cases in future releases? The cost of running automated tests is lower than performing the same tasks manually. This makes it possible to run your core tests more frequently than you would with manual testers. For example, daily after every build (*smoke testing*). Automation also makes it possible to test with more combinations of data than you may have time to manually.	Daily ☐ Weekly ☐ Project milestones ☐ Once only ☐ *(please check one)*
6. Is your application accessed through a Graphical User Interface (GUI)? automation tools require some form of supported GUI through which to interact with the application under test. *See Question 9 below for the list of technologies.*	Yes ☐ No ☐
7. Does the GUI of your application remain relatively static each release? If the application is likely to undergo heavy UI changes, maintenance costs may outweigh any benefits from the use of automation. However, dealing with some limited UI changes in regression areas is an expected part of automation script maintenance.	Yes ☐ No ☐
8. Do a significant number of your test cases involve checking GUI layout or formatting? Automation is well suited to situations where tests are highly repetitive and easily done by a computer. It is unrealistic to expect automation to catch such things as color or alignment issues; this is more easily and cost effectively performed by a manual tester.	Yes ☐ No ☐ N/A ☐

三、如何选择合适的测试案例实现自动化

一般情况下，需要结合测试案例的复杂度评估来选择合适案例。首先，把测试案例按一定的原则分为简单、中等、复杂三类，然后从这三类的测试案例中，由易到难，逐步实现自动化的案例。自动化测试脚本的实现难度，在很大程度上取决于测试案例的复杂度，比如测试步骤和检查点的复杂度。假设我们可以通过分析测试案例所包含的测试步骤，以及测试案例所包含的检查点个数来简单判定，测试案例的复杂可参考表6-3-2来分类。

表6-3-2

测试案例复杂度	操作步骤数（步）	检查点个数（个）
简单	<5	<5
中等	5—15	5—10
复杂	15—25	10—15

结合表 6－3－2 中分类，判定为简单的测试案例，可优先实现自动化；判定为中等的测试案例，可稍后实现自动化；判定为复杂的测试案例，则最后实现自动化。在相同复杂度下，以测试用例的价值来决定自动化的优先级。这种通过分析测试案例复杂度来判断是否实现自动化和实现自动化优先做的方法比较简单易行，而又不失科学性。例如表 6－3－3 第一行为测试案例的编号，第二行为该测试案例包含的测试步骤数量。

表 6－3－3　　单位：步

案例编号	01	02	03	04	05	06
测试步骤	8	12	10	14	16	30

根据表 6－3－3，我们可以计算出这些测试案例的平均步骤是 15，那么以此为基准，测试步骤 10—20 为中等，再定出简单和复杂的取值范围，这样就可以明确是否需要自动化，按什么顺序自动化了。

第四节　怎样设计自动化测试案例

自动化测试案例基本与手工测试案例相同，但是其表现方式不同。手工测试案例是为测试人员编写的，由描述文字和数据组成，而自动化测试所使用的是测试脚本。设计自动化案例也可以参照手工测试案例设计的方法，如等价类、边界值等。自动化测试案例颗粒度的设定也可以遵循手工测试案例的原则。

测试案例设计完成之后，就可以编写测试脚本。测试脚本的编写方式通常有三种：脚本编程方式、自动生成脚本方式、文本转换方式。

✓ 脚本编程生成。

脚本编程是最常见，也是传统的脚本编写方式。脚本编程是以脚本语言，例如 JavaScript、VBscript 等脚本语言描述所做的行为和操作。通常情况下，自动化测试工程师可以预先录制脚本，然后再修改、回放、调试等。由于脚本语言的复杂性，对测试工程师有一定的技能要求，所以只能由特定的团队或者人员来进行。

✓ 脚本自动生成。

脚本自动生成方式是近年来自动化测试的发展方向，以往编写脚本都需要专业人这种方式是通过预先定义对象和数据，编写脚本的人员以拖拽的方式，将对象添加到操作列表中，操作列表自动增加一条记录，自动填充对象名称，再选择相应的操作方法和测试数据。操作完成后，测试脚本就可以自动生成。此种方式简化了脚本编写的过程，将原来的编写脚本语言变成了拖拽控件的方式，所以就可以不必由专业人员来干，非专业人员只需要简单的培训也可以胜任。

✓ 文本翻译生成。

文本翻译，其实就是用自然语言按照一定的格式来编写脚本，这是脚本自动生成技术的升级版。比如脚本中需要点击某个按钮，那么脚本形式如例子所示，“点击【转账】”。自动化测试工具自动在后台生成对应的脚本语言并进行编译。此种脚本编写方式最为简单易行，但要求编写人员严格按照规定的格式进行编写。使用这种方式需要首先做好关键字定义和今后维护工作，才能完全发挥优势。

第五节　怎样高效执行自动化测试

自动化测试执行的方式非常多样化，可以由测试人员手工运行单条脚本，可以在自动化测试平台上选择单条或者批量运行测试案例，或者通过自动化测试框架预约执行。从使用的便利性上来说，我们推荐使用自动化测试平台或者测试框架来运行自动化测试案例。而测试调度是自动化测试顺利执行的重要保障，主要有以下几个步骤：

✓ 预约执行。

在自动化测试框架中，测试人员可以根据要求，任意设定测试任务的执行时间进行预约，到了指定时间，自动化测试框架自行调起测试任务，安排执行。可见，通过预约执行的方式，可以排除测试过程中的人工干预，可以充分利用时间、环境提高测试效率。

✓ 调起任务。

自动化测试框架可以根据设置单独或者批量调起指定的测试脚本开始执行。

✓ 执行测试。

测试执行是整个自动化测试框架的核心组成部分，测试执行基本可以分为任务机分配、测试执行、生成测试结果三个主要步骤。测试框架将测试任务按一定的规则分配给后台空闲的测试执行机器，并调度测试脚本执行测试。测试执行完成后，测试框架自动收集测试结果，形成测试报告，供测试人员查阅。

✓ 异常处理。

自动化测试过程中，可能会遇到各种意外情况。比如测试脚本错误、测试环境不可用、测试数据错误、外部设备损坏等。这些异常情况都会导致测试执行失败。在自动化测试框架里，我们可以制定相应的异常处理方案流程，提升自动化测试的容错性和稳定性。

通常情况下，可能处理上述异常的方案有三种，分别为继续执行、跳至下一步骤、执行下一个案例。“继续执行”它是指即使遇到错误也置之不理，继续运行。这种处理方式不可靠，继续执行只会得到错误的结果。

“跳至下一步骤”是指脚本跳过发生错误的步骤，执行下一行脚本。此种异常处理方式也不推荐。因为前一步骤的错误很可能导致下一步的操作得到错误的结果。

“执行下一个案例”是指跳过出错的测试脚本，执行下一个测试脚本。此种异常处理方式相对较为合理，可以有效地避免连续性的错误出现，保障测试结果的正确性。

此外，测试框架支持场景恢复功能。场景恢复是指在遇到异常情况时，测试框架会自动重启被测系统，将测试配置重新设置为初始状态，这样可以避免错误的再次发生，不影响下面的测试执行工作。

第六节 怎样有效管理自动化测试缺陷

自动化测试的缺陷管理流程同样基本遵循功能测试缺陷管理流程，缺陷的等级、提交流程、角色等基本一致。通常情况下，测试环境、测试数据、脚本执行错误等异常都有可能导致自动化测试执行失败。自动化测试执行失败后，会自动生成一个问题单，但问题单并不意味着真正的缺陷，还需要经过人工审核，确认是缺陷后，才能提交给开发团队进行修复。

这里列出了功能测试与功能测试的缺陷管理流程对比图（见图 6－6－1 和图 6－6－2），从图中可以明确看出两者之间除了提出者的角色不同之外，其他后续流程都是一致的。

自动化测试缺陷跟踪管理的流程可以概括为以下步骤：

自动化执行机在自动化测试执行过程中遇到异常，测试失败，自动生成并提交问题单，缺陷状态为新增。

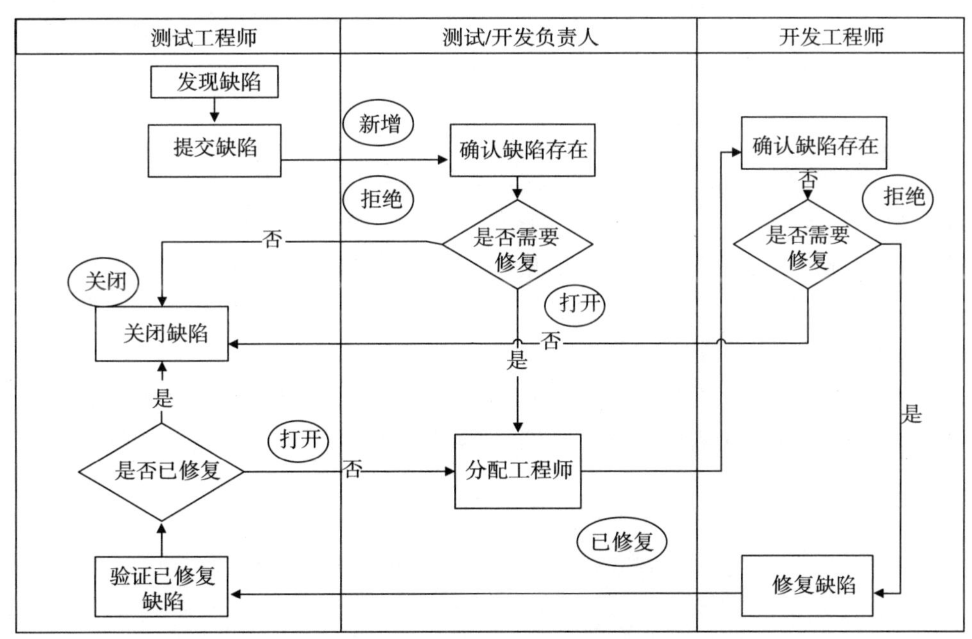

图 6－6－1 功能测试缺陷管理流程

测试人员检查自动化测试的缺陷，确认是缺陷，则缺陷状态不变，提交至下个审核人进行确认；如果确认问题并非缺陷，则标注问题类型，比如环境问题、数据问题等，并将问题关闭。

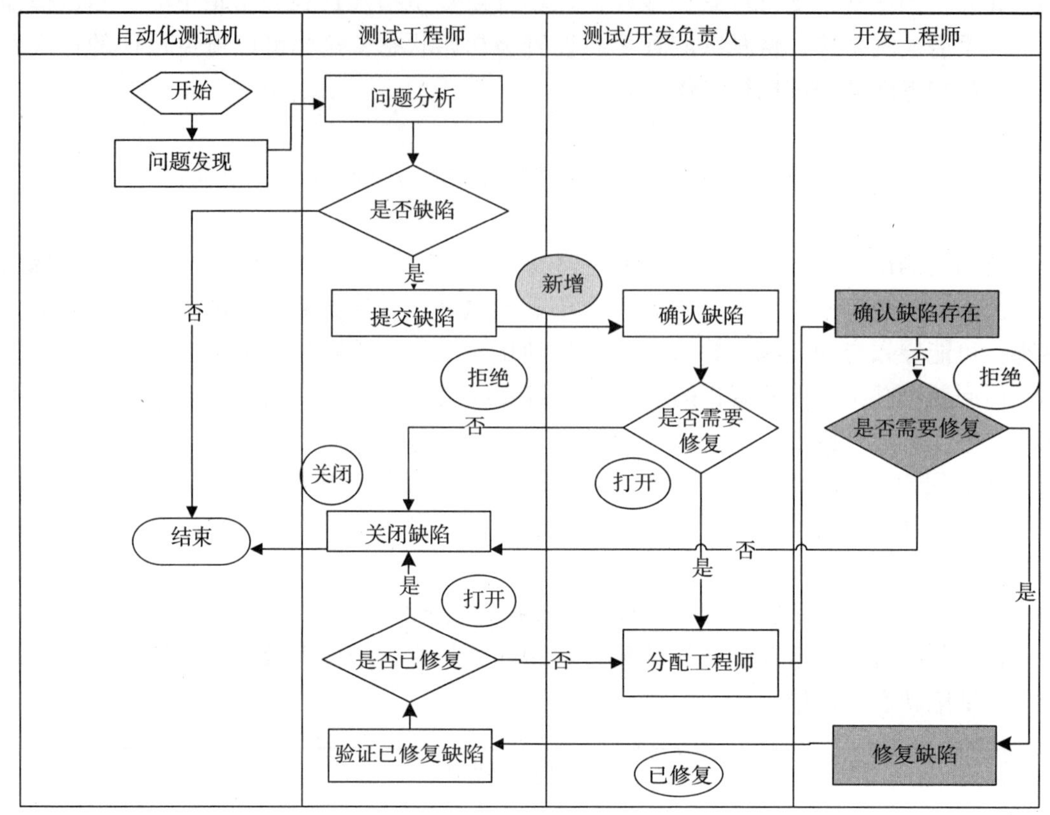

图 6-6-2　自动化测试缺陷管理流程

测试组长或特定角色的人员验证缺陷，如果确认为是缺陷，分配给相应开发人员，状态设置为“打开”；如果不是缺陷，则拒绝，状态设置为“拒绝”。

开发人员查询状态为“打开”的缺陷，如果不是缺陷，则设置状态为“拒绝”；如果是缺陷，则修复并设置状态为“已修复”；如果是不能解决的缺陷，要留下文字说明并保持缺陷为“打开”状态。

缺陷修复后测试人员查询状态为“已修复”的缺陷，验证缺陷是否已解决。如果缺陷已经被修复，设置缺陷状态为“关闭”；如果缺陷没有解决，则设置状态为“重新打开”。

第七节　怎样评估测试结果

自动化测试是在执行机上进行的，测试执行过程对测试人员其实是不可见的。那么测试人员怎么去评估测试的结果呢?

测试案例在执行时，都是预设检查点。比如某个测试案例是测试开户功能，预设的检查点是出现开户成功页面，账户信息与提供的证件号等开户数据一致。在自动化测试执行过程中，是通过比对实际的步骤结果与预设的结果来判断的。

如果预期结果和实际结果一致，那么就可以判断测试通过；相反则表示测试失败。自动化测试案例在执行过程中，应采用屏幕录像或截屏等方式，自动记录执行步骤、执行结果等执行过程信息，并以附件的形式保存在测试案例中。所以自动化测试平台应该提供友好的结果调用功能界面，以便测试人员对自动化执行过程进行核查和分析。

自动化测试框架或平台应该提供自动化报表的功能，辅助测试团队进行结果分析。通常情况下，自动化测试报表与手工测试的报表一致，但也有一些小区别，比如自动化测试报表包含测试执行时间统计表、脚本编写效率表、脚本执行正确率统计表等反映自动化特性的信息。

第八节 如何选择适合的自动化测试框架

一、什么是自动化测试框架

框架可以是被重用的基础平台，也可以是组织架构类的东西。由此我们可以将自动化测试框架定义为：由一个或多个自动化测试基础模块、自动化测试管理模块、自动化测试统计模块等组成的工具集合。按照框架的定义来分，自动化测试框架可以分为基础功能测试框架、管理执行框架；按照不同的测试类型来分，可以分为功能自动化测试框架、性能自动化测试框架；按照测试阶段来划分，可以分为单元自动化测试框架、接口自动化测试框架、用户界面自动化测试框架；按照部署方式划分，可以分为单机自动化测试框架、分布式自动化测试框架。

由于本书着重讲述的是银行业用户验收测试，所以主要介绍功能自动化测试框架，而且主要是基于用户界面的自动化测试框架。

二、为什么需要自动化测试框架

自动化测试框架就像一个自动化测试的宝典和工具箱。当我们在自动化测试工作中遇到难题，并且无法利用现有资源进行解决时，比如自动化测试脚本难以维护，测试对象难以管理等。那么自动化测试框架就是个最佳的求助对象。

自动化测试框架的作用如下所示。

（一）降低管理难度

运用自动化测试框架，所有人员都使用一个管理界面，其中包含了诸多管理细节。比如涉及脚本、对象、业务流程、测试任务、执行管理、测试结果分析等，用户在管理界面上进行操作，完成以上任务。如果脱离了框架的支撑，往往会造成工作混乱频繁，没有条理和章法。

（二）测试设计和测试实现分离

测试设计就是测试案例的设计，测试实现则是为测试脚本的生成。实现案例和脚本的分离，是自动化测试框架的主要作用之一。通过脚本和案例的分析，可以使测试设计人员和脚本编写人员更专注地关注他们各自的领域，而不需要涉足对方的工作，这样形成了专业化的分工，利于提高工作效率和质量，也使得管理工作更为简单。

（三）支持手工测试和自动化测试

以前手工测试和自动化测试通常情况下都是各自独立进行的，两者相互不干涉。不过从行业发展的趋势来看，将手工和自动化测试相结合已经越来越成为潮流。通过自动化测试框架，就可以给测试工程师提供选择，一条测试案例既可以通过自动化方式执行，也可以通过手工方式执行。通过自动化测试与手工测试结合的方式，有人称为“手自一体”，可以最大限度地实现整体进度把控、资源统筹和质量保证。

（四）集成数据驱动、关键字驱动的最新方法

通过自动化测试框架，我们可以将几种目前业界主流的脚本编写方式（如数据驱动、关键字驱动等）集成在一起，为脚本编写提供更大的便利。

（五）支持技术性测试人员和非技术性测试人员各司其职

所谓术业有专攻，通过框架，技术性测试人员可以专注地编写脚本，而非技术性的测试人员可以通过很简单的方式执行脚本，不需要复杂的配置和调整。而在缺乏框架支持的情况下，非技术性的测试人员想要执行脚本就是一件非常困难的事情。

（六）实现自动脚本生成功能

基于自动化测试框架的脚本自动生成技术，是行业内近来研究的方向，通常情况下，自动化测试脚本是需要测试工程师手工编写的，这种做法存在两种不利的情况，一方面是对测试工程师技能要求高；另一方面是脚本复杂，编写或者修改效率不高。通过脚本自动生成技术，测试工程师无须手工编写测试脚本，通过操作对象、配置参数的方式，可极大地提高测试脚本编写效率，同时还降低对测试工程师的技能要求。

三、自动化测试框架的发展变革

基于用户界面的自动化测试框架的发展大致经历了三个阶段。

（一）录制、回放阶段

先由手工完成测试流程，同时利用自动化测试工具录制、记录操作的过程和数据，生成特定的测试脚本程序，然后通过机器回放来运行脚本，重复人工操作的过程。使用这种方式，如果系统需求发生变化，即便简单的变化，整个测试过程也需要重新录制，测试脚本的维护成本将会很高，测试效率较低。另外录制时很多界面控件无法正确识别，实际使用效果不理想。

（二）数据驱动的自动化测试阶段

基于数据驱动的自动化测试就是指通过数据的改变来驱动自动化测试的方法。也就是测试数据和测试脚本分离。这种方法将测试数据存储于数据文件中，从而减少因数据变化而需重新维护测试脚本的工作量。因此，脚本的灵活性、可维护性大大提高，

但是受界面变化的影响仍然比较大。

（三）关键字驱动的自动化测试阶段

关键字驱动测试也叫表驱动测试或基于动作词语的框架，它将测试逻辑按照特定的关键字进行分解，转换为易懂的自然语言，关键字对应形成脚本的业务逻辑。主要的关键字包括三类：被操作对象、操作和值。关键字驱动的主要思想是：测试脚本与测试数据分离、界面元素名与测试内部对象名分离、执行动作与具体实现细节分离。该模式技术门槛低，可以供不懂开发的测试人员使用，支持模块化复用，具有一定的扩展性。

【同业实例6－8－1】

某公司的自动化测试框架主要用于功能测试和回归测试。该公司自动化测试框架是由Appobjects，Tasks和Testcases组成的三层架构的实现。Testcases层可以看作测试要“测什么”的一个高层视图；Tasks和Appobjects层为Testcases层提供必要的实现细节，也就是说测试“怎么测”。

- Appobjects（对象层）。

存储被测系统中有关页面元素的信息，也就是我们之前所说的对象信息。大部分的对象信息都存储在Object Map（对象映射）中。对象映射的主要目的是在被调用时返回控件对象，它被存储在脚本中。每一个脚本都包含一个特定的Object Map。其中需要关注的是，脚本关联页面对象的策略分为：简单的用户界面，一个页面或一个表单关联一个脚本；对于复杂的界面，可以分解成几个部分，便于重复利用。

同时，Appobjects还存储所有的测试脚本。

- Tasks（任务层）。

Tasks是指存储在被测系统中通用的一些遍历路径以便重用。这句话乍一看很难理解，但是结合之前章节所述理论，就可以理解所谓的Tasks，其实就是组件或者公共函数库的意思。

Tasks的任务是调用Appobjects提供的方法来操作对象以完成一些通用的Task。反过来，Tasks的方法会被Testcases调用。其中需要注意的是，Tasks的颗粒度要把握好，提高代码重用性以及对Testcases屏蔽底层的实现细节。我们可以这么理解，Tasks其实就是一个组件或者公共函数的实现细节。它从Appobjects中调用对象和相关的操作方法，将某个功能模块实现自动化，当然前提是这个功能模块可以作为公共组件，例如登录页面。

通常情况下，Task会返回一个布尔值给Testcases以标识Task是否执行成功。基本上在Task中不会有和应用系统相关的验证点。当一个异常出现时，Task会抛出这个异常并且由Testcases这一层捕获并处理。

- Testcases（案例层）。

Testcases 层主要用来编写测试案例，用来在被测系统中进行导航，验证系统状态，记录测试结果。

Testcases 调用 Tasks，验证条件和记录结果。Testcases 应该仅仅包含简单的逻辑和控制流，其他的细节都应该在 Tasks 层中实现。在测试案例层，每一个类都应该代表某个功能模块或者业务流；每一个方法都应该代表一个测试案例。偶尔，测试案例层（Testcases）会绕过任务层（Tasks）直接调用对象层中的方法，但是当这种越层调用发生得太过频繁时就会使得 Testcases 变得过于复杂而且需要额外维护。

在该公司的自动化测试框架中，在建立 Tasks 这一层时，需要多花点时间考虑和设计，将来生成 Testcases 这层就会很快而且比较容易。通俗地说，也就是在设计组件和公用函数的时候，需要多花心思。组件层设计比较完善的话，之后的设计案例，其实就是一个组件组装成测试案例的过程，相对就会比较轻松。

这里还有一个测试套件（Testsuites），通常是存放在测试案例层，测试人员可以定义好 Testcases，然后用很多不同的测试数据作为输入以达到数据驱动测试的方法。

除了这三层框架之外，该公司还提供一些类包来支持自动化，其中比较典型的有：

- Loggers（日志）。

提供了测试脚本可以直接调用的日志文件。

- Recovery（场景恢复）。

提供记录一个特定状态并在需要时可以恢复到需要的位置，这个是我们通常所说的异常场景恢复功能，一旦测试脚本出现异常，无法执行下去，可以使用此功能将测试环境恢复到初始状态。

- Util（方法）。

包含一些常用的方法方便使用这个框架，如提供了对图像、浏览器、文件的一些常用操作。

- Widgets（步骤封装）。

扩展了 Test Objet 的功能，将公用的步骤封装在一个方法中。

【同业实例 6-8-2】

某银行自动化测试框架介绍如下。

该行自动化测试实现了一体化测试设计。测试设计人员在设计测试案例时，根据测试案例的特点，可以选择测试案例是否需要生成测试脚本。需要测试脚本的案例，可以在自动化测试平台中根据测试步骤，自动生成相应的测试脚本并存储在平台中。

该平台实现了一体化的测试执行。平台将测试案例和测试脚本同步到一体化测试管理平台中。测试人员在执行测试案例时，可以选择手工执行测试或者自动化执行测试案例，实现了“手自一体”。测试人员在选择自动化测试执行时，通过平台调用测试执行管理系统中的脚本，再经过测试执行机分配管理平台，自动寻找测试执行机，调用 QTP 进行测试执行。

该平台实现了测试数据的一体化管理。平台支持测试数据的自动化铺设和存储，供手工测试和自动化测试使用。为避免产生冲突，平台将测试数据根据用途分别保存在自动化测试数据库和功能测试数据库中，并标注测试数据的使用状态，当该测试数据被使用时，状态标注为已使用，且不能再被其他案例使用。

（1）自动化测试框架实现。

自动化测试管理系统采用 B/S 架构，使用 MVC（Model View Controller）框架进行开发。持续改进和功能扩展十分方便。

自动化测试管理系统表现层使用的是 ExtJS（用于创建前端用户界面的 ajax 框架），ExtJS 独有的控件及接口，使前台页面整洁，使用方便。表现层主要包含测试案例、测试报告、测试执行状态等功能在页面的展示。

后台采用 .Net 框架开发，分为业务逻辑层、数据传输层、数据存储层。其中数据存储层，使用的是 Hibernate 框架，数据库采用的 DB2，便于数据存储。业务逻辑层是自动化测试管理系统的核心组成部分，主要包含测试执行管理、测试集成与部署、测试执行监控、分布式执行等主要功能。

（2）脚本库实现。

自动化测试管理系统在脚本库的实现上，具有独立的 Web 管理页面，采用统一的 B/S 架构，前台页面采用 ExtJS 技术进行展现，包括案例库分类、脚本移入、移出等功能。自动化管理系统采取了脚本统一管理的模式，根据脚本的性质，划分脚本库类型，分为公共类库、特定类库、测试脚本，统一存放在自动化测试管理系统数据库中。公共类库包括共性的用户操作方法，抽象了不同功能的共性；特定类库针对不同功能特有的方法，将方法抽象出来，作为特定类；测试脚本为最上层，面向具体应用和功能，可直接调用公共类库和特定类库。

自动化测试脚本在通过 Key Word（关键字驱动）生成测试脚本后，以脚本、数据分离的方式储存在自动化测试管理系统数据库中，用户在使用测试脚本时，通过 Redis 获取测试脚本，通过自动化测试管理平台调用执行机进行测试执行。

（3）脚本发布实现。

自动化脚本通过安装 TD Connectivity、Test Remote Agent（一种连接控件）等插件，在自动化测试管理平台中，以 OTA 的方式读取开放接口，将脚本数据同步至测试执行管理系统的指定位置。

（4）数据存储。

自动化测试管理系统使用的是 DB2 数据库，在搭建数据库时，注重数据库物理设计分区、索引等，使系统性能高效稳定。

（5）执行机管理。

自动化测试管理平台执行机管理通过 Web Services 提供了测试执行管理系统发起测试执行的接口，支撑测试执行机并发处理自动化测试执行数据，执行过程中的业务逻辑处理接口等。接口还包括项目接口与外联子系统之间的接口。测试执行机在接受测试请求时，采用了智能负载均衡调度，自动寻找空闲的执行机，避免出现请求排队的情况。

自动化测试管理系统通信部分，采用的是 Web Services 技术以及 TCP Socket（操作系统通信协议）通信。Web Services 拥有跨平台通信以及较好的集成特性；TCP Socket 基于 TCP 的可靠性数据传输，保证了通信和传输文件的稳定和安全。

【同业实例 6－8－3】

某公司自动化测试的特点是覆盖度高，覆盖率达到 80% 以上，在行业内处于比较领先的地位。这也和证券行业系统的特殊性有关。由于属于稳定运行维护期间，系统变更率不高。该公司的自动化测试框架，兼顾了有用户界面和没有用户界面系统的测试，正如前面介绍的，集成了 QTP 和 JAVA，从而达到了自动化测试无死角的目的。该公司的自动化测试，通常是由自动化测试人员先开发脚本组件，然后由普通测试人员或者业务人员来执行测试。不过也同样面临当前自动化测试一些共同的难题，这就是自动化测试人员技能要求高，要具备熟练的 JAVA 编程语言技能。如果让自动化测试框架门槛变低，仍然是一个问题。

该公司自动化测试框架主要用于回归测试。由于该公司系统的特殊性，包括核心交易系统都是通过报文方式进行数据传输，只有部分应用系统才有用户界面，这就为自动化测试造成了困难。因此该公司自动化测试框架针对这样的特点，制订了两套解决方案，集成了自动化测试工具 QTP 和 JAVA 脚本，通过 QTP 测试具有用户界面的应用系统；通过 JAVA 测试无用户界面的核心系统，达到了自动化测试全覆盖的目的。

该公司自动化测试框架介绍。

自动化测试框架包含 1 大门户及 4 大部件/平台。1 大门户主要指集中管理控制 4 大部件/平台的该公司测试专用门户；4 大部件/平台是指：自动化回归测试平台、案例建设与管理平台、关键字接口建设平台以及测试工具发布与集成平台。

该公司测试专用门户用于通过单点登录管理集成到门户的其他系统，并可以通过其他用户开发的数据创建报表、监控、跟踪等重要数据，测试系统可以发布有关集成信息，提供信息维护功能，并且可以根据需要加入不同的其他平台。

自动化回归测试平台用于交易系统回归测试使用，该系统通过专用的案例及步骤，通过从 User Case 模板中导入数据，将数据格式化到数据层，并且通过调用执行层获取需要的测试结论。

案例建设与管理平台用于可以自动化的建设测试案例，并可以通过自定义的格式将案例保存到 Excel 中导出，建设的案例可以调用执行层，测试创建的案例。

关键字接口建设平台用于创建外部关键字，对外开放接口，提供给执行层或类执行层的程序随时集成与调用，以便提供关键字需要的功能。

测试工具发布与集成平台用于发布测试工具、测试计划、工作调度等。

通过上述的平台，构建成一个大型的集测试案例建设、测试案例管理、测试案例发布、测试案例使用与执行、测试计划建设、测试结论控制、测试案例报表建设、测试外联、测试安全与审计建设于一体的测试专业平台。

该公司自动化测试框架核心采用任务实时控制机制，使用开源技术架构 quartz，让测试案例可以更加容易地自动执行。该框架将系统分为 4 层 2 个应用：管理层、控制层、服务层、执行层；管理控制服务器、执行机。管理层管理测试案例的管理、执行中止、查看、状态跟踪等。控制层管理任务列表的拆分、任务的定时及任务下发，服务层管理执行机的功能类型、负载、状态及任务的分派及跟踪等。执行层则主要负责任务的执行。管理控制服务器主要集管理、控制、服务于一身，一方面便于数据共用及数据的交互，另一方面便于执行机的管理。执行机则主要提供与各类型关联的接口、各接口需要调用的功能（关键字）以及任务执行的实体（见图 6－8－1）。

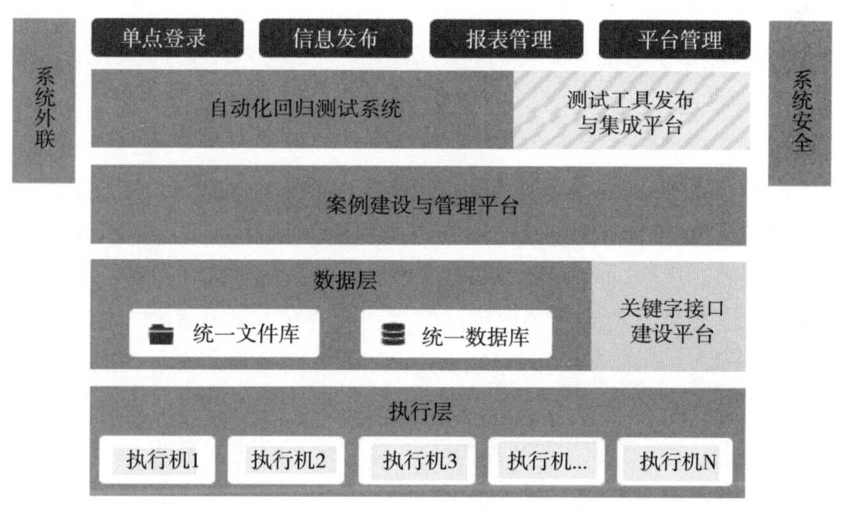

图 6－8－1　测试专用门户

从业务架构上来说，该框架包含 4 个业务域，4 个应用域，2 个应用：

- 4 个业务域。

测试人员域、管理调度域、执行域、测试案例存储域。

- 4 个应用域。

管理域、控制域、服务域、执行域。

- 2 个应用。

管理控制服务器、执行机。

平台采用 BS 模式，面向多用户，执行机即为客户端，一个服务器可以容纳多个客户端，实现负载均衡方式运转。

测试人员域即外部测试人员群体，测试人员可以通过浏览器随时随地查看、管理、控制测试进度及过程。该框架接受来自外部所有授权群体的管理，并且在服务器获取权限及访问资源。

管理调度域是该框架的核心，它不仅管理案例，而且会根据案例来查看案例的步骤及过程，在多执行机端的部署中，它会进行负载均衡处理。

执行域是执行机的集合，它可以是一个，也可以是多个。执行域中的执行机会根据服务器分配的任务执行，然后传递信息。

测试案例域存储了来自管理层下发的测试案例，并且将测试结果回写到测试案例中。

在任务调度方面，框架按照计划、案例、执行日期、时段以及环境等来确定是否属于同一个调度任务。一次计划属于一个环境，一个计划包含多个案例，每个案例由不同的有序的步骤组成，每个步骤可能有开始执行的时间。由此，一次计划可以定义为多个计划任务的组合，每个组合将分别执行，每个组合中将按照步骤一步步执行，且一个组合中的步骤只能在一个执行机上执行，直到执行完毕，或者直到执行失败。在执行完成后，调度层将汇总结果，并更新到相应的记录中。

执行层将不断地执行，在有必要的情况下，将结果写入不同的执行 Excel 或者文件中。执行总结果也将写入数据库中。

第九节　怎样选择和部署自动化测试工具

选择一个好用的、适合项目实际情况的测试工具是成功实现自动化测试的关键。本节主要介绍如何选择合适的功能自动化测试工具，并介绍自动化测试工具的基本原理。

一、功能自动化测试工具分类

功能自动化测试工具，总体可以分为商业自动化测试工具和开源自动化测试工具。

（一）商业自动化测试工具

商业自动化测试工具的特点是需要花钱购买，功能相对成熟和稳定，并且可以提供售后服务和技术支持。但是商业自动化测试工具往往价格非常昂贵，投入成本比较大。

目前在市场上占主导地位的基于 GUI（用户界面）功能测试的商业工具实现的功能基本相同，但是在脚本开发语言、支持的脚本开发方式、支持的控件等方面有一些不同之处。

（二）开源自动化测试工具

开源软件虽然其源码可以被公众使用，不受许可证的限制。但是，不可忽视的是，开源并不意味着完全的免费。开源自动化测试软件同样需要考虑成本，部分解决方案仍需要付费购买，并且有可能要比商业自动化测试工具的成本还高。

1. 开源测试工具相对于商业测试工具的优势：

✓ 低成本。

大部分开源测试工具可免费使用。

✓ 可二次开发。

可根据自身需求对其进行修改、补充和完善。

2. 开源自动化测试工具的不足之处：

✓ 稳定性不足。

部分开源自动化测试工具稳定性不够好，容易出现异常错误，导致软件不能正常运行。

✓ 学习和获取技术支持的难度大。

大部分开源自动化测试工具无法提供相应的培训指导和技术支持服务，联机帮助和操作手册不完善，导致测试人员学习和使用的难度较大。

（三）自主开发测试工具

由于银行业务的特殊性，无论是商业还是开源工具在使用前都面临着二次开发。随着对自动化测试工作原理的理解逐渐深入，以及对工具开发技术的掌握熟练，银行测试组织也开始根据自身情况考虑自主开发测试工具。其优点是更适合自身测试要求，相比商业工具的二次开发也能够节约一定的成本，相比开源工具安全性更高。当然，自主开发也要考虑到开发周期、人员成本，以及后期的维护成本，以免延误测试进度或造成资源浪费。

二、自动化测试工具选型

在实施自动化测试之前，首先要对自动化测试工具进行选型。通过分析实际情况，可安排备选工具进行试用，根据试用的反馈效果决定采用哪款测试工具。

（一）测试工具评估

首先，工具的选择要从项目的特点、被测系统采用的开发工具、语言、技术、平台等内容着手，还要结合测试的类型和要求。

其次，要了解备选测试工具的情况，根据相应的标准对测试工具的产品特性、价格、技术支持等情况进行比较。通常情况下，可以使用如下标准去评价工具的特性。

1. 录制回放

在自动化测试中，录制回放功能是自动化测试工具最基础的功能。如果工具不能识别被测系统对象而无法进行录制和回放，日后测试自动化的实现将会遇到巨大困难。在评估中应认真考虑工具的这一功能，主要从以下方面进行评价。

✓ 录制、回放一个功能是否简单容易？

✓ 是否支持底层捕获，如鼠标拖动、精确屏幕定位。

✓ 能否正确地识别对象。

✓ 录制形成的脚本是否易于阅读和理解。

2. Web 测试

目前基于 Web 的应用越来越多，也是应用程序开发的重要方式。在评估测试工具时，需要考虑工具是否支持超文本表格、框架页面、不同浏览器等。

3. 数据功能

在测试过程中，一般都要设计和铺设测试数据来开展测试系统。自动化测试工具应该可以提供定义测试数据生成规则，并自动产生大量的测试数据。具体如下。

✓ 能自动产生测试数据。

✓ 可以指定产生的数据类型。

✓ 能否从其他文件或电子表格中创建和读取数据。

✓ 可以存储测试数据。

4. 对象识别功能

现在银行的系统很可能会包含一些定制的控件和对象。目前市场上的测试工具能支持标准的控件和对象，但是对定制的控件却无能为力。如果测试工具提供对象识别功能，如对象映射等，就可以将不可识别的对象映射成一个标准的对象。所以测试工具对控件、对象的识别能力，是评价测试工具能力的一个重要方面。

5. 错误恢复能力

测试过程中的错误、异常恢复能力，是自动化测试中最困难的部分，但是对自动化测试工具而言这是必需的功能。这一功能一般取决于它本身能捕获错误的数量、可以识别的错误类型以及如何从错误中恢复等。具体场景如下。

✓ 如果测试过程中程序崩溃了怎么办？

✓ 如果出现了异常信息该怎么办？

✓ 在出现错误的情况下，能否回到正常的测试任务？

6. 脚本语言扩展功能

在自动化测试中会经常遇到的问题是：工具不是万能的，有些测试无法利用工具现有的功能实现怎么办？这需要工具拥有拓展功能。如果测试工具的脚本语言无法实现这些方面的测试，可以使用其他编程语言如 C、C + +、VB 等创建 DLL，然后通过脚本调用这些 DLL 来实现，或者通过调用 API 等其他方法实现。

7. 环境支持

测试工具能应用于何种类型的开发语言？能支持几种操作系统？当然，自动化测试团队应尽可能选择语言和操作系统覆盖面比较广的测试工具。如果测试工具不支持你的开发环境或应用程序，自动化测试将遇到巨大的困难。

8. 与其他工具的整合

随着自动化测试的逐渐建立，自动化测试管理将显得越来越重要。自动化测试工具供应商一般都提供各自的一整套解决方案。自动化测试中有可能会针对性地购买不同供应商的不同模块应用于同一个项目中，测试工具如能解决工具之间的整合问题，则可以实现不同工具、不同项目的数据共享。

✓ 工具的测试脚本是否可以在其他管理工具中运行？

✓ 是否可以将一个缺陷的信息写入其他管理工具中？

✓ 能否提供与 Word、Excel 或其他工具的接口。

9. 易用性

易用性的评价相对比较主观。针对易用性的评价一般包括功能支持、调试能力、用户界面友好、在线帮助和用户手册等。综合评估上述各个因素时可以将每一个因素进行评分排序，最终评价总分最高者最优。

10. 价格

价钱是目前国内很多公司采购工具都比较看重的因素。但相对而言，测试工具的功能相差无几的话，价格就是比较关键的决定因素。

（二）测试工具培训

选定测试工具后，在使用之前要组织相关测试人员进行测试工具的培训，确保测试人员充分掌握测试工具的使用方法，避免因使用不当影响测试效率和结果。测试工具培训一般包括以下内容。

✓ 测试工具的总体介绍。

✓ 测试工具操作方法。

✓ 测试工具使用实践。

✓ 测试工具相关的测试理论。

三、自动化测试工具部署

自动化测试工具的部署方式也是需要重点研究的内容。通常情况下，自动化测试工具有三种部署方式，分别是单机部署、服务器部署、云部署。

（一）单机部署

单机部署是指将测试工具独立安装在测试工程师的计算机上。这种部署方式具有排他性，也就是说测试工具只能由单台计算机进行使用，无法与其他计算机进行共享。因为自动化测试工具通常情况下都有 License（证书），这种部署方式是独享式，无疑会造成资源浪费，一般不建议使用此种方式进行部署。

（二）服务器部署

服务器部署是常用的一种部署方式，将自动化测试工具安装到服务器上，其他的计算机可以访问该服务器使用自动化测试工具。此种部署方式是一种共享式的部署方式，可以极大地提高测试工具的使用效率，节省测试成本。

（三）云部署

云部署是目前新兴的、比较流行的一种部署方式。因为测试需求的不同，对测试工具的使用环境以及使用要求都会有所区别。如果通过常规的服务器方式进行部署，就不能满足定制化的需求。而通过云部署的方式，可以实现即需即用、灵活高效地使用测试工具资源，根据项目特点定制测试工具的使用方式和功能，却又不影响其他项目的运行，具有较大的弹性和灵活性。

【同业实例 6 -9 -1】

某银行自动化测试工具的部署方式，属于第二种模式，即部署在服务器端。自动化测试人员将测试工具安装在各自的计算机上，服务器部署的是证书服务器。这种部署方式的优势在于不限制测试工具在客户端的安装数量，也不会绑定客户 MAC 地址，最终可以使用的测试工具的数量由证书服务器来控制，具备较大的灵活性。

第十节　自动化测试的其他研究

一、自动化测试脚本不再需要专业技术人员编写

在软件测试行业内，自动化测试一直都被认为是由技术型的测试工程师主导和实施的。究其原因，主要是因为自动化测试需要测试人员懂得编程语言、脚本语言才能够编写脚本。所以，不具备这些技能的测试人员显然不能胜任。随着软件测试的发展，尤其在用户验收测试环节，业务人员主导用户验收测试的趋势已经越来越明显。那么，是不是也可以由业务人员来实施自动化测试呢？这在以前是难以想象的。但随着自动化测试技术的发展，行业内也出现了一些解决方案。业务人员无须编写脚本，只要按照规定格式写出业务逻辑，就可以生成对应的自动化脚本。说得通俗一点，就像是翻译工具一样，只要你写出中文，就能翻译出对应的英文。

要实现这样的目标，需要依靠可扩展标记语言（XML）。脚本自动生成，主要涉及两方面的改造，一个是对象库的管理；另一个是业务逻辑操作。自动化测试框架为每个业务组件建立文件夹，用户存放对象库文件（XML 文档）以及对象操作步骤描述文件（TXT 文档）。

这里说的对象库与实际控件已经分离，对于敏捷自动化项目或短周期自动化项目，上传的对象库可以是根据需求文档和界面说明手工新建的对象库，而非实际抓取的对象库，也就是说，实际的对象库在测试版本发布前是不存在的。这样做使得被测系统还未发布，业务人员也可以编辑该业务组件脚本操作步骤，生成自动化测试脚本。从而将自动化测试的切入点提前，缩短自动化测试实施周期。

对象库和实际控件分离非常重要。通常情况下，如果测试的版本没有发布，我们是没有办法编写测试脚本的。通过此种方式，业务人员或测试人员可以提前写脚本，一旦测试版本发布后，就可以进行测试执行。自动化测试的周期也得到了有效的延长，避免出现以往慌慌张张写脚本的状况。

自动化测试人员从对象列表中，以拖曳的方式，将对象添加到操作列表中，操作列表自动增加一条记录，自动填充对象名称；再选择相应的操作方法和测试数据，操作完成后，形成一条测试记录。自动化测试框架根据测试记录，生成对象操作步骤描

述文件（TXT 文档，存放在对象库 XML 文档的相同目录下）。

综上，自动生成脚本的过程，首先是由自动化技术人员上传和维护业务组件对应的对象库，其次由自动化测试人员根据业务逻辑，将具体业务操作方法转化为对象步骤；然后由自动化测试框架解析对象操作步骤和对象库，根据配置文件指定的脚本存放路径，生成自动化脚本。

二、怎样使用自动化测试技术匹配外部设备和对象

在金融行业，尤其是银行业，很多业务会不可避免要使用专用的外部设备，如金卡键盘、交互屏、打印机等。而处理外设一直是自动化测试的难点，我们在之前的章节中也阐述过关于实施自动化测试的前提条件，其中一项便是尽量不选择外设交互频繁的软件系统。但是在银行的业务系统中，比如柜面系统，绝大部分交易都涉及外设，如开卡、存款、销户等业务。此类业务在手工测试时，都必须进行人工刷卡、打印方能完成测试。那么如果实施自动化测试，原本由人工控制的外设，现在由程序来控制，不应再进行人工干预。因此，实现自动化测试仿真，成为自动化测试成功实现的关键。

目前市场上比较流行的自动化测试仿真有两种，一种是模拟串口模拟读写方式，另一种是模拟外设返回数据，即通过改写外设驱动程序生成动态链接库文件，屏蔽串口操作并读取外部文件的方式返回数据，从而达到模拟外设输入的目的。这两种仿真方式各有其优点和缺点，测试团队可以根据项目的实际情况进行选择。

（一）银行外部设备的基本工作原理

1. 什么是串口

串口叫作串行接口，是常用的计算机与外部设备之间的数据传输通道。现在的计算机一般有两个串行口：COM1 和 COM2。很多外部设备都是通过 COM 口与计算机进行通信。我们可以利用 Windows API 提供的通信函数编写出高可移植性的串行通信程序。当然，目前使用 USB 接口和蓝牙方式等外设逐步开始普及。

2. 外部设备的工作原理

我们以银行常见的柜面系统作为例子，当柜员操作柜面系统，例如进行开卡交易时，柜面系统会提示柜员操作各类外设，如在刷卡器上刷空白磁条卡。后台柜员系统会调用相应的驱动程序，并通过驱动程序去调用计算机上的 COM 口，向 COM 口发送指令，等待柜员输入。

当柜员在刷卡器上刷卡后，刷卡器会通过 COM 口向柜面系统的驱动程序返回完成指令，并传输相应的数据流。计算机上的驱动程序会解析当前 COM 口返回的数据流，将数据流解析后传送给柜面系统，从而完成计算机与刷卡器的交互。

（二）模拟串口读写方式

串口仿真程序利用串口通信工具，监控被测系统发出的报文请求。一旦被测系统发出报文请求时，串口仿真程序就可以响应报文请求，按照规定的报文格式将报文发送给被测系统。实际上，被测系统并没有和外设进行真正的交互，而是被串口仿真程

序“截胡”，认为得到的报文就是外设发送的报文，从而达到模拟外设与被测系统通信的目的。

例如，当测试人员在执行相关自动化测试案例时，需要进行刷卡操作。由于不可能在自动化测试过程中再通过手工方式刷卡、输入密码、确认金额。此时就需要使用辅助的串口通信工具来模拟系统和外设之间的串口通信信息，从而保证自动化测试过程中的无人值守，避免出现需要人工干预外设的情况。

通常情况下，想要实现模拟外设的目的，仅仅通过串口仿真程序是不够的。因为串口仿真程序并不能获取外设的通信报文格式，还需要通过报文抓取工具录制报文格式，再将报文格式写入串口仿真程序中进行匹配。串口模拟仿真工具大多为开源工具。

串口模拟仿真程序的实现，通常分为如下步骤。

✓ 串行设备的初始化。

✓ 数据发送。

✓ 数据接收。

✓ 事件监视线程。

✓ 关闭串行设备。

使用串口仿真程序，只需要了解特定外设的报文格式，就可以实现外设仿真的目的，比较容易掌握。但是此种方式也有缺点，一旦更换了外设的型号或者更改外设的报文格式，仿真程序就必须要随之修改，否则就不能正常使用。

（三）模拟外设返回数据方式

这种方式是根据外设的工作原理，通过改写对外设驱动程序，在进行 COM 操作之前进行拦截，从指定路径的文本文件中读取信息，并将读取的信息返回，从而达到模拟外设输入的目的。

我们以磁条卡、存折为例，测试人员在柜面系统测试开卡交易时，必须要刷空白卡或者存折。如果实施自动化测试，可以修改相应设备厂商的驱动程序，将原先需要从串口通信模式转变为文本读取模式，达到外设仿真的目的。柜面系统通过修改后的驱动程序，从指定路径的文本文件中读取卡号、安全码（CVV）和保密字，然后再由柜面系统基于读取到的卡号信息去读取相应的客户信息，从而实现磁条读写操作的外设模拟仿真。

以上的例子中，自动化测试实际上并没有真正去做刷卡等操作，但是柜面系统却得到了需要的卡号信息，避免了人工干预情况的出现。其他的操作如密码键盘、评价器、打印机等操作的仿真原理也是类似，可以按照上述的方法实现仿真操作。

采用这种方式，实施效果比较稳定，不会因为报文传输的速率或者格式出现错误。但是此种方式的缺点也比较明显，因为外设的厂家和型号都很多，修改驱动程序首先要获得厂家的支持，其次修改的工作量也比较大。如果在测试过程中，使用的外设型号比较单一，那么可以考虑使用此种外设仿真方式。

【同业实例 6－10－1】

某银行对于外设的处理，两种外设仿真的模式（串口模拟、改写外设驱动）都应用在自动化测试中。该银行核心系统中，涉及的外设主要有：

- 磁条卡/存折
- 射频 IC 卡
- 非射频 IC 卡
- 二代身份证
- 密码键盘
- 评价器
- 扫描仪
- 打印机

通过改写外设驱动文件模式的解决方案如图 6－10－1 所示。

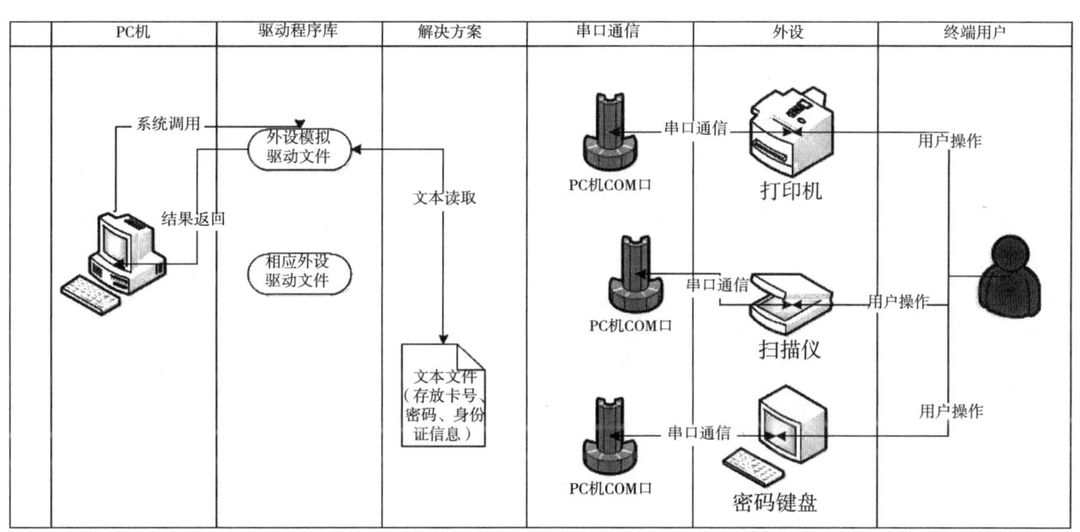

图 6－10－1

通过替换系统驱动文件，当用户在系统上进行操作，系统提示用户使用外设时：

（1）系统调用机器上修改后的驱动程序。

（2）驱动程序从相应的文本文件中读取所需的数据。

（3）驱动程序将读取到的数据传送给系统。

通过以上步骤，从而实现外设模拟仿真的效果。

通过串口仿真来模拟外设也是该银行自动化测试采纳的方案之一，串口仿真模拟的外设主要集中在磁条卡刷卡、密码器输入、交易金额确认。串口模拟仿真使用通用串口模拟器和市场上的虚拟串口工具，完成相应的串口模拟，并通过自动化测试框架函数，动态获取记录的相关信息。

第七章　如何做好性能测试

第一节　为什么要做性能测试

一、性能测试的重要性

根据 Google 的统计，如果网站打开慢 500 毫秒，用户访问量将下降 20%。根据亚马逊统计，每慢 100 毫秒，交易额下降 1%。这些统计数据给大家带来了启示，再联想到“双十一”、春晚期间银行系统严阵以待，如临大敌。可见银行开始重视开展软件系统的性能测试。即便不在“双十一”，如果遇到的交易量集中高峰时，程序本身、操作系统、数据库服务器和网络设备等的承受力都将面临严峻的考验，其中任意一个环节出现问题都可能带来巨大的损失。

性能测试是发现软件性能问题最有效的手段，它通过模拟生产运行的业务压力或用户使用场景来测试系统性能是否满足使用场景的要求。其作用一是协助优化系统的性能，即寻找软件系统可能存在的性能问题，定位系统瓶颈并进行优化；二是预见系统负载压力的承受力和可扩展性，如所能支持的最大并发用户数或者最大数据量，同时为系统的实际应用部署提供参考依据。

二、什么是性能测试

实施性能测试是可以获得系统在某种特定条件下的性能指标数据，从而为投产资源准备、运行风险评估等提供依据。随着软件产业的不断扩张，性能测试的范畴不断延伸，有关的叫法也五花八门，例如负载测试（Load Test）、压力测试（Stress Test，也称强度测试）、并发测试等。它们的测试目的不同，但其手段和方法在一定程度上比较相似，通常会使用相同的测试环境和测试工具，因此被看成广义性能测试的集合。

性能测试没有严格的分类，这里列举几种常见的性能测试类型。

（一）负载测试（Load Test）

负载测试是最常见的为验证性能需求而实施的测试。通过对系统逐渐增加负载，来验证各项性能指标的变化情况，考察的是软件系统在既定负载下的性能表现。负载测试的预期结果是响应时间、交易量、并发量、资源使用率等性能指标能满足要求。负载测试的目标是测试系统的极限，为性能调优提供依据，同时可以为确定系统的性能容量提供参考。

（二）压力测试（Stress Test）

压力测试是模拟实际应用的软硬件环境及用户使用过程的系统负荷，长时间或超大负荷地运行测试软件，用来测试被测系统的性能、可靠性和稳定性等。负载测试和压力测试都是性能测试。与负载测试不同的是，压力测试关注长期高压下系统性能的稳定性、测试系统的限制和故障恢复能力。而负载测试则是通过不断调整施压，测试系统的相应时间、资源消耗等性能表现。

（三）并发测试（Concurrency Test）

并发测试是通过模拟一定并发用户负载量对某一应用程序、模块或数据记录进行访问，从而检查系统是否存在死锁、资源争用等性能问题。该测试用于验证系统的并发能力，因为往往涉及服务器的并发容量，以及多线程/多进程协调同步可能带来的问题，所以需要特别关注。

（四）基准测试（Benchmark Test）

基准测试是指通过设计科学的测试方法、测试工具和测试系统，实现对一类测试对象的某项性能指标进行定量的和可对比的测试。基准测试的关键是要获得一致的、可再现的结果，被认为是最基础的性能测试。

（五）稳定性测试（Strength Test）

稳定性测试也称为可靠性测试（Reliability Test）是在系统承载一定压力的情况下，长时间运行系统，以验证系统是否稳定。系统有些问题需要时间累积才能达到可度量的程度。比如内存泄露问题。稳定性测试也是一种压力测试，但它关注的是稳定，不需要给系统太大压力。

（六）大数据量测试（Big data Test）

大数据量测试是在数据量较大时测试系统的性能状态，包括独立的数据量测试和综合数据量测试。独立的数据量测试是指对某些系统存储、传输、统计、查询等业务开展的大数据量测试。综合数据量测试是指系统在具备一定的数据量时，与负载压力测试或者并发测试相结合，考察业务是否能够正常运行。

（七）配置测试（Configuration Test）

配置测试是通过对系统所处软硬件环境进行调整，反复运行上述性能测试组合，目的是了解各种不同配置对系统性能影响的程度，从而确定符合系统资源最优分配原则的测试方法。配置测试是系统调优的重要依据。

性能测试的种类根据测试需要还有很多类型和组合，每种测试都有其存在的目的。测试组织可根据当前软件过程阶段、项目自身特点、结合用户对系统性能的要求来选择。

三、何时做性能测试

我们了解了性能测试的重要性和测试类型，那么何时做性能测试呢？对于核心业务系统的性能测试，可以分成三个阶段。

第一阶段是软件正式上线前，通过性能测试模拟生产环境，确保系统的主要功能能够满足系统设计时对于性能的要求。

第二阶段是软件试运行期间，通过对系统性能的监控，检查业务系统在实际运行环境中资源使用是否合理。

第三阶段是软件正式运行后，通过对系统性能的监控，验证之前的测试结果，并根据正式运行后的实际状态，提出性能调优建议。

最重要的无疑是第一阶段，在第一阶段发现问题，解决问题，才能降低系统的风险，减少项目的修改代价。第二和第三阶段更侧重于风险监控。

四、性能测试的流程

性能测试属于非功能性测试。测试流程跟功能性测试基本相同，也可分为测试设计、测试执行和测试结果分析三个阶段。一般是在功能性测试基本稳定，没有什么严重问题的时候开始执行性能测试。当然需求分析、环境搭建、场景设计等还是要在前期设计阶段就完成的。

性能测试团队可以是独立的团队，也可以是临时性的，甚至是虚拟的团队，它一般由测试组长和性能测试工程师、基础架构工程师和开发工程师等人员构成。测试组长负责管理和协调测试活动、检查性能测试的准入准出、组织评审性能测试计划和性能测试报告；性能测试工程师负责分析性能测试需求，编写性能测试计划、设计测试场景、协调并验证性能测试环境、测试案例和数据、开发性能测试脚本、执行性能测试、分析测试结果和编写性能测试报告。基础架构团队负责测试环境的准备和配合硬件环境的调优。开发工程师负责提供最新的软件系统和配合软件问题的调优（见图 7－1－1）。

性能测试流程中涉及的活动/步骤说明如下：

（一）收集性能需求

性能需求主要来自软件需求说明书，或项目开发设计文档，从中获取有关性能需求的描述。如果相关文档对于性能需求的描述不明确，则需要通过其他方式确认用户的性能需求，挖掘隐藏的性能测试需求，如会议沟通、用户访谈和需求评审等。

（二）分析性能需求

明确测试目的和性能测试指标，分析业务模型，确定测试范围。调研内容可能包括以下几个方面：

1. 系统架构

系统物理/应用架构图。

服务器和中间件参数配置，如 Web 服务器设置的最大连接数、数据库的连接池最大访问数。

生产高峰时的网络流量和测试环境的网络带宽。

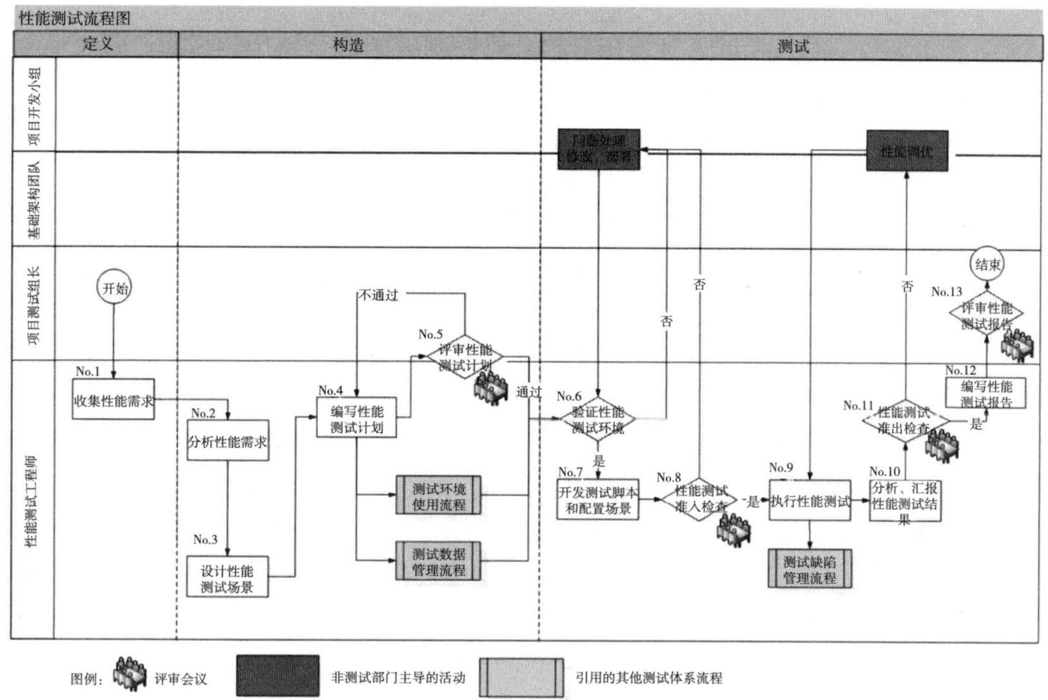

图 7－1－1　性能测试流程

2. 历史数据

当前已有系统的数据库业务数据存储量信息，如是新系统，需提供未来 2—3 年的估算信息。

3. 用户信息

统计系统里的用户总数、各种类型的用户数、用户操作频率、一般和高峰情况下的用户数。

4. 业务交易描述

描述各业务种类、业务复杂性、执行该业务的前置条件，统计各业务在总业务中的占比。

5. 业务性能目标值

按系统交易处理能力、交易平均相应时间、交易成功率、服务器 CPU 资源利用率列出各业务的性能目标值。

6. 交易信息

描述系统中主要单一交易的业务功能、逻辑和流程。

描述业务流交易的单一交易构成、操作顺序、起始时间、持续时间、待处理的数据量、处理逻辑和步骤及频繁程度。

7. 业务量拓展

描述系统业务未来的增长趋势（业务增长量）。

（三）设计性能测试场景

测试场景是为了满足测试需求，在需求分析后制定的符合测试目标和业务模型等方面要求的场景。性能测试场景包括对场景的描述、场景包括的所有业务流、每个业务流的测试功能点、数据量、并发比例和建议数据准备方案。

（四）编写性能测试计划

性能测试计划包括性能测试的背景、测试目的、性能测试指标、测试范围、准入准出规则、测试环境、测试策略、测试场景、测试准备、风险等。其中测试策略主要指测试执行策略和监控策略。测试执行策略一般指执行过程中使用哪些测试类型和方法，测试场景的执行顺序等；测试监控策略主要描述测试执行过程中的监控方式、使用的监控工具、需要监控的资源、监控的时机等。性能测试计划的制订还需要结合整体的项目计划和所需的性能测试任务，进行测试资源和测试进度安排。

（五）准备性能测试环境

这里的测试环境准备包括选择合适的测试环境，搭建和配置测试环境中的软硬件，还包括利用手工或者自动脚本构造测试数据。

（六）开发性能测试脚本和配置场景

根据第 3 步设计的性能测试场景，开发和验证性能测试脚本，并将性能测试脚本配置成性能测试场景。

（七）性能测试准入检查

测试准备工作完毕，在进行测试执行前，需要进行准入性检查，包括以下几个步骤：

1. 项目测试组长组织召开性能测试准入检查会议，对性能测试架构、包括各测试类型的测试方案、测试场景、基准数据状态、准备数据情况、测试计划和时间安排进行检查、评估和讨论。

2. 如果性能测试准入检查不通过，进入问题解决流程，分以下两种情况：

一是在测试环境做性能测试，偏重测试环境和数据的检查；二是在准生产环境做性能测试，偏重于测试所产生的风险及其规避措施。

3. 由项目开发工程师和基础架构工程师解决问题，直至达到准入条件方可通过。

4. 如果性能测试准入检查通过，则需给出执行性能测试的时间窗口。

（八）执行性能测试

依据性能测试计划执行性能测试脚本。在每个场景执行完成后，保存工具生成的报告，并且在每轮工作完成前要对这些记录进行整理。

（九）分析性能测试结果

获取系统资源监控数据（CPU、内存、I/O 等）、日志等，结合性能测试工具生成的报告分析性能指标，编写测试结果。

（十）性能测试准出检查

在测试结束且性能调优完成以后，必须通过准出检查，才能宣告性能测试的结束。

一是对性能测试准出条件进行检查和评估。

二是性能测试准出检查不通过，进入性能调优流程，由项目开发工程师和基础架构工程师解决问题，直至达到准出条件方可通过。

（十一）编写性能测试报告

依据性能测试计划和性能测试结果，编写性能测试报告。性能测试报告中应包括测试时间/轮次、测试范围及场景、测试环境/数据说明、测试结果分析、测试通过与否等内容。

（十二）评审性能测试报告

测试经理组织召开性能测试报告评审会议，审核报告内容的完整性和正确性。

【同业实例 7－1－1】

在某银行信息技术应用项目性能测试方法指南中，按项目启动阶段、测试项目需求分析、测试环境准备、测试脚本准备、测试数据准备、测试环境确认、测试执行和测试报告准备分别定义性能测试规范，其内容如下：

1. 项目启动阶段。

项目启动时需要和项目组代表沟通确定本次性能测试的目标，避免项目执行阶段无测试重点。性能测试的目标分为以下几类：

（1）性能评估类。

- 评估系统在标准并发时的性能。这种情况下需要和项目组事先定义标准并发数量和测试模型。测试模型和并发量的定义在测试项目需求分析中进行阐述。
- 评估系统的极限性能。这种情况下需要和项目组事先定义极限条件：可以是响应时间超过某特定值，或失败率超过某特定值（经验上说 Web 测试单步执行时间超过 45 秒就被认为不可接受，失败率超过 10% 也被认为不可接受）。
- 评估系统在定义的并发量下的性能。和评估标准并发时的性能参数目标类似。
- 评估系统是否存在严重的并发问题。验证系统是否存在例如内存泄露和数据库死锁之类的严重并发问题，这种情况一般来说只需要标准并发量的 20% 即可。所以也需要和项目组事先定义标准并发量。

（2）系统调优类。

系统发现存在性能问题，但还不能定位问题原因。则需要性能测试来辅助系统调优工作。

（3）技术验证类。

验证核心技术能否支持系统设计时定义的最大并发量。这种情况一般是系统设计初期阶段选用核心技术时需要进行的测试。例如 .net 或者 java 都可以实现同一的业务功能，需要验证特定业务下，何种技术具有更高的并发性能。

2. 测试项目需求分析。

首先需要根据应用特点分析可能出现的业务高峰点，确定哪些业务需要重点考察，同时建立性能测试模型，保证测试场景能够真实模拟实际情况。根据实际情况编写测试计划。

一般情况下，性能测试模型是依靠对过去一段时间内业务统计结果分析来建立。依照实际统计后得到的业务比例数据设计测试场景。若没有历史统计数据，需要和相应的业务人员沟通了解应用将来可能发生的并发情况。

用户模型需要包含如下几个方面的内容：

- 用户执行的关键业务。
- 每个关键业务的并发用户量。
- 一段时间内交易量较大的交易或关键交易。
- 交易量。

3. 测试环境准备。

原则上，测试环境需要尽可能地和真实运行环境一致，甚至是完全相同。因为没有好的计算模型推测从某一环境到另外一个不同的环境之后，业务性能表现会怎样变化。所以在准备测试环境的时候，尽可能地要求项目组提供和真实运行环境一致的测试环境。如果相差太远，需要和项目组说明这样测试出来的结果只能作为部分参考而不能认为测试结果——即将来实际的性能表现。测试环境分为硬件环境及软件环境两部分。

（1）硬件环境一般要求。

根据测试目标的不同，对硬件环境的要求也不一样。如果是性能评估类目标，则要求测试环境与系统上线环境一致或相当，这样得到的测试结果才具备足够的参考价值。如果是非性能评估类目的，则对环境要求不是很苛刻，可以使用较低配置的机器和使用较小的并发量进行反复测试验证调优结果即可，技术验证类目的测试也可以使用较低配置机器验证几种不同的技术实现手段在同样的硬件环境下的并发性能。另外测试环境也应该部署到一个相对独立的网络环境当中，以避免受到外界的干扰，或是性能测试过程中由于大量的网络流量干扰其他系统的正常运行。

（2）软件环境一般要求。

进行性能测试的软件环境需要与其他系统尽量隔离，因为在进行性能测试的过程中会产生很多垃圾数据，被测试系统的软件环境与其他系统有所重合，一是可能会受到外界干扰影响测试结果的真实性，二是性能测试过程中产生的大量数据可能会影响其他系统的正常执行。另外，被测系统的软件版本需要保持稳定，并且经过功能测试，保证测试过程不会出现受到非性能问题影响的问题。

4. 测试脚本准备。

测试脚本准备工作过程中需要相应的业务和开发人员配合。首先业务人员指导业务的操作过程。开发人员确认需要参数化和关联的数据。而测试脚本的开发人员需要首先对业务进行了解。对业务理解的深刻程度会直接影响测试脚本模拟真实业务人员操作的真实程度。有时候会发生这样的情况：测试脚本可以在系统中正常运行，但是将来执行并发测试之后，模拟出来的效果和实际的情况相差很远。这种情况的发生就是因为脚本开发人员对业务不理解，最终导致脚本没有能正确模拟实际情况下大量用户并发访问系统的场景。所以，脚本开发人员应该首先尽可能深刻地理解需要测试的业务。

另外，脚本中遇到的问题需要作相应的记录，作为经验积累。

5. 测试数据准备。

测试数据的准备在整个性能测试过程中也是一个非常重要的环节。错误的测试数据会直接导致错误的测试结果。测试数据的准备根据业务有不同的准备方法。但是基本的方法有两种：

（1）制造虚假数据。

对于某些类似于开户的业务来说，可能很容易制造大量虚假的数据作为测试数据。另外对于某些类似于交费之类的业务来说，需要数据库中事先存在用户的信息。所以需要事先使用相应的工具往数据库中灌入相应的虚假数据。使用这种方法准备数据需要对业务和每个业务所涉及的数据操作很清楚，才能制造大量的供测试用的虚假数据。使用这种方法准备数据的优点是数据回退容易和快速。

（2）从数据库中抽取合适的数据作为测试数据。

如果有实际上线情况下的历史数据库，可以直接从数据库中把业务中需要的数据导出使用。但是使用这种方法准备数据会受到数据库的限制，有可能某些数据量不足，或者数据回退不方便。

测试数据需要和相应业务人员和开发人员沟通，保证数据的有效性。其间遇到的问题需要作相应的记录。准备数据的同时需要考虑数据回退问题。因为原则上性能每轮进行完了之后需要对数据库进行恢复操作，从而保证每次测试的基准一致。

6. 测试环境确认。

逐一确认测试环境的软硬件配置。

7. 测试执行。

根据性能测试模型设计测试场景，和相应 Monitor，搜集测试数据。其间可能会涉及系统调优的过程，注意记录调整过程。特需要注意 Parameter 取值规则和 Runtime-Setting。在大部分性能测试项目中，服务器的资源利用率是设置 Monitor 的重点，对于 Unix 类型服务器资源的监控，需要确认被监控的服务器上运行有 rstatd 进程，如果默认情况下该进程没有启动，则需要手工启动，一般 rstatd 可执行文件都会放在/usr/lib/netsrv/rstat 目录下，但不同的 Unix 可能会有所不同，可以使用 find/-name * rstatd * 命令查找可执行文件 rpc. rstatd 或者 rstatd（不同的 Unix 启动方式可能也不一致，对于HP-UX 和 Solaris 只需要直接启动此进程即可，而 AIX 必须使用 INETD 启动此进程，因此需要和主机维护人员沟通）。

对于 Windows 平台服务器的监控则需要确认被监控服务器上的远程注册表访问服务处于启动状态。对于应用服务器的监控，可以使用 Diagnostic for J2EE/. Net 或者第三方的监控工具（如 PerformanceSure for J2EE 等）。而对于数据库的监控：如 Oracle 的监控，LoadRunner 中自带的 Monitor 功能不是很强大，如果想获得更详细的数据库报告，需要如 Precise（VeritasI3）等第三方的监控工具在测试的同时对数据库进行监控。对于大多数第三方提供的数据库或中间件（如 Weblogic、Tuxedo、Websphere 等）的监控，建议使用第三方的监控工具对其进行监控。对于大部分性能测试项目来说，都是采用背对背的测试方式。所以对于网络延迟的监控并不多。但某些特殊情况下也需要设置网络延迟监视器。设置网络监视器的时候需要注意的是：源机器需要运行 LoadRunner Agent，目的机器不能有 LoadRunner Agent 运行。网络延迟监视器可以使用 TCP、UDP、ICMP 三种协议对网络进行监视。可以根据应用的情况选择合适的协议与端口进行监控。

8. 测试报告准备。

分析测试结果数据，编写性能测试报告。测试报告重点是对测试结果的分析。例如测试到的业务响应时间是否满足预期要求，服务器资源使用率是否在预期范围内？对于发现并发问题的业务，需要分析是由于何种原因造成了并发问题，为系统调整提供合理依据。

【同业实例 7-1-2】

某公司可提供满足各种压力测试需求的硬件环境，云端压力测试机可按时预约，资源可按项目级别进行设置，使用者按账户和权限进行访问。其性能测试流程如下：

1. 设计阶段。

（1）充分理解应用业务背景和系统架构。

（2）定义测试目的和类型、测试负载和场景。对于新应用，一般进行负载、容量和寿命测试。对于原有应用，一般进行基准测试。对于高可应用性应用，一般进行压力和故障转移测试。如有要求，还可以进行可扩展性测试。

（3）选择测试范围和案例、定义性能目标。

（4）为测试环境进行容量规划、分解数据流。

（5）定义性能测试监控器。

2. 脚本制造阶段。

（1）根据设计阶段的测试策略和测试场景，设计和验证测试案例，并创建相应的测试脚本，测试脚本尽量做到参数化。

（2）根据测试策略搭建性能测试环境和监控器。

（3）在测试环境进行脚本和场景的试运行。

3. 执行和监控阶段。

（1）执行测试脚本。

（2）对被测系统进行监控。

4. 分析和报告阶段。

（1）分析测试结果，整理出性能相关的缺陷。

（2）创建性能测试报告。

5. 优化和重测阶段。

（1）在开发和 DBA 的支持下，根据分析报告诊断并定位性能测试瓶颈。

（2）为开发和 DBA 提供优化建议。

（3）在被测系统优化后，重新进行测试，前提是测试环境需要稳定，同第一次测试的环境保持一致。

【同业实例 7－1－3】

某公司性能测试的具体实践。

1. 核心性能测试流程和要点。

（1）定义测试环境。

（2）定义性能接受标准。

（3）计划和设计测试场景。

（4）配置测试环境。

（5）设计测试案例和准备测试脚本。

（6）执行测试。

（7）分析测试结果和创建测试报告。

（8）重新测试。

2. 性能测试阶段。

（1）发现阶段。

定义性能测试策略和流程。

- 规划测试环境。
- 分析业务交易量。
- 分析数据关系。
- 确定监控工具。

（2）开发阶段。

- 开发测试脚本。
- 准备测试数据。
- 配置硬件监控工具。
- 定义测试计划。

（3）执行阶段。

- 执行性能测试。
- 监控硬件。

(4) 分析阶段。

- 分析测试结果。
- 发布测试结果。

另外，在规划和设计时需着重考虑以下内容:

(1) 性能测试需要解决的问题。

- 如何确保应用程序将支持预期的用户负载?
- 如何避免在实际负载条件下会出现的问题?
- 如何确定响应时间?
- 如何规划服务器的容量?

(2) 制订性能测试计划需要了解的问题。

- 结果的可重复性需要有多高?
- 测试需要运行和重新运行几次?
- 您处于开发周期的哪个阶段?
- 您的业务需求是什么?
- 您的用户需求是什么?
- 您希望生产环境中的系统在维护停机时间中可以持续多久?
- 在一个正常的业务日，预期的用户负载是多少?

第二节　怎样开展性能测试设计

性能测试设计是性能测试过程中的一个非常重要的环节。性能测试设计的好坏直接关系到性能测试的充分性和测试结果的有效性。性能测试设计主要包括分析性能需求、设计测试场景制订、制订性能测试计划。

一、性能测试需求分析

性能测试需求分析的正确性是整个性能测试工作的基本前提。若不能保证性能测试需求分析的正确性，即使使用正确的测试工具，确保性能测试顺利执行，也无法达到预期的测试效果。

需求分析的关键是要明确性能需求。性能需求主要来自软件需求说明书，规范的需求规格说明书中都会给出软件性能相关的描述，例如“要求……操作相应时间在……以内”“要求系统连续……无故障运行”“要求……交易成功率达到……以上”等。其次是来自开发和设计的相关文档，包括系统架构设计文档、用户手册等，从这些文档中提取有关性能需求的描述，然后对这些需求进行分析。

(一) 业务场景分析

进行需求分析，首先要对业务场景进行分析，场景分析结果影响着后序的性能测试场景的设计。业务场景分析的正确性反映在两个方面，即业务选择的正确性和业务占比的正确性。

一是业务选择。一般一个系统可能支持几百个业务活动（也叫交易），但性能测试不可能也不需要覆盖系统所有的业务，只需要选择典型业务。用户验收阶段的性能测试，典型业务的选择会从几个方面考虑：发生频率高，交易量占比大的；关键程度很高的；业务复杂而资源占用非常严重的。性能测试关心的就是这些占了80%以上业务量的少量典型业务。

二是业务占比，将多个业务放在同一场景中执行，如何确定各业务的占比是个关键问题。

针对被测系统不同的背景，可以通过用户现场调查和历史数据分析两种方法进行业务调研。

1. 用户现场调查：通过对使用系统的用户进行调研，搞清楚他们的群体数量，操作行为周期。这类方法适用于目标用户群体固定且被测系统还未投产的情况。有时业务部门可以代表用户进行调研。

2. 历史数据分析：如果用户调查比较困难时，需要与业务部门进行协调，由他们协助测试需求调研人员提取系统中的历史交易数据进行分析，作为用户调研的补充。系统日志更能反映真实的业务场景。对于已上线运营的升级改造类系统，这些数据可从老系统中获得；对于新开发的系统，数据可以从业务上有关联的其他系统中获得。在数据选择上应选取相对长时期的数据，比如半年，有条件的选取一年数据。

（二）性能测试指标制定

与项目管理中的SMART原则类似，业务场景需转换成可量化、可衡量的测试目标才能进行性能测试，而测试目标的达成必须明确性能测试指标，特别是关键的性能指标。性能测试指标可以直接来自客户，也可以从需求设计文档中获取，或者是需求分析人员通过数据分析得到的。如何制定合理的性能测试指标在下一章节中会详细介绍。

二、设计性能测试场景

性能测试的场景就等同于功能测试中的测试案例，是为了实现特定的测试目标而对系统执行的测试活动。性能测试场景包含诸多要素，必备的有测试模型、被测交易或使用的脚本、并发用户数量或并发线程数量、加压策略、运行时间、延时方式、用户终止方式、各种资源的监控方式等。

在性能需求分析的过程中，我们明确了测试目的，并制定合理的性能指标作为测试目标是否达成的依据。业务场景的分析能够进一步确定测试范围和测试方法的选择。

下面以某运营系统为例，分析设计测试场景的过程。该新系统采用全新的结构替换原有系统，并在业务上支持原有系统的全部业务。假设系统运行时间是从早上9：00点到下午5：00点，共计八个小时，生产环境已有最近半年的历史交易数据。依据性能测试需求，需要分析各类业务交易占比、系统处理能力TPS、并发用户数，设计不同的性能测试类型和场景，包括基准测试、负载测试、压力测试、容量测试、稳定性测试等。

（一）分析业务模型

了解系统历史运行情况，确定典型交易和配比比例。搜集生产系统最近半年每天的历史交易数据（不包括子交易），按月分别整理。统计每个月各交易笔数，并计算出各交易的每月占比。分析每个月交易占比是否一致。

如果每个月的交易占比基本一致，选取月交易笔数最大的一个月进行分析，统计出交易高峰日，并分析高峰日数据，统计出高峰交易时段交易占比，再选取占联机业务90%的典型数据。

如果每个月的交易占比不一致，选取2—3个月进行分析，按前面分析单月交易高峰日数据的方法，分别整理出这2—3个月的各自高峰日的统计结果进行分析（见表7－2－1）。

表7－2－1　　高峰日交易数据

业务名称	高峰日业务量（笔）	业务重要性	业务频率	业务复杂性
业务1	87059	高	高	中
业务2	2670	高	低	低
业务3	34566	高	高	中
业务4	714	低	低	高
业务5	157895	中	高	低
业务6	10699	高	中	高
业务7	8901	高	中	高
总计	302504			

分析高峰日数据，统计出高峰日交易占比，计算各业务占比（业务占比＝业务量/业务量总和），按业务占比的多少排序。

通过对比筛掉业务量占比低的业务，选取占联机业务90%以上的典型数据进行分析（见表7－2－2）。

表7－2－2　　典型业务及其占比

业务名称	高峰日业务量（笔）	业务占比（%）
业务5	157895	52.79
业务1	87059	29.11
业务3	34566	11.56
业务6	10699	3.58
业务7	8901	2.98
总计	299120	100

根据二八原则（80%的工作在20%的时间内完成）计算高峰日高峰时段每秒交易数（TPS）。计算公式为：TPS（每秒处理业务数）=（高峰日业务量×80%）/（8×3600×20%）（见表7-2-3）。

表7-2-3 **TPS值**

业务名称	高峰日业务量（笔）	高峰时段TPS
业务5	157895	21.93
业务1	87059	12.09
业务3	34566	4.80
业务6	10699	1.49
业务7	8901	1.24
总计	299120	41.55

（二）估算并发用户数

测试环境并发数估算的价值在于评估其购买的性能测试软件许可能否支持本次性能测试。系统性能则主要考量服务器CPU、I/O、内存等资源消耗情况，以及系统单位时间内的交易事务处理能力，即吞吐量。有以下2种常用的并发数估算方法。

1. 根据TPS估算并发数

并发数（Vu）=TPS×业务完成时间

例如根据上例统计出的TPS计算结果如下（见表7-2-4）。

表7-2-4

业务名称	高峰日业务量（笔）	高峰时段TPS	预期业务完成时间（秒/笔）	并发数（Vu）
业务5	157895	21.93	3	66
业务1	87059	12.09	5	60
业务3	34566	4.80	3	14
业务6	10699	1.49	10	15
业务7	8901	1.24	15	19
总计	299120	—	—	174

2. 根据实际业务量情况来估算并发数

业务并发数（Vu）=业务量（C）×单笔交易平均完成时间（T）/交易时间（H）

例如，生产环境共有3000个网点，每个网点配备20个终端，所有终端每天保持与主机平台的通信，收集8小时内业务的总处理笔数为299120笔，单笔交易平均完成时间约为7秒，计算虚拟用户数Vu如下（见表7-2-5）。

表7-2-5

单笔交易平均完成时间（T）	交易时间（H）	业务量（C）	并发数（Vu）
7秒	28800秒	299120笔	73

并发数（Vu）=业务量（C）×单笔交易平均完成时间（T）/交易时间（H）= 299120×7/28800=73

（三）设计测试场景

针对场景类型，设定不同的并发数来配置性能测试场景，场景运行时间可根据实际业务交易时间变动。

例如：当 Vu=174 时，设计下面的场景验证系统的性能指标，包括交易平均响应时间、最大并发数、交易成功率、CPU 利用率，有无出现异常等（见表 7-2-6）。

表 7-2-6

场景名称	场景类型	业务交易	运行时间	并发数	目的
场景 1	基准测试	业务 1	5 分钟	1	验证单一交易的性能
场景 2	单业务负载测试	业务 1	10 分钟	Vu * 29.11%	验证单一交易并发时的性能
场景 3	容量测试	业务 1 29.11% 业务 3 31.89% 业务 5 40%	1 小时	Vu *（1±20%）	模拟多交易并发，验证系统性能最优的拐点
场景 4	峰值能力测试	业务 1 29.11% 业务 3 31.89% 业务 5 40%	20 分钟	Vu *（1—3）	模拟多交易峰值并发下，系统能承受极限值
场景 5	稳定性测试	业务 1 29.11% 业务 3 31.89% 业务 5 40%	12 小时	Vu *（30%—50%）	模拟常规压力下，长时间对系统施压，考察系统性能是否稳定

三、制订性能测试计划

通过性能需求分析我们了解了测试目的和性能指标，接下来需要制订一份详细的测试计划来规划和指导测试工作的进行。

测试计划文档主要包含以下几部分内容。

（一）计划概要

概要部分主要阐述此次性能测试的目的，以及测试覆盖的范围，本计划中用的专业术语定义等。

（二）测试准备

1. 测试内容

说明本次性能测试的被测对象，测试类型或方法，性能测试指标等。被测对象是在进行性能测试需求分析后选取的典型业务和一些特殊业务。举例来说，登录是用户进行系统操作的前提，用户不能登录其他功能就毫无用处；查询交易通常比较消耗系统和数据库资源；转账等交易过程对于性能要求很高，包括交易速度和交易成功率，不然造成的损失是不可估量的。对于这些最基本也是用户频繁使用的功能通常都需要进行性能测试。

2. 测试数据

需要准备的性能测试的数据对象和数据量。大多数的性能测试需要准备测试数据，比如对系统进行查询测试，只有在系统有一定数据量时，才能验证出系统的真实性能。一个数据库中有三条数据和三万条数据，执行同一条查询操作，对系统造成的压力是完全不一样的。性能测试所需的数据分析可以参考以下方式：

一是如果是已上线系统，可以根据系统的历史数据进行分析，找出高峰期数据量。二是可以从相似系统的数据分析入手。三是无历史数据或者相似系统数据，可以对被测系统进行估算其并发数，高峰期数据量等，再进行评审修正数据。

测试数据最好和真实数据相同，对于已上线系统，可以获得真实运行时产生的数据，在此基础上进行性能测试。为提高数据生成的效率，可以用自动化脚本执行交易业务生成数据，也可以借助一下工具。

3. 测试环境

测试环境主要指的是被测系统的软硬件和网络环境，包括服务器数量和配置、操作系统和数据库版本、其他软硬件部署等。如何搭建性能测试环境会在下一段落具体介绍。

4. 测试工具

测试工具的选择对性能测试是否成功至关重要。除了考虑功能以外，还应该考虑工具的成本等。如果选择的性能测试工具不够强大的话，还需要其他的辅助工具。关于工具的选择，后面会有单独一章节介绍，这里不再赘述。

5. 测试策略

测试策略主要指测试场景选择和测试执行策略。测试场景的设计和选择在前面一章已经讲过，测试计划中需要描述选定的测试场景。测试执行策略一般指按时间顺利规划各类型测试，如基准测试、常规压力测试、峰值压力测试、稳定性测试等。

6. 测试人员和时间安排

根据整个测试项目的规模和进度要求，定义参与性能测试的人员角色、数量和职能，并定义性能测试的项目里程碑。对于大型项目的性能测试，前期的需求分析，测试环境部署，测试数据构建，测试工具的选购，测试人员的培训，到测试脚本的开发，测试执行，以及后期的性能测试结果分析调优，性能测试报告生产，都需要合理安排进度。

7. 测试准出标准

测试结束标准一般依据以下原则：

所有计划的测试已经完成。

所有计划收集的数据已经获得。

所有发现的性能瓶颈问题已改善并达到要求。

8. 风险分析

列出测试过程中存在的风险以及风险的缓解或应对措施。

【同业实例 7 -2 -1】

某银行内部制定了一套应用系统非功能需求编制标准，其中也专门定义了性能效率方面需求的制定标准。该标准不但规范了银行应用系统的非功能需求可以从哪几方面编制，还制定了各类非功能需求的具体表述规范。遵从该标准，应用系统的需求编制方可以较为清晰、详细地定义应用系统的非功能类需求。

该银行的“应用系统非功能需求：性能效率部分”对于应用系统的性能需求编制定义了三种类别：时间行为类、资源利用类、容量类。分别定义如下。

1. 时间行为类：指应用系统在执行其功能时的响应与处理时间和吞吐率符合需求的程度。标准定义了联机响应时间、批量响应时间、报表加工时间和跨库数据同步时间四个子类型的性能需求定义标准。

2. 资源利用类：指应用系统在执行其功能时所使用资源的数量和类型符合需求的程度。标准定义了主机相关资源、资源控制、资源使用、负荷分配和数据库使用五个子类型的性能需求定义标准。

3. 容量类：指应用系统参数的最大极限符合需求的程度。标准定义了用户数量、交易量、事务规模、系统资源、数据存储、网络资源和发展预期七个子类型的性能需求定义标准。

第三节　怎样建立和设定性能指标

一、什么是合理的性能指标

在前面我们提到，分析性能需求需要调研了解业务经营对系统性能的要求，即性能指标。有些系统在其需求规格说明书中根本没有提及性能方面的需求，导致性能测试中没有测试结束的出口标准，无法判断测试的结果是否合理；有时由于业务人员经验不足导致需求中的性能指标设置不合理，使得性能测试的指标变得不可测试，或者测试结果无法为后续配置提供依据。

要想做好性能测试，我们首先需要探讨什么是合理的性能需求，再研究怎样确立合理的性能指标。合理的性能指标需要具备以下几个基本特征。

（一）需求性

性能指标应该来源于需求。性能测试的主要目的是验证系统的性能是否满足需求，因此需求人员需要在形成需求时明确性能目标、评价标准和结束标准。测试人员通过测试手段验证系统是否满足这些需求。

（二）代表性

设定的性能指标应该具有一定的代表性，能够真实衡量系统的性能需求。因此，指标设计者要完全从用户的角度出发，分析系统使用者可能的使用行为和要求，概括为性能指标项，结合标准规范、系统使用要求、同行业的系统性能、预计用户的容忍程度等，设定合理的性能指标值。

（三）可测性

性能指标需求必须可被验证，通过一定的测试手段可以验证系统是否达到了性能需求，避免出现无法模拟的性能测试场景，从而无法达到既定的性能测试目标。

（四）完整性

性能指标需求必须足够全面，一般能够包括系统的服务提供能力、服务提供的质量和系统的软硬件配置条件等。系统的服务提供能力包括系统容量、单位时间内处理的请求数和同时在线的用户数等指标；服务提供质量通常包含响应时间、业务成功率和响应延时等指标；不同的软硬件配置会影响服务提供能力和服务提供质量，因此我们在指定系统性能指标值的同时要明确相应的软硬件配置条件。

二、哪些是性能测试的关键指标

一般情况下，性能测试指标主要分为资源指标和系统指标，资源指标与硬件资源消耗直接相关，系统指标则与用户场景及需求直接相关。这些指标是性能测试结果分析和判断的依据（见图 7－3－1）。

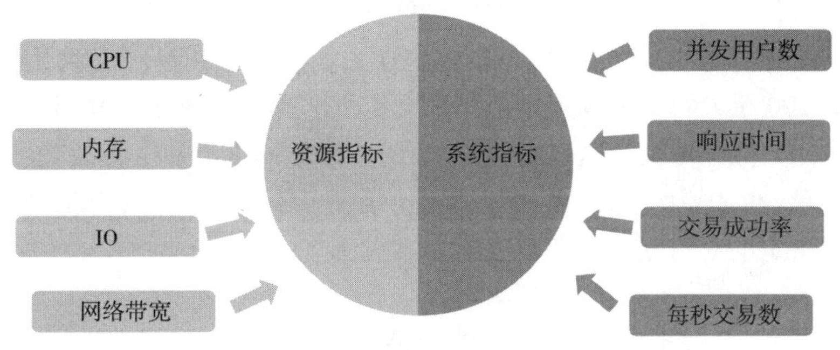

图 7－3－1 性能测试关键指标

接下来分别介绍一些关键的性能指标。

（一）资源指标

定义系统负载情况下，系统关键硬件资源的阈值。

CPU 利用率：不同负载情况下各应用服务器、数据库服务器等主机的 CPU 上限。考虑系统稳定性和安全性，一般可接受上限为 80%。

内存利用率：（1－空闲内存/总内存大小）×100%。一般至少有 10% 可用内存，内存使用率可接受上限是 85%。

其余还包含存储占用率，存储设备的 I/O 吞吐率，网路带宽（见表 7－3－1）。

表 7－3－1

资源指标项	指标值
CPU 限制	% user + % sys 不高于 80%
内存限制	不高于 80%
磁盘 I/O 限制	不高于 40%

（二）系统指标

系统指标可以从两个角度考虑：前端角度和后端角度。

1. 前端角度

响应时间：指用户从客户端发起一个请求开始，到客户端接收到从服务器端返回的响应结束，整个过程所耗费的时间。在性能测试中，一般以性能测试压力机发出请求至服务器返回响应的时间为计量，单位一般为秒或毫秒。响应时间业界普遍采用的评价标准是 2/5/8。即 2 秒内优秀，5 秒内良好，8 秒内可接受。实际上，并不仅限于这个标准，如上传、下载等操作，如果文件本身比较大，响应时间比较长。应以用户的实际需求为准则来判断响应时间。平均响应时间是指系统稳定运行时间段内，同一交易的平均响应时间。一般而言，交易响应时间均指平均响应时间。

最大并发用户数：最大并发数是指从业务角度来讲，体现的是业务并发用户数，指在同一时段内访问系统进行业务操作可支持的最大用户数量。

在实际的性能测试中，经常接触到“在线用户数”“系统用户数”和“业务并发用户数”的概念，下面引用一个例子来说明几个概念之间的区别。某一系统有 3000 个使用用户，也就是说可能使用该系统的用户总数是 3000，这就是“系统用户数”。3000 个用户分布在全球各地。最高峰时，只有 1000 人在线，这就是“在线用户数”。在某一时间段，有 100 个人对典型场景集中操作交易，这就是“业务并发用户数”。根据我们对业务并发用户数的定义，这 1000 就是系统使用时的最大业务并发数。但这并不代表服务端实际承受的压力。比如在这 1000 个用户中，同一时间点，其实只有 10% 的用户操作真正对特定的一组服务器产生了压力（见图 7－3－2）。

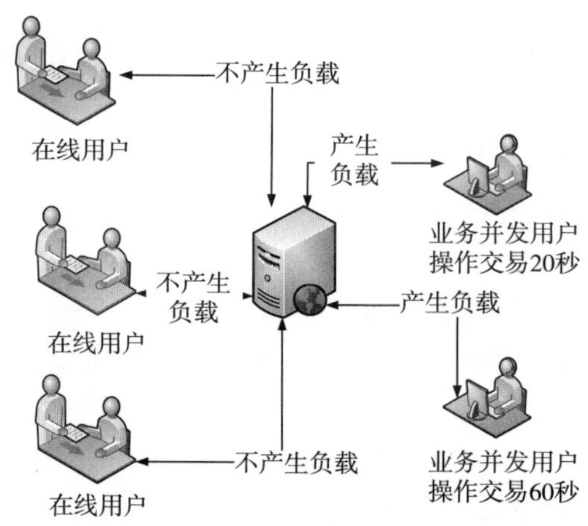

图 7－3－2　最大并发用户数示例

并发用户数量的统计方法并没有准确的公式，因为不同系统会有不同的并发特点。一般根据 80/20 法则，并发用户数量的经验公式：使用系统的用户数量 ×（5% - 20%）。

（2）后端角度

交易成功率：交易成功率指系统在负载情况下，成功交易的概率。成功率 =（成功交易数/交易总数）×100%。不同应用程序对成功率的要求不同，对于金融、银行、证券等系统交易的可靠性、连续性和交易成功率要求较高，应该达到 98% 以上，部分功能甚至要求达到 100%。

系统事务处理能力：系统事务处理能力是指系统在利用系统硬件平台和软件平台进行信息处理的能力。一般用 TPS 来衡量系统事务处理能力。TPS（Transaction per Second），即系统每秒处理事务数，单位是笔/秒。

系统处理能力通过系统每秒钟能够处理的交易数量来评价，交易是从业务人员角度理解的一笔业务过程。交易指标都可以评价应用系统的处理能力。一般建议与系统交易日志保持一致，以便于统计业务量或者交易量。系统处理能力指标是性能测试中必需的指标。在衡量系统处理能力指标 TPS 时，需要说明相关的前提条件，如并发量以及存储上限、网络带宽等系统资源限制情况。

吞吐量：LoadRunner 中吞吐量是每秒收到的字节数计算，单位为 Byte/S。其实 TPS 也是吞吐量的一种。

还有一个系统扩展指标，指的是应用软件或操作系统以集群方式部署，增加的硬件资源与获得的处理能力之间的关系。计算公式为：（增加性能/原始性能）/（增加资源/原始资源）×100%。扩展能力应通过多轮测试获得扩展指标的变化趋势。一般扩展能力好的系统，扩展指标应是线性或接近线性的，且扩展能力应该在 70% 以上。

三、如何确定合理的性能指标需求

以下列举获取性能测试指标常用方法：

一是需求和设计相关文档。这是性能测试中性能指标描述的主要来源，需求规格说明书、设计文档都可能涉及性能测试的明确要求，如业务响应时间不能超过多少，业务成功率不低于多少等。如果需求规格中的性能指标不明确，则首先经过与业务人员交流分析，得到初步的性能测试指标。

二是历史数据。如果业务属于已运营业务，可通过日常营运收集数据，如每年、每月、每日的峰值业务量是多少，高峰时段哪些业务模块使用得最多、交易比例如何等。根据收集到的数据进行分析，得到系统的性能需求指标。

三是相似项目。如果是新开发系统，可以参考同行类似业务，从其他系统中获取数据进行分析。

四是业界公认标准。如响应时间有所谓的 2/5/8 原则，定义性能指标值时可以参考业界公认标准。

五是用户使用模型。性能测试需要通过一系列场景的执行来完成，分析用户使用模型也是获取性能需求的有效手段。考虑用户使用系统的哪些典型业务，在什么时间段和用户数量的估计值。因此需要和业务部门或用户进行沟通，最好实地观察用户的使用情况，建立合理的用户业务模型进行分析。

上面介绍的方法并非相互独立的，可综合起来使用。前端的性能测试指标的定义，如并发用户数，可以通过用户使用模型的调研和历史数据的分析得到。而后端的性能测试目标，如 TPS，则可以通过历史交易数据统计，利用二八原则计算得出。长远来讲，性能测试组织应该建立自己的性能测试指标体系，不断累积性能测试经验和性能测试指标值数据，持续补充、改进。

四、性能指标的运用原则

性能指标运用原则如下：

一是指标的选择取决于被测系统、测试目的和测试需求。被测系统类型丰富多样，被测系统类型不同，测试目的不同，测试需求不同，选取的指标也不同。

二是测试需求中，应对相关指标进行定义，明确描述性能指标的数值范围。

三是对于新上线系统，测试结果只有合格或不合格。所有关键指标达到要求为合格，任何一项不达到要求即为不合格。

四是衡量性能指标时，需说明相关的前提条件。例如，多少的并发用户、基础数据量、服务器数量以及配置和系统资源比例情况等。

【同业实例 7 –3 –1】

某银行系统性能测试指标定义如表 7 –3 –2 所示。

表 7 –3 –2

业务指标	指标描述
响应时间	用户操作时系统的响应时间
并发数量	同时访问系统的最大并发用户数量
访问高峰数量	同时访问系统的用户数量
业务量均值	非实时批量数据量
业务量峰值	非实时批量数据量
访问高峰时间	访问系统频率最高的时间段

【同业实例 7 –3 –2】

某银行某管理平台性能要求如下：

1. 用户并发数。

该平台要求系统支持最大 3000 个用户数的业务请求，最大用户并发数为 500 个。

（如果在某个时间点内，共有1000个用户同时在线，用户进行各种操作，而某个时间点上可能存在10个用户同时进行了一个或多个操作，导致服务器同时接收到10个交易请求，这10个用户就是并发用户。）

2. 事务响应时间。

事务响应时间是判断是否存在瓶颈的最直观指标。响应时间包括网络传输时间、Web服务器处理时间、应用服务器和数据库服务器的处理时间。平台采用读写分离模式进行数据存储和读取，并引入高速传输解决方案，支持同时进行大数据量的测试案例集导入和测试执行数据同步更新。同时，平台通过采用案例搜索引擎SOLR、QC目录快速检索算法和基于Key-value分布式存储模式的Redis存储系统，提升大数据量下的案例库检索速度，使得用户查询操作在3秒内完成，平台执行10000条测试案例导入时间少于1小时，同步一个投产周期完整的测试执行数据时间少于15分钟。

3. 系统吞吐量。

系统吞吐量是单位时间内人处理的客户端请求数量，通常情况下，吞吐量用每秒请求数或页面数来衡量，平台用户数较多，其系统的吞吐量不能低于200万人次访问量。

4. 服务器资源利用率。

平台采用了负载均衡和集群技术，使得服务器CPU利用率在业务高峰期时，峰值利用率低于80%，内存利用率低于60%，避免系统资源占用过高导致宕机。

【同业实例7-3-3】

某公司在性能测试关注的通用指标如下：

（1）B/S架构。

- Avg Rps：平均每秒钟响应次数 = 总请求时间/秒数；
- Successful Rounds：成功的请求；
- Failed Rounds：失败的请求；
- Successful Hits：成功的点击次数；
- Failed Hits：失败的点击次数；
- Hits Per Second：每秒点击次数；
- Successful Hits Per Second：每秒成功的点击次数；
- Failed Hits Per Second：每秒失败的点击次数；
- Attempted Connections：尝试链接数。

（2）C/S架构。

- OS：CPU平均利用率、内存平均占用率、硬盘占用率、I/O数量、网络时延；
- DB：I/Owait、Mem平均使用率、CPU平均使用率、在一次I/O操作中所读的最大BLOCKS数、Log的增长情况、数据库的访问速度、数据库能支持的最大用户数、数据库 CACHE 命中率、不同数据库参数下的性能情况、锁的处理；

- APP：交易的平均响应时间（从接收请求到回复响应的时间）、每秒交易数量（单位时间里的执行次数）、对中间件功能的调用、远程处理延迟。

第四节　怎样实施性能测试

测试场景设计完成，又有了详细的性能测试计划，就可以据此实施性能测试了。实施过程不仅包括执行测试场景，还包括前期的准备工作。比如搭建测试环境、准备测试脚本、布置测试场景、执行测试等。

一、搭建性能测试环境

测试环境的差异会直接影响测试结果，性能测试更是如此，因此性能测试环境的准备就显得特别重要。

（一）测试环境应该尽可能模拟系统投产后运行的真实环境

银行实际测试普遍是通过模拟生产环境的软硬件配置搭建一个性能测试环境。为保证性能测试与真实生产环境的一致性，准备性能测试环境应注意以下方面：

1. 硬件环境。首先是服务器环境要与真实应用环境保持一致。如服务器的型号，是否在集群环境下，使用的交换机型号等。其次是客户端和网络环境。

2. 软件环境。首先是版本的一致性，包括操作系统、数据库、中间件的版本，被测系统的版本。另外也要关注系统参数配置是否一致。

（二）测试环境的独立性

性能测试要求系统的环境是干净的、独立的。功能测试环境为了节省资源可以在一台服务器上运行多个系统，通过技术手段使系统之间不会相互影响。但性能测试对系统的环境要求是独立的。因为性能测试需要对整个系统运行的软硬件环境进行测试，如果某环境下运行多个系统，就很难判断其中的某个环境对资源的占用情况。

（三）测试环境的可维护性

测试执行过程中测试环境经常变化，比如测试版本升级。需要随时跟踪和改进，维护好测试环境配置和更新记录等，使之可控。在测试执行之前可以对测试环境进行备份，方便在测试环境遭到破坏或者下轮测试时快速复原。

测试的软硬件环境搭建好以后，还需要准备测试数据。准备的测试数据可以通过手工或者自动化的方式自己构建，也可以从已有系统中选择再导入测试系统的数据库。准备好测试数据以后，应及时备份数据库。

二、准备测试工具和脚本

测试环境搭建后，要进行测试工具的准备，包括安装、学习和调试。通常，商用的测试工具需要进行脚本的录制和修改，以及场景的设定工作。测试脚本可以通过测试工具来准备，也可以自己编写。测试脚本录制或者编写完成以后，必须在测试执行之前进行调试，验证其脚本的有效性。有时根据调试结果可能需要再编辑。脚本调试的方法如下：

首先进行单脚本单用户验证，验证每个脚本运行与实际功能操作是否相符。如果有新增功能的脚本，既要保证脚本可以成功运行，还要保证数据库中有相应的新增数据。

其次进行单脚本多用户验证，验证每个测试脚本的数据池是否有效。

最后进行多脚本多用户验证，验证测试脚本是否可以并发运行。

三、设置测试场景和执行测试

首先根据制定的测试场景在测试工具中进行设置，包括测试脚本、对应的虚拟用户数、对应的运行参数、虚拟用户增长方式、测试循环方式、需要监视的性能计数器等。

测试场景设置完毕，就可以开始执行测试。在测试执行过程中，测试人员要监视测试运行情况，如有过多错误，应及时停止运行，查找错误原因。如果是因为外界干扰、参数设置或者脚本问题，则需要进行相应调整再重新运行。如果不是，则需要记录和保存测试结果，以便分析原因。当执行完所有测试场景后，及时汇总测试结果，为下一步测试结果分析做准备。

在性能测试实施过程中，可以按照由浅入深的层次对系统进行测试，进而减少不必要的工作量，以实现节约测试成本的目的。根据性能测试的场景设计，一般应用系统的性能测试顺序为基准测试、单业务负载测试、混合业务负载测试、容量测试、极限压力测试、稳定性测试等。

利用测试工具执行完脚本以后，要收集脚本执行过程中产生的日志、指标值分析测试结果。由于分析和调优需要根据具体问题进行具体分析，在实际工作中可从产生性能瓶颈的各个方面，结合性能指标，层层检测、步步排查，性能问题就无处藏身，一旦找到出现问题的原因，性能问题也就迎刃而解。

【同业实例 7－4－1】

某公司在建设性能测试流程和规范中，按照性能需求调研、测试场景设计、验证测试环境、开发和部署测试场景、执行性能测试、分析性能测试结果、测试准出检查和性能测试报告进行。其中使用的模板如下：

1. 需求调研。

（1）需要调研被测系统在生产环境的技术及物理架构、主机存储信息、应用估算、安全信息和其他需求说明。

（2）调研被测系统的性能目标值，按业务分别统计其系统交易处理能力、交易平均响应时间、交易成功率和服务器CPU资源利用率。

(3) 描述各业务种类业务复杂性、相关性等信息，以及未来的增长趋势。

(4) 描述使用系统的各种类型用户。

2. 场景设计。

场景设计模板如表7-4-1所示。

表7-4-1

场景	描述	业务流	测试功能点	数据准备类型	数据量	并发比例	建议数据准备方案
日常工作场景	按日常工作中功能使用频率及业务重点来设计，系统运行大部分时间所处的场景，在一定并发量的基础上，所得结果最直接地反映日常系统的平均响应时间，适用于基准测试/负载测试/容量测试/峰值能力测试/稳定性测试	登录（首页）	登录	账号	240	1%	DB
		登出	登出	账号	240	1%	DB
		生成流量记录	来展厅+来电话	新建数据（LR）	N/A	17%	LoadRunner
		补充流量记录	查询+补充（留客户信息+生成意向及跟进计划）	流量	144000	17%	DB
		记录跟进结果 自动生成下次跟进计划	查询+记录跟进结果	意向	48000	25%	DB
		查看意向	查询	基础数据（意向）	N/A	8%	DB
		生成零售订单	查询+生成零售订单	意向	72000	4%	DB
		配车	查询+配车	订单+VIN	48000	4%	DB/接口方
		销售顾问管理客户资料	查询+详情+生成销售意向	潜客	72000	15%	DB
		后台job call车	通过doss端的redo	call车数据			接口方
		开票信息上报（涉及DOL/实时接口，Mock处理）	查询+上报	发票	72000	4%	DB
		生成发票	查询+生成发票	订单	72000	4%	DB

3. 测试环境验证。

性能测试环境验证检查单如表7-4-2所示。

表7-4-2　　**××项目性能测试环境验证检查单**　　日期：20××年　月　日

序号	检查点	是否必选	符合程度	检查人	责任方	评审意见
1	性能测试硬件设备准备是否就绪？	Y	4			
2	性能测试网络环境准备是否就绪？	Y	4			
3	被测系统是否已经安装部署到性能测试环境？	Y	4			

续表

序号	检查点	是否必选	符合程度	检查人	责任方	评审意见
4	待测试版本是否通过了功能测试，是否具备可测试性?	Y	4			
5	被测系统版本号是否与通过功能验证的版本一致?	Y	4			
6	性能测试控制器是否安装配置?	N	4			
7	压力机工作环境是否准备就绪?	Y	4			
8	性能测试基础数据是否准备就绪?	Y	4			
9	被测系统应用/数据库服务器是否已受监控?	Y	4			
10	关联测试系统环境及应用版本是否就绪?	Y	4			
11	关联系统挡板程序是否安装部署就绪，是否通过调试?	N	4			
汇总			100			
测试项目经理审核意见：						

4. 测试准出检查。

性能测试准出检查单如表7－4－3所示。

表7－4－3　　××项目性能测试准出检查单　　日期：20××年　月　日

序号	检查点	是否必选	符合程度	检查人	责任方	评审意见
1	性能测试结果是否符合预期性能指标	Y	4			
2	是否按计划完成性能测试执行	Y	4			
3	发现的性能缺陷是否完全修复	Y	4			
4	是否已经记录并整理测试结果	Y	4			
5	性能监控记录是否完整	Y	4			
6	调优过程记录是否完整	N	4			
汇总			100			
测试项目经理审核意见：						

5. 性能测试报告。

（1）介绍性能测试的背景、目标和范围。

（2）环境章节需包括生产和测试环境的系统架构图和硬软件配置。

（3）整个测试的进展情况总结。

（4）测试结果包含单交易的基准测试和负载测试结果、容量测试、峰值测试和稳定性测试结果。

（5）阐述测试结论，判定是否通过测试。

（6）阐述在测试过程中发现的问题，描述问题的处理情况及最终状态。

（7）描述本次性能测试所发现的风险情况，表明可能会发生的问题及其原因。

【同业实例7-4-2】

某银行系统性能测试主要经历了基准测试、并发测试、稳定性测试和破坏性测试，具体实施如下：

1. 基准测试。

对上线指挥系统的所列功能点进行基准测试，主要用于与响应时间性能指标的对比，以了解系统的整体性能状况。

对系统所有功能点（功能测试中的所有功能点），使用单个用户通过执行相应业务操作的测试脚本发起各项操作请求，在执行1小时后，初步诊断系统是否存在性能瓶颈，取响应时间的平均值作为测试的基准值。

2. 并发测试。

并发测试的目的是验证系统在同一秒级100个用户的并发下，预警展现以及预警处理对系统资源的利用，以及所能达到的响应时间。

模拟服务器与终端用户之间的网络连接，对Load Runner的虚拟用户使用512K的带宽限制设置，分别模拟100个用户同时（同一秒级）向同一功能点（单一业务）或多个功能点发出操作请求，测试系统的响应能力，包括响应时间以及CPU、内存、磁盘、网络等资源的使用状况，以验证系统对100个用户并发请求时的支持能力。

通过极限法设计并发用户的数量：根据性能需求，假设目前系统要求最大的并发用户数为100个。选择不同的访问时间段，给系统100的查询处理并发量，并持续10分钟，在此过程中收集系统资源利用情况和响应时间。对于同一个场景，可以使用20、40、60、80不同的用户并发量（步进为20）。

对本次性能测试所确定的典型业务功能点，通过Load Runner模拟100个用户，同时（同一秒级）访问同一个典型业务功能（单一业务）或多个功能点（混合业务），持续10分钟，取响应时间的平均值，同时监测测试系统的各服务器资源使用情况。测试场景需包括单一并发和混合并发测试场景两种。

3. 稳定性测试。

稳定性测试的目的是验证系统在一段时间内进行高负载和低负载转换时，系统的承受能力，其是否可以正常运行，发现系统潜在的性能问题。

通过交叉地进行高压和低压测试服务器负载，连续运行情况下的状况跟踪。测试时选取混合业务场景，按照一定比例，对混合场景进行配比，并进行一段时间的高压和低压的交替测试，确定交替间隔时间。高压的标准是 CPU 的使用率约为 70%；而低压的标准是 CPU 的使用率约为 20%。

4. 破坏性测试。

疲劳测试主要测试系统在长时间运行后的处理能力，确定系统是否能够继续安全有效地正常提供服务。

通过持续不断地调用测试脚本，模拟一定数量的用户发起操作请求，对系统形成一定的压力并长时间运行，通过长时间持续的压力，验证系统在长时间运行后，用户对系统访问操作的成功率是否降低，以找出系统潜在的内存泄露等问题。

第五节　怎样分析和运用性能测试结果

测试结果分析是性能测试中一个重要的环节，同时也是一个难点。前面提到性能测试的主要目的之一是找出性能瓶颈，优化性能。在进行结果分析之前，我们先了解一下系统可能存在哪些性能瓶颈。

一、系统有哪些瓶颈

性能瓶颈实际上就是一个系统的性能缺陷，我们可以从以下五个方面来理解性能瓶颈。

（一）硬件上的性能瓶颈

一般是指 CPU、内存、网络或磁盘等存储设备的问题。例如，在测试时，服务器的单核 CPU 占用率达到 90%，很多请求无法得到响应。目前单核 CPU 的服务器已经基本无法满足大量用户并发操作的系统的需求。

（二）操作系统上的性能瓶颈

一般指的是 Windows、UNIX、Linux 和 Solari 等操作系统。例如，在系统运行时，出现物理内存占用过高时，导致交易吞吐量严重下降，这时认为在操作系统的虚拟内存设置不合理出现瓶颈。

（三）应用软件上的性能瓶颈

一般指的是应用服务器、Web 服务器和数据库系统的瓶颈。例如，做一个当月的交易查询并排序功能，数据库服务器没有进行索引，造成返回结果集的时间需要数十分钟，这就是典型的数据库系统瓶颈。

（四）开发平台的性能瓶颈

当今主流的两大企业级开发技术 Java 和 . Net，各自都依赖于自身的架构。比如，Java 依赖于 JVM，JDBC，EJB，Swing 和 JSP 等。JVM 的参数配置直接影响着应用程序的性能。

（五）应用程序上的性能瓶颈

一般指的是开发人员新开发的应用程序。例如，程序的代码设计不合理，程序本身的方法设计有问题。例如，类方法在并发操作下性能急剧下降，造成系统在大量用户访问时性能低下。

二、如何定位系统瓶颈

不同的软件系统，不同的性能指标，结果分析方法都是不一样的。下面给出一个简单的结果分析方法。

首先，查看运行结果中是否有错误出现。结合运行日志信息来查找，如果有错误信息，则需要进一步分析，根据错误信息查找原因。例如，测试结果中有超时错误，可能的原因有：硬件瓶颈；程序算法有问题；应用服务的相关参数设置有问题；程序中处理有关表的时候检查字段太多。再进一步分析以确定具体的原因。

如果运行结果没有错误，则对关注的性能指标进行分析，可以按以下顺序，由易到难查找瓶颈：服务器硬件瓶颈→网络瓶颈→服务器操作系统瓶颈（参数配置）→中间件瓶颈（参数配置、数据库、Web 服务器等）→应用瓶颈（SQL 语句、数据库设计、业务逻辑、算法等）。以上过程并不是所有性能测试分析阶段都需要的，要根据测试目的和要求来确定分析的深度。

另外，利用测试工具模拟不同的虚拟用户来单独访问 Web 服务器、应用服务器和数据库服务器，这样就可以在 Web 端测出的时间减去以上各个分段测出的时间，通过这种分段排除法也可以定位瓶颈。

三、如何分析系统指标

（一）交易的响应时间

快速的页面响应时间是良好的用户体验指标之一。如果页面响应时间过长，可以使用页面响应时间分解，分析问题出现在哪里。比如，是 DNS 解析时间过长，还是网络带宽不足导致传输时间过长？还是资源不足，很多时间消耗在服务器端？

（二）并发用户数和 TPS（每秒的事务数）

说起性能测试，很多人首先想到的就是并发用户数。事实上，并发用户数是粒度非常大的一个指标。在实际的测试中，我们在关注并发用户数的同时，还要进一步关注 TPS（每秒的事务数）。因为在一个场景中，用户的操作频度和操作的总次数的多少会直接影响压力的大小。显然，TPS（每秒的事务数）更为准确。在考察并发用户数时，要考虑在系统资源使用、事务成功率和系统出现错误在需求范围内。只有在这些条件下，并发用户数才有实际意义。

（三）事务成功率

交易的成功率高低是良好企业形象的体现，交易经常失败必然会使用户对企业失去信心。在性能测试过程中，要格外关注交易的成功率。在交易成功率满足需求时，对于失败的交易，系统是否能够回退相关事务也是性能测试验证的重要方面。

总之，性能测试是设计、执行、分析、调优不断进行的过程，目的是解决当前系统存在的性能瓶颈，为用户提供更好、更快的客户体验。

【同业实例 7－5－1】

某银行某系统自上线以来，运行稳定，性能良好，各项指标均已达到原来的设计目标，下面是对该系统在联机交易和大批量数据处理时的统计分析。

1. 主机性能分析。

（1）数据库服务器。

系统资源占用随工作时间呈规律性变化，忙时主要分布在 6：00—11：00、15：00—17：00，占用率在 20%—90%。对比阶段上线后的资源占用情况，数据库服务器资源占用没有发生明显变化，因此，当前配置能满足目前用户的使用需求。

（2）应用服务器。

资源占用主要集中在 9：30—11：00，以及 15：00—17：00，CPU 占用率在 20% 以下，峰值时达 60%。

2. 在线用户统计。

根据业务统计，日常管理过程用户数量约 1200 人，主要日常界面操作的响应速度：打开一个新页面少于 0.4 秒；在 150 人同时在线的情况下，打开一个新页面少于 1 秒。

第六节　怎样选择和部署性能测试工具

一、为什么要使用性能测试工具

性能测试的主要手段是通过模拟真实业务的压力，对被测系统进行加压，研究被测系统在不同压力情况下的表现，找出其潜在的瓶颈。有时需要模拟成千上万的用户进行并发测试、靠人海战术去测试，成本高、效率低、可行性较低，即使勉强为之，其测试结果也不精确。而通过性能测试工具编写压力脚本，这些脚本以多个进程或者线程的形式在客户端进行运行，模拟多用户对被测系统的并发访问，以此达到产生压力的目的。一台普通的 PC 机可以轻易产生几百乃至上千个进程或线程，通过使用若干台 PC 机，就可以轻易模拟出成千上万个并发用户。压力脚本执行的功能和被测系统客户端软件执行的功能一样，从而产生真正的业务压力。另外，压力测试运行完毕后，工具可以产生详尽的性能数据，这些数据包括最终用户的响应时间，后台系统各个部件的运行数据。这些数据的量非常大，往往包括几千个变量的运行曲线，数据量可能达到海量规模。靠人工去分析这些数据几乎是不可能的。所以，工具还可以提供数据分析，帮助测试人员去阅读、解读和分析数据，辅助测试人员定位系统的瓶颈。数据分析工具是保证最终测试成果的手段，因此它是性能测试工具中最重要的部分之一。

由此可见，要保证性能测试的质效，功能全面、操作便捷的性能测试工具是必不可少的。

二、测试工具的选型原则

软件性能测试工具分为三类，商业收费工具、开源免费工具、自主开发工具。性能测试工具选型需综合考虑以下几个原则。

（一）功能

性能测试工具的功能是否满足性能需求是选择工具应首先考虑的问题，比如能否满足压力测试中作为模拟程序、负载模拟的需要，是否能够详细、准确地测量性能数据？大部分商业收费工具能提供更丰富的功能，比如支持更多协议，更多的并发用户数，自动生成脚本等，但并非功能越多越好。某些特殊需求可能需要在开源工具上对其进行功能扩展或者自主开发。

测试工具的功能还要考虑以下因素：测试工具是否可以跨平台使用，尽可能选择少的工具覆盖尽可能多的平台，以降低产品投资和团队的学习成本；工具与操作系统和开发工具的兼容性如何；工具与被测软件的集成能力如何；以及各子类工具之间的集成能力如何。

（二）采购成本

对于商业性能工具的采购成本也是我们要考虑的问题。一般商业软件的采购成本比较高。当然，也可以只购买部分功能。开源的性能测试工具其实很多，它们分别适合在不同的需求场景下使用，有时还需要通过几款开源工具共同配合使用或者对开源工具进行扩展。如果性能测试项目很特殊，商业定制成本过高，基于公司需求的特殊性和长期性考虑，可以自主开发一个性能测试工具来用。当然也要关注工具后期的支持和售后服务。

（三）连续性和一致性

连续性是指在选择测试工具时，有必要对测试工具做一个全盘的考虑，分阶段、逐步地引入测试工具。在不同的测试阶段，可以预先计划使用相应的测试工具；面对不同的测试类型，能使用的测试工具也不相同。一致性是指使用的测试工具的品牌与兼容性，推荐使用同一个系列的测试工具，这样可以在最大程度上避免功能的重复性，提高兼容性。

（四）人员学习成本

其实测试人员在选择性能测试工具时，最先考虑的就是从自己会使用的工具入手，这样可以最低地控制学习成本。

【同业实例 7-6-1】

某银行主要使用外购的商业收费等工具来实施性能测试，并且在实践中自主研发了性能测试管理平台来统一管理和调度这些测试工具，同时也通过系统建设，将性能测试管理体系固化到了平台中。

该平台与该银行内部的云测试管理平台、缺陷管理系统等系统打通，性能测试项目信息通过结果从云测试管理平台同步，性能测试发现的缺陷则可以在本平台中提交后同步至缺陷管理系统中。

该平台主要由系统管理、测试列表、执行管理、结果管理、报表管理、档案管理和缺陷管理等功能模块组成。

- 系统管理：主要包含用户、权限及参数设置等功能。
- 测试列表：主要包含测试项目同步、展示和信息维护以及性能指标定义等功能。
- 执行管理：主要包含性能测试脚本上传、场景设置、执行管理和第三方监控工具管理等功能。
- 结果管理：主要包含性能测试结果上传解析和展示功能。
- 报表管理：主要包含性能测试项目状态、信息、测试情况等的展示功能。
- 文档管理：主要包含日报、周报、测试方案、测试报告等报告、报表的模板定义和报告生成。
- 缺陷管理：主要包括性能测试缺陷提交和同步功能。

该平台通过接口调用，实现了对测试的脚本关联、场景设置、执行启动和结果收集。在结果解析后，该平台可以根据具体使用需求，对结果的展示进行自定义，并联动其他项目信息、测试执行情况等内容，按照预先定义的模板，自动生成各类测试报告，在较大程度上降低了人工处理测试结果、编写测试报告的工作量。

第七节　性能测试的前瞻性研究

由于意识到性能问题的重要性，软件测试行业开始开展专门的性能测试，性能测试的发展历史基本和软件测试同步。以往的性能测试主要是由开发工程师来完成，主要因为之前的性能测试只能由手工编程实现，测试人员一般缺乏性能测试的技术能力。随着商业化的自动化性能测试软件的出现，性能测试开始逐步由测试工程师来完成。

一、性能测试软件的发展

通用的性能测试软件目前已经发展了至少三代产品。

第一代的自动化性能测试软件主要依靠特殊的硬件设备来录制键盘输入，通过回放脚本方式工作，缺少检查点的功能，而且测试脚本很难维护。

第二代自动化性能测试软件的录制脚本功能已经由特殊硬件设备转为软件来实现，并且增加了检查点的功能，可以对软件做验证，测试的范围也比硬件方式的自动化方式大了许多。同时测试脚本语言的可读性大大增强，可维护性也比第一代产品有了极大提高。

第三代自动化性能测试软件主要标志为测试框架的出现。测试框架将测试脚本抽象化和对象化，提高了测试脚本的复用性和可维护性，同时也让非技术人员可以更方便地参与到性能测试过程中。

二、软件性能测试关注的系统特性

软件性能测试主要关注于系统的三方面特性：响应性、伸缩性和可靠性，这三个方面相互制约，缺一不可。

系统的响应性是目前软件性能测试领域中最被熟知的特性。简单来说，系统响应性主要考虑的是在一定的负载情况下，系统能够在多少时间内做出适当的反应。这个特性是一般用户在使用系统时能够获取的最直观印象，也是用户使用体验非常关键的一项特性，通常所说系统反应太慢，其实指的就是系统响应性问题。

性能测试的伸缩性和可靠性指标是做架构评估和容量规划等工作的重要依据。从最简单的情况来看，可伸缩性就是系统可以做更多的事情，而“更多的事情”可以是响应更多的用户请求、执行更多的工作或处理更多的数据。通常我们做性能测试需求分析时，除了需要了解系统当前最多需要处理的用户数或者事务数，还需要考虑系统未来需要处理的用户数或事务数。

软件可靠性是近年来越来越被业界所关注的性能测试领域。1983 年美国 IEEE 计算机学会对“软件可靠性”作出了明确定义，此后该定义被美国标准化研究所接受为国家标准，1989 年我国也接受该定义为国家标准。该定义包括两方面的含义：

✓ 在规定的条件下，在规定的时间内，软件不引起系统失效的概率；

✓ 在规定的时间周期内，在所述条件下程序执行所要求的功能和能力。

在关注系统的伸缩性时，一定要同时关注可靠性。系统运行之初，用户数并没有特别高，因此系统压力不大，软件运行良好，比较少出现系统无法使用或者失效的情况。但是当用户数不断增加时，即系统的伸缩性开始接受考验时，系统提交单据超时的错误开始频繁出现，意味着可靠性也同时出现下降。可靠性和伸缩性都是考虑在压力增加情况下的系统反应情况，但是两者存在区别。具有良好可靠性的系统应该是在不出现故障的情况下，对不断增加的工作负载进行妥善处理的系统。此外，可靠系统不应该随着工作负载的增加而出现崩溃的情况，只允许出现系统性能的缓慢下降，即在系统伸缩性出现增加时，系统可以变慢，但不应该出现崩溃。但是当系统压力足够大时，任何系统都可能会出现崩溃。可靠性高的系统在此时需要能够迅速恢复服务，并且保存崩溃之前的数据状态，不应该出现脏数据问题。完整系统的可靠性还可以体现在不同模块中。例如在电商系统中，商品查询模块的可靠性相对就比较低，因为大家对于查询结果出现错误的容忍度相对较高，出现错误时再做一次查询即可。但是使用订单支付等模块，特别是和费用相关的模块时，客户对于可靠性要求就非常高，这些模块一旦出现可靠性问题时，客户就会大大降低对于整个电商系统的信任度。

软件性能测试的这三个性能特性是相互制约的，响应性是系统的直观外在表现，但是没有伸缩性和可靠性保证的响应时间，只能是无本之木。在这些特性中，响应性已经引起了足够重视，性能测试工程师对于响应性也投入了比较大的精力，但是如果想在性能测试领域取得更大的突破，还需要把更多的精力投入可靠性和伸缩性的研究中，这两点也是性能测试的高端技术（例如性能调优、架构评估、容量规划和应用性能管理技术）的基础。

三、软件性能工程

在过去的二十几年中，越来越多的企业重视软件项目的成功交付。但是，随着应用程序越来越复杂，软件开发人员已经无法直观地看到软件的性能。不过，由于这些方法需要在软件开发或部署后才可以使用，属于被动型的手段。随着软件架构变得更加复杂，对业务流程的支持和保证是 IT 工作的首要任务。软件性能工程就是企业的主动型手段，包括技术、技能和最佳实践，是项目成功的法宝。

（一）什么是软件性能工程

软件性能工程是一种系统的、定量的方法，可以有效地开发出符合性能要求的软件系统。

软件性能工程是一种面向软件的方法，主要关注体系架构、设计和实现选择。

（二）目标

✓ 确保系统能够在必要的时间内处理事务，增加业务收入。
✓ 消除由于性能目标失败而需要报废和注销系统开发工作的系统故障。
✓ 消除由于性能问题而导致的系统部署延迟。
✓ 消除由于性能问题而导致的可避免的系统返工。
✓ 消除可避免的系统调优工作。
✓ 避免额外和不必要的硬件成本。
✓ 减少由于生产中的性能问题而增加的软件维护成本。
✓ 减少由于软件受到临时性能修复影响而增加的软件维护成本。
✓ 减少由于性能问题而导致的处理系统问题的额外操作开销。

（三）好处

✓ 按时并在预算范围内交付满足性能要求的应用程序的第一个版本。
✓ 在开发新应用程序之前，要了解其硬件容量需求。
✓ 架构师知道架构的性能需求。
✓ 项目经理可以在开发软件时跟踪性能状态。
✓ 性能专家有时间运行性能测试、负载测试和压力测试，而不是给用户“惊吓”。
✓ 实现性能要求的风险在过程的早期被识别和处理，节省了时间和金钱。
✓ 满足性能要求的软件在预算范围内按时交付。

企业越来越重视应用程序的性能保证，在软件开发设计和运维阶段，将性能作为应用程序的关键指标。在软件开发和测试阶段，不仅需要通过常用的负载测试、压力测试、持久测试、可扩展性测试和容量测试等手段测试应用系统。随着性能需求的不断提高，也需要进行测试网络延迟对应用系统响应时间的影响。软件性能工程方法论使企业把应用程序性能当成重要需求，在企业范围内建立性能测试规范。

第八章　如何做好安全测试

第一节　为什么要做安全测试

一、信息系统安全现状和风险分析

由于目前银行系统复杂程度日益增加，信息技术所蕴含的风险正处于急剧膨胀的过程中，信息技术风险已经成为银行风险的重要方面。无论是国内还是国外，金融市场因为计算机和网络等信息技术问题引起的银行损失案例比比皆是。

银行信息技术风险比较常见的表现形式：系统响应时间过长、系统宕机、服务中断；客户信息泄露、客户账户资料泄露或身份被冒用、客户资金被盗；银行电子渠道遭受攻击，比如黑客入侵、拒绝服务攻击；病毒入侵等。

信息技术风险来自多个方面，其中最主要的挑战来自基础网络信息技术的复杂性和变化。随着网络技术的不断升级和“黑客”攻击手段的不断翻新，信息泄露和被恶意攻击的可能性更大，这也是目前网上银行面临的最主要的安全风险。很多黑客的行为从纯粹的攻击兴趣转为非法牟利，通过网上攻击获取用户密码窃取账户钱财的事情时有发生。

对银行来说，安全问题将会造成声誉和经济上的重大损失，如何有效防范风险，保证银行系统的安全成为各银行的头等大事。

二、安全测试的目的

研究表明，系统或软件本身的漏洞是导致安全事件发生的最主要原因。漏洞是指软件系统在设计、实现、操作、管理上存在的可被利用的缺陷或弱点。漏洞的产生既有内因也有外因。一方面，软件需求阶段，业务人员不了解安全规范，有些需求分析人员在需求规格说明书中并没有明确的安全性方面要求。开发阶段，开发人员在安全需求不明确的情况下，进行详细设计和编码，造成软件本身先天存在安全隐患。另一方面，生产环境存在安全防范不到位，黑客扫描获得系统的漏洞进行攻击。

一般企业的安全防护体系主要就是在网络上进行“加层”，如加防火墙、加 IPS、IDS 等，这种安全防护体系是完全集中在网络和边界上，在以前很有用，但现在这种安全防护体系是很不完整的，并不能完全防止黑客攻击。因为现在大部分银行应用系统的架构一般都是 B/S 架构，用户可直接通过互联网进行访问和使用，我们传统的基于网络的防护层被打破。黑客攻击方式逐渐地从攻击网络，攻击主机到攻击应用软件，攻击客户端。而攻击者最常用的手段或者说是应用程序漏洞就是 SQL 注入、跨脚本攻击、缓冲区溢出等，诸如网络钓鱼和木马等就是利用此类漏洞进行攻击。

针对银行系统面临的各种风险，商业银行采取了一系列的安全防范措施。银保监会在《商业银行信息科技风险管理指引》中，都明确指出“商业银行应采取适当的系统开发方法，控制信息系统的生命周期。典型的系统生命周期包括系统分析、设计、开发或外购、测试、试运行、部署、维护和退出。确保所有计算机操作系统和系统软件的安全”。安全测试是这个开发安全管理体系的重要步骤。

安全测试主要目的是查找系统中存在的安全隐患。大家都希望尽量在上线前弥补安全漏洞，降低修改成本与损失，同时检查系统在受到恶意攻击时的防范能力。通过安全测试确保软件在安全性方面能满足设计期望，是保障系统正常运行、业务连续，保护客户信息、数据和资金安全的重要手段之一。

三、什么是安全测试

安全测试是在软件产品的生命周期中，对产品进行检验以验证产品符合安全需求定义和产品质量标准的过程。

对于当今的软件行业来说，要满足提升安全性的要求，必须采用关注安全性的开发流程，目的是将设计、编码和文档编写过程中与安全相关漏洞降低到最少，尽可能早地发现并消除这些漏洞。在实际的软件项目中，安全测试被集合到软件开发生命周期，成为一个不可或缺的组成部分。在需求设计阶段进行安全性分析，在每个阶段的测试中都要进行不同层次的安全测试，这样可以大大减少后期进行缺陷修改的成本（见图 8 –1 –1）。

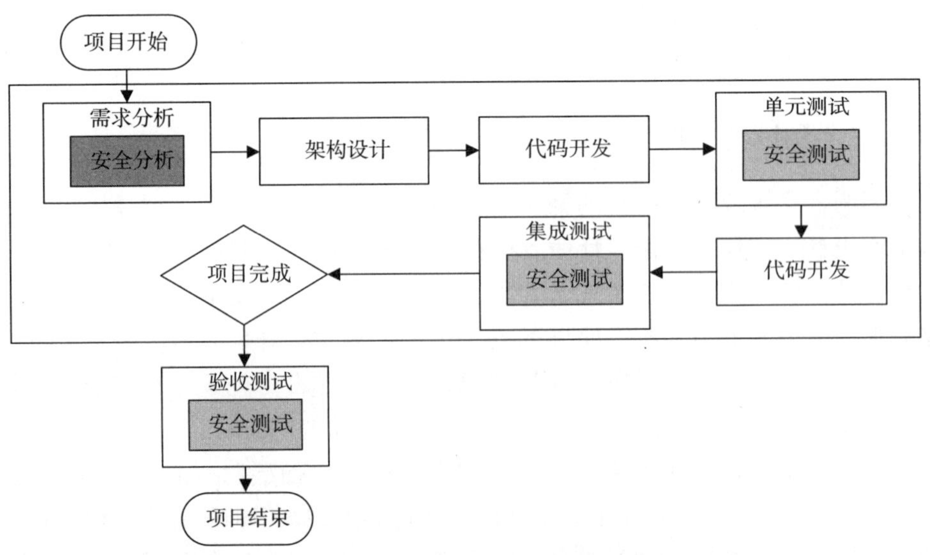

图 8 –1 –1　将安全测试集合到软件开发生命周期中

验收测试是系统上线之前的最后一个测试阶段，与其他阶段的安全测试不同。本阶段的安全测试是在真实的测试环境中，从攻击者角度，尽可能模拟黑客使用的攻击手段，对被测系统的安全性做深入探测，以发现系统最薄弱环节为目的。

用户验收阶段的安全测试主要包含两部分：功能测试中的安全性测试和渗透测试。安全测试一般划分在功能测试的范围。功能测试中的安全性测试是以需求规格说明书中的安全需求和用户的安全需求为依据，测试软件的安全功能实现是否与安全需求一致，需求实现是否正确完备。渗透测试是利用自动化工具或者手工的方法模拟黑客的操作，发现系统的安全漏洞。例如，模拟 SQL 注入对系统进行攻击。如果一般的功能性测试都无法通过，则没有必要再进行模拟攻击测试。模拟攻击是从攻击者的角度，以了解当前系统的安全性、了解攻击者可能利用的途径，发现系统的漏洞并验证系统的防范能力为目的的测试。

传统测试假设导致问题的数据是用户不小心造成的，而安全测试则假设导致问题的数据是攻击者处心积虑构造的，需要考虑所有可能的攻击途径。因为攻击者虽然利用的是系统或软件本身的漏洞，但攻击的手段和途径是多变的。验收阶段的安全测试需要考虑客户操作、网络环境等因素。

四、安全测试的方法

目前，有很多测试技术和手段可以进行安全性测试，比如在早期的需求分析或者编码阶段采用静态源代码分析，从中找出代码中潜在的安全漏洞，是一种非常有效的白盒测试方法。验收测试中采用的通常是黑盒测试方法，几种常见的安全测试方法包括：

（一）功能验证

如前所述，功能测试中，对安全的功能进行测试，如用户的权限，敏感信息遮蔽等，验证上述功能是否符合用户需求。

（二）漏洞扫描

一般在软件开发早期，利用漏洞扫描工具对操作系统、数据库、应用系统和网络等进行扫描。漏洞扫描工具内置了大量常见漏洞，能够发现系统中的安全问题，进而可以进行更有针对性的攻击。

（三）渗透测试

如前所述，渗透测试是模拟攻击者对应用系统进行攻击。严重系统能否被 SQL 注入、XSS（跨站脚本攻击）、CSRF（跨站请求伪造）和 URL 跳转漏洞等进行测试。

（四）侦听技术

侦听技术是在数据通信过程中，抓取数据包，获得敏感信息的过程。比如，手机 APP 通过不安全的 WiFi 连接网络。攻击者在 WiFi 端，对数据进行拦截，如果数据未加密，使用明文传输，攻击者轻而易举获得用户的交易账户用户名和密码信息。

第二节　怎么设计和实施安全测试

一、安全测试的流程是什么

安全测试的基本流程和功能测试流程类似，包括安全测试需求分析、制定安全测试策略、设计测试案例、执行安全测试、分析安全测试结果和产生安全评估报告等（见图 8－2－1）。模拟攻击测试时某些流程中有少许变化，在下一章会详细介绍。

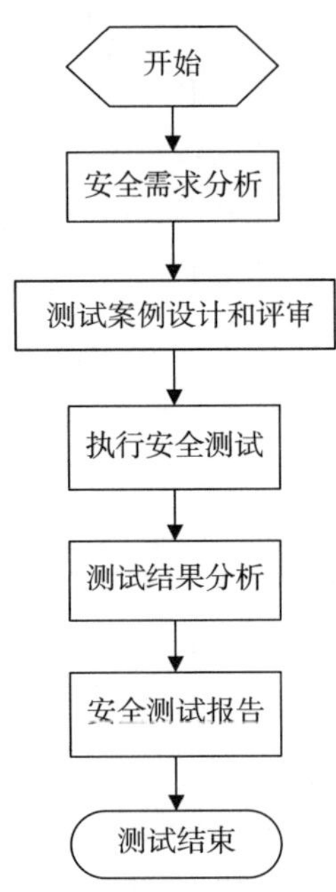

图 8－2－1　安全测试的基本流程

二、安全测试的需求分析

功能性安全测试，测试目标比较明确，通过跟业务人员和安全人员的沟通，充分了解需求说明书中的安全功能需求点后，再进行安全点评估。安全需求包括明显的功能安全需求，比如用户验证、访问控制和权限、加密等。模拟攻击测试在此阶段主要做的是信息收集和风险识别。

三、制定安全测试策略

根据需求分析后形成的安全需求分析报告或安全测试清单，制定基于风险分析的测试计划。制订测试计划活动包括评估测试范围、确定测试策略并制订具体方案、评估测试工作量、选择测试工具、安排测试资源、制定安全测试执行策略等。

制订具体方案和测试方法时，测试组织需要判断哪些需要编写测试案例，哪些可以通过自动化脚本覆盖测试，哪些测试需要通过手工执行，哪些测试可以通过特定的自动化工具。

测试执行策略主要是指功能测试优先级安排、执行周期和执行周期的时间安排。一般把功能测试中的安全测试放在第一轮测试，然后再进行模拟攻击测试，如发现缺陷，要在缺陷修补后，进行回归测试。

四、如何设计和编写安全测试案例

测试案例编写人员根据安全需求分析报告或安全测试清单设计安全测试案例的过程，包括功能性测试案例和基于恶意事件的模拟攻击案例等。安全性测试不仅验证软件做应该做的事，也要验证软件不做它不应该做的事，所以测试案例设计人员尽可能从攻击者角度设计模拟攻击案例。模拟攻击案例是从攻击者的角度，描述系统受到攻击时的行为表现。

对于功能测试案例设计，可以结合黑盒测试方法。比如用户权限控制模块的查询功能，查询的数据是否能够按照业务需求进行划分，然后对特定权限用户访问系统功能的能力进行测试，这部分测试可以利用等价值划分方法进行案例设计。

对测试案例进行优先级分析是做好安全测试的原则之一。以访问控制功能测试为例，访问控制的安全测试需要检查水平和垂直权限，手工测试非常烦琐，一旦出现访问控制漏洞将会造成非常大的危害。我们可对测试案例进行分析，设定优先级，当测试资源或者时间不足时，减少一些优先级较低的工作，从而降低风险。

安全测试案例编写完成后，需要通过评审才能执行，并应该在安全需求发生变更后及时更新。如用户访问权限的安全测试案例可以包括：

一是测试执行添加、删除、修改等动作是否需要登录操作，退出系统后操作是否可继续。

二是测试是否存在不登录就可以查看非会员页面和权限问题。如先复制需要身份验证以及权限的某页面 URL 地址，关闭该页面后，再直接输入该地址，查看是否可以直接进入没有权限的页面。

五、如何执行安全测试

在执行应用程序安全测试时，如果已经有特定功能的安全扫描软件，可以先进行端口扫描和漏洞扫描。扫描的结果可以帮助测试人员进行分析，一方面决定是否可以进行功能测试中的安全性测试，另一方面了解系统有哪些薄弱的地方，可以进行模拟测试攻击。

在安全测试过程中，可尽量使用测试工具，提高执行效率。当场景不适用自动化工具，则需要手动测试。还有些案例则需要手工和编写可重复使用的脚本代码相结合的方法，比如表单数据提交测试，可以通过这个方法进行等价类测试、边界值测试以及异常类测试。

对手工测试或者工具扫描发现的漏洞，测试工程师可提交给安全工程师进行确认，确认为缺陷后再提交到缺陷管理系统进行跟踪管理，以免发生误报。安全漏洞处理完毕后还要进行回归测试。

六、由谁来测试

一些基础性的、基于风险的安全测试，可以由传统的测试人员承担，使用传统的方法能够执行功能测试中的安全性测试。例如，保证访问控制机制（用户登录、身份识别与授权、会话超时等）如预期一样地工作就是使用典型的功能性测试方法。既然我们知道软件应该如何运行（包括一些安全特性），我们就能执行一些测试，保证它确实是这样运行的。

然而，更多的安全测试还是需要掌握安全知识，甚至具备安全管理经验的人员来担当。

他们不仅要能高效地使用软件安全测试技术和工具，还要充分了解软件安全漏洞以及一些黑客攻击手段，掌握全面的技能，比如编程、网络和数据库等。

【同业实例 8－2－1】

某公司在实施安全检测时，一般使用工具检测和人工检测两种方式，其实施步骤如下：

1. 工具检测。

（1）在检测工具内置系统安全测试引擎，配置好相关的检测目标和检测引擎，对于登录过程的设置在测试平台中进行脚本设置。

（2）在设置好检测目标后，可以进行自动化的检测，各扫描引擎通过发现相关的系统安全漏洞、应用系统安全漏洞以及应用开发疏忽造成的安全问题，模拟多种入侵方法对系统和应用进行非破坏性的安全检测。

（3）在检查完成后，生成直观的检测结果报告，通过该平台还内置多种辅助工具或脚本方式辅助获知应用系统存在的安全问题。

（4）进行多次的测试过程，以检测各种登录状态下的安全问题。

（5）对相关信息测试验证，工具和扫描平台获得的信息不一定是完全准确的，需要应用安全顾问通过人工或其他辅助工具和测试脚本进行相关的验证，避免出现误报或漏报的情况。

工具检测引擎如表 8－2－1 所示。

表 8－2－1

测试案例引擎	目的
Comment Checks（评论检测）	检测应用系统是否存在无效链接和非法链接
Cookie Injection（Cookie 注入）	检测应用系统是否存在 Cookie 注入点
Cross-Site Scripting（跨站脚本）	检查应用系统是否存在可被利用跨站点

续表

测试案例引擎	目的
Directory Enumeration（目录列举）	检查应用系统是否存在目录列举问题
File Extension（文档扩展名）	检查应用系统是否存在不必要的默认和通用文件，并按照扩展名尝试其他同类文件
File Prefix（文件前缀）	检查应用系统是否存在不必要的默认和通用文件，并按照前缀尝试其他同类文件
Fixed Checks（固定检查）	检查应用系统是否存在有漏洞的特定文件
Header Injection（HTTP 报头注入）	检查应用系统是否存在可被注入利用的表单的 Cookies 和 Headers
Keyword Search（关键字搜索）	检查应用系统是否存在系统特定的信息或机密数据，包括不该暴露给匿名用户的数据信息
Known Vulnerabilities（已知漏洞）	检查应用系统基于探测发现的目录和文件中是否存在已知漏洞。包括堆栈和缓冲溢出、格式化字符串等
Local File Inclusion（本地文件包含物）	检查应用系统本地文件是否存在可读或包含漏洞，是否可以改变相关应用来进行文件的内容读取（可以任意进行相关推测）
Postdata Injection（Postdata 注入）	检查应用系统是否易受到通过 POST 方法篡改参数处理进行的攻击
Postdata Sequence（Postdata 序列）	检查应用系统是否易受到通过 POST 方法发送零散数据进行的攻击方式
Query Injection（查询注入）	检查应用系统是否可以通过数据查询字符串从数据库获取相关的信息
Query Sequence（查询序列）	检查应用系统是否可以通过零散数据查询字符串从数据库获取相关的信息
Server Side Include（服务器端包含）	检查应用系统是否可以利用 SSI 执行应用程序中的漏洞，从而来执行命令或其他的功能
SOAP Assessment（SOAP 评估）	检查应用系统是否存在 SOAP 已知的安全漏洞
SQL Injection（SQL 注入）	检查应用系统是否存在可被利用的 SQL 注入攻击点

2. 人工检测。

（1）收集软件需求等信息进行分析并设计安全测试案例。

（2）针对安全测试工具的盲点，与系统功能相结合进行测试准备。

（3）将安全测试案例提交进行审核。

（4）根据人工安全测试案例执行安全测试。

（5）对安全测试结果进行分析，提交安全缺陷记录。

（6）对安全测试进行质量统计，并写入测试报告。

人工检测案例如表 8－2－2 所示。

表 8-2-2

测试案例	目的
多重身份验证	1. 不同平台的账户不可登录其他平台 2. 不同权限的账户登录系统将获得已分配的权限，不应获取未分配的权限
日志记录安全检测	生成的日志不应包含机密或敏感信息
敏感数据加密检测	检查发送和接收的信息，信息是否明文传递，是否对敏感信息进行加密处理
用户登录界面异常输入检测	检查系统的账户登录页面的异常输入处理能力
敏感数据操作权限验证	验证账户的权限管理能力，敏感数据操作须拥有对应权限才能进行操作
客户端输入异常字符检测	验证客户端输入域的异常输入处理能力，对于不符合输入规则的数据应予拒绝并给出异常提示
缓冲区溢出检测	验证客户端输入域的超长字符处理能力，对于超过输入现在的数据应予拒绝并给出异常提示
安装介质病毒检查	检查各客户端的安装介质在主流杀毒软件环境中的安装与设置能力
修改密码测试	在进行密码修改时，必须首先输入原密码，新密码才能修改成功
强口令策略测试	系统的密码设置策略需进行强度设置，密码最好大于 8 位
用户注销登录的方式	1. 系统应包含注销功能 2. 点击注销后，用户应立即从系统中注销并退出 3. 当客户机闲置，达到自动注销时间时，应予以自动注销 4. 登录时，应显示输入用户名和密码，不应出现上一用户的页面
文件上传测试	1. 系统对于超出上传文件容量限制的，系统需予以拒绝并显示错误信息 2. 不符合上传格式的文件将不能进行上传 3. 后缀修改后的图片文件将不能进行上传
身份信息维护方式测试	发现目标系统是否采用参数来进行身份判断
Cookie 存储方式测试	某些 Web 应用将 SessionID 放到 URL 中进行传输，攻击者能够诱使被攻击者访问特定的资源，如图片。在被攻击者查看资源时获取该 SessionID（在 HTTP 协议中 Referer 标题头中携带了来源地址），从而导致身份盗用
会话超时时间测试	查看是否存在浏览器窗口闲置超时后需重新登录的机制
会话定置（session fixation）测试	查看登录成功后会话标识是否变更。如果未变更，那么攻击者就可以通过一些手段（如构造 URL）为受害者确定一个会话标识，当受害者登录成功后，攻击者也可以利用这个会话标识冒充受害者访问系统
基于用户身份处理的横向越权操作测试	发现页面中存在的横向越权操作

【同业实例 8-2-2】

某银行内部制定了一套应用系统非功能需求编制标准，其中也专门定义了安全性方面需求的制定标准。该标准不但规范了银行应用系统的非功能需求可以从哪几方面编制，还制定了各类非功能需求的具体表述规范。遵从该标准，应用系统的需求编制方可以较为清晰、详细地定义应用系统的非功能类需求。

该银行的“应用系统非功能需求：安全性部分”对于应用系统的安全性需求编制定义了五种类别：保密性、完整性、抗抵赖性、可审计性、可认证性。分别定义如下。

1. 保密性：指应用系统确保其数据只能被授权用户访问的程度。标准定义了“安全需求”“使用算法”“应用保密性”“通信保密性”“存储保密性”“环境保密性”六个子类型的性能需求定义标准。

2. 完整性：指应用系统防止未授权访问或未授权变更计算机程序或数据的程度。标准定义了“网络协议完整性”和“应用系统本地数据完整性”两个子类型的性能需求定义标准。

3. 抗抵赖性：指活动或事件发生后可以被证实且不可被否认的程度。标准定义了“用系统提供原发和接收证据的能力”和“系统支持数字签名的能力”两个子类型的性能需求定义标准。

4. 可审计性：指一个实体的活动可以被唯一性地追溯到该实体的程度。标准定义了“应用系统审计机制”一个子类型的性能需求定义标准。

5. 可认证性：指一个目标或资源的身份标识确实能被证实如所声称的程度。标准定义了“用户划分与身份鉴别”“登录保护”“数字证书”和“系统连接”四个子类型的性能需求定义标准。

第三节　怎么进行模拟攻击测试

一、模拟攻击测试流程

在第一节中，我们分析了信息系统所面临的安全风险，恶意攻击是目前最主要的风险之一。黑客攻击常见的方法包括获取口令、网页挂马攻击、恶意钓鱼攻击、网络监听以及渗透攻击等多种方式。目前大部分信息系统采用 B/S 结构的 Web 应用程序，因此接下来介绍的主要是针对 Web 应用程序进行的模拟攻击测试。

开展模拟攻击测试，尽管需求说明书中不一定有明确的说明，但也不是不加选择地、漫无目的地随意攻击。一般都是针对既定的目标进行攻击。

（一）风险识别

每次进行安全测试之前必须确定我们要对哪些方面的安全风险进行测试，是主要针对注入式攻击，还是主要针对访问控制攻击等，只有做出了明确的测试目标，才能做好后续的配置工作，达到最好的测试效果。

Web 应用程序一般有四个方面的隐患：客户端（Web 浏览器、组件）、服务器（Web 应用服务器、数据库服务器）、网络（Web 应用程序运行的网络环境）、事务（Web 中的各种应用）。

其中通常网络环境的安全性由 IT 部门负责，包括防火墙测试、数据转发、网络流量的监控、病毒防范以及服务器入侵检测等。所以 Web 应用程序的安全性应重点关注于其他三个方面。

客户端的隐患，一般有以下几种：Java 脚本、ActiveX、Cookie、客户端设置等。服务器端的安全隐患主要是拒绝服务攻击，可以通过压力测试、缓存溢出测试等方法进行测试。当然服务器端包括整个 Web 应用程序，最根本的安全隐患就是应用程序的缺陷或漏洞。事务中的安全隐患主要是指欺骗、伪装成合法用户来窃取信息等。

（二）信息收集

在明确了测试目标以后，测试人员在对系统进行安全测试之前，一般要对测试目标进行详细的侦查，以便收集各种与目标相关的信息，形成必要的认识。信息测试是入侵测试的前提，通过信息收集可以有针对性地指定模拟入侵测试计划和策略，提高成功率。并且由于在测试前掌握的被测系统的信息多少不同，采用的技术和方法也会有一定的差异。

测试人员可以通过正常渠道取得各种资料，包括网络拓扑、用户资料、邮件地址等，也能够与相关部门的用户进行访谈，这是针对内部人员有意识或者是无意识的攻击。信息收集的方法还包括查询目标域名的 DNS 服务器、端口扫描、漏洞扫描等。

通过对目标地址的 TCP/UDP 端口扫描，确定其所开放的服务的数量和类型，可以大致确定一个系统的基本信息并收集到很多关于目标主机的各种有用信息。大多数的计算机默认地打开了许多并不需要的端口，黑客和破译者经常花很多时间对它们的目标进行端口扫描来定位监听器，这是他们开始攻击的前奏。一旦这些端口都被鉴别出来，要使用它们也就不困难了。

通过网络漏洞扫描工具，对全部 TCP 和 UDP 端口进行一次完整的检查来确定哪些端口是打开的。将监测到的打开的端口与系统运行所需要用到的端口进行比较，找出那些打开但并不需要的通信端口。

（三）制定测试策略进行主动攻击测试

信息收集以后需要进行整理，结合安全测试工程师的经验提炼出有用的信息，比如可能存在并被利用的弱点，制定合适的测试策略，进行主动攻击测试。

Web 应用程序面临的主要风险有用户信息泄露、木马、网络钓鱼。考虑到本次安全测试的目标是从攻击者角度，通过模拟攻击测试来验证信息系统的防护能力，因此会围绕这几个方面进行测试：用户身份验证（未授权访问或弱口令）、业务逻辑测试（很多情况下用于进行业务绕过或欺骗，如 URL 跳转）、会话管理和 Cookie 测试、页面输入验证测试（针对 SQL 注入等攻击）。

二、用户身份验证测试

本项测试主要检测客户端是否容易被暴力破解或者是否容易通过认证。主要采用手动测试，小部分测试案例或需要测试工具，比如破解口令的工具。

用户身份验证的安全测试案例包括：

✓ 测试有效和无效的用户名和密码，测试是否大小写敏感，是否有最大字符数的限制规则。

✓ 测试重试次数的限制，如果登录失败的次数超过允许值，程序会出现何种表现，是否账号被锁定。

✓ 测试用户密码是否符合指定要求（字符、长度），如果不符合，有什么影响。新用户修改密码后，创建时分配的密码是否失效。

✓ 测试输入密码后，页面是否显示明码，并查看页面的源文件（HTLM 源码）是否可以看到输入的密码。

✓ 测试退出登录后按浏览器的后退按钮能否访问之前的页面。

✓ 测试是否可以利用历史登录信息或以前的 URL 来绕开登录程序。

✓ 测试登录页面是否有 SQL 注入漏洞可以绕过身份认证。如在用户名输入：’ – – ‘ or 1 =1 – –；密码输入：123。

✓ 测试用户注册页面是否可以’ – – ‘或者 1 =1 – –等作为用户名。

✓ 测试有没有缺省的超级用户或者超级密码。

✓ 测试非法用户企图登录的难易程度有多大，也就是测试是否有弱口令，是否容易被暴力破解。

三、会话和 Cookie 测试

会话测试主要是验证是否有超时的限制。用户登录后在一定时间内，没有点击任何页面，理论上认为用户已经下线，因此测试会话超时后是否需要重新登录系统。

Cookie 是用户对于特定网站的身份验证标志，如果 Cookie 被盗用，非法用户通过改变或调用 Cookie 中的值，在无须用户和密码的情况下就能访问此账号的信息。另外 Cookie 是以纯文本的形式在浏览器和服务器之间传送的，任何可以截取 Web 通信的人都可以读取 Cookie。所以 Cookie 不安全可能会导致应用程序和数据库崩溃。

（一）判断正在测试的 Web 系统是否使用了 Cookie

在进行测试之前，可以先通过设计文档或者询问开发人员确定被测系统是否使用了 Cookie。

1. 利用浏览器中的删除 Cookie 文件功能来删除所有的 Cookie。

2. 设置浏览器，当使用 Cookie 时自动提示。

3. 通过浏览器设置屏蔽 Cookie，IE Internet 选项中的隐私设置阻止所有 Cookie。

4. 如果用户必须激活 Cookie 使用设置才能正常运行程序，服务器会发送一个提示页面告诉用户激活 Cookie。

（二）测试篡改 Cookie

测试过程中应该查找是否有业务逻辑是依赖 Cookie 存储值的，如果有，则尝试修改 Cookie 的值，看是否导致功能不正常，或者业务逻辑混乱。

（三）Cookie 加密测试

检查存储的 Cookie 文件内容，看是否有用户名、密码等敏感信息，并且未被加密处理。

针对 IE 浏览器，可以用 IE CookiesView 这个软件进行 Cookie 测试，可以显示出哪个网站写入 Cookie，内容有什么，以及它的有效期限等。

四、数据验证测试

没有对用户提交的数据进行合理转义以及验证是应用程序的安全隐患之一，利用这个漏洞，攻击者输入一些特殊字符或者脚本，很容易可以对系统进行攻击，“挂木马”就是最典型的例子。

“木马”程序通过自身伪装吸引用户下载执行，潜伏在用户的机器里。一旦发作，就可设置后门，使攻击者可以任意控制此计算机，危害本机信息安全。目前针对网银的木马程序通过盗取客户资料、卡号、密码，甚至安全证书，直接威胁网银安全，给受害者造成经济损失。

木马是怎么植入的呢？黑客最常用的方法就是 SQL 注入和文件上传的漏洞，将木马植入获得网站的 Webshell。

（一）SQL 注入攻击原理和测试方法

所谓 SQL 注入式攻击，就是攻击者输入域或页面请求的查询字符串，欺骗服务器执行恶意的 SQL 命令。在某些表单中，用户输入的内容还没有做充分检查过滤就被直接带到 SQL 的命令中直接用来构造（或者影响）动态 SQL 命令，或作为存储过程的输入参数。攻击者通过 SQL 注入，能轻易绕过防火墙直接访问数据库，甚至获得管理员权限，通过备份数据库的功能将 ASP 木马写入服务器。

1. 手工验证

针对有可能存在 SQL 注入漏洞的页面测试，可以采用手工方法查找注入点。下面举一个简单的例子：

寻找带有查询字符串的 URL 的网页（如 URL 中含有“id =”）。向网站发送一个请求，改变其中的 id = 的语句，带一个额外的单引号（如 id = 101’）。分析返回的内容，在其中查找像“SQL”和“Query”这样的词，这往往表示应用返回了详细的错误信息。检查错误信息是否表示发送到数据库服务器端的参数有没有被正确编码，判断是否可以对该网站进行攻击。

2. Web 应用漏洞工具扫描

主流的商业 Web 漏洞扫描工具 Webinspect、Appscan 等可以用来扫描此类漏洞。除此之外，诸如 Sqlmap、Havij 等工具是针对 SQL 注入攻击的工具。

（二）文件上传攻击原理和测试方法

文件上传攻击是攻击者利用 Web 应用在处理用户上传的文件时，没有判断文件的扩展名是否在允许的范围内，或者没检测文件内容的合法性，就把文件保存在服务器上。攻击者上传 ASP 等脚本的木马到 Web 服务器上，如果存放文件的目录刚好有执行脚本的权限，那么攻击者就可以直接得到一个 Webshell 来控制服务器。

（三）服务端文件扩展名检测

通过一些代理工具，如 Burp Suite 可以绕过这些检测。Burp Suite 不仅是一款代理工具，还是一款强大的网络渗透利器。运行 Burp Suite 代理工具并配置好浏览器代理设置后，它可以拦截浏览器提交的 HTTP 数据包，修改数据包的内容，再重新提交给服务后绕过文件上传的检测，这样就可以很容易上传一句话木马到服务器。

另有一些测试方法，如将一句话木马 webshell. asp 文件改名为 webshell. asp; test. jpg 再上传，可能会绕过没有对双扩展名检测的系统。

五、业务逻辑处理测试

最典型的业务逻辑处理攻击就是网络钓鱼。冒充网银的网络钓鱼是计算机犯罪的主要形式之一。传统的网络钓鱼攻击是通过电子邮件、即时通信工具、手机短信以及网页发送虚假广告等方式，将收信人引诱到一个精心设计与网银非常相似的钓鱼网站上，意图引诱收信人给出敏感信息（如用户名、口令、账号 ID、信用卡详细信息等）。这些信息使得攻击者可以假冒受害者进行欺诈性金融交易，从而获得经济利益。

随着目前互联网环境对于恶意钓鱼攻击的报道和关注，传统的钓鱼攻击被越来越多人熟识，跟网站相似度的欺骗已经很难实现攻击了。钓鱼攻击的手法也开始发生演变，目前较多的是官方 Web 应用程序漏洞利用、钓鱼网站结合电信诈骗、钓鱼网站结合客户端等方式。因此对于 Web 应用程序中业务处理逻辑的漏洞，黑客进行 URL 跳转或者是 XSS 跨站脚本攻击。

（一）攻击原理

URL 跳转指的是恶意用户可以利用 URL 跳转将钓鱼网站的 URL 转发给其他用户，若通过 URL 编码变形的方式对跳转地址相关信息进行加密变形时，用户很难从肉眼上判断，而此 URL 能够顺利通过域名检测。如果 URL 跳转检测不严格，用户登录后会跳转到钓鱼网站欺骗用户输入用户名和密码盗取用户信息。

跨站脚本攻击（XSS）指的是攻击者往 Web 页面里插入恶意代码，当用户浏览该网页时，嵌入 Web 的 html 代码就会被执行，从而达到恶意用户的特殊目的。一旦得手，他们可以盗取用户身份（Cookie）、网站挂马、进行蠕虫攻击等。钓鱼欺骗就是利用目标网站的反射型跨站脚本漏洞将网站重定向到钓鱼网站。

（二）如何进行测试

1. 手工验证

对于 URL 跳转的测试，通过修改用户提交的跳转目的地，比如登录环境登录成功即调到用户提交的参数 return _ url 的地址。比如：

https：//login. alibaba. com/login. htm? from = myalibaba&return _ url = http：//

www. hacker. com，判断成功登录后是否能跳转到 www. hacker. com。

对于 XSS 跨站脚本，主要是在输入框中输入一些特殊字符，判断这些字符是否被转义，或在其中嵌入一些脚本，如

<iframesrc = http：//www. hacker. com/ onerror = javescript：alert（6） > </iframe >，是否能被保存。

2. 工具测试

XSS 跨站脚本漏洞是常见的 Web 应用漏洞之一，Webinspect、Appscan 这些商业漏洞扫描攻击对以上两种常见的安全漏洞都可以进行自动化扫描。

六、缓冲区溢出测试

许多实际中的安全问题都与缓冲区溢出有关。利用缓冲区溢出，可以导致程序运行失败、系统宕机等，还可以利用它执行非授权命令，进而进行各种非法操作。Web 应用系统中，数据的输入输出很平常，攻击者可能会提交大量数据，当数据输入的大小超过了在程序内存中为其预留的空间大小，就会引起缓存区溢出，处理数据的程序就会运行失败，攻击者可利用此使系统瘫痪。可利用测试工具，比如 Metasploit 开源工具，检测此类安全漏洞。

第四节　怎样分析和运用安全测试结果

一、分类统计安全测试结果

大多情况下，通过工具扫描之后，会生成类似如图 8 -4 -1 的测试结果。

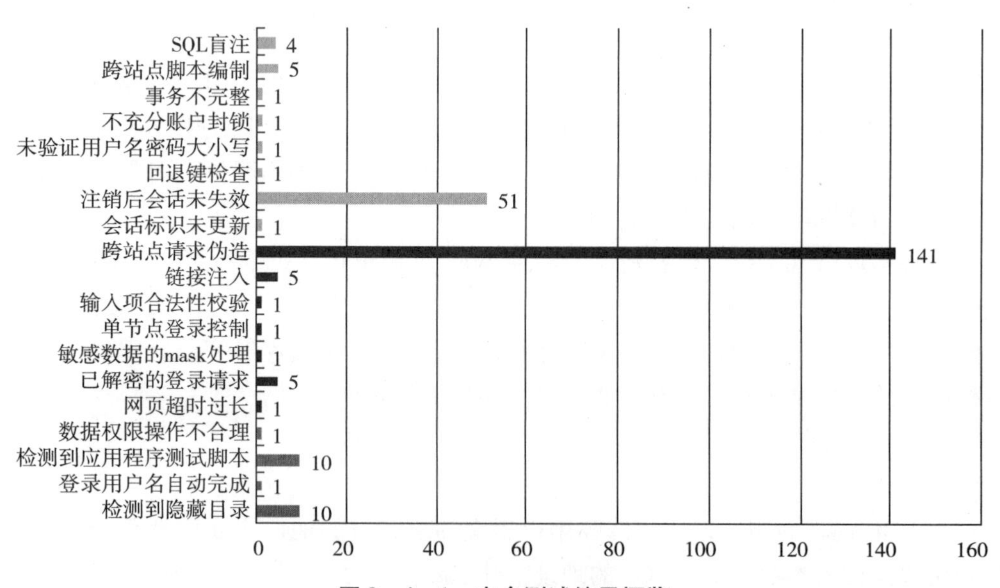

图 8 -4 -1　安全测试结果概览

其中，数字表示该漏洞存在的个数。颜色表示该漏洞的危险级别，红色为危险，紫色为高，黄色为中。

结合手工测试的结果，把所有检测出来的漏洞按测试类型、测试案例及漏洞描述、测试结果、漏洞个数、严重等级分类整理，举例如表 8－4－1 所示。

表 8－4－1　　安全测试结果综述

测试类型	测试案例及漏洞描述	测试结果	该漏洞个数	严重等级
工具扫描	SQL 盲注	未通过	4	危险
	跨站点脚本编制	未通过	5	危险
	跨站点请求伪造	未通过	141	高
	链接注入	未通过	5	高
	检测到应用程序测试脚本	未通过	10	中
	检测到隐藏目录	未通过	10	中
手工测试	未验证用户名密码大小写	未通过	1	危险
	回退键检查	未通过	1	危险
	输入项合法性校验	未通过	1	高
	敏感数据的 mask 处理	未通过	1	高
	网页超时过长	未通过	1	中
	数据权限操作不合理	未通过	1	中

其中漏洞级别说明如下：

✓ 危险：攻击者可以在服务器上执行程序，或获取修改私人信息。

✓ 高：攻击者可以查看源码，获取敏感的错误信息，或可追寻到 Web 根目录。

✓ 中：一些非 HTTP 错误，或敏感信息。

✓ 低：安全相关信息，可能会成为更高级别的漏洞。如备份文件、上传文件。

✓ 信息：应用和服务相关信息，可能有一些严重的漏洞。如隐藏字段、价格相关字段。

✓ 最佳实践：推荐使用的实践。

二、按类别逐一对安全测试结果进行详细说明

根据工具提示的漏洞说明或者查阅安全网站，对各类别漏洞进行详细描述，并指出需修改文件和提供具体的修改建议。以“跨站点请求伪造（CSRF）”举例如下：

（一）CSRF 漏洞说明

CSRF 跨站点请求伪造，是伪造受害者的 HTTP 请求，攻击受信任的站点。如果用户已成功登录受信任的站点，浏览器会自动会话 Cookie 等凭证。攻击者利用这个方法利用受害者的身份，创建恶意的网页产生伪造请求达到攻击的目的。

（二）CSRF 需修改文件

http：//IP/service/home。

（三）CSRF 修改建议

如果要有效避免 CSRF 攻击，服务器在接受每个请求的时候，都应该验证 HTTP 协

议头中一个叫 Refer 的字段，该字段记录了 HTTP 请求的来源地址。服务器端通过验证 Refer 的值来判断是不是跨站请求，如果是跨站请求，则直接废弃。

三、提交安全测试结果并持续对其进行跟踪管理

将安全测试结果交付给开发组织，中级（包括）以上的漏洞必须修补，其他等级的漏洞根据危害情况确定修补的期限。对于其中涉及架构问题而修改周期比较长或者修改成本比较高的漏洞，需要给出具体的替补方案来降低漏洞产生的影响，使其整体系统风险能够处于可控范围之内，并且需要将其纳入风险管理中，在系统上线后对其持续跟踪管理。

四、对安全性测试进行评估

任何测试方法都有可能发现潜在的漏洞和风险，但几乎所有的安全测试都存在测试不足。当做完安全性测试以后，要建立对软件测试后的安全性评估机制，分析测试过程中发现的安全性和漏洞问题对系统的实际影响，并建立基线数据作为参考，对安全测试结果进行评估，判断测试是否充分，从而确保安全性测试质量。

第五节　怎样选择和部署安全测试工具

一、为什么要使用安全测试工具

进行安全测试需要精湛的攻击技术、敏锐的黑客思维和丰富的开发经验，一次安全性测试实际上就是一轮多角度、全方位的攻击。由于系统安全所特有的“木桶效应”，测试的全面性对安全测试人员的要求更高，他们不能像攻击者那样止步于一个漏洞，而是要抢在攻击者之前尽可能多地找到产品中的“所有”漏洞，以减少产品遭到攻击的可能性。此外，安全测试涉及的方方面面非常多，每个测试点按照通常的测试方法去执行的话，所花费的精力和时间也是很巨大的。而使用专业安全测试工具，一方面可以降低安全测试的门槛，另一方面可以大大缩减测试时间周期，提高测试结果的准确率。

二、安全测试工具的分类有哪些

目前市面上流行的测试工具很多，在这里按照测试工具的分类推荐一些主流的测试工具。

1. 源代码分析工具。

源代码分析工具使用比较广泛的有惠普公司的 Fortify SCA、Checkmarx 公司的 Cx-Suite、阿码科技公司的 CodeSecure。

2. 数据库脆弱性扫描工具。

数据库脆弱性分析工具主要有 Application Security 公司的 AppDetective、Internet Security Systems 公司的 Database Scanner。

3. 网络漏洞扫描工具。

网络漏洞扫描工具主要有 Internet Security Systems 公司的 Internet Security Scanner、NT Objectives 公司的 NTO Spider、GFI 公司的 GFI LAN guard。

4. Web 应用漏洞扫描工具。

Web 应用漏洞扫描工具主要有惠普公司的 Webinspect、Watchfire 公司的 AppScan、N-Stalker 公司的 Web Application Security Scanner。

5. Web 服务扫描工具。

Web 服务器扫描工具主要有惠普公司的 Webinspect、Parasoft 公司的 SOA Test、Vordel 公司的 SOAPbox。

6. 动态分析工具。

动态分析工具主要有惠普公司的 Fortify PTA。

7. 配置分析工具。

配置分析工具主要有 Desaware CAS/Tester。

8. 设计模型验证工具。

设计模型验证工具主要有 SDMetrics 公司的 SDMetrics。

三、安全测试工具的选型原则

正如列举的安全测试工具种类繁多，而且同一类型下又有多家公司的不同产品，所以对测试工具的选择可综合考虑以下几个原则。

（一）功能

功能是选择测试工具应首先考虑的问题。在测试工具选型中，并非功能越多越好，工具能够帮助测试人员完成何种工作，效果如何，这是重要的参考因素。另外，考虑测试工具的功能要结合测试的不同阶段，不同测试阶段的测试重点不同，对测试工具的功能需求自然也不一样。

（二）性能

测试工具的性能主要考虑以下因素：测试工具是否可以跨平台使用，尽可用少的工具覆盖尽可能多的平台，以降低成本；工具与操作系统和开发工具的兼容性如何；工具与被测软件的集成能力如何以及各子类工具之间的集成能力如何。

（三）价格

评估工具的性价比，同时关注产品的支持服务和售后服务的完善性，判断是否值得购买。一般尽量选择趋于主流的产品，使用时发生的问题更容易被解决。

（四）连续性和一致性

连续性是指在选择测试工具时，有必要对测试工具的选择有一个全盘的考虑，分阶段、逐步地引入测试工具。在不同的测试阶段，可以预先计划使用相应的测试工具；面对不同的测试类型，能使用的测试工具也不相同。一致性是指使用的测试工具的品牌与兼容性，推荐使用一个系列的测试工具，这样可以在最大程度上避免功能的重复性，提高兼容性。

【同业实例 8－5－1】

某公司使用 Fortify 和 WebInspect 为一家电信公司进行安全扫描，与应用程序负责人和安全相关人员进行紧密合作，在 3 个月内扫描完 5 个使用 C/C＋＋和 Java 技术的应用程序，每个应用程序根据系统的复杂程度不同扫描时间从 10 分钟到 3 天。结果发现 300 多个必须修改的安全漏洞，其中包括跨站点脚本、SQL 注入、XPATH 注入、信息泄露、XML 中毒、过载攻击和内存泄露漏洞等。

第六节　安全测试前瞻性研究

软件安全领域还有大量的工作要做，有些是基础的并且可实现的（比如把软件安全放到标准的软件开发生命周期中），有些则大大超出了现在的能力（比如，自动分析软件的体系结构以寻找安全瑕疵）。学术界和商业试验室的科学家和研究人员正在研究一些更加复杂的问题。美国国家科学基金会建议将下面还未解决的问题作为研究的纲要。

✓ 如何避免在程序内产生安全瑕疵和缺陷。
✓ 如何了解系统什么时候已经受到危害。
✓ 如何设计能够在承受攻击的同时执行预期计划任务的系统。
✓ 如何设计具备安全性，并且能被合理地管理的系统。
✓ 如何对知识产权进行合理的保护。
✓ 如何支持通过技术实现隐私保护。
✓ 如何从不可信的平台上获得可信的计算。
✓ 如何预防/抵御拒绝服务攻击。
✓ 如何量化安全折中。
✓ 如何找出安全系统中的假设条件并将其数量减小到最低限度。
✓ 如何建造程序和系统，并保证能准确知道它们将要做什么以及它们正在做什么。

这些问题显然存在交集，但是由这个清单所衍生的子问题的数量非常大。

在进行安全设计时必须考虑周全。倘若我们希望一个系统具备一组模式和属性，我们就必须确定设计的指导方针和实施的规则。在实施安全测试时就可以按照设计的规则逐一进行验证。基于这种思路，还未解决的问题包括：原则可以提炼成指导方针吗？如何才能将指导方针变化为可以规范实施的原则？什么技术适合于自动分析？

下面是一些还未解决的具体的研究问题：

✓ 解释为什么软件安全问题正不断增加。

✓ 量化、分析和解释缺陷/瑕疵类别。
✓ 进行费用/收益分析以证明越早实施安全越好。
✓ 在需求阶段理清安全的软件和软件安全之间的关系。
✓ 探索如何才能最有效地向学生和专业人员讲授软件安全知识。
✓ 发明和应用测量方法和衡量方法。

【同业实例 8－6－1】

某银行某管理平台对安全性要求和设计如下：

1. 统一用户身份认证。

平台采用与该银行 EUIF（企业级用户信息管理系统）同步的手段，通过 LDAP 进行统一用户身份认证，有控制地开发测试用业务 PC 的 USB 端口。避免不同系统间的用户身份信息同步风险，同时采用统一的权限配置策略，保障用户访问安全性，没有通过身份验证的用户将被拒绝访问受保护的资源。

2. 数据传输安全控制。

平台各系统之间支持数据传输与共享，通过 SOAP（简单对象访问协议）、Web Services（微软提出的基于互联网的开发模型）实现系统间的数据共享和传输。Web Services 使用基于 XML 的消息处理作为基本的数据通信方式，在不改变 Web Services 架构的基础上，增加 Web 服务的安全功能，保证消息的传输、Web 服务等资源的安全。在消息传输方面，主要利用 SOAP 消息的可扩展性，对其进行扩展，通过 XKMS（一种公钥管理规范）密钥颁发的数字证书，把数据中的敏感信息用 XML 加密和签名进行处理，并为其添加时间戳，以此保证平台和客户端之间消息通信的安全。

3. 操作系统层面的防病毒软件。

使用 McAfee 提供操作系统层面的防病毒软件的策略管理，使用 Symantec 进行用户行为监控和报警，保障平台中存储的业务数据的安全性；利用“跳板机”作为中转站，发布外网访问应用程序，同时搭建外网应用专业数据库，隔离内外网数据，保障敏感数据不外泄。

【同业实例 8－6－2】

以下是某银行在安全管理方面的规定。

1. 测试数据原则上不得直接使用生产数据，因特殊原因必须使用生产数据的，须按照生产数据安全管理的有关规定履行审批手续后提取。

2. “测试中心组织实施运行维护专项测试，数据中心负责提出运行维护专项测试需求并参与测试”和“运行维护专项测试报告由测试中心组织编制，并提交数据中心组织评审，评审的内容包括系统的可用性、安全性、兼容性、可靠性、备份与恢复、运行故障测试等专项指标，评审未通过不得进行投产上线”。考虑实际应用中存在着基础环境变化情况，如系统补丁升级，安全加固的因素，对于已经上线运行的系统因环境变化带来的影响如何对应用系统进行回归性测试的问题，建议明确此类事项由谁发起、如何处理等流程或职责。

3. 由于安全性是应用系统的基本特性，一切测试应该是在基础环境安全性符合要求的情况下进行，这就要求系统开发、单元测试、集成测试等功能测试前首先对基本环境的安全性进行测试，而不是简单地将安全性测试与上述测试分开，因此建议考虑基本环境的安全性测试问题。

第九章　如何做好用户体验测试

第一节　为什么要做用户体验测试

一、什么是用户体验测试

用户体验测试就是指在产品交付客户之前，站在用户角度进行的一系列体验试用的活动，属于可用性测试范畴。即通过体验界面是否友好，控件的使用和图标是否合理，操作是否流畅便捷，要求安装是否方便，功能是否达到用户使用等，对系统提出改进建议，提升客户满意度。

二、用户体验测试的重要性

用户体验测试的目的是判定产品是否能让用户快速地接受和使用，或发现产品是否符合用户的习惯。开展用户体验测试的时间尽可能早一些，从而避免在系统即将发布前才发现页面结构不合用户操作习惯，或有些功能对于用户而言需要强化，或操作步骤过繁等问题，此时已为时晚矣。因此，当页面原型完成时就可以进行静态的用户体验测试；在功能测试人员验证主流程已能正常流转后，再次开展用户体验测试。不过这个测试不必像功能测试那样关注细节，更重要的是收集用户的操作习惯和使用感受。

比如用户体验测试可以起到以下作用：

✓ 促使系统更加贴近市场，通过市场反馈，进一步了解市场和用户的需求，改进产品的设计；

✓ 对界面设计有直接的指导作用，增强产品的可用性，便于用户使用；

✓ 减少由于用户界面问题而引起的软件修改和改版问题。

第二节　怎样建立用户体验测试的流程和规范

一、用户体验测试方法

用户体验测试的方法通常有以下三种：

（一）专家评估

专家评估是指邀请经验丰富的专家级测试工程师来使用产品，从专业用户的角度分享使用体会，对产品提出更有效的改进意见。专家反馈的意见更为全面和有效，能够在较短时间获得对系统优化的信息，但专家的建议难免具有一定的个人色彩，因此要避免以“一家之言”代表所有用户的感受。

（二）试用者体验

采取一定的激励措施，招募试用者代表用户提前使用系统，并反馈使用感受和意见。为在节约成本的基础上确保试用效果，选择试用者时需考虑多个方面。如可以从不同年龄层、不同知识阶层、不同职业、不同使用环境等几个方面分别选取试用者，最大限度地保证试用者反馈的意见和建议能够具有普遍代表性，从而确保体验效果。当然，选择试用者也要考虑产品的受众范围，同时，在试用者体验过程中，可以通过录像等方式记录试用者的使用方法和使用习惯。后续由专人对这些行为进行分析研究，从中获得对系统优化有用的信息。

（三）收集用户使用反馈

收集用户使用反馈与前两种方法相比较，由于并非有意按测试场景开展，只是对用户实际使用情况收集反馈意见，因此覆盖范围和效果作用有限，但是优点在于成本相对比较低，适合长期开展，也能够听到用户的真实想法。

通常情况下，用户体验测试可以在产品设计阶段用于测试产品低保真原型，也可以在产品测试阶段或在发布前用于发现可用性问题，还可以在产品发布以后，用于为下一个版本的优化提供依据。一般情况下，根据产品特点、时间等条件的限制，在产品测试阶段或者产品发布以后，开展以发现可用性问题为主的边做边说的用户体验测试的情况较为普遍。

二、用户体验测试流程

用户体验测试主要包括测试准备、测试执行和测试总结三个阶段：

（一）第一阶段：测试准备

1. 编写用户体验测试方案

用户体验测试方案一般包括测试目的、测试实践、测试设备状态、参加测试的人员、目标用户、测试任务、测试任务评价标准和测试用户允许的辅助手段等内容。

2. 招募用户和准备体验室

用户也就是产品的最终使用者或是潜在使用者。根据测试目的不同，可以选择专家评估或试用者体验。试用者招募前面已经提到，需要针对产品对口的用户群体根据年龄层、知识阶层等条件来选择。

正常情况下，用户体验测试都需要在体验室进行，需要进行录音、录屏，或由观察人员观察用户的具体操作，并做详细记录。因此，需要提前准备好体验室。在非正式的情况下，也可以准备一间会议室和多台电脑来进行。

（二）第二阶段：测试执行

测试时由主持人主持测试工作，由1—2名观察人员在观察间进行观察记录，开启录音、录屏设备。首先向用户介绍测试目的、测试时间、测试流程及测试规则。请用户填写基本信息表并签署保密协议；以上工作完成后让用户执行任务。测试过程需要给用户营造一种氛围，让用户假定在真实的环境下使用被测系统。并让用户在执行任务的过程中，尽可能地边做边说，说出自己操作时的想法和感受；反馈收集用户意见，可以对用户执行过程中的疑惑开展用户访谈，收集原因；测试结束后致谢。测试过程中尽量不要对用户做太多的引导，以免影响测试效果。

（三）第三阶段：测试总结

测试完成后需要撰写测试报告。观察人员要对观察的结果进行总结，分析可用性问题，并汇总简要的测试报告，可以不提出建议，以抛出问题为主。确认最终报告后，将测试结果与相关干系人进行分享。确定需要进行优化的问题，并将问题进行分类，明确问题负责人。

三、用户体验测试有哪些内容

用户体验测试的目标可以有这些方面，比如要确保产品和系统对用户有价值，其次是保证系统的安全性、稳定性，再次是用户使用过程是否方便、易用，当然还有用户界面是否美观等。

下面以银行业网站体验为例，说明用户体验测试有可能会体现在哪些方面。一般来说，这类业务的用户体验测试会从网站的可访问性、界面设计、交互设计、导航与搜索这四个部分给出具体的反馈和意见。

1. 可访问性

可访问性最初的描述是，网站内容对于残障用户的可阅读和可理解性。现在的范围已经扩展到了普通用户，即一个网站投入生产前需要验证是否利于普通用户阅读和理解。因此要提高可访问性，一方面需要考虑用户代理的问题，另一方面需要考虑所有影响网站访问的条件，包括用户在视觉、听觉、语言、环境、认知等方面的障碍等。

2. 界面设计

界面是用户使用时最直观的感受，好的界面设计不仅让软件产品有个性有品位，还让软件的操作变得舒适、简单、自由。比如在设计时需要遵循以下原则：

✓ 主次原则（内容比较多，可放空间少，主要的内容先显示，次要的内容搁置在“更多”里；用户面临好几个操作时，也需要分清主次，分清哪些是我们提倡用户操作的，哪些是我们不提倡用户操作的。甚至对于提倡用户操作的还要进一步分清主次）；

✓ 直接原则（能在当前页面完成操作的尽量在当前页面完成）；

✓ 反馈原则（尽量对每个操作做到人机交互，让用户清楚知道目前的状态，减少疑虑）；

✓ 统一原则（界面样式确定后最好所有界面保持统一，降低用户的认知难度，即不要出现多种不同样式）；

✓ 对称原则（例如界面内容展开和收起是对称的功能，有依存关系，展开后能收起，收起后能展开；用户反悔时能返回原来的操作等）；

✓ 少做原则（让用户选择大于用户输入，尽量做成让用户可以选择，降低难度）。

3. 交互设计

在网站上的行为一般要求：

操作前，操作可识别、结果可预知；

操作时，操作有反馈；

操作后，操作可撤销。

4. 导航与搜索

导航的种类包括嵌入式导航和辅助性导航。嵌入式导航包括全局导航、区域导航、情景式导航。辅助性导航是指通过站点地图、索引目录或者系统指南等形式提供的辅助导航方式。辅助导航一般用于系统主要导航方式的补充，提供给用户多样化的导航方式，且不会破坏整体导航体系的结构。

第三节　怎样选择和部署测试工具

用户体验测试主要是让用户亲自去使用产品，通过在使用产品过程中的感受和反馈来检测产品是否达到要求。所以在用户使用产品的时候不需要部署测试工具，但为了更好地记录和分析用户反馈和感受，可以采用一些辅助性工具。通过辅助性工具实施可协助测试人员客观和科学地去评估和发现问题。

根据搜集数据的类型和方式，可以把用户体验测试的方法大致分为主观测试和客观测试两大类。其比较如表 9－3－1 所示。

表 9－3－1

方法	数据类型	搜集方式	适用处	注意点
主观测试	用户主诉	问卷、讨论和会议	产品设计的不同阶段	研究误差
客观测试	仪器记录	实验室或现场	原型和成型产品的评价	实验控制

在客观测试过程中使用的工具主要如下。

（一）眼动仪

眼动仪是一种专门用来记录人眼观察时各种数据（如首视点，眼动轨迹，瞳孔变化）的专门设备。另外，眼动仪配备的专用软件可记录用户使用被测软件过程中的眼动数据（扫描路径，注视点驻留时间和分布等）。根据这些数据，可以用来评价被测产品的可用性。眼动仪是心理学基础研究的重要仪器。眼动研究在工效学（人机交互）领域有着广泛的应用，在软件应用方面，眼动追踪技术对网站可用性的研究主要包括对网页浏览习惯的研究和网站页面布局的研究两个方面。其中，对网页浏览习惯的研究主要是通过观察分析网民的网页浏览数据来获取相关资料，从而对网页的结构、设计、内容等对网民的影响力做出判断，并且进一步推断出网站如何实现最优布局才能对网站受众产生最大的视觉和心理影响。

（二）动作分析仪

动作分析仪主要用来记录分析用户操作特定产品时的操作特征（如脸部表情，操作轨迹和操作时间）。有些先进的工具可以使研究模式由单纯的记录转向通过多种模式和数据进行记录和分析的方式。甚至可以兼容广泛数据来源的整合平台，包括录像机、数据获得系统、事件记录工具等。通过动作分析仪记录和分析的综合指标包括如下：

✓ 完成特定任务的时间；

✓ 完成特定任务的正确率；

✓ 运动点在不同区域移动的路径；

✓ 运动点在特定区域中停留的时间。

（三）实时监控设备

实时监控设备主要用来对焦点小组讨论进行实时记录（如声音和图像），包括产品操作行为（特别是大动作）的图像和语音记录，它是可用性测试实验室的常用设备。

第四节　怎样设计和实施用户体验测试

一、如何设计测试任务

一是根据需求精准定位目标群体，明确测试目标。

二是列出任务清单，简单描述测试中涉及的任务（内部使用）。任务不宜过多，但必须是重要的、核心的，觉得可能会有问题的任务。

三是设计用户场景，必须包含用户行为的目标和动机。设计场景时，需根据我们所了解的用户可能使用产品的过程和偏好进行设计，要步骤清晰、易操作，而且能准确模拟用户实际使用环境。

四是明确实际测试前需要准备的工作。

二、如何找用户

（一）需要什么样的用户

首先需要明确，选择的用户一定是产品的最终使用者或是潜在使用者，重点选择软件产品定位的目标客户群体，如年龄要符合产品的目标年龄层、男女比例要符合产品目标用户比例等。也可以根据需要，选择新手用户、普通用户或者高级用户。

（二）需要多少个用户

这个问题可以通过尼尔森的经典图表来说明（见图9－4－1）。

从图9－4－1来看，前期用户增加能够发现的问题也递增，5个用户之后边际效益

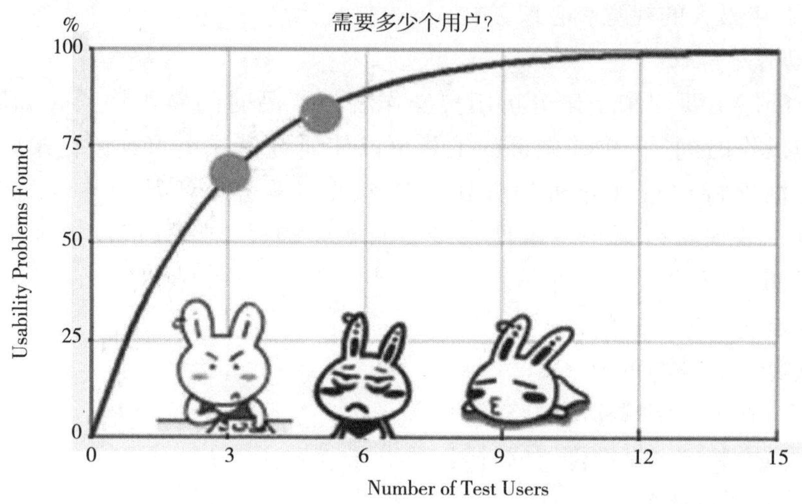

图 9－4－1

逐渐递减，因此尼尔森经典理论认为 5 个用户产生的效用最大。但业界对于 5 个用户是否足够有很多争议。从实践情况来看，如果选择的人员合适，对问题的设置合理，5 个用户确实可以发现明显的、严重的可用性问题了。

（三）如何找用户

一般情况下，可以请一个专门招募可用性测试的测试用户的公司来帮助招测试用户。如果有比较准确的用户列表，也可以邀请其中的用户参与。也可以通过找同事、朋友、朋友的朋友，又或者是网站论坛发广告等来寻找。另外，如果比较早地招募了用户，他们就可能到时改变主意或者遗忘，所以不要提前一周以上招募用户。

三、如何进行测试

（一）主持人做什么

1. 测试前

自我介绍；

解释测试的目的和时间；

向用户强调测试的对象是系统而非用户；

请用户尽量“出声思维”；

告知测试会录像，但结果完全保密；

签署保密协议；

可询问用户的职业、产品使用情况、平时的产品偏好；

请用户随意浏览，但不要操作。

2. 测试中

（1）用户执行任务时：

宣读任务；

不要以任何方式表现出用户正在犯错或者操作太慢；

仔细地观察，并认真聆听用户的建议；

识别用户的情绪，必要的时候选择停止任务；

用户遇到困难时尽量不要提供帮助，可给予适当鼓励；

在用户完成一个场景时可适当地问“为什么刚才这样操作”，但尽量简单。

（2）问题探讨时：

询问那些在过程中想深入询问但没有询问的问题；

询问在观察人员关心的问题。

3. 测试后

感谢用户给予奖励，并与用户道别；

保存录像文件；

组织大家整理记录；

清除记录，准备下一场测试。

（二）记录人员做什么

无论是实时观察（可采用有专门的体验室或者工具），或是通过回看录像来观察，记录时更多的是要关注用户的使用过程。记录问题时不要急于讨论问题的解决方案，可以留待测试完成后或者大家讨论时进行。

四、如何分析问题

在完成测试后，需要主持人和观察人员快速地将有用的信息整理出来，把用户相关的操作、提出的问题和我们自己发现的问题迅速写出来。然后找出最严重的问题，快速地修复它们。

总之，在进行完新一轮的设计优化后，可能还会产生新的可用性问题，用户体验测试只有反复迭代才能达到一定的效果。

【同业实例 9 -4 -1】

下面以迷你屋用户体验测试为例，说明如何进行一场简单的以发现问题为主的边说边做法用户体验测试。

1. 测试前的准备。

（1）编写测试脚本。

为用户测试拟定一个提纲、制定测试任务。任务有装扮一个迷你屋、在迷你屋中冒泡、让好友的 QQ 秀形象展现在自己的迷你屋中。

（2）用户招募。

选择了 2 名公司内部员工和 2 名学生用户，其中 2 名有旧版迷你屋使用经验，2 名无旧版迷你屋使用经验。这 4 名用户发现的问题重叠率高，且发现的问题基本处于收敛状态，因此，4 名用户足以说明问题。

2. 测试执行。

迷你屋用户测试由 1 名主持人主持和 1 名观察人员进行观察记录。主要经历了以下过程：

（1）向用户介绍测试时间、流程和规则。

（2）给用户营造一种氛围，让用户假定在真实的环境下使用迷你屋，进行测试。

（3）基于用户执行过程中的疑惑进行用户访谈，收集原因。

3. 测试后总结。

将用户反馈的问题进行总结，并与相关人员进行讨论，最后将讨论结果汇总。

另外，有些公司搭建了专门用户试验室环境，在新产品发布之前，放置配备新产品的设备，除了正式招募非研发部门的人员进行正式体验测试之外，内部员工在闲暇之余也可以自由使用，并在体验后提出反馈。

第五节　用户体验测试前瞻性研究

移动互联网飞速发展的今天，用户越来越重视体验。当前软件开发都是以用户需求为中心。尽管这些软件在开发过程中已经经过软件项目团队的专业测试人员测试，但很多软件的用户体验并不好，甚至经常被用户抱怨。测试人员要在开发阶段，找到与用户体验有关的问题非常困难。因为测试人员作为专业的软件从业人员，其出发点不同，很难准确识别软件的一般用户体验的问题。

随着测试理念和技术的不断推陈出新用户体验测试在新的测试组织模式和测试新技术条件下同样获得新的发展。

一、A/B 测试技术下的用户体验测试

在产品设计和运营中，经常会面临多个产品设计和运营方案的选择的情况，比如网站主题色是用蓝色还是用红色，按钮是放上边还是放下边。传统的解决方法通常由项目经理、某位专家或领导来拍板，实在决定不了时，也可以抽签选一个上线。虽然传统解决办法多数情况下也是有效的，但被废弃的方案效果可能更好，缺少数据说明。现在，A/B 测试可能是解决这类问题的一个更好的方法。

A/B 测试是一种流行的方案比较方法，通过比较，选择出更好的方法，可以用于提高流量到订单的转化率和用户注册率等指标。简单来说，就是为同一个目标制订两个方案（比如两个页面），将一定比例的产品的用户流量分割成 A/B 两组，一组试验组，一组对照组，两组用户特点类似，并且同时运行。试验运行一段时间后分别统计两组用户的表现，再将数据结果进行对比，就可以科学决策。比如 50% 用户放在 A 组，看到蓝色主题页面，50% 用户放在 B 组，看到红色主题页面，结果 A 组用户注册率为 26%，高于 B 版本的 11%，我们就可以判定 A 组方案胜出，然后将 A 组方案本页面推

送给所有的用户。在网站或 APP 的日常运营过程中，A/B 测试使用更加广泛。通过 A/B 测试实验提供了一个科学且量化的方式来评估不同方案对用户的影响。

二、众测模式下的用户体验测试

企业能够通过众测模式在产品正式上线前，收集用户的反馈，进而改进产品，提升用户体验。由于已经有大量用户在产品推测前通过外包形式参与测试，他们发现的问题已大部分或全部被修复，其产品质量达到了更高水平，能有效满足真实用户的需求。

众测并不是传统测试的替代品，而是由不参与项目的人来完成的传统测试，他们代表了各种不同的用户，一方面，可以进行传统的功能测试，找出缺陷。另一方面，可以进行探索式测试，并提供用户体验反馈。

国内众测公司发展十分迅速，已经有一些 IT 公司提供形式各样的众测服务。金融行业由于自身的行业特点，测试人员要熟练掌握业务流程，对用户体验、安全和质量方面都有更高要求。此外，由于行业竞争，在新产品上线前一般处于保密状态。所以，没有着力发展众测。但在部分移动应用方面，不少金融机构也开始进行逐步探索，取得了一定进步。例如，已经有银行做了“第一个吃螃蟹的人”，与第三方众测平台合作开展针对用户验收测试的众测合作。用户验收测试更注重用户体验，该过程就可以充分结合众测方式收集用户反馈的特点。本书也有专门篇幅对此进行了描述。

第十章　如何做好兼容性测试

第一节　为什么要做兼容性测试

一、兼容性测试的重要性

随着软件运行的硬件设备、操作系统、应用系统等环境构成的多样化，一个软件是不是能在不同的运行环境中都可用尤其是否覆盖其目标用户群体的使用环境就成为各方普遍关注的问题。如果一个软件在用户更换设备、升级操作系统，或安装其他软件后就无法正常运行，那必然会造成用户不满、客户流失，甚至影响银行产品的经济效益。特别在移动应用快速发展的时代，移动设备、操作系统的多样化对移动应用软件的兼容性提出了更高要求。因此，软件兼容性早已成为衡量软件质量的一个重要指标。而兼容性测试也就随之成为发现软件兼容性问题的重要手段。

二、什么是兼容性测试

兼容性测试是指测试软件在特定的硬件平台上、不同的应用软件之间、不同的操作系统平台上、不同的网络等环境中是否能够很友好运行的一种测试活动。简单地说，兼容性测试就是测试软件在某一特定环境下与其他软件的协调性。

比如以下都可以是兼容性测试：

✓ 测试软件是否能在不同的操作系统平台上兼容，或测试软件是否能在同一操作系统平台的不同版本上兼容。

✓ 软件本身能否向前或者向后兼容。

✓ 测试软件能否与其他相关的软件兼容。

✓ 数据兼容性测试，主要是指数据能否共享，包括软件不同版本间的数据共享和不同软件间的数据共享。

✓ 软硬件配合兼容，主要是指测试软件能否在不同的硬件配置下正确运行。

如手机系统需要考虑网络环境兼容性测试，分辨率兼容性测试等。

三、何时做兼容性测试

在软件开发过程中，或软件使用环境发生变化时，均可进行兼容性测试，包括但不限于以下情况：

软件安装环境中的操作系统或平台发生变化时可做。例如，现在公司计划统一使用 Windows 10 操作系统替换 Windows 7 操作系统，需要测试公司自行开发几款办公软件在 Windows 10 的操作系统上是否正常工作。

软件安装环境中的相关的软件发生变化时可做，例如，某公司开发的 A 工具软件在 Windows 10 情况下，可以正常使用。现在公司计划开发 B 工具软件，作为对 A 工具软件的补充，需要测试 B 工具软件和 A 工具软件的兼容性。

在对软件产品进行升级时可做。例如微软在开发 Word 2016 时，需要测试 Word 2016 能否正常处理 Word 2015 生成的文件，保证其兼容性。

软件系统涉及的硬件发生改变时可做。例如，某网银软件中包含了身份验证功能，设计该网银软件时，是针对 A 品牌 01 型号硬件加密组件设计的，现要求使用 B 品牌 01 型号硬件加密组件，这时，需要测试网银软件是否和 B 品牌 01 型号硬件加密组件兼容。

软件系统的组成部分发生改变时可做。例如，数据库系统从 A 改变为 B，要进行兼容性测试，确保当前软件系统和 B 数据库完全兼容。

第二节　怎样设计和实施兼容性测试

一、明确兼容性测试需求和目标

用户需求和项目规格说明的兼容性需求是兼容性测试的重要依据。开展兼容性测试需要了解软件的设计的需求。比如软件今后在何种环境与什么应用软件保持兼容。如果开发的软件是一个平台，那么会有哪些应用程序运行在该平台上？该软件应该遵守何种软件之间交互的标准或者规范？软件使用何种数据与其他平台和软件交互和共享信息？不同的硬件条件下，软件是否能正常运行？

二、兼容性测试环境的选择

根据兼容性测试目标，需要规划兼容性环境正交权重表，按照兼容性测试环境的优先级的高低可分成三个部分：

主要兼容性的测试：根据主要软硬件配置表部署好测试环境，日常进行的测试均在该测试环境下进行。

次要兼容性测试及其他配置的兼容性测试：根据次要软硬件的配置表部署好测试环境，在主测版本稳定期针对性地选择相关的兼容性测试案例在该配置上进行相关兼容性测试，查看兼容性测试结果，尽早发现问题并提交解决。

对未声明支持或不支持配置的兼容性测试：可选择性地在项目结束前对未声明支持或者不支持的硬软件配置下选择案例进行相关兼容性（优先级为低），测试结果给项目人员作为参考。

三、兼容性测试资源的选择

为了能够在日常的测试中发现兼容性缺陷，我们一般将测试人员分组，使用不同的主要兼容性测试配置。当现有的软硬件无法满足主要兼容性测试需求，向相关干系人提出购买或租借申请，找到解决方案，也可将兼容性测试任务纳入日常测试的小组，在为日常测试小组配置设备和环境时，就考虑到兼容性测试的需要提前部署。

（一）测试案例的选择

兼容性测试难以覆盖全部的测试案例，为最大化保证测试覆盖率和测试效率，我们可以基于以下原则，选择测试案例：

选择高频次最核心交易业务的测试案例。

选择使用特定控件的业务的测试案例。

选择使用特定外设的业务的测试案例。

（二）测试的时机

兼容性测试从项目初期开始到产品发布前结束，可以按测试阶段，设置里程碑。对于某些商用软件来说，在 B 测试中，由于客户会将软件部署在不同的使用环境中，可以在更广泛的软硬件环境中，测试产品的兼容性，提高产品的质量，为产品带来更广阔的市场前景。

（三）测试执行

兼容性测试的执行方式可以包含自动化执行，手工执行，自动化测试与手工测试相结合。

目前，自动化测试一般无法满足全部的兼容性测试的需求，如图形化界面显示整齐、美观。但可以利用自动化测试执行速度快的优势，得到一个基本的兼容性测试结果，了解兼容性的大致全貌。在此基础上，再结合手工测试，提高兼容性测试的需求覆盖率。在手工执行软件兼容性测试的时候，为了提高测试的检查点的准确性，可以将手工测试人员进行分组，轮换测试。

测试执行策略：以网页浏览器兼容性测试为例，分析用户浏览器份额，比例是否兼容用户使用较多的浏览器对于业务影响力最大，故需优先解决此类的浏览器的兼容性缺陷。

（四）估算兼容性测试成本

确定了兼容性测试目标、测试环境、测试案例、测试时机，测试执行方式，就方便估算兼容性测试成本了。可以使用专家评估法和类比估算法来估算测试成本。

（五）测试报告

兼容性测试结果可以以报告的形式展示出来。其内容包括兼容性环境配置单，兼容性测试案例数，兼容性缺陷列表，兼容性缺陷数目，缺陷修复数目，缺陷遗留的数目，以及对于该产品或项目的兼容性评价和建议及其他风险提示。

【同业实例10－2－1】

某银行测试中心开展了Win10（OEM版）升级兼容性测试，以验证业务应用系统在更高版本操作系统环境中可以正常运行（向上兼容）。

一、测试目的和测试范围

通过搭建柜员终端环境（UAT环境），选取高频交易场景、典型交易场景、外设连通性场景，设计通过性测试案例，在WIN10（OEM）系统和WIN7系统上进行对比测试，验证相关应用是否能够在WIN10（OEM版）操作系统上正常运行。主要包括以下三部分：

1. 验证高频交易在WIN10（OEM）＋IE11环境下运行是否正常。

2. 验证特殊客户端、特殊控件（如安全加密、动态验证码）、视频图像、验印、高频报表、涉及集中营运的应用系统等特殊交易在WIN10（OEM）＋IE11环境下运行是否正常。

3. 验证打印机、交互屏、扫描仪、金卡键盘等常用外设驱动在WIN10（OEM）环境下运行是否正常。

二、测试环境准备

根据测试目的和内容，准备了部分预装WIN10（OEM版）操作系统、IE11浏览器的PC机作为自动化测试用机和手工验证用机，部分预装WIN7操作系统、IE10浏览器的PC机作为对比测试用机，以及相应的外设设备。

采用某期常规投产变更版本UAT环境测试数据作为测试数据。

三、测试过程

（一）测试案例的选择

对已有高频交易案例的系统，复用原案例。对无高频案例的系统，选取供用量最大、排名最高的交易列表，编写相关交易的通过性测试案例。

对于特殊客户端、特殊控件（如安全加密、动态验证码）、视频图像、验印、涉及集中营运的应用系统等特殊交易，与开发团队沟通评估典型交易列表，编写相关交易的通过性测试案例。

（二）测试执行

1. 高频交易案例采用自动化测试方式执行。测试中心主要采用自动化测试方式。利用开发的自动化测试平台，首先将测试案例转化为执行代码，然后部署在自动化测试用机和对比测试用机上自动执行，生成测试结果后进行比对。

2. 对于特殊客户端、特殊控件（如安全加密、动态验证码）、视频图像、验印、涉及集中营运的应用系统等特殊交易采用手工测试方式执行。分别在WIN10系统手工测试用机和对比测试用机上分别执行相关案例，得到测试结果后进行比对。

3. 对于打印机、交互屏、扫描仪、金卡键盘等常用外设驱动的兼容性测试使用外设服务自带的联通性测试工具进行测试验证。测试时需考虑测试中心现有库存常见外设品牌的覆盖。

（三）测试报告

根据测试结果形成测试报告。

第十一章　如何做好移动应用测试

第一节　怎样理解移动应用测试

一、什么是移动应用测试

移动互联网的发展将互联网带入了人们的日常生活，而移动应用软件是最关键的载体，人们随时随地都可以通过移动设备查找信息资讯、处理工作、在线购物、投资理财、分享心情等，而能满足用户这些需求的就是各式各样的移动应用软件。银行目前也不断地推出各类移动 APP 或在已有的 APP 里面扩充新的服务功能。

面对发展迅速的移动互联网应用市场，基于移动应用的软件测试也越来越重要。用户会关心这些移动应用质量如何，在使用上是不是很容易上手、功能是不是简单易懂、界面是否美观、用户操作是否安全等，这些就是移动应用测试应该重点关注的内容。而银行则关心怎样提高这些 APP 的用户黏度，怎样迎合更多的用户场景，怎样更快地推出新的功能，怎样更早地支持新上市的移动设备。

相对于传统的软件测试注重软件功能的正确性和健壮性，移动应用的测试更注重用户体验、安全性、兼容性等内容。

移动应用的特点，也为我们带来了新的测试挑战，这些挑战包括：

✓ 差异化。

移动设备正在以惊人的速度改变和发展。每年市面上都会产生数百款新的设备，不同厂商推出的各种品牌、型号的移动设备在屏幕尺寸、分辨率和操作系统等方面均存在差异化，这些或大或小的差异化均会导致应用出现问题。

✓ 紧迫性。

为了适应市场竞争，移动开发必须快速，需要以极短的时间设计、构建、测试和发布软件。常规的手工测试根本无法跟上敏捷的移动应用世界的步伐。

✓ 风险高。

糟糕的应用质量可能会损害企业的声誉。由于用户会对应用进行评分和公开评论。因此，如果发布了低质量的移动应用，会对企业和用户造成难以想象的损失，甚至会导致灾难性的后果。

✓ 复杂性。

由于移动应用变得日益复杂且伴随新技术的应用，如基于位置的近场通信（NFC）

等，相应的测试工作也变得日益复杂。

二、移动应用测试与传统应用测试的区别

要认识移动应用测试与传统应用测试有什么区别，我们先要来看移动应用与传统应用的差别。

（一）技术架构的区别

从技术架构上讲，各自的操作系统是不同的。我们使用电脑的时候基本上不会关注电脑的品牌，使用方式大都相同。而使用移动设备的时候，我们则很关心是哪个牌子的，操作系统是什么。即使是 Android 系统，我们也要搞清楚是什么版本。此外移动应用可能还要关注通信领域，如用的是什么样的网络等，这在传统应用中很少会涉及。

移动应用的三种开发模式。

1. 原生语言（Native）应用

原生应用是专门为移动平台开发的，比如 iOS、Android 和 Windows Mobile 等。其优点是，所有的用户界面 UI 元素和逻辑框架都安装在手机上，可以调用手机上的几乎所有功能（GPS 和摄像头），运行速度更快、用户体验更好，可不联网使用。缺点是开发成本高，兼容性差，支持设备非常有限。

2. Web 应用

Web 应用本质上是为智能手机浏览器设计的基于 Web 的应用，它们是用普通 Web 开发语言开发的，可以在各种浏览器上运行。Web 应用的优点是支持设备广泛，较低的开发成本，可以即时上线，用户无须安装，就可以直接使用最新版本。缺点是需要联网，用户体验相对较差，对手机的硬件使用有限制（摄像头、GPS）。

3. 混合应用

混合应用是原生应用和 Web 应用的结合体，采用一部分原生应用和一部分 Web 应用，所以应用必须部分在设备上运行、部分在 Web 上运行。混合应用的优点是兼容多平台，顺利访问手机的多种功能，应用商店中可下载，可线下使用。随着手机硬件配置的升高，用户体验某种程度上得到用户认可，性能大幅提升。

（二）用户界面的区别

传统应用主要是在 PC 端使用，而移动应用则是拿在手中随时随地地使用。传统的主要是用鼠标进行，而移动应用主要是通过手指来完成操作，传统应用操作方式不一样，手指的精确度和鼠标相比要差一些。所以很可能在模拟器上测试认为没有问题，但是用真机测试，就有可能发现使用不便捷，甚至无法使用的情况。这在传统应用测试上几乎不会发生。

移动应用测试和传统应用测试可以采用同样的测试方法、流程和工具，但又具有一定的差异性。由于移动应用系统里人机交互频繁、人性化要求高，所以需要从两个角度考虑：一方面从开发人员的角度思考，要求移动终端系统提供足够证据来证明其功能是可行的；另一方面则从使用移动终端的用户角度出发，关注的是移动终端系统

的缺陷和不足信息。

三、移动应用测试的特点

由于移动设备和移动应用软件的特点，决定了移动应用测试有如下几个特点：

一是由于受移动设备屏幕大小和手指触控面积的限制，展示界面不能过于复杂，因此测试时需要注意界面美观和简洁度的测试；另外，测试时需要考虑各功能的相应区域是否准确，触发时是否会相互影响。

二是由于不同移动设备的操作系统、屏幕大小、分辨率、媒体格式、机型等都会影响到移动应用产品的运行，因此必须要开展兼容性测试，检验不同设备上应用的运行情况。

三是由于内存限制，并且某些移动应用采用的是 C 一类的语言编写，很容易出现内存泄露、越界等问题，还有当断电、重启、断网等意外情况发生时，移动应用是否会有正确的反应，因此需要开展系统测试。

四是有些移动应用需要满足特定标准规范的要求，因此，测试人员需要对照标准规范对移动应用程序开展基线测试。

五是移动应用产品更新版本较快，安装、卸载操作频繁，因此测试时需要考虑卸载后资源空间的释放、用户数据的处理，版本更新后原有数据是否同步保存、登录数据的展示等。

四、移动应用的测试方法

（一）模拟器测试

有些移动设备厂商会为开发人员提供软件开发工具包，包含用于测试和调试的模拟器。这些工具还允许测试人员在各种配置和设备中分析和测试应用程序，并且没有物理设备的局限。模拟器测试的好处是其测试所需的代码并不需要由一个可信方来签署就可以在模拟器中运行。

（二）真机测试

使用真机进行测试比用模拟器测试能覆盖更多的场景，如使用 SMS、GPS、相机、蓝牙等。不过，由于缺乏对底层操作系统和应用签名要求，这种测试在部署测试所需代码上又受到了一定限制。而且采购测试用机的成本也是银行很大的一笔开支，更别提由此带来的管理成本。

第二节　怎样建立移动应用测试的流程和规范

移动应用的测试流程跟传统应用大致保持一致，按测试类别可以分为功能测试、兼容性测试、性能测试、安全测试、用户体验测试。此外，还需考虑移动应用测试特有的几项测试：安装卸载测试、升级更新测试、交叉事件测试、硬件环境测试、接口测试、客户端数据库测试。

一、移动应用测试流程

移动应用测试流程，同样是在充分理解业务需求和需求规格说明书之后，制订测试计划、分析测试需求和设计测试案例，同时按需求准备测试环境，在得到审批后开始执行测试，检测出的缺陷得到修正之后执行回归测试，最后分析测试结果、编写测试报告（见图 11－2－1）。

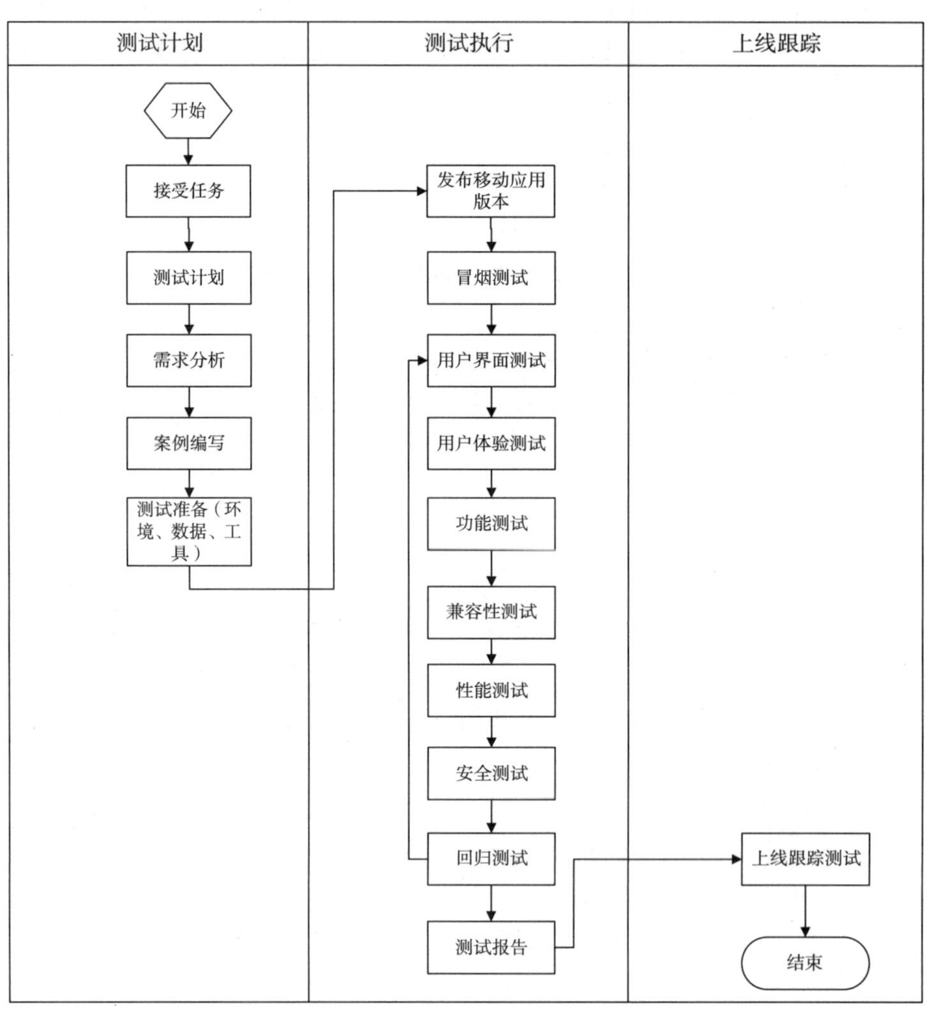

图 11－2－1　移动应用测试流程

移动应用的测试同样需要在功能和非功能多个方面分别开展。功能测试关心的是需求中要求实现的功能是否已经按要求实现、功能是否健壮；安全测试关心的是应用的安全，包括用户权限、数据安全、通信安全等方面的内容；性能测试关心的是应用的操作能否快速得到结果等；用户体验测试关心的是用户使用应用的主观感受，包括人机交互、操作便捷易懂、导航清晰等内容。这些测试类型在移动测试中，没有严格的先后执行顺序，通常情况下，测试计划的制订人员可以根据项目的实际情况，对测试内容进行裁剪，安排测试的优先级。

与传统应用测试重视功能测试不同的是，移动应用的功能测试优先级并不高，而用户体验测试与安全测试的优先级比较高，这一点与移动应用本身的特点有关。因为移动应用的用户，一旦对应用的体验不好，则会立刻抛弃该应用，即使功能再完善，也不能吸引用户继续使用，所以抓住用户眼球，提高用户黏度是最重要的。其次，由于互联网金融的发展，现在移动终端都具备支付、转账等功能，移动应用的安全性备受关注，所以安全性测试在移动应用的测试中，优先级也比较高。

二、移动应用测试的具体测试内容和要求

下面列举一下各类移动应用测试可能需要关注的内容和要求。

（一）安全测试

移动应用的安全测试主要包括软件权限、安装与卸载安全性、数据安全性、通信安全性和人机接口安全性五个方面。

软件安全包括有无异常扣费、隐私泄露方面的风险控制；有无对输入有效性校验、认证、授权、敏感性数据存储、数据加密等方面进行检测；有无对应用的用户授权级别、数据泄露、非法授权访问等进行检测。

安装与卸载安全性包括软件安装后是否正确安装到设备驱动程序上；是否包括数字签名信息；卸载时有无全部卸载、其配置信息有无复原、有无影响到其他软件的功能。

数据安全性包括保护数据免受未经许可而故意或偶然的传送、泄露、破坏、修改的性能，或标志程序和数据等信息的安全程度的重要指标。即保护数据不被破坏或泄露，防止被非法修改，防止不合法地访问或使用影响程序和数据的安全程度。明确录入的密码或敏感数据是否会存储在设备中，密码是否会被解码、是否以明文形式显示。通常采用口令保护和加密等安全技术。

通信安全性包括应用程序运行过程中，如果有来电、短信、蓝牙等通信或充电时，是否能暂停程序，优先处理通信，并在处理完毕后能正常恢复应用程序，继续原来的功能；应用程序是否能处理网络异常或连接中断并告知用户情况。

人机接口安全性包括返回菜单时总保持可用状态；命令有优先权顺序；声音的设置不影响程序的功能；利用目标设备适用的全屏尺寸显示内容；能处理不可预知的用户操作。

（二）安装卸载测试

安装卸载测试指验证移动应用是否能正确安装、运行和卸载，以及操作时对资源的占用等情况。安装时需注意检测软件在不同操作系统下安装是否正常；软件安装后

是否能够正常运行，安装后的文件夹及文件是否写到了指定的目录里；软件安装的各个选项是否符合需求；软件安装过程是否可以取消，点击取消后，写入的文件是否按照需求处理；软件安装过程中意外情况的处理是否符合需求；安装空间不足时是否有相应提示；安装后，是否生成多余的目录结构和文件；对于需要通过网络验证之类的安装，在断网情况下尝试一下；还需要对安装手册进行测试，依照安装手册是否能顺利安装等。

卸载软件时也需要关注直接删除安装文件夹卸载的提示信息是否与需求一致；测试软件自带的卸载程序；测试卸载后文件是否全部删除所有的安装文件夹；卸载过程中，是否出现意外情况的测试（如死机、断电、重启）；卸载是否支持取消功能，单击取消后软件卸载的情况；系统卸载 UI 测试，是否有卸载状态进度条提示等。

（三）用户界面测试

用户界面测试指测试用户界面（如菜单、对话框、窗口和其他控件）的功能模块的布局是否合理、整体风格是否一致、操作界面是否满足客户要求、文字是否正确、命名是否一致、页面是否美观、文字、图片组合是否完美、操作是否友好等。

用户界面测试的目标是确保用户界面会通过测试对象的功能来为用户提供相应的访问或浏览功能。确保用户界面符合本行或行业的标准，包括用户界面友好性、人性化和易操作性标准。

（四）功能测试

与传统功能测试类似，根据软件规格说明书或用户需求验证应用程序的各个功能是否实现。除此之外，需要重点验证应用程序的运行状态、程序之间的切换、前后台切换是否正常；是否有免登录功能、数据更新是否符合逻辑；是否具备离线浏览功能；应用程序更新是否正常；应用程序的版本是否正常；用到移动设备常用功能（定位、时间、相机等）需要进行前后台的切换测试，检查应用是否正常；应用程序的消息推送在真机测试时是否正常。

（五）性能测试

性能测试主要评估应用程序的时间和空间特性。比如各种异常情况下，应用程序中的各类操作是否满足响应时间要求；反复或长期操作下，系统资源是否占用异常；典型用户应用场景下，系统资源的使用情况是否正常。当然除此之外，也要关注应用程序是否能够按照设计正确响应。

（六）交叉事件测试

交叉事件测试又叫事件或冲突测试。测试对于正在运行的应用，被另外一个事件或操作（来电、短信、音乐收听等）干扰时，是否会影响本身的正常运行。交叉事件测试能够发现很多移动应用潜在的性能问题。举例如下：

✓ 多个程序同时运行时是否影响正常功能；

✓ 程序运行时前后台切换是否影响正常功能；

✓ 程序运行时拨打/接听电话；

✓ 程序运行时发送/接收信息；

✓ 程序运行时发送/收取邮件；

✓ 程序运行时切换网络（3G、4G、5G、WiFi）；

✓ 程序运行时浏览网页；

✓ 程序运行时使用蓝牙传送/接收数据；

✓ 程序运行时使用相机、计算器等自带设备。

（七）兼容性测试

一是测试移动应用程序与本地及主流程序是否兼容，基于开发环境和生产环境的接入方式不同，需要检验移动应用在各种网络连接下，程序的数据及其应用是否正确。

二是与各种设备是否兼容，包括不同操作系统的兼容性、不同设备屏幕分辨率的兼容性、不同设备品牌的兼容性等。

（八）回归测试

回归测试是指缺陷已修复且在新版本发布后，需要再次进行的测试，一般在交付前要进行全量案例的回归测试。

（九）升级更新测试

软件新版本发布后，移动应用在不同网络环境的自动更新提示和下载、安装、更新、启动、运行的验证测试，主要有：

✓ 测试升级后的功能是否与需求说明一样；

✓ 测试与升级模块相关的模块的功能是否与需求一致；

✓ 升级安装意外情况的测试（如死机、断电、重启）；

✓ 升级界面的 UI；

✓ 不同操作系统间的升级测试。

（十）用户体验测试

以用户的角度去体验产品或服务是否使用方便、是否有用、易用、界面是否友好等，有效评价产品的体验特性，提出修改意见，以提升产品的潜在客户满意度。

✓ 是否有不可点击的效果，如按钮灰显等；

✓ 菜单层次是否太深；

✓ 交互流程分支是否太多；

✓ 相关的选项是否离得很远；

✓ 一次是否载入太多的数据；

✓ 界面中按钮可点击范围是否合适；

✓ 标签页跟内容是否有从属关系，当切换标签的时候，内容跟着切换；

✓ 操作应该有主次从属关系；

✓ 是否定义回退的逻辑，涉及软硬件交互时，回退键应具体定义；

✓ 是否有横屏模式的设计，是否有自适应设计。

（十一）硬件环境测试

硬件环境测试指移动设备在开锁屏、切换网络、前后台切换、关机、重启、充电、进程重开时，对运行中的程序的影响；在无网络、网络信号强度不好时，检查程序功能状态是否正常，数据是否一直处于提交中的状态，有无超时限制，如遇数据交换失败时有无提示信息；服务器宕机时是否对异常进行处理。

【同业实例 11－2－1】

2007 年，某公司的第一款手机上市，开启了智能手机的新时代。良好的操作便捷性，界面、按键的舒适度，高效、稳定的处理速度，优秀的多媒体处理能力等多方面获得广大用户的好评，使之成为全球最受欢迎的手机。我们从以下几个方面分析苹果手机的用户体验测试。

（1）操作方式。

在此之前，没有人想到，仅仅动动指头就可以随时随地上网，并任意分享照片、视频和生活片段。操作方式的便利性是用户体验测试的一个重要方面。

（2）界面布局。

无论是屏幕表现力，还是操作易用性，该手机的客户体验都是不错的。界面布局是否简洁、时尚；多点触控是否流畅等，是界面测试的检查内容。

（3）功能流程。

随便拿起一款该手机，用户能否很快、很容易地熟悉如何操作。按键是否简洁、按键操作是否方便、操作步骤是否符合使用逻辑，是该手机对于功能操作流程的要求。

（4）安全性。

智能手机由于拥有了开放式的操作系统，就像电脑一样，容易遭受病毒的攻击。因此，是否有严格的应用审核机制、操作系统是否具有严密的防病毒措施，是安全性测试关注的内容。

（5）生态环境。

智能手机的软件和硬件是否具有良好的生态系统，配套的硬件型号、应用商店、支付方式、开发方式等是否具有相同的策略，避免出现碎片化。

【同业实例 11－2－2】

以下是某公司移动应用测试流程和规范介绍。

1. 测试任务安排。

测试组长制定测试任务进度表，经过审核后，根据进度表给测试人员分配测试任务。

2. 内容审核。

对被测应用的内容和版权进行合法及合规性检查。

3. 预审。

对被测应用进行病毒检测、一致性检查、安装和卸载。当安装失败时，测试流程结束。

4. 基本测试。

基本测试是技术测试的第一道关口，它的主要目的是检查应用是否可以正常安装在有足够空间的终端上，是否能够正常运行，避免浪费时间和人力在错误和无效的应用上。然后测试应用程序的主菜单、关于、帮助等基本信息。测试内容如下：

安装测试：应用是否可以成功安装，安装后显示的 Icon 是否与应用名称一致。是否支持 PC 侧软件工具的安装方式。检查应用的安装路径是否正确等。

运行测试：检查应用是否可以正常启动、运行，是否可以成功退出并重新启动。

卸载：确保应用已经安装，然后卸载。检查是否所有文件都已移除，空间是否释放。

重装：重新安装应用，运行应用，再次卸载。再安装到另一个存储位置，检查应用在新的安装位置下使用是否正确。

主菜单：检查主菜单是否包含开始游戏、帮助说明、退出等基本选项。

关于帮助：关于包含客服电话或邮箱，帮助需要包含游戏规则和操作方法。

5. 功能测试。

功能测试主要验证功能是否正常，是否存在缺陷和遗漏的功能，所实现的功能是否符合用户的预期。

程序 UI：是否有 UI 或字符显示异常，文字是否出现重叠或超出边框的情况。

应用功能：检查应用提供的各项功能是否能够正常实现。

多任务切换：多任务状态时，程序是否可以进行正常的切换。

设定难度等参数：应用是否支持难度、起始关数的设置。

输入法调用：输入法切换是否正常，是否可以正常输入预期内容。

多任务并发：在多任务同时运行时，程序是否可以正常地运行。

6. 性能测试。

性能测试主要测应用程序的安装执行、启动和操作的响应速度。具体测试内容如下：

程序响应速度：用户操作时，每个功能是否都能快速地响应，没有较长时间的等待。

7. 用户体验测试。

用户体验测试对整个应用程序的易用性、界面友好性和可维护性等用户感知体验部分进行测试。具体测试内容如下：

用户常用操作：程序的操作是否符合一般用户的操作习惯，是否方便用户使用。

程序可维护性：不允许通过开发者平台在线升级，所有升级版本必须通过 S 公司平台进行测试。

逻辑性：游戏中的人物动作、画面等，是否符合基本逻辑。

文字检查：应用程序应为中文版，不能显示繁体/英文。检查应用中的文字是否存在语病或者错别字。

用户隐私：应用程序在安装、卸载、运行的过程中不会破坏用户的私人文件（例如通讯录、短信收件箱等）。

8. 测试结果输出。

测试人员根据测试执行情况，进行结果分析，并依据规范给出测试结论，完成测试报告的填写。

第三节　怎样编制合理的移动应用测试计划

移动应用的测试计划，与传统的软件测试计划并无明显差别。传统测试计划包含的几个要素，例如测试资源、测试阶段、测试范围、测试进度、测试类型、测试方法等，也必须包含在移动应用的测试计划中。

不过，移动应用测试有自己的特殊性，与传统的应用相比，移动应用的测试更注重用户体验测试、安全测试、兼容性测试等。此外，由于移动应用的发布比较频繁，如何合理地安排测试进度以及测试方法，也成为测试计划需要重点考虑的内容。本章节不再赘述与传统应用测试计划相同的内容，重点介绍在移动应用测试计划中，特别需要关注的内容和环节。

一、如何界定移动应用的测试范围

移动应用的测试范围是测试计划制订者应该重点关心的环节。通常情况下，移动应用的测试范围来自以下几个方面：

（一）需求说明书

需求说明书中一般会明确应用的功能需求、安全要求、兼容性要求等，这也是测试范围的主要来源和依据。

（二）考虑移动应用的特点，增加测试范围

1. 数据测试

移动应用中的数据经常会出现很多错误，所以基于数据和云服务的应用尤其要重视对数据的测试。例如移动设备数据已满、数据同步时被中断、删除应用后数据的处理、处理大量数据等情况。移动应用的数据测试是应该重点考虑的内容，即便在需求中没有明确提及。

2. 错误场景提示

从用户或是测试者的角度出发，出错提醒和消息是移动应用比较容易出问题的地方。例如，出错提醒的页面设计是否可以接受、错误信息内容是否容易理解、错误信息是否有帮助、用户处理完错误信息后应用处于什么状态等。错误信息的合适与否会影响用户体验。因此，在测试中需要考虑到这部分内容。

3. 是否符合操作系统与平台的有关要求

移动应用的测试需要考虑与操作系统或平台限制相关的内容。在安卓平台上开发的应用，必须遵守安卓的统一规定，同样在苹果系统上也是如此。例如，是否遵照了特定平台的设计规范、是否适应外围设备、在多任务切换时是否运行正常、当转动设备的方向时应用的变化等。

4. 移动应用的安装和维护

移动应用在更新后，是否能够正常地下载、安装、运行，当外界环境持续变化时，移动应用有可能会受到影响，所以需要考虑此方面的测试内容。例如，移动应用是否可以正常下载、是否可以更新、应用未更新会发生什么等。

二、测试环境和设备的特点

移动应用的测试环境以及工具，相对于传统应用，区别比较大。移动应用的测试环境应该重点包括如下方面：

一是网络连接方式。

移动应用在不同的网络情况下能否正常运行，比如通过 WiFi、4G 甚至未来的 5G 接入网络；再比如通过不同运营商接入网络等，不同的网络接入方式都必须要包含测试计划。

二是不同的手机品牌与型号。

移动应用的主要载体是手机，目前手机的主流操作系统有安卓和苹果，不同品牌、型号手机的安卓操作系统还呈差异化的趋势；此外，手机屏幕的尺寸，也是测试需要考虑的内容。移动应用在各手机的适应性测试，需要建立兼容性矩阵，要提前准备相应的工具。

三、测试策略和方法

与传统应用不同的是，移动应用的测试重点有所区别。

（一）以用户体验测试为重点

用户体验测试是用户使用一个产品的全部的体验。对于移动应用来说，第一体验就是用户界面和使用过程，测试的目的是验证操作流程是否能让用户快速接受，是否符合用户习惯。测试内容主要包括：

1. 操作方式

触摸是否符合操作系统本身的要求、操作步骤是否符合用户习惯、不同功能的触摸操作是否存在冲突等。

2. 用户界面布局

界面设计是否符合手机平台的设计规范、导航是否合理、界面色调是否统一、字体大小是否合理等。

3. 功能操作流程

主要功能和次要功能衔接是否合理，并列功能之间是否可以平滑过渡、是否符合用户操作习惯等。

4. 兼容系统平台的限制

功能设计是否考虑到移动设备有限的存储空间、与网络有关的功能设计是否考虑到移动设备带宽限制、数据交互设计是否考虑到流量费用等。

5. 容错处理

对于移动应用的移动性；不同网络制式之间切换导致的连接不稳定；数据量过大，用户频繁操作等导致软件出错时，系统是否给出友好的提示。

（二）测试策略要注重“虚实结合”

“虚实结合”主要是指两个方面：实体机和虚拟机的结合、实体机和远程真机的结合。

1. 实体机和虚拟机的“虚实结合”

移动应用的测试需要涉及手机等硬件，手机的操作系统版本区别、型号区别、屏幕区别、网络制式等使移动应用呈现出多样化、差异化的趋势，导致一款应用需要在大量手机上进行测试，需要花费巨大的人力和成本，测试周期也可能会延长，从而影响产品的交付时间。

移动应用的测试策略需要考虑到模拟器和实体机的结合。测试中前期都可以在模拟器上进行测试，检验功能、性能、安全、兼容等测试内容；测试的后期需要在真机上由人工来进行用户体验类等依赖主观评价的测试。

目前的模拟器已经可以匹配大部分手机品牌、型号等，有些公司已经推出了基于云的移动应用测试软件，测试工程师可以将测试脚本传送至云测试平台，由云平台自动适配操作系统、手机型号甚至网络制式等，大幅提高了测试效率。但是模拟器不能替代真正的手机测试，用户体验类的测试，例如触屏操作、操作流程是否合理等测试内容，必须由人工来进行判断。

模拟器和真机结合的测试，应用于移动测试的不同阶段。“虚实结合”可以实现自动化测试与手工测试的结合。通常情况下，模拟器可以支持手工测试，但主要还是以自动化测试为主。测试计划的制订者需要根据项目的实际情况，制定相应的测试策略。

2. 实体机和远程真机的“虚实结合”

Android 生态蓬勃发展，手机终端更新比较频繁，为每个开发测试团队配备大量的手机实体机，需要较大的购机和维护成本。如果手机终端利用不充分，也会造成资源浪费。为了更好地合理高效利用资源，在银行测试部门搭建云端真机平台共享真机设备。开发测试团队可以配备少量的主流手机做实体机测试，其余手机型号上的测试可以更多地利用全行云端真机。完成这种“虚实结合”的方式可以提高移动设备的利用率，测试团队再也无须为购测试机占用大量资金与时间。对于移动通信信号强弱，电量高低，发热条件下的 APP 测试工作需要更多地在实际手机上进行。而对于功能性兼容性等测试，可以更多地利用云端真机来测试。通过自动化脚本检测与人工复查相结合，全面检测移动 APP 在各种机型上的功能和兼容情况，捕获安装、卸载及运行过程中出现的各种失败、无响应、UI 异常、崩溃等问题，生成专业的功能性和兼容性检测报告。

【同业实例 11－3－1】

以下是某银行的智能移动应用测试云平台的功能和应用场景介绍。该银行的智能移动云测试平台是支撑其全行移动端测试的综合服务平台。该平台提供云真机、自动化测试任务等综合移动端测试服务。

1. 真机云建设。

该平台利用云技术，实现远程真机共享，提高设备利用率，为移动应用测试人员提供“一站式”测试服务。

2. 自动化测试。

该平台助力项目组敏捷上线版本的快速迭代回归测试，为敏捷投产提供测试技术支持，提高测试效率和产能，确保移动应用功能方面的可靠性。

3. 兼容性测试。

该平台依托海量真机库，从安装、启动、运行、卸载、功能、UI 等多维度，发现、定位并记录移动应用兼容性问题，快速解决机型难购买或购买不齐的问题，从而降低了兼容性问题引起的用户投诉、用户流失等问题，保证了软件质量，提升了用户体验。

4. 性能测试。

该平台获取应用在主流机型上的 CPU、GPU、内存、流量、电量、FPS、安装和启动时间等性能指标及其问题定位，让测试人员更深入、更全面地了解移动应用性能问题。

5. 安全扫描服务。

该平台基于行业领先的自动化检测技术，快速识别、精准定位漏洞风险级别，为移动应用提供风险修复方案，大幅度降低了安全隐患，高效便捷地提升移动应用的安全性。

6. 测试报告体系。

该平台生成专业的兼容性、安全扫描、性能测试报告，提供截图、日志、步骤、性能曲线、问题分类及分析结论，有效地帮助项目组快速重现问题、准确定位问题，为项目组提供数据支撑。

通过使用该平台，大幅度提升测试人员的工作效率。平台提供的截图、日志、步骤等丰富的报告数据，降低了开发人员与测试是人员的沟通成本，帮助开发人员快速重现问题，准备定位问题。管理人员可基于客观数据进行更全面的质量评估，全量的用例执行报告，也为管理人员提供了数据支撑，帮助其实时掌控项目风险。

第四节　怎样设计优秀的移动应用测试案例

传统的测试案例设计方法，也可以应用在移动应用测试上。通常情况下，编写移动应用的测试案例，也需要使用等价类、边界值、场景法、错误猜测法等测试案例编写方法。不过，由于移动应用测试与传统测试的区别较大，所以虽然使用同样的案例设计方法，但是案例内容实际上完全不同。

移动应用的载体是手机或者平板电脑等硬件，并且由于移动应用的交互性比较强，所以测试案例在设计时，需要考虑到相应的特点。举例如下：

比如移动网络的等价类分析。

运行某款移动应用的功能，测试案例该如何设计呢？

我们使用等价类进行分析，有效等价类可以分为如下几种：

1. 在无线网络（WiFi）下进行测试。
2. 在2G 网络下进行测试。
3. 在3G 网络下进行测试。
4. 在4G 网络下进行测试。

那么无效等价类如何分析呢？

1. 在没有任何网络的情况下进行测试。
2. 在测试过程中，进行网络切换，如从无线网络切换至2G 网络。
3. 在测试过程中，切断网络。
4. 在2G 信号下，继续开展测试。

比如存储空间的边界值分析。

边界值是我们常见的测试案例设计方法，那么在移动应用中，边界值该如何应用来设计案例呢？举例如某一款视频软件，在测试下载时，必须考虑存储器的空间限制。比如存储空间是16G，可用空间是8G。那么边界值可以设计为：下载视频内容大小为5G、7.9G、8G、9G。

第五节　怎样高效执行移动应用测试

与传统软件测试相比，移动应用的特点比较突出。移动应用功能通常比较简单，但是需要适配多种硬件和网络，因此兼容性测试的工作量相对更多。

和传统软件测试一样，移动应用的测试包括手工和自动化测试为主，传统软件测试使用的测试管理工具和平台，都可以通用于移动应用的测试。所以从这点来看，移动应用的测试执行和传统软件的测试执行在本质上没有区别。

由于移动应用和手机、平板电脑等硬件关联性强，所以在测试移动应用时，需要大量测试不同品牌、系统、型号的手机、平板电脑，需要购入大量手机，并配置不同制式的网络。因此可以看出，移动应用的测试，是一项需要耗费大量人力和物力的工作。那么，如何才能更为快速、质量更高地完成这项工作呢？项目的负责人需要运用一点新思维和新技术。

一是测试初期可以使用模拟器来测试。

在移动应用的初期，测试的重点是冒烟测试和基础功能测试，测试人员可以使用模拟器在电脑上测试移动应用的基本功能和用户界面，这样既可以避免在测试的初期就大量使用移动设备，又可以快速地验证移动应用的基本功能是否存在缺陷。

二是可以使用移动终端测试工具。

目前业内已经推出了多款移动应用的测试工具，此类平台存储了数以百计移动设备，并支持选择不同移动网络。测试工程师只需要将移动应用软件以及脚本传送至移动云测试平台中，选择要测试的移动终端，就可以进行测试，测试执行完成后，会生成对应的测试报告，供测试人员检查。

使用移动终端的自动化测试工具，可以在兼容性测试、回归测试中节约大量的人力和物力。难以想象，为了一个移动应用的测试，如要购置上千台不同型号、不同操作系统的移动终端，并且需要配置不同的移动网络，会是一种什么样的状况。所以，利用移动终端的自动化测试工具来实施兼容性和回归测试，是节省成本和提高效率的必然选择。

三是选择性地开展用户验收测试。

无论我们使用什么测试工具来进行移动应用的测试，但不可忽视的是，用户体验测试主要还是依赖人工的经验和判断，机器不能替代此类的工作。所以，在进行移动应用的用户体验测试时，可以选择市场主流品牌、型号的移动设备，安排测试工程师进行手工测试。

综上所述，模拟终端、移动终端自动化测试平台、手工测试等，多种测试手段混合应用，比如“虚实结合”，才能最大限度地提高测试的效率和质量。

【同业实例 11－5－1】

某银行自行开发了移动设备云平台，通过“虚实结合”的方式将所有移动端设备集中管理，提供远程测试服务。

“虚”就是利用云技术远程实体手机。“虚”可以理解为架设在远程的云服务器统一管理在机柜中的实体真机。用户可以通过远程连接软件，控制远程云服务器管理下的多台实体真机。“实”就是用户申领到手用来开展测试工作所需使用的真机。中心把所有用户真机放在实体机柜中，通过平台的支撑，结合 RFID 等技术，经过出入库审批、记录后，由用户自行借用真机进行测试。

该银行“线上”服务作为支撑以实现群控同步去做测试任务和统一管理的目的。“线下”服务则通过一体化管理平台作为支撑进行设备申请的流程。

该平台基于业界主流的安卓手机远程控制框架，主要实现了以下功能。

1. 手机的远程真机操作。

该平台通过服务器控制多个手机控制端，手机控制端下挂多台手机，实现对于手机的远程控制以及占用、释放等操作。使用者可以通过浏览器查看目前已挂接手机的空闲状态，选择需要控制的手机。连接后，使用者在浏览器中可以对手机实施远程操作控制，包括点击、滑动、长按等基本操作，基本覆盖移动端 APP 的各类常用操作，实现远程操控手机实施功能测试的目的。使用完毕后，使用者退出手机占用，平台会释放该手机，并将其状态更新为“空闲”，便于其他使用者操作。

2. 手机的统一管理。

该平台实现了测试手机的统一管理。测试资产管理员可以在服务器端通过 USB 便捷地将新手机挂接至平台，无须安装其他应用。手机挂接成功后，平台会自动刷新出新手机，测试资产管理员可以在界面上对手机的基本信息进行进一步编辑，包括手机品牌、型号、样机照片等，便于后期维护使用。维护好的手机会出现在平台的可用手机仓库中。

3. 与部门当前工具的对接。

该平台实现了与测试中心现有一体化测试管理平台的对接。移动应用测试项目可以 CQ 单为单位创建，支持在“业务全视图”中选择测试范围，测试案例统一纳入测试中心案例库管理，并和中心“业务全视图”关联。总体测试流程与测试中心现有业务测试流程一致。

通过使用该平台，一是提升了手机使用效率。使用该平台后，测试手机由平台统一集中化管理，测试人员需要调用手机执行测试时，通过平台统一申请使用，使用完毕后可以及时释放资源。如果需要真机测试，也可通过平台记录，了解空闲机器情况，再做借出处理。

二是提升了移动应用测试的效率。传统的移动应用测试模式中，测试人员在手机端执行操作，执行步骤截图需要通过网络或数据线连接传输至工作电脑中，再上传执行管理平台留档，较为烦琐。使用该平台后，在浏览器中远程操作手机的同时，可以实时截图，截图会自动下载至客户端，并和案例执行记录关联，较大地提升了测试执行效率。

【同业实例 11－5－2】

目前业务最新的做法，已经达到了只需上传移动应用包，云测试平台部署了海量真实终端，并通过众包的方式分发测试任务给真实的测试者，而测试者在现实场景下交付测试结果给客户，达到了真人、真实设备、真实场景的目的。

现在以某公司为例，告诉读者如何使用类似的移动云测试平台来测试你的移动应用。

1. 启动客户端。

（1）启动客户端，用数据线连接手机（仅以安卓手机为例）与 PC。

图 11－5－1

（2）打开手机的 USB 调试（设置 > 开发人员选项 > USB 调试），直到客户端左上角显示手机型号，表示连接成功。

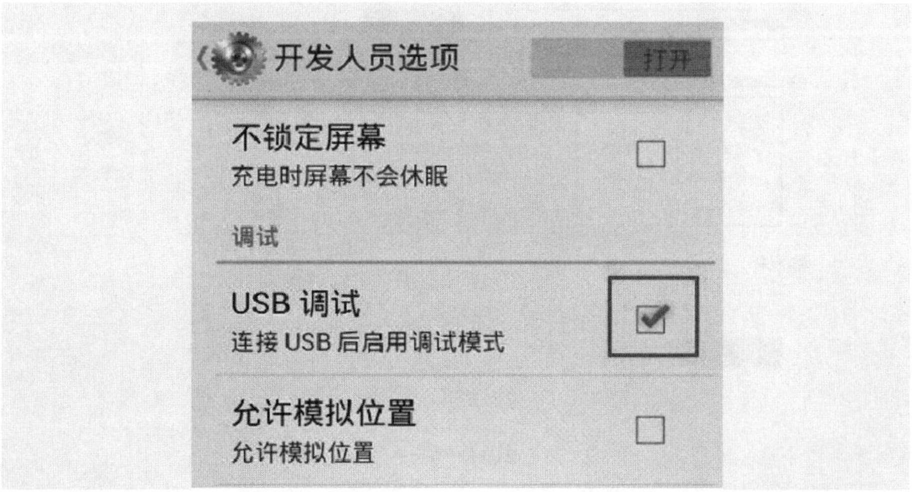

图 11－5－2

2. 登录界面。

图 11－5－3

3. 录制脚本。

（1）选择待测试应用：点击“选择”，从本地选择应用安装包。

（2）根据应用适用情况选择脚本录制方式，点击下一步进入脚本录制。

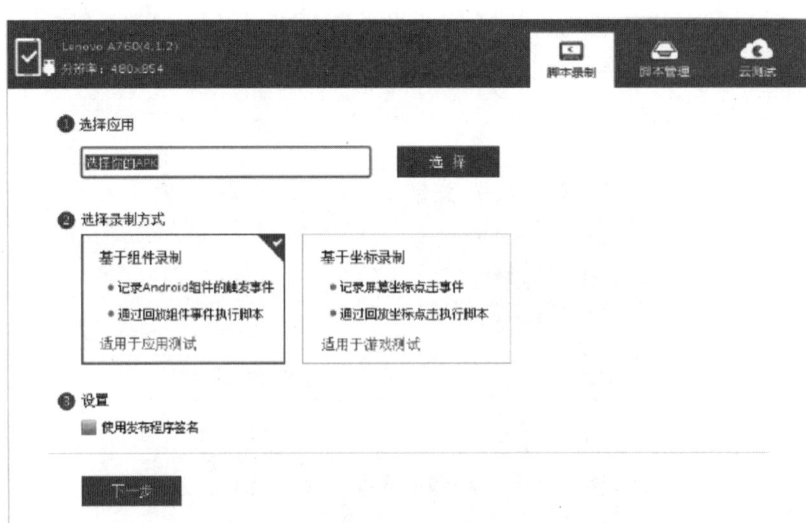

图 11－5－4

（3）点击“开始录制”，客户端将自动在手机上安装并启动待测试应用，录制过程中请保持屏幕解锁状态。

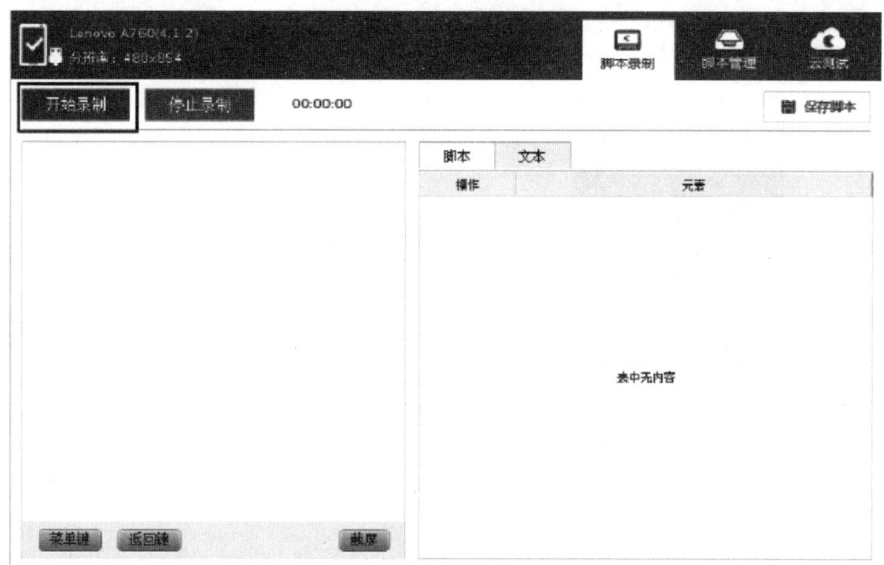

图 11－5－5

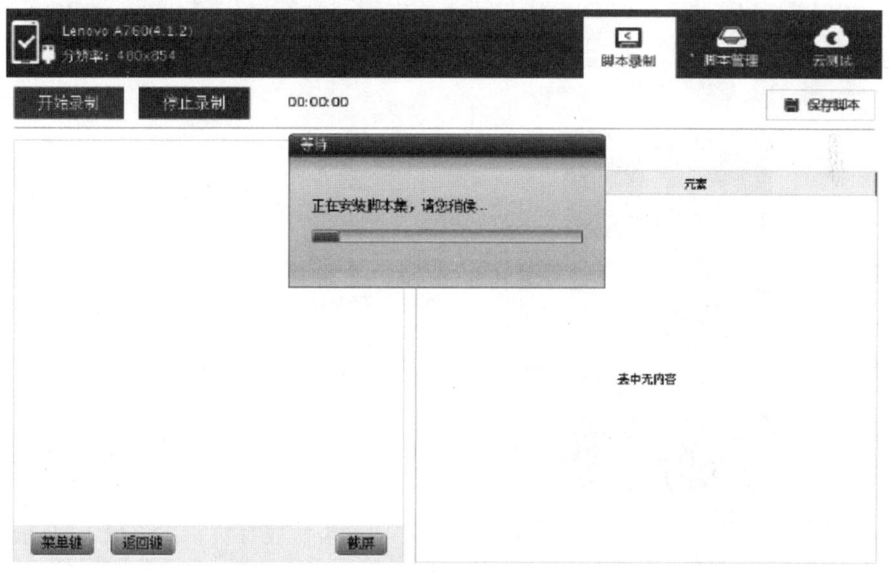

图 11－5－6

（4）在客户端界面上通过鼠标点击完成测试操作，如中途需要点击菜单键、返回键或截屏，可用客户端录制下方按钮进行。

注意：如果测试过程需要联网，要先将手机连接到网络后再进行录制操作。

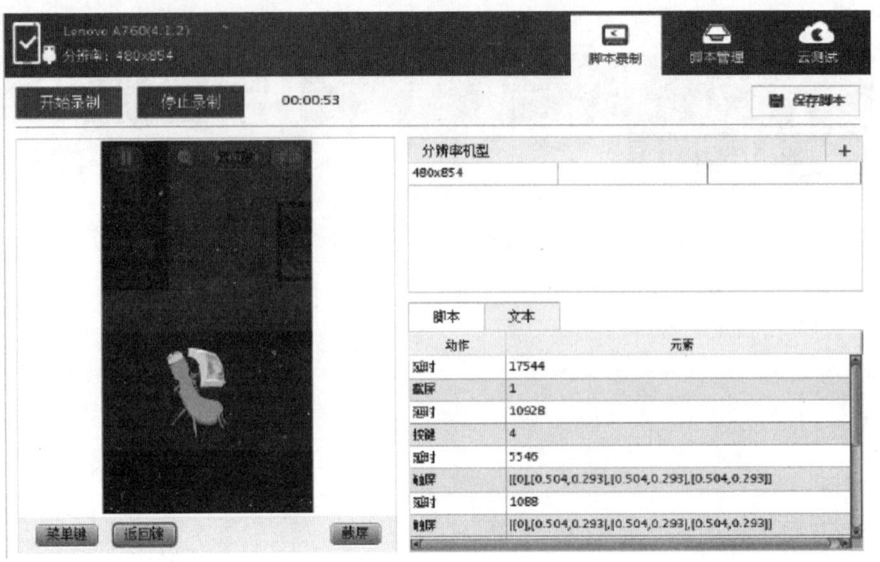

图 11－5－7

(5) 录制过程控制。

在应用显示界面单击鼠标右键，可以对应用进行输入控制：

图 11－5－8

文本：根据应用交互需要，在当前界面输入文字。

账号：输入账号（一般在需要登录时使用该功能）。

密码：输入密码（一般在需要登录时使用该功能）。

随机文本：设置输入的随机文本长度，客户端将在当前操作下自动输入该长度的字母数字随机组合。

断言：对返回信息做出判断。

(6) 脚本调整。

在脚本区域选中某行操作，单击鼠标右键可对该操作进行控制，主要用户脚本录制完成后的调整：

图 11-5-9

插入延时：设置当前操作的延时。

插入截屏：在当前操作下进行截屏。

删除：删除该动作。

(7) 录制完成后点击“停止录制”，客户端将自动生成脚本，命名后点击确定。

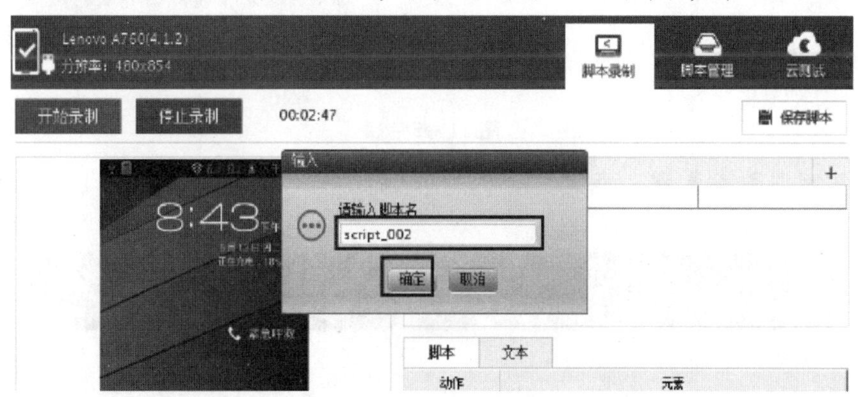

图 11-5-10

4. 脚本管理。

(1) 脚本操作。

保存后的脚本可以在“脚本管理”中进行“回放”“删除”“编辑”等操作。

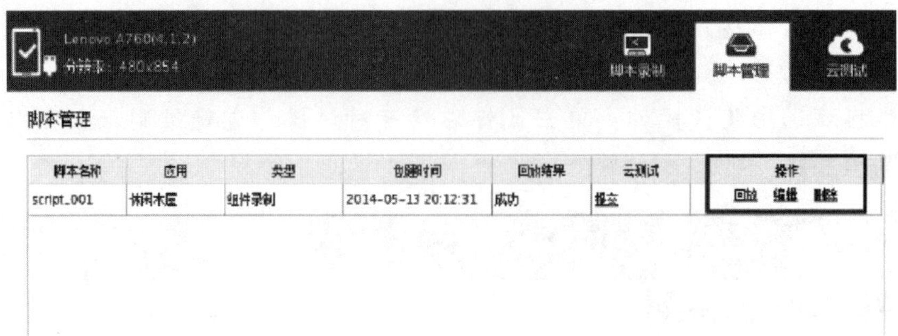

图 11－5－11

（2）脚本提交。

首次录制完成的脚本需要回放成功后才能进行提交。在脚本管理中选择录制成功的脚本，点击“回放”，再点击“开始运行”。

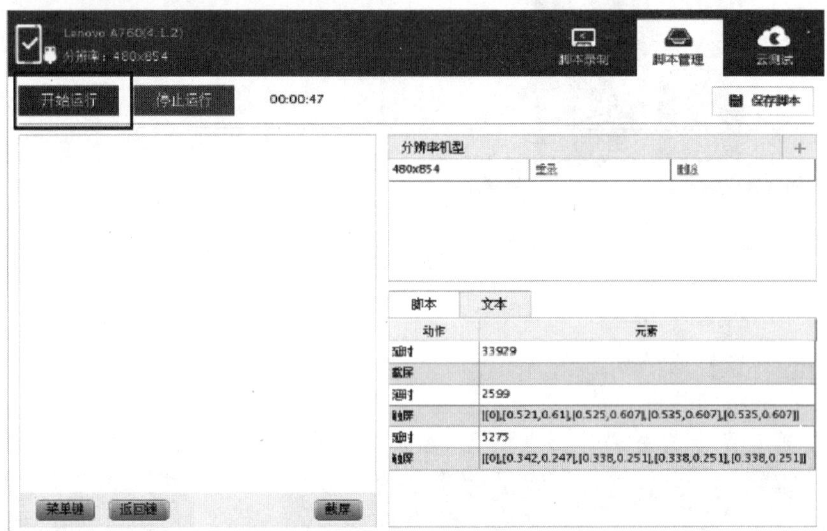

图 11－5－12

回放后回到脚本管理，点击“提交”可直接将应用脚本提交到 Testin 平台进行测试。

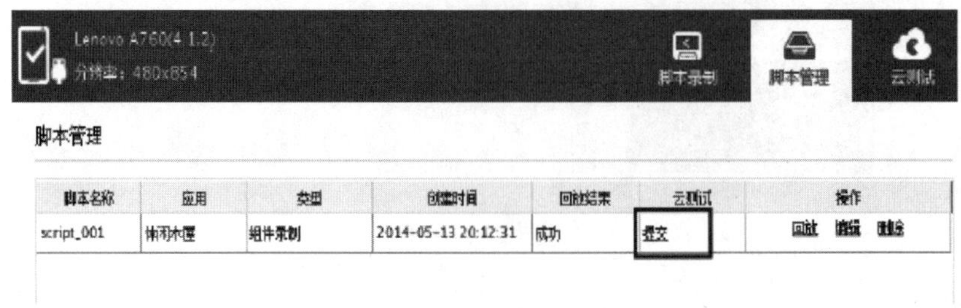

图 11－5－13

选择机型

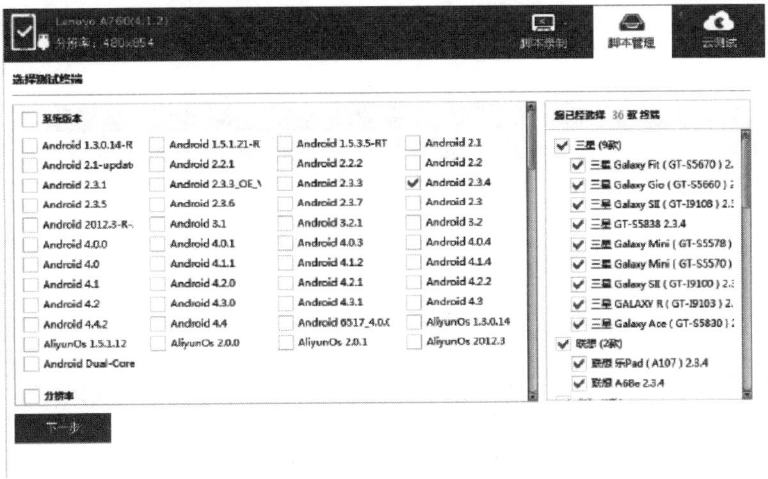

图 11－5－14

提交测试

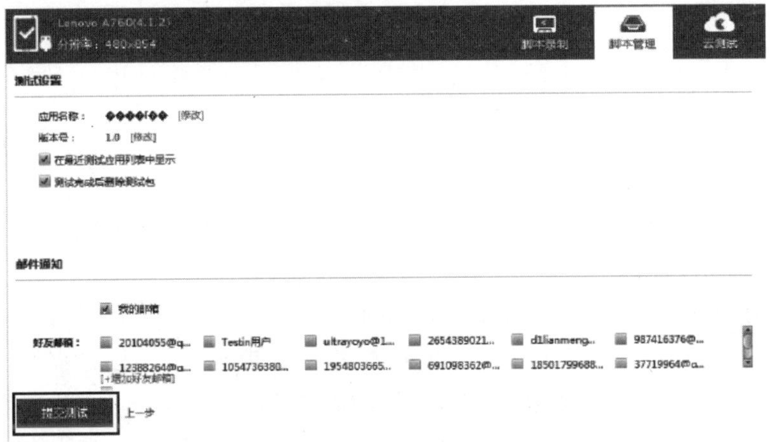

图 11－5－15

提交成功

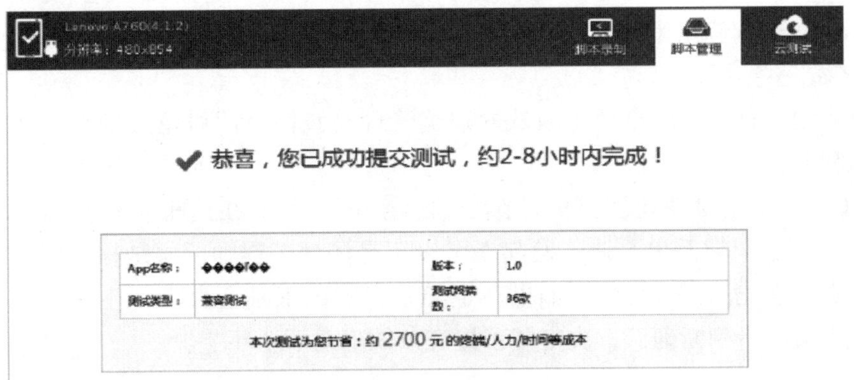

图 11－5－16

5. 云测试。

在软件的客户端中，可以查看测试记录，点击报告详情可进入平台查看到对应的测试报告。

图 11－5－17

第六节　怎样管理移动应用的缺陷

移动应用测试的缺陷管理与传统应用的基本一致，无论移动应用测试是手工测试还是自动化测试；无论测试时用实体机、虚拟机，还是远程真机。如果一定要说出区别的话，那么就像前面章节分析的那样，移动应用测试比起传统应用测试内容更多，时间要求更高，不同测试类型会产生各种类型的缺陷，比如功能、安全、性能、体验、兼容性等方面；当然就像前面讲的，千万别忘了还有安装、下载、升级应用等方面。需要强调的是移动应用更关注安全和体验，更新时效要求又高，因此在缺陷等级分类、缺陷处理优先级安排上，可以根据实际情况做一些调整。

举例来说，移动应用自动化测试的缺陷管理与我们之前讨论过的自动化测试的缺陷管理流程其实是一致的。

图 11－6－1 是自动化测试的缺陷管理流程图，我们在这里可以直接引用。由图 11－6－1 中我们可以看出，缺陷发起人可以不是测试工程师，而是移动应用的自动化测试机。在自动化测试过程中，如果产生异常，测试工具会自动产生一个缺陷，然后再由测试人员进行判断确认，决定是否提交该缺陷至下个环节。

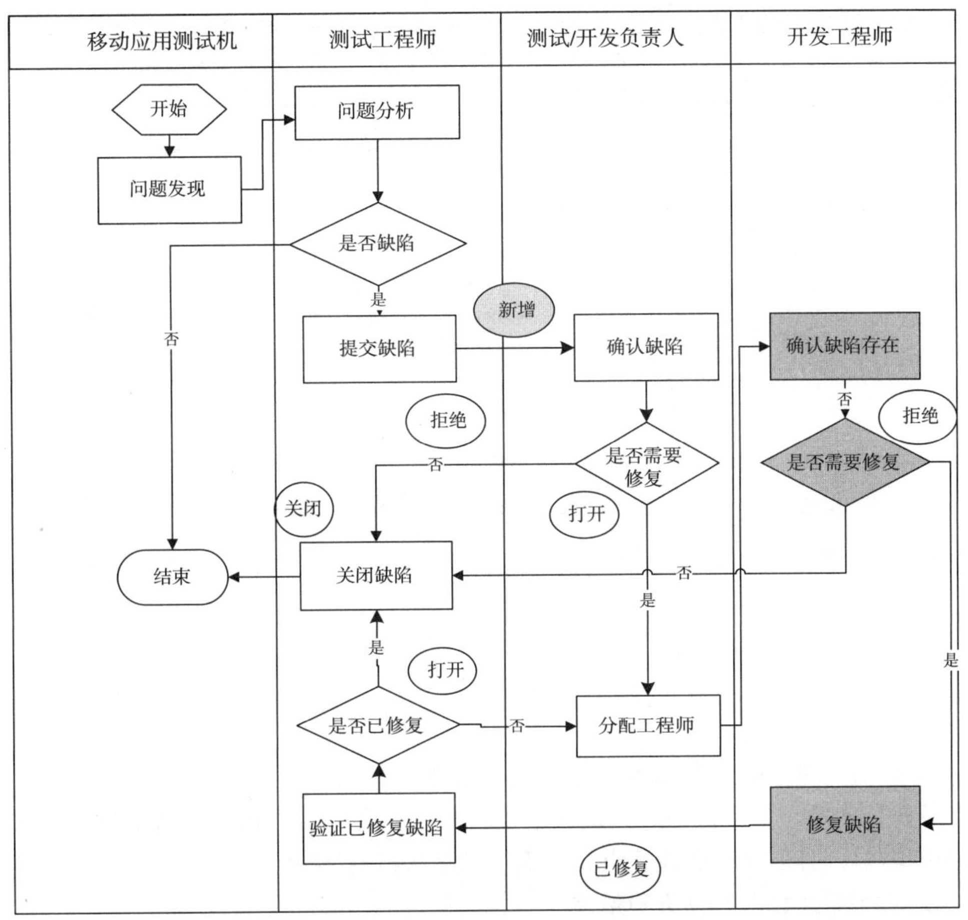

图 11－6－1　移动应用测试缺陷跟踪流程

第七节　怎么准确评估移动应用测试结果

我们可以来看下面移动应用的测试结果：

从图 11－7－1 中，我们可以看出移动应用云终端的自动化测试结果。示例中做的是移动应用的兼容性测试。可以看出，兼容性测试在选择的终端中，有多少终端测试成功和失败。点击成功和失败的结果数字，就可以看到详细的测试结果，包括测试的步骤和截图，测试的终端型号等。这样，测试人员就可以很清晰地了解测试的状况。

移动应用的手工测试可以使用传统的测试管理工具来记录测试结果、分析测试报告；如果是自动化测试，则需要考虑以下几点来保证测试结果的正确性：

图 11－7－1

一是必须使用“断言”对测试结果进行检查。

“断言”本质上是一种检查点，用来校验测试的实际结果和预期结果是否一致，在测试的脚本中，必须要添加检查点，否则测试结果没有实际意义。

二是注重测试数据的收集和整理。

分散、独立的测试结果是没有意义的，只有将所有的测试结果数据统一收集、管理、分析，才能对测试结果的分析有积极帮助。

三是提供测试风险的评估决策支持。

测试结果分析，是对测试整体情况的分析，通过计算测试的通过率、失败率、测试受阻率、测试缺陷分布、缺陷密度、缺陷发现趋势等质量指标，可以从整体上来观察测试的状态，以及测试可能存在的问题。

测试结果的分析，必须能够揭示测试存在的风险，提供产品发布、上线的决策辅助支持。因为移动应用的特殊性，导致其测试结果数量多、分散化，所以做好测试结果的分析，对测试准出具有重大的意义。

第八节　怎样选择和部署移动应用测试工具

选择和部署移动应用测试工具时，需要从多个方面进行考虑。

一是支持移动操作系统。

要挑选合适的测试工具，不仅要支持目标移动操作系统如 iOS、Android 和 Windows Mobile，也要考虑不同的系统版本。因此，工具需要支持最新和最主流的移动操作的版本。

二是支持移动系统应用程序类型。

需要检查工具所支持的应用程序的类型。早期，多数工具都是只支持单一类型的，不能同时支持原生、混合和 Web 应用程序。现在，有些工具同时支持多种移动系统应用程序类型。根据被测应用程序的类型，至少可以自动执行 80% 甚至更高比例的测试操作。使用适合的工具可以提高效率，降低成本。

三是对应用程序控件的识别能力。

功能测试工具在用户界面层进行，如果对象识别成功率低于 50%，那么自动化测试团队将需要开发和执行大量的解决方案以识别被测应用的对象。有些控件识别问题，甚至无法得到很好的解决。强大的控件识别能力大大降低了应用程序变化带来的影响，脚本框架降低了测试脚本维护成本。如果有可能的话，收集系统中的控件以便验证不同测试工具对该应用控件的识别能力。

四是测试工具的编程语言十分重要。

测试工具的编程语言也很关键，例如 Python、Ruby、VBScript 等来为自动化测试案例创建脚本，这些脚本语言通常更容易学，并且拥有强大的社区和大量的库。为了解决各种自动化难题，需要选用面向对象的语言，如 Java，C + +，C#等，这对于解决方案的体系结构十分重要。

五是数据驱动。

如今大多数应用都是需要用户输入的。数据驱动测试帮助测试人员测试应用程序。数据驱动测试不是让测试员手动输入无穷的数据组合或 hard code 数据写入测试脚本，而是测试框架自动从数据源取值，将取出的数据输入应用程序，验证应用程序行为是否正确。自动化数据驱动测试将扩大测试覆盖面。

六是性价比。

在考虑工具性价比的同时，应充分关注工具的支持和售后服务。另外，尽量选择主流的产品，以便通过行业间交流甚至互联网社区等方式获得更为广泛的经验和支持。

【同业实例 11 -8 -1】

某公司测试中心使用 MATC 框架进行移动应用自动化测试。具体介绍如下：

1. 什么是 MATC。

MATC 是为混合型移动和网页应用程序度身定造的一套自动化测试方案。其特点如下：

（1）MATC 支持 PhoneGap 框架和 HP Anywhere 平台。
（2）MATC 编写一次脚本，能执行在所有的模拟器和真机上（Android & iOS）。
（3）MATC 的所有工作都能在浏览器中完成，如：
创建测试案例，编写测试脚本。
并发运行测试脚本，支持不同配置（不同版本，不同屏幕）的主流移动平台。
创建测试结果，可读性强。
2. MATC 部署结构。

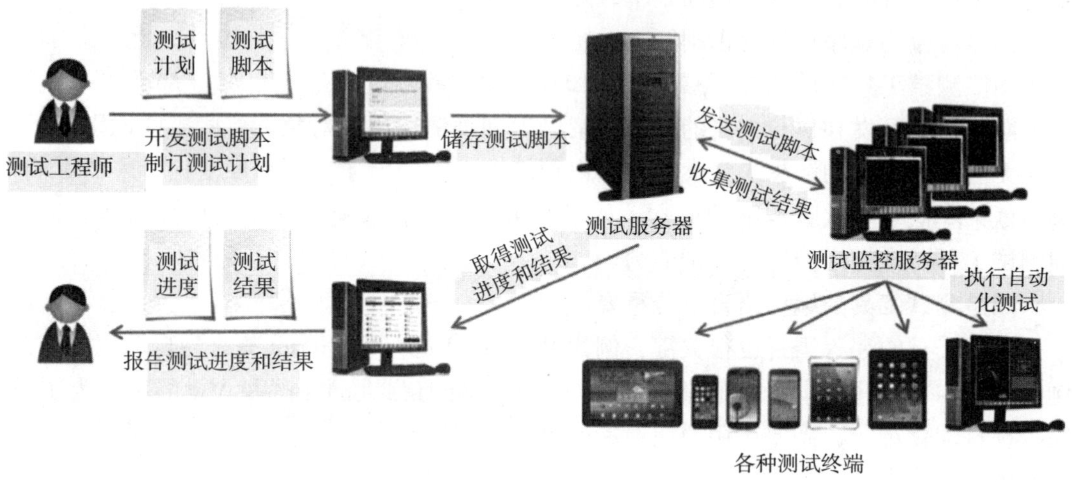

具体流程如下：
（1）测试工程师按平台提供模板编写测试计划和测试脚本。
（2）测试服务器按要求时间点、要求向各测试终端发送执行要求。
（3）各测试终端按测试脚本进行自动化测试。
（4）测试监控服务器将各终端执行的结果反馈给测试服务器。
（5）测试工程师从测试服务器查询具体测试进度和测试结果报告，并按实际情况进行调整。

【同业实例 11－8－2】

某公司最近也推出移动应用相关的云测试平台，简称移动云测试中心（MTC）。该中心为开发者提供了上百种主流厂商的移动终端设备及增强模拟器，涵盖了 Top 100 Android 真机和各种配置的模拟器，方便开发者进行实时的手机应用开发和测试工作。MTC，针对开发者和厂商的不同需求，开发出多种云服务，包括云测试、云调试、云审核等。

移动云测试支持原生语言应用（Native APP）和网络应用（Web APP）；同时支持三个维度的测试，分别为支持安卓多版本测试、支持多种分辨率测试、支持 Top 100 安卓主流真机测试。此外，MTC 可以进行六种测试，分别为安装卸载测试、UI 适配测试、稳定性测试、遍历测试、性能测试、自动化功能测试。

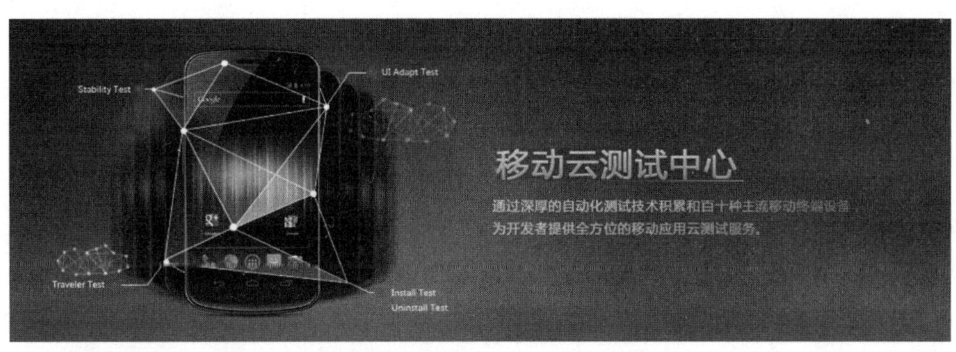

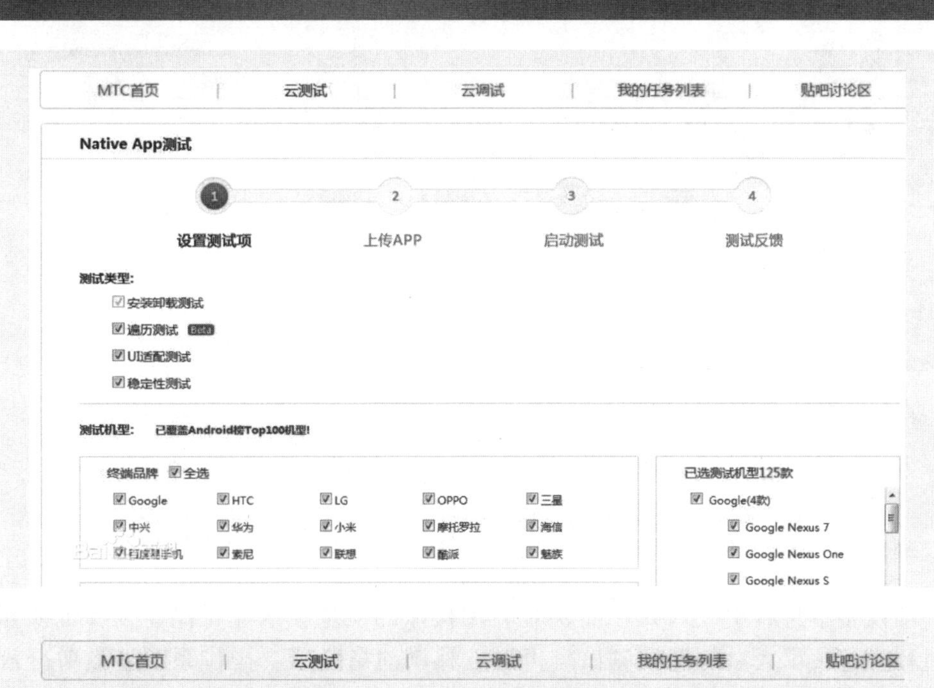

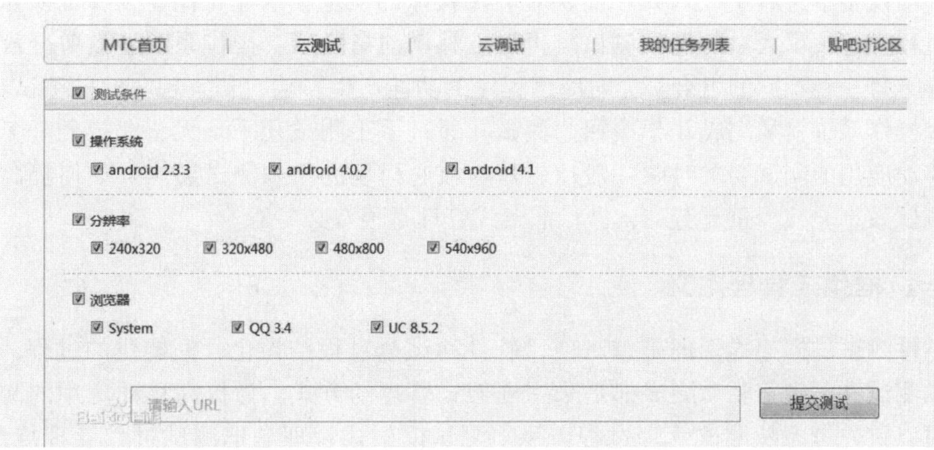

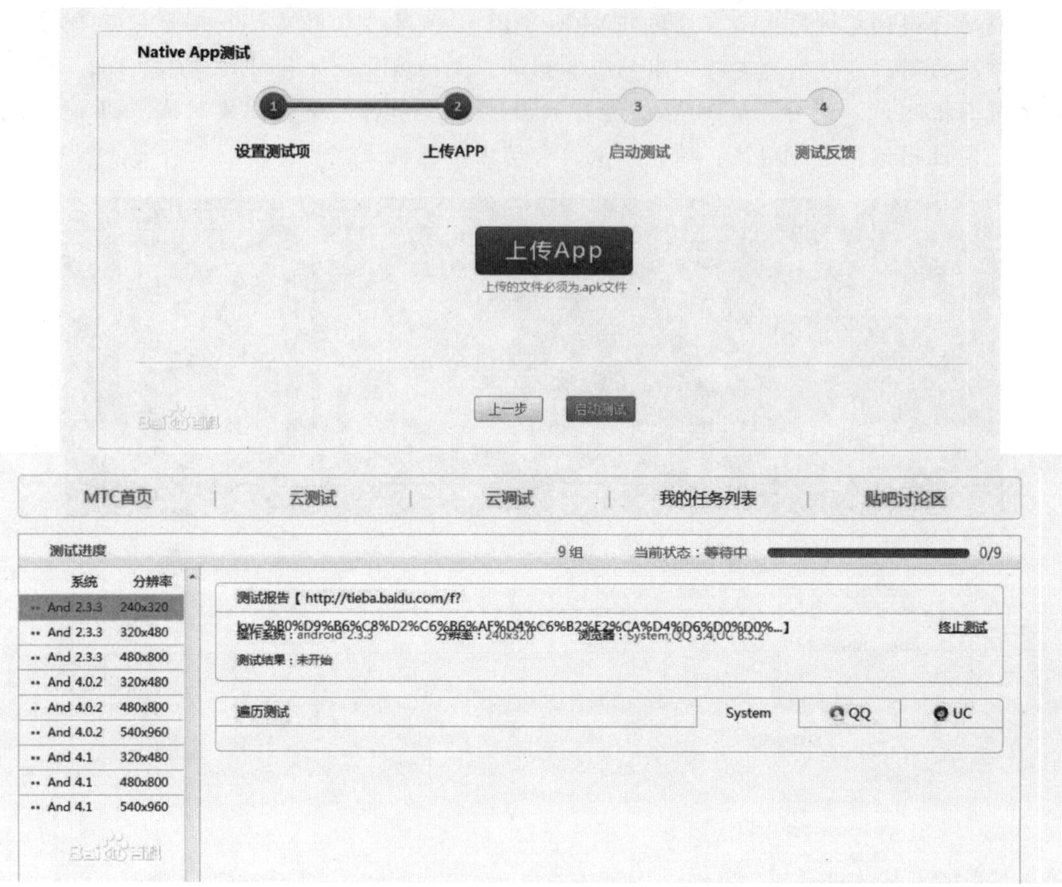

第九节　移动应用测试的前瞻性研究

移动设备本身属于嵌入式产品，对应用程序的质量要求非常高，为保证质量，在测试过程中包含了大量的回归测试。再加上移动设备类型、操作系统、设备分辨率多种多样，每一种不同的组合都会对应用程序的功能产生影响，若实现完整的测试覆盖，仅一个操作系统就须完成几千次回归测试，通过手工测试几乎是无法完成的任务。此外，移动应用的测试要求时限一般比较短、核心模块的回归测试繁多。如何提高移动应用测试效率，减少重复劳动，进行框架式管理是很有必要的。

一、框架式管理定义

软件测试的框架式管理是指对项目软件测试全过程结构化、框架化的过程，像数据驱动测试和关键字驱动测试都是采用框架式管理的方式。为提高移动应用的测试效率，可以首先考虑从测试管理过程着手。测试框架式管理是把测试过程管理规范化，包括对工作流程、实施方法和管理要求，进行标准化、规范化的改造。然后开发一个类似流水线的测试过程框架，可以是一系列制度规范，也可以是一个管理系统。例如测试案例设计、执行测试、自动化测试等都采用单独的模块，而不同模块之间采用接口数据传递的方式传递测试数据和测试结果。有条件的话，这些模块都用自动化测试手段贯穿始末，比如测试计划可以根据测试需求和质量目标利用框架自动生成，测试案例可以通过已有库根据测试计划模式自动生成，还可根据测试结果自动调整测试案例集等。采用框架式自动化测试管理，具有测试人员分工明确、模块独立性较好、不同技术工种人员分工构成合理、操作规范化、测试覆盖率较高等优势。

二、管理框架构建步骤

建立框架，可以从以下几个方面开展。

一是打造并完善测试案例库和缺陷库等基础性测试工具包括统一测试案例的定义结构、存储方式等，然后根据不同移动设备和应用的特点自动生成所需资源清单，人员级别数量需求，缺陷预测趋势和时间进度建设等。比如根据测试计划自动生成测试案例库。测试计划自动化控制的可行性和前提，关键在于能否成功地把测试计划信息以某种合理的数据结构方式来定义（如层次型数据）。再比如根据缺陷库的生成和修复情况自动调整增减测试案例库的案例。还有根据需求自动生成测试计划。移动应用的模块可以分解为同一种数据结构（层次型），系统结构比较明朗，可以实现无缝地自然转接。

二是建立并优化自动化测试执行框架。这个过程无异于脚本的二次开发，是一个漫长而不间断的完善的过程，测试组织需要搭建包括测试数据库维护，到自动化脚本录制生成，再到测试结果与日志的数据库等一系列的自动化执行和过程分析工具集测试过程的脚本开发。

三是自动化测试框架的脚本主要分为测试案例数据导入脚本、自动化黑盒测试脚本、生成日志和测试结果脚本三部分。自动化测试脚本开发工作要特别注意模块的可重用性，减少以后的开发工作。

三、框架运行过程

搭建好这个框架以后需要通过不同的移动应用测试，逐渐达到框架稳定后，测试组织就可以根据框架的设计思路重新调整人员的分工按照新的方式开展测试。

测试经理或者测试工程师负责分析需求，根据需求将系统的需求转换为测试框架能识别的数据层次结构，输入测试框架。

框架自动生成测试计划，并根据计划自动生成待测案例集。接下来测试工程师根据框架内置模型评估的案例覆盖和冗余情况，手工调整系统自动生成后的测试案例集，并标注哪些为手工测试哪些是自动化测试，下一步脚本开发工程师开发自动化测试脚本，高级的框架甚至可以自动生成自动化脚本并按要求运行测试员执行自动化测试和手工测试，如有缺陷框架将自动填写提交缺陷，在此过程中框架会根据现有缺陷和修复情况，自动调整测试案例库并安排复测如此一直反复，直到满足测试停止条件为止。

【同业实例 11－9－1】

以下是某银行测试中心利用众测模式的介绍。

随着金融科技战略的推进，项目数量呈现井喷态势，项目周期被无限压缩，对测试交付能力提出了更高要求。与此同时，一线城市人才大量流出，中低端测试人才资源缺口较大，难以满足项目快速迭代的需求。

在此背景下，某银行测试中心探索开展众测模式，通过众测平台发布案例执行、探索性测试、测试数据采集等测试任务，组织行内外测试人员按要求完成测试任务、提交缺陷。目前众测模式被广泛运用于手机银行等移动应用兼容性测试，高效提升了手机型号、操作系统等方面的测试覆盖率。在银行采购流程长，无法快速采购新款手机的情况下，众测模式在新款机型的兼容性测试和问题修复上发挥了不可或缺的作用。

该银行众测平台客户端已发布至移动应用市场，市场上任一测试人员，不受就职企业、所在地点的限制，只要在应用市场下载了该众测应用，即可通过该众测应用领取该银行的测试任务，并可根据任务完成质量（执行测试案例数或提交缺陷数等）获取相应工作报酬。

该银行的众测模式充分利用行内外（互联网）大量潜在的人力、设备资源，为测试项目服务，一方面增加测试中心对项目的吞吐能力，最终实现测试交付能力的弹性扩展；另一方面也有效提升了该行移动应用的客户体验。

第十二章　如何做好 AI 应用测试

第一节　怎样理解 AI 应用测试

一、什么是 AI 应用

AI 是人工智能（Artificial Intelligence）的简称，是研究、开发用于模拟、延伸和扩展人的智能的理论、方法、技术及应用系统的一门新的技术科学。基于 AI 等前沿科技的智慧应用，其实现原理是：通过对历史数据进行解析和学习，不断提升应用系统对真实世界的自我预测和决策的能力。银行业基于 AI 技术的应用场景，主要集中在两个方面：一是改善人机交互体验，二是提升系统决策能力，如智能风控、智能投顾、智能客服、智能投研、智能支付、智能营销等领域。

二、怎样理解 AI 应用测试

基于 AI 应用的实现原理，传统的测试方法和测试工具已无法满足 AI 应用系统的测试需要。相较于传统应用的测试，AI 应用测试的特点如下：

一是测试数据起决定性作用。AI 应用项目研发过程中需使用大量的测试数据，用于智能算法模型的训练和校验，验证算法对业务发展需要的匹配程度。数据可帮助训练并提高算法模型的智能水平，数据越丰富，对业务场景的覆盖程度越高，所训练出来的算法模型的精准度就越高。因此，测试数据的完整性、多样性以及与实际使用场景的一致性等，直接影响 AI 应用产品的预测准确度。因此，在 AI 应用项目中，测试数据准备工作，是 AI 应用测试项目的核心工作，测试数据准备工作普遍占据 80% 的测试工期。

二是测试重复性要求高。由于 AI 应用测试需使用大量测试数据训练并验证算法模型，其测试过程所使用的数据量非常巨大，通常为上亿级的数据。并且，AI 应用测试过程是先行测试，然后根据测试结果持续训练并调整模型算法，然后再度测试、再度训练或调整算法等多次循环往复、快速迭代的过程。在 AI 应用投产上线后，仍需在生产环境上继续循环测试，实时监控算法模型在实际业务场景中的表现。因此，AI 应用测试的重复性要求非常高。

三是 AI 应用的测试结果无法提前预设。传统应用测试的预期结果为确定值，测试完成后可明确判定结果是否通过。而 AI 应用测试的结果无法预设，具有很大的不确定性。不同的测试数据、不同的执行时间均可能会导致测试结果截然不同。因此 AI 应用的测试结果通常使用概率值指标（如通过率、误报率等）体现。因此，AI 应用的测试过程，需要使用尽可能大量的、具备多样化的数据实施重复测试，以寻求通过率和误报率的最佳平衡点。

四是AI应用在测试阶段无法穷尽所有可能，需应用投产后持续跟进校验和优化。受测试环境、训练和测试数据等因素的限制，AI应用无法在测试阶段进行充分验证，且测试结果具有不确定性。因此，需在应用上线后密切监控，评估AI应用在生产环境中的实际表现。根据实际业务场景、数据的演化趋势，感知业务发展趋势、市场变化规律，并据此对智能应用中的算法模型实施调整或追加训练，以确保智慧应用在实际使用场景中的功能表现与业务发展要求保持高度一致。

五是对测试团队能力和配套工具等要求高。近年来随着计算力的增长、海量数据的积累、算法的进步和优化，人工智能技术进入高速发展的快车道。算法和框架的升级频率为3—5个月，数据的变化更为频繁。因此，相对于传统应用，基于人工智能技术的应用升级频率更高，AI应用测试团队需快速感知并掌握前沿技术，探索并收集最新的用户场景数据，并借助先进测试工具平台，才能跟上行业步伐，完成智慧应用的升级，抢占市场先机。

第二节　开展AI应用测试需要什么配套条件

针对上述AI应用测试的特点，测试组织在着手开展AI应用测试前，需要夯实如下基础配置：

一是配备复合型专家队伍。AI应用是人工智能技术与金融场景紧密结合的软件产品，其质量保障重点为人工智能技术与业务场景的一致性验证。因此，AI应用测试工作的开展，其一是要配备熟悉业务场景的业务专家，对测试数据、模型预测结果开展业务一致性验证；其二是要配备精通智能算法和相关技术的技术专家，对AI技术开展针对性测试；其三是要配备了解系统和业务数据的数据专家，对测试数据、生产数据开展数据探索，实施测试数据获取、清洗、标注以及版本管理等工作。

二是完善测试数据管理体系。由于AI应用测试，是大数据驱动的过程，测试组织需要建立配套的测试数据管理体系。一方面要建立现有数据持续输送机制，为AI应用测试提供海量的、具备多样性的测试数据，如生产数据、历史数据借用；另一方面需结合AI技术自身特点打造数据处理工具，包括数据标注、数据验证、数据版本管理等，为AI应用测试提供全流程可回溯的质量保障。

三是依靠成熟的自动化测试能力。AI应用测试是使用大量数据训练并校验算法模型的准确率等指标的过程。海量的测试数据处理、快速迭代的算法模型验证、算法模型的指标监控等测试工作，涉及工作量较为巨大，已非手工测试可以胜任。并且，大多AI应用产品为抢占市场先机，具有很强的时效性要求。因此，AI应用测试的开展，必须借助先进的自动化测试工具，培养具备自动化测试能力的测试团队。

四是建立适应AI应用测试的方法论、测试流程以及工具平台。其一是梳理整合AI应用测试方法论体系，明确测试方法、测试关注点、测试质量验收标准等；其二是建立适合AI应用的测试流程，整合数据探索、数据验证、投产后验证等AI应用所特有的测试环节；其三是建立联合团队机制，借鉴 DevOps（开发、运维和质量保障一体化）理念，联合需求、开发、测试、运维等各方，建立从需求、开发、测试、运维、使用再到需求的闭环式管理流程，形成支持快速交付、快速反馈的联合团队机制以及配套的工具平台。

【同业实例 12－2－1】

以下为某银行测试中心建设生物样本库的实例。

随着 AI 技术的高速发展，某银行基于人脸识别、语音识别、活体检测等智能技术的应用范畴不断扩大，但此类智慧项目建设存在以下痛点：一是由于缺乏符合该行业务特点的生物样本数据，此类系统的验收测试和算法调优工作均难以开展，无法实现满意的客户体验；二是项目建设过程中使用的个人敏感信息（人脸、语音等）未规范、统筹管理，存在个人敏感信息泄露等合规性风险；三是由于缺乏足够的生物样本数据，在智能算法产品选型时难以结合该行自身的场景对产品进行验证，选择更合适的产品，项目建设效果难以保障。

为解决上述痛点问题，该行测试中心建设了企业级生物样本库。通过行内收集与外部采购相结合的方式，完成样本采集、数据标注、集中管理等生物样本建设工作，供集团内多方共享。

该样本库主要涵盖语音、人脸、短视频、指纹等生物样本，覆盖刷脸支付、刷脸开户、智能语音等银行业务场景，用于支撑产品选型（POC）、模型训练、模型验证、业务一致性测试等 AI 应用建设工作的各个环节，确保 AI 应用建设合规、高效开展，缩短 AI 应用建设周期，并提升 AI 应用的客户体验。

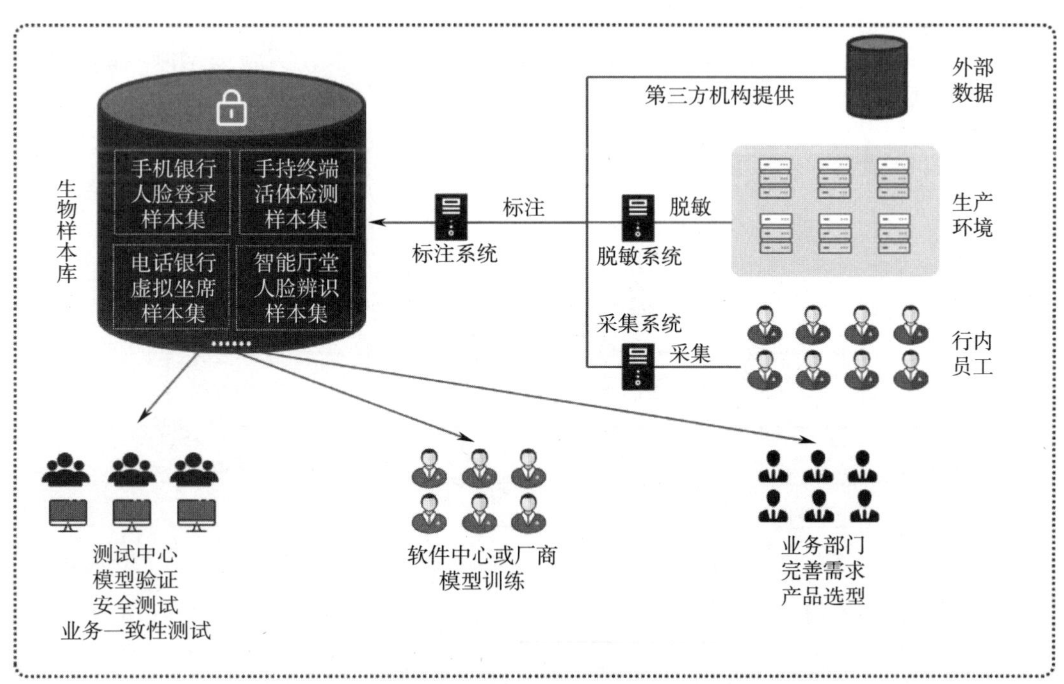

图 12－2－1　企业级生物样本共享体系

第三节 AI应用测试有哪些主要内容

基于AI技术的智慧应用的测试，主要分为三个部分：一是确认业务正确性的业务功能测试；二是确认智能模型准确性的模型训练和验证；三是确认智能模型与业务场景契合程度的业务一致性测试。而传统应用测试，大多以业务功能测试为主。模型训练和验证、业务一致性测试等为AI应用测试所特有的测试工作内容。

AI应用测试主要是使用大量贴近业务场景的测试数据，训练并持续优化算法模型，确保智能算法尽可能贴近业务场景，与业务保持一致性。智慧应用的测试流程大致分为数据探索、模型训练和模型校验三大环节。

在数据探索环节，主要是获取测试数据、开展数据完整性测试，确保测试数据贴近业务场景。AI是由大量数据驱动的，测试数据可谓是AI的老师，大量的具多样性的、与真实场景高度拟合的测试数据，是AI应用项目成败的关键。目前互联网企业大多使用脱敏的生产数据来对模型进行训练。AI应用项目中涵盖数据理解、采集、清洗、验证等工作的数据探索环节，耗时最长，资源投入最大。数据探索环节所占工期的资源往往高达80%。

在模型训练环节，主要是创建并训练算法模型，使用测试数据开展业务的一致性测试，确保智能应用符合业务场景。模型创建是由掌握该领域核心技术的数据专家、技术专家及业务专家创建出来的。好的模型是靠数据调校出来的，要使用大量的真实数据不断进行训练，具有测试数据要求高、测试对象庞大等特征，企业中一般是采用自动化方式来完成测试。由于模型具有不确定及自学习特性，测试过程需注意测试数据及模型现场的保存和测试数据保密。

在模型校验环节，主要是跟踪智能应用的线上使用效果，实施数据倾斜测试和持续优化，确保智能应用及时跟上业务发展和市场变化。

AI应用项目研发流程

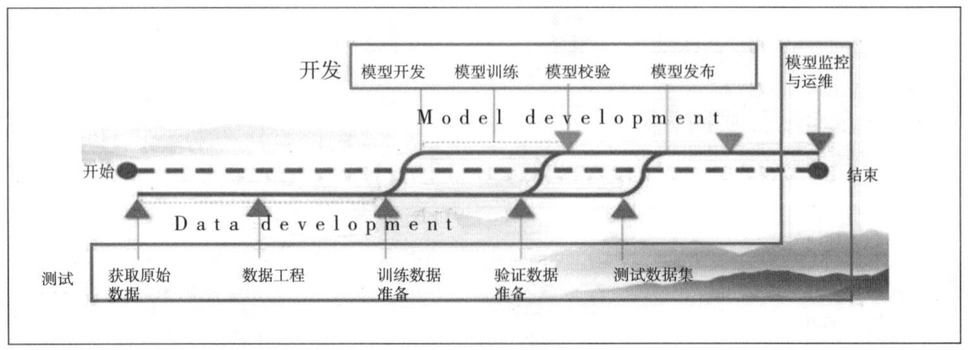

【同业实例12-3-1】

某企业智能语音产品测试主要分为智能语音识别模块测试和智能产品测试两个

部分。

智能语音识别模块测试，是验证语音获取、语音理解、智能语音合成等核心功能的测试，具有一定的独立性，可作为单独的测试单元，利用专业的测试手段进行测试。智能语音识别模块测试，是由该公司研究院独立开发、测试，为整个公司的衍生产品线提供核心服务。

智能产品测试，是将智能语音识别模块视为一个完整的服务提供方，测试更侧重于关注包含该模块的产品功能、智能模块与外围系统的交互等方面。智能化产品测试由产品质量部门负责，其测试要点为：一是基本功能保障测试，通过静态检测、质量门、分支管理等方式确定产品与智能模块对接的连通性；二是功能可用性测试，主要涵盖功能测试、日志测试、资源占用、按键响应、效果测试、稳定性等等，关注产品的使用效果以及在不同场景下的稳定性；三是用户的体验测试，包括试上线、AB 测试、小范围投放等方式，收集用户反馈，及时优化产品体验；四是投产后监控，通过建立从客户端到服务器端全链条、多维度监控体系，实时监控产品上线后的状态。

第三部分

如何管好银行业用户验收测试

第十三章　如何建设测试组织

第一节　测试组织综述

一、测试组织发展历史

早期的软件开发项目，由于规模较小、复杂程度低，软件开发的过程随意无序，测试的含义也比较模糊，开发人员将测试等同于“调试”，目的是修复程序中已知的故障，基本由开发人员自己完成。此时应该说还没有测试组织，开发组织兼顾了测试工作。

到了20世纪80年代初期，IT行业进入了快速发展期，软件规模趋向大型化、复杂程度提升，软件的质量越来越重要。于是软件测试的含义逐渐丰富，并开始形成基础理论和专业技术，出现了标准化流程和管理方法。随着软件工程理论的进一步发展，测试又按阶段进行细分。按照软件开发周期从早到晚，测试被划分为单元测试、集成测试、系统测试、验收测试等。不同阶段的测试有各自的侧重点和目的，所处的角度也不尽相同。现在规模较大的组织，除了单元测试仍然由开发人员完成以外，其他阶段的测试都会由专门的测试组织来承担，在测试组织内部还会再进行细分。比如从测试内容上看，会专门成立功能测试、性能测试、自动化测试等团队，实现专业化的分工。

用户验收测试组织经历了数次演变。早期的用户验收测试基本是以最终用户或者需求提出方为主体自行组织测试的。此时的用户验收测试可能无法完全称为“测试”，称为“用户验收”或“用户确认”会更合适一些。在此阶段，用户验收测试组织由最终用户或需求提出方自行组织，成员往往包括两者的代表。在银行一般是业务部门或者从分支行基层业务岗位抽调业务人员组成的临时队伍。随着用户验收测试逐渐规范，上述方式暴露出测试方法不专业、测试深度不够的问题，因此验收测试时，开始引入专业测试人员，与熟悉业务的用户混编组成测试组织。比如，银行业务部门在开展验收测试时会聘请专业测试公司的测试人员参与，或者甚至把测试任务外包给专业测试公司完成。这种模式在一定程度上解决了测试专业性的问题，但是由于组织和管理方仍是最终用户或需求提出方，因此在测试管理专业性、测试资产积累、测试方法论运用等方面仍与专业测试组织有较大差距。为彻底解决这些问题，有些银行开始由专业测试人员和熟悉业务的人员组建专门的用户验收测试组织，这样的用户验收测试组织以专业化测试管理为主导，结合了业务人员熟悉业务需求和测试人员掌握专业测试方法的优势。这就是有些银行成立以用户验收测试为职能之一的测试组织的原因。

二、测试组织定位特点

一般来说，负责系统集成测试的团队更侧重检测被测系统对详细设计说明书的实现程度，需要对模块间、子系统或系统间的交互、接口等有一定认识。相应地，负责用户验收测试的团队更注重被测系统相对用户需求的实现程度，需要对用户原始需求、业务逻辑甚至是用户的“想法”“要求”、操作习惯、使用环境等隐性需求有更深的了解，也就是说用户验收测试组织的定位是站在用户立场对开发组织交付的软件产品进行验收测试。就银行而言，这里的用户既包括银行内部的新系统使用者，如柜员、客户经理等，又包括银行的客户。当然，如果用户验收测试组织能拥有对系统内部构成同样熟悉的技术人员参与进来将使测试工作事半功倍。

三、测试组织是否应该独立

测试组织是否应该独立是一个一直被争论的话题。其实“合久必分，分久必合”，分有分的理由，合有合的原因，这都是银行软件测试行业发展的必经之路。

（一）测试组织独立的优缺点

支持测试组织独立的人往往会说开发组织不能“既当运动员，又当裁判员”。测试活动的开展必须贯穿于整个软件开发生命周期，包括需求、开发、测试和运维等。独立的测试组织一方面有利于与软件开发生命周期中所有的相关方开展合作。比如在开发工作尚未启动前的需求阶段开展与需求相关的测试或测试准备工作，确保需求的合理可行，减少后续开发测试工作的返工。相比在开发组织下的测试团队，由于发现缺陷是独立测试组织最直接重要的交付价值，测试组织会集中精力提升专业化能力，丰富方法、手段和工具，测试工作会开展得更专业、更客观，效果更理想。

但缺点是由于软件研发过程中需求、开发、测试和运维组织都相互独立，每个组织的目标、管理和人员构成都有所不同，容易造成“本位主义”的现象，沟通协作成本相对较高，效率不够理想。

（二）开发测试一体化的优缺点

前面介绍了目前银行测试团队在组织定位上有多种情况。有的隶属于开发组织，是开发组织内的测试团队，有的隶属于科技管理部门，有的隶属于运维部门，当然也有完全独立的。毋庸置疑，测试团队隶属于哪个组织，与哪个组织内部其他团队的合作就更紧密，目标更容易统一。由于软件研发过程中，开发、测试这两个环节循环反复次数较多，因此在这些组织里面，测试团队与开发组织的合作越紧密，软件研发效率就会越高，研发周期就会越短。将测试团队归属到开发组织，的确能够提高研发效率，降低研发成本。但是在这种模式下，测试团队容易受到开发组织负责人的制约，不能完全独立地进行测试，由于整个项目进度和经费受限的原因，测试时间和资源的投入可能不够，在开发任务紧张的情况下，开发组织的首要目标还是完成开发任务，然后再保证产品质量。

（三）银行测试团队归属调整的趋势

当前，随着移动互联网应用的兴起，银行间竞争形势的加剧，银行对提高系统版本变更频率的诉求愈为强烈。同时，随着 Devops、AIops 等软件研发运维新理念的深入人心，银行的 IT 部门也开始着手思考如何通过引入这些理念来提高软件研发的质效，特别是提高效率。在此情况下，银行测试团队归属也可能发生变化调整。

目前来看，银行内从事单元、集成和系统测试的团队将与开发组织协作更紧密，并入开发组织也顺理成章，他们共同的目标是向业务部门高质量、高效率地交付新系统或新版本。而从事业务验收测试的团队与业务部门的协作更为紧密，目标是确保系统满足业务需求和用户体验。但是除非这项工作就是由业务部门自行完成，将验收测试团队并入业务部门的情况少之又少。这类的测试组织更可能发展成为“监理”的角色，面向整个软件研发过程，对需求质量、研发质效和用户体验负责。此外，近几年银行还出现了抽调业务、开发、测试和运维人员，成立专项工作组的现象。这些人员被安排在专门的工作场所联署办公，目的是实现更为快速的系统更新迭代。这些专项工作组的组织形式主要应用在研发手机银行、线上金融等移动互联网应用系统的研发和推广。

【同业实例 13 -1 -1】

某银行的测试中心成立于 2005 年，由该银行数据中心（北京）内的六个二级部门承担具体的测试职能。整个数据中心（北京）的总人数为 1000 人，与测试有关的有 800 人左右。由于各二级部是按照业务条线划分的，因此该银行的测试中心人员组织方式基本可以说符合按照工作内容进行划分的定义（见图 13 -1 -1）。近期该中心将撰写需求的职能纳入部门职责，把牢“需求 + 验收”两个环节，为业务部门提供端对端的服务。

【同业实例 13 -1 -2】

某银行的测试中心原来隶属于该银行数据中心（北京），目前共有测试人员 400 余人，分为测试管理部、测试保障部和数个测试部，其中测试部分为四个测试组织两个性能测试组，另有九家测试重点联系行测试人员近 50 人。但近期，测试中心被调整到软件研发中心（见图 13 -1 -2）。

【同业实例 13 -1 -3】

某银行的测试中心原来是独立的部门，后并入该行软件中心。该银行软件中心的测试条线由北京总部下辖的测试管理部、测试部，以及深圳、上海、西安、合肥四个

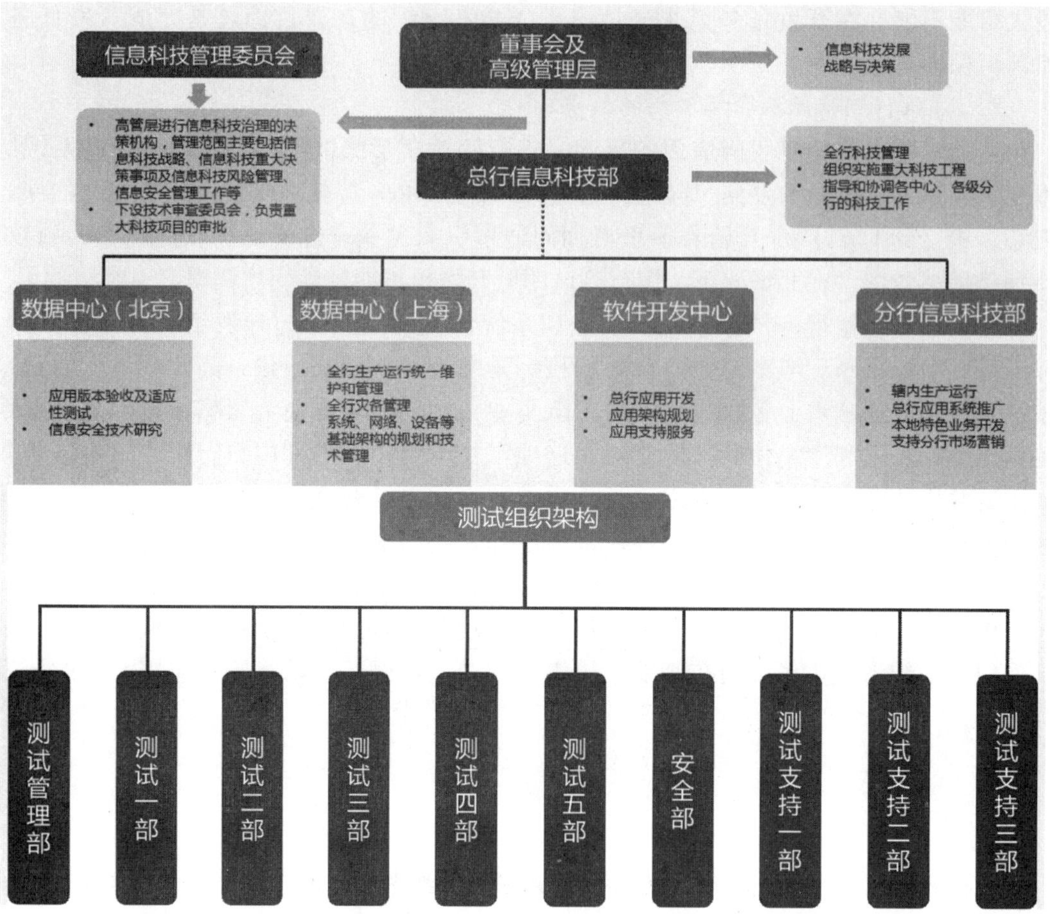

信息科技管理委员会
董事会及
高级管理层
信息科技发展
战略与决策
高管层进行信息科技治理的决策机构，管理范围主要包括信息科技战略、信息科技重大决策事项及信息科技风险管理、信息安全管理工作等
下设技术审查委员会，负责重大科技项目的审批
总行信息科技部
全行科技管理
组织实施重大科技工程
指导和协调各中心、各级分行的科技工作
数据中心（北京）
应用版本验收及适应性测试
信息安全技术研究
数据中心（上海）
全行生产运行统一维护和管理
全行灾备管理
系统、网络、设备等基础架构的规划和技术管理
软件开发中心
总行应用开发
应用架构规划
应用支持服务
分行信息科技部
辖内生产运行
总行应用系统推广
本地特色业务开发
支持分行市场营销
测试组织架构
测试管理部
测试一部
测试二部
测试三部
测试四部
测试五部
安全部
测试支持一部
测试支持二部
测试支持三部

图 13 -1 -1　某银行组织架构

数据中心（北京）
党委
纪委
行政
正、副总经理
高级专家
生产运行及备援恢复
软件测试
环境设备部
北京生产运行部
北京网络运行部
灾备保障部
北京主机系统支持部
北京开放平台支持部
测试管理部
测试一部
测试二部
测试三部
测试保障部

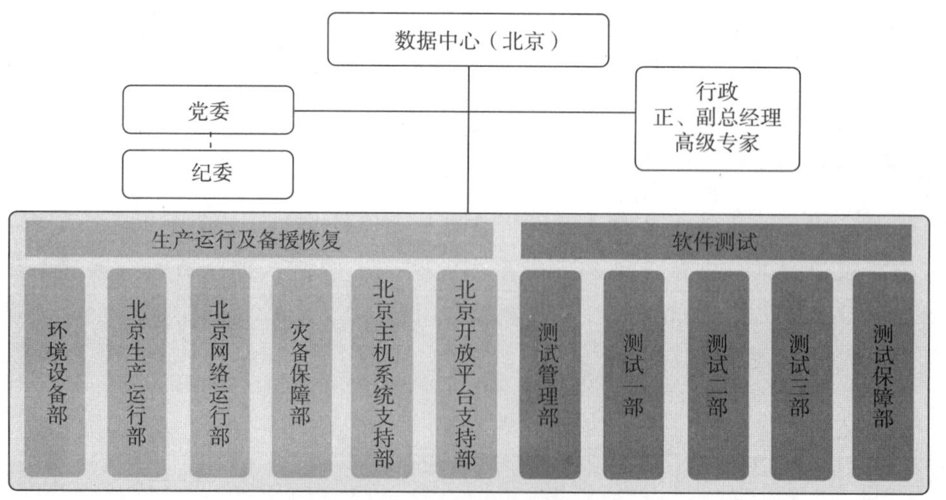

图 13 -1 -2　某银行组织架构

分中心的工程管理部、测试部、维护及测试支持部等组成。此外，该银行还在黑龙江、辽宁、山东、陕西、河南、浙江6家分行设立了测试基地行，负责部分客户体验测试等工作（见图13－1－3）。

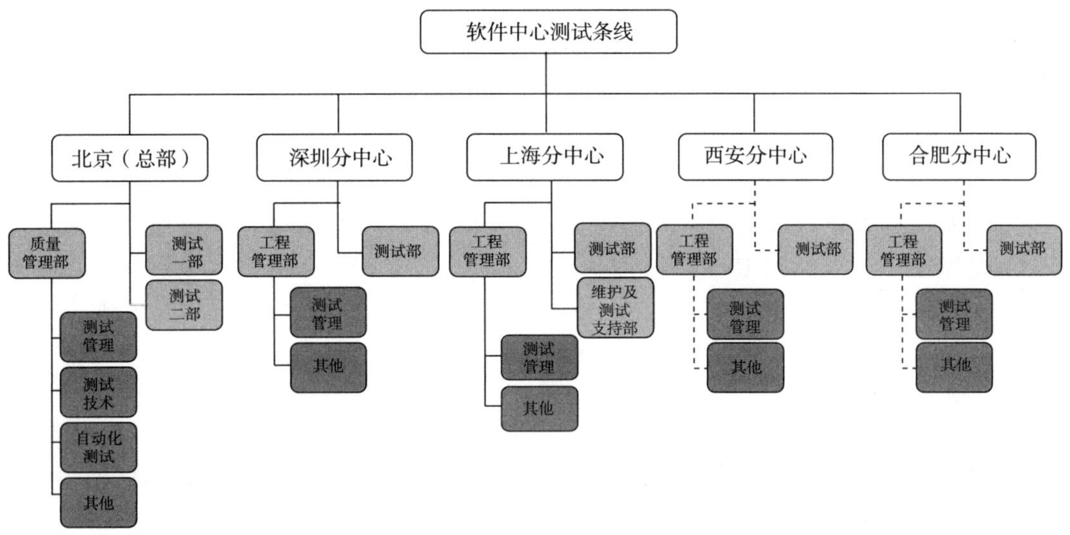

图13－1－3 某银行组织架构

【同业实例13－1－4】

某银行的测试中心由开发中心下属的四个处室承担相关测试职能，并由开发中心一名分管领导具体分管。四个测试相关处室分别为测试管理处、测试环境处、功能测试处、非功能测试处，目前共有行内人员180人左右，合作公司人员40多人（见图13－1－4）。

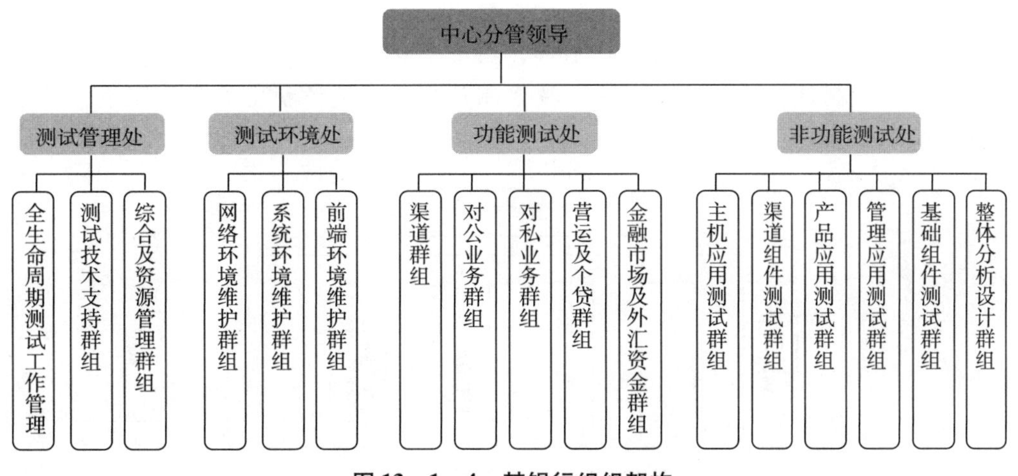

图13－1－4 某银行组织架构

【同业实例 13－1－5】

某银行测试中心是一个独立的部门，以业务背景人员为主组建，辅以部分 IT 背景人员。测试中心职责是负责组织和实施 UAT 测试，代表业务部门和最终用户对系统进行验收。

测试中心行编集团员工 100 人，外协人员 700 人左右，内部分为三个二级部门，分别为测试管理部、业务测试部、技术测试部。测试管理部负责行政管理、商务管理、环境管理等；业务测试部负责组织和实施功能测试，技术测试部负责性能、安全、兼容性等非功能测试（见图 13－1－5）。

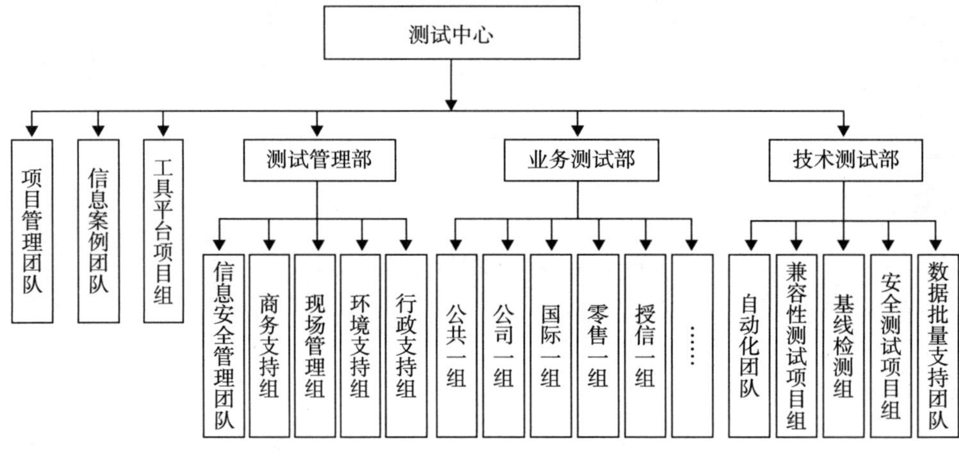

图 13－1－5　某银行组织架构

【同业实例 13－1－6】

某银行的测试中心隶属于信息技术部，共有 700 余人。中心由零售测试室、对公测试室、信用卡测试室、核心测试室、技术测试室、环境维护室等科室组成，科室名称与其工作职责相对应（见图 13－1－6）。

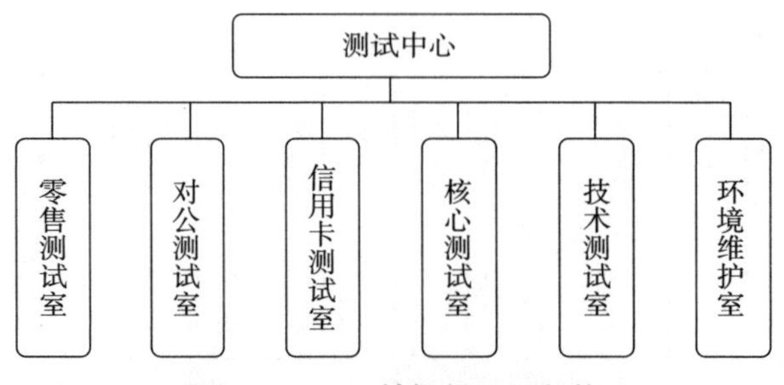

图 13－1－6　某银行组织架构

【同业实例 13 -1 -7】

某银行测试中心分为测试管理团队和测试服务团队两部分，测试管理团队主要负责测试管理、环境支持等工作，目前共有 10 人左右；测试服务团队主要负责功能测试、技术测试等工作，目前共有 30 人左右。另外，该银行测试中心还有约 170 人的外包测试队伍（见图 13 -1 -7）。

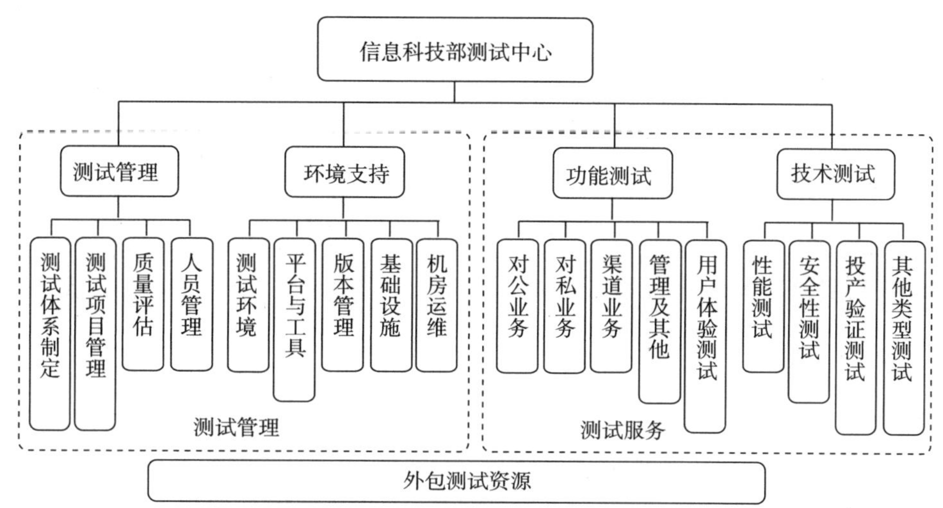

图 13 -1 -7　某银行组织架构

第二节　测试组织的架构

测试组织的架构可以从两个层面来说，一是在企业级层面如何管理和运作，二是在测试组织内部如何进行管理。

一、测试组织的架构

对于一个独立的测试组织，一般可以按照行政式、矩阵式、扁平式等不同方式来进行组织运作。

所谓行政式管理，就是测试团队按照测试组织内部的行政体系进行划分。测试团队负责人由行政负责人指定并接受其指挥和管理。在这样的组织架构中，执行力比较强，职能分工也很明确。因此，具有稳定性、准确性、严格性和可靠性等诸多优点。但是容易形成本位主义，在行政条线间需要互相合作和资源整合时弊端频现，合作效率较低。

矩阵式管理是在原来行政管理维度上增加了一个跨行政管理维度的横向管理维度，比如项目维度。矩阵里的员工同时接受两个维度的管理，其上级有两个，一个是行政负责人，一个是项目负责人。当然这两个维度的负责人同时汇报给测试组织的负责人。矩阵式结构的优势在于它能使各行政组织的资源在不同的测试项目之间灵活分配，使得组织能够适应不断变化的测试要求。也就是说在矩阵式管理模式下，为应对不同的测试任务，测试组织可以迅速地从不同行政部门中抽调合适的人员迅速组成项目组来完成任务。在项目期间，被抽调人员的主要精力就是发挥专业特长，通过高效的合作顺利完成测试任务。

扁平式管理作为一种高效的管理模式，可以是对以上两种管理模式的补充和优化。扁平式管理的特点是精简管理层次，将多层次、大深度的管理体系，转化为较少层次、较广宽度的管理体系，从而解决了等级式管理的“层次重叠、冗员多、组织机构运转效率低下”等弊端，加快了信息流的速率，提高决策效率。

二、测试团队的架构

一个达到一定规模的测试组织一般都需要进行分组，分组的方式可以根据团队的实际情况进行安排，大致分为两种，一种是按照工作性质划分，另一种是按照工作内容划分。

（一）按照工作性质划分

这种划分方法是按照团队成员的职责进行划分，也就是把相同角色的人员组织在一起，形成团队中的小组。如果按照这种划分方法，那么一个比较大型的测试团队可以细分为测试管理小组、测试设计小组、测试执行小组、质量控制小组以及技术支持和保障小组。

（二）按照工作内容划分

与上面的划分方法不同，这种划分方式是按照测试工作内容来划分的。比如一个大型平台的测试团队，可以把测试前台系统的人员组合在一起形成前台测试小组；把测试后台管理的人员组合在一起，形成后台测试小组。如果是一个测试大型软件的项目组，可以分为基本功能测试组、本地化测试组等。对于进行银行业务系统的测试项目组可以按照银行业务板块进行划分，比如对公测试组、对私测试组、授信测试组等。以这种方式进行分组的，每个小组内部都需要根据具体情况安排各类角色人员，以保证测试工作的顺利高效进行。

（三）综合划分方法

按照以上两种划分方法，都可以清晰地划分测试团队，对测试队伍进行分工。但是仅使用一种方法进行分组的话，还是会存在一定的弊端。按照工作性质划分的小组，可以高效地执行测试各阶段的工作，比如快速有效地组织进行测试设计工作，或更加有效地管理和控制某一项工作的质量，做到更专业。但是带来的弊端是一旦管理不到位，各阶段的工作之间衔接会产生一定的额外沟通成本，各环节要么“自扫门前雪”，要么相互扯皮，可能影响测试的质效。而按照工作内容进行划分的小组，可以在某一业务领域迅速积累团队工作经验，同时由于小组内部包含了测试设计、执行、质量管理等各类角色人员，因此测试各阶段工作可以迅速开展和衔接。但是这样需要为每个小组配齐各类角色人员的方法显然会造成一定的人员利用率浪费。另外如果测试内容经常发生变化，也会导致相应的测试小组随之变动频繁。基于这些原因，很多测试项目组往往会选择将以上两种划分方法相结合的方式。比如，一个项目组的测试队伍划分可能是这样的：测试管理小组负责项目管理工作，按照测试内容划分各类应用的测试小组（如对公测试小组、对私测试小组等），测试小组内包含测试设计人员和测试执行人员，同时项目组成立专门的质量控制小组以及技术支持和保障小组，分别独立负责测试质量把控和技术保障。

【同业实例 13 –2 –1】

某银行测试中心成立初期采用矩阵式管理。通过项目组的方式组织队伍完成测试任务。各二级部负责行政事务的管理，项目组负责具体测试任务的组织和实施。项目组的人员由各二级部抽调组成。测试中心矩阵式组织架构方式详见图 13 –2 –1。

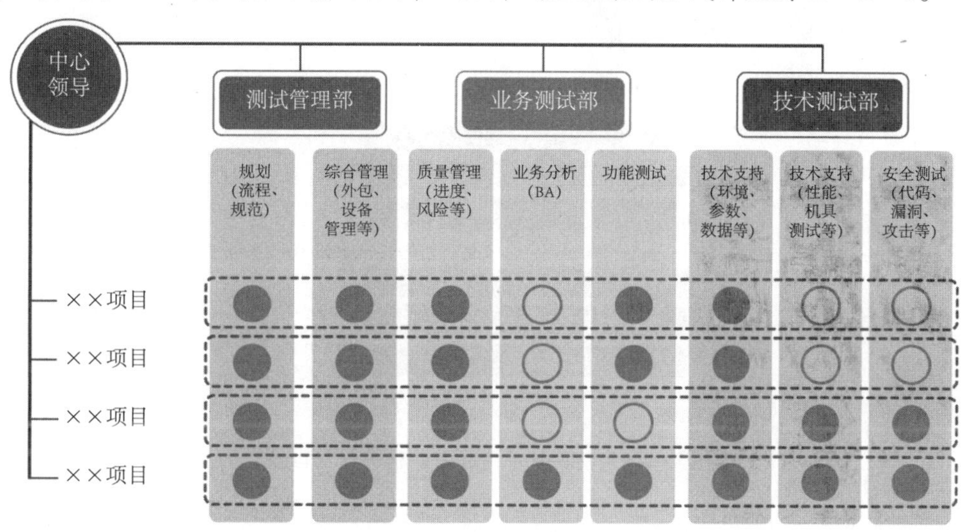

图 13 –2 –1　某银行测试中心矩阵式组织架构

从 2015 年开始，某银行测试中心试行扁平化管理，从原来的一个庞大的测试项目组转变为多个面向不同业务条线的较小型项目组，项目经理和项目组的管理半径大为缩短，提高了管理效率。测试中心扁平化管理模式如图 13 –2 –2 所示。

某银行测试中心根据服务对象不同分为项目组和支持团队。项目组主要对外部门提供测试服务，根据测试内容划分为不同项目组，如渠道业务组、对公营运组、国际业务组、授信业务组、基线检测项目组等；支持团队主要对中心项目组提供支持服务，根据服务内容进行划分，如商务支持团队、设备网络支持团队等。这些项目组和支持团队虽成立于各二级部门内部，但项目工作直接向中心领导汇报，所在二级部高级经理仅从行政职能维度对项目人员进行管理。同时，测试中心还成立了中心级的，即跨二级部的项目组和支持团队，分别为一体化测试管理平台和质量管理团队，项目成员由各二级部选派人员参加，减少了管理层级，从而有效提高了管理效率。

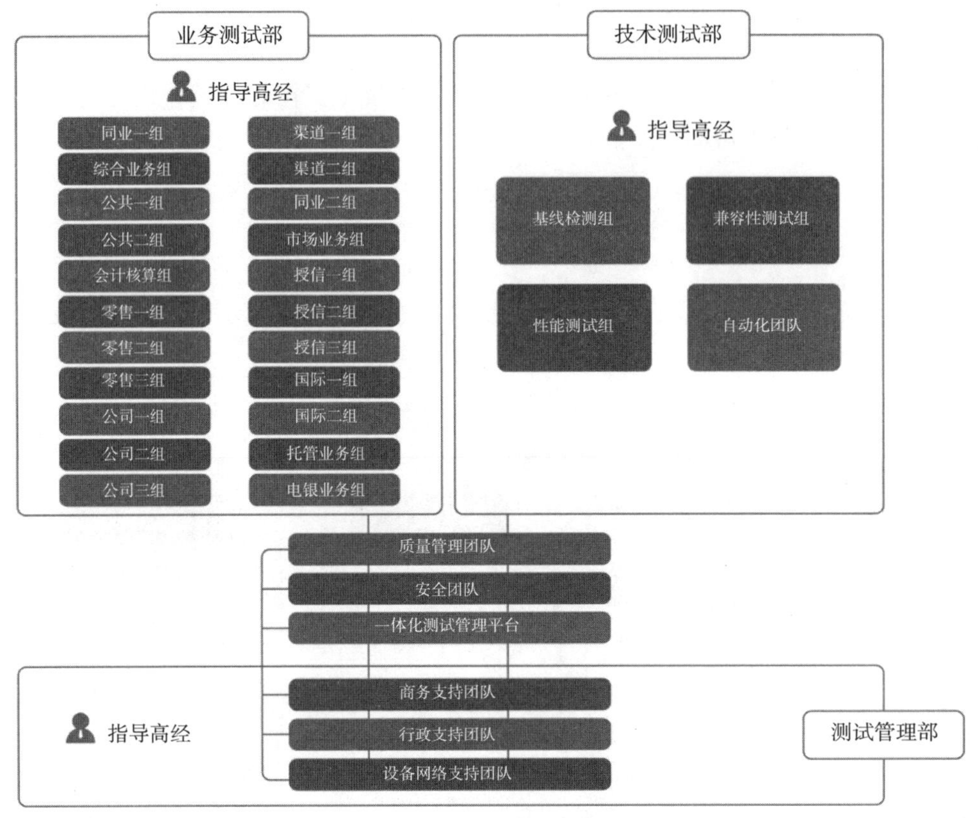

图 13－2－2　某银行测试中心扁平化管理模式

第三节　测试组织的发展前景

金融科技的快速发展极大地改变了传统商业银行的产品内容、服务模式和组织架构，银行业 IT 部门的角色面临重新定位。自 2015 年兴业银行将网络金融部分离出去成立业内首家金融科技子公司“兴业数金”以来，平安银行、招商银行、光大银行、民生银行也陆续成立金融科技子公司。而继 2018 年 4 月建设银行在上海成立“建信金科”，2019 年 5 月 8 日工商银行在雄安挂牌成立“工银科技”，同年 6 月 13 日中国银行在上海浦东挂牌成立“中银金融科技有限公司”，这意味着大行也陆续加入到成立银行系金融科技公司这个阵营，银行业 IT 公司化已经势不可挡。在此背景下，作为银行 IT 重要环节的软件测试也将得到重新定位。

一、IT公司化对银行业务创新的推动作用

银行IT公司化步伐加快，一方面是因为近年来互联网企业不断向金融业渗透，给传统银行业务带来了挑战；另一方面金融业竞争日益加剧，银行必须通过改变固有的体制约束，利用市场化的机制扩大银行在金融科技方面的投入，加快产品和服务创新步伐。

有助于释放科技创新活力，提升创新效率和水平。公司化运营之后，可以改变银行IT组织长期以来作为创新链条末端，远离市场，仅以完成业务部门提出的开发任务为目标的现状，能更好地融入市场化环境，有助于增强市场竞争意识，提高将新科技与金融服务融合创新的敏感度，加快推进前沿科技应用以及新产品、新业务模式的孵化。

有助于提供“金融+场景”的综合服务，更好地满足客户需求。公司化运营后，银行IT组织可以根据客户的个性化需求，促进科技创新、金融服务、非金融服务和生产生活场景的结合，如在智慧医疗、智慧校园、智慧民生等领域提供更高效的综合服务，构建多方共赢的金融生态系统，持续提升客户黏性。

有助于形成市场化薪酬激励机制，激发科技人才潜能。传统银行IT组织的后台定位限制了人员薪酬的分配，影响了测试队伍的专业性和稳定性。公司化运营之后，可以建立与公司发展相匹配的薪酬分配机制，形成灵活高效的选人用人制度，增强薪酬水平的市场竞争力，从而充分挖掘科技人才的创新潜能，激发科技人才的技术研发与场景应用的创造力。

二、银行IT公司化趋势下的软件测试定位

随着IT技术在银行业广泛的应用，软件测试已经成为支撑银行转型发展、保障产品质量、提升客户满意度、控制经营风险的重要一环。在银行IT走向公司化的过程中，银行软件测试的价值也将进一步得到体现。

（一）系统集成测试加快软件交付速度

系统集成测试（SIT）是系统测试和集成测试的总称，站在开发者的角度，验证软件内部构成、各构成间的接口等是否满足开发设计需求。目前国内银行这项工作有的是由开发部门内部的测试团队承担，也有些银行将其交由独立的测试部门负责。近几年，随着银行对产品更新迭代频率的要求越来越高，业内那些承担此项工作的独立测试部门，为了降低沟通协作和人员投入等成本，缩短软件交付周期，有的已经与开发部门进行合并。

银行IT的公司化改革将对软件研发的迭代效率和交付质量提出更高更苛刻的要求。为了提升市场竞争力，IT公司内部的测试与开发必须完成深度融合，它们的关系不再只满足于前后手关系，而要转变为左右手关系，“两只手弹钢琴”。一是参与优化研发过程。探索和实践新的、有利于共同发展的合作模式，如持续集成、持续交付DevOps，

进一步强化系统开发、技术运营和质量保证团队之间的沟通、协作与整合，共同构建一套更加适合银行 IT 公司的软件研发流程、规范和模板。二是共同确保软件研发质量。测试与开发融合，不但可以在第一时间发现系统质量问题，还能督促尽快修复产品缺陷，及时完成复测，甚至预防发生缺陷。三是可以利用熟悉系统内部构成的技术优势，充分利用开发资源，大力研发自动化测试等工具手段，提高测试工作的技术含量。

（二）用户验收测试发挥“产品监理”作用

用户验收测试（UAT）也称为交付测试，是站在最终用户的角度来检验即将投产的系统是否满足用户实际需求的测试。目前，银行的用户验收测试由业务部门或独立测试部门承担。当然独立的测试部门凭借更为专业的工艺、方法、工具以及管理策略，更能充分发挥测试效用，确保用户满意度，增加用户黏性。

银行 IT 公司化以后，由独立的测试部门站在银行（集团）的角度对 IT 公司交付的系统进行验收最为合理，其好处体现在诸多方面。一是可以开展测试“前移”。改变之前“需求—开发—测试”的瀑布型模式，让测试人员提前深入需求环节。一方面协助业务部门梳理业务需求，根据业务场景引入前沿科技，既能提升需求质量，又可以提升业务创新能力。另一方面还可以通过使用静态分析技术确保需求的完备性和可行性，降低需求在开发、测试环节的变更频率，避免因需求问题造成的返工，从而提高产品研发效率，节约产品研发成本。二是测试还可以“后延”。作为代表系统用户的“检验员”，出具用户验收测试报告还不能是测试的结束，要将测试工作延伸到投产以后。一方面要参与生产问题的分析跟踪，关注系统投产后的交易数据。总结前期测试规划和实施过程的不足，提升测试能力；还可以根据真实的运行数据继续评估系统性能、安全等风险。特别对于使用了 AI 技术的应用系统，需要积累大量投产后的真实信息不断验证 AI 算法的有效性，可谓是“测试无止境”。另一方面要继续发挥测试人员熟悉需求、功能和操作的优势，为基层系统用户提供指导和支持，参与营销推广运营，深挖系统的业务价值；同时要收集用户使用反馈，快速感知、分析需求，迅速提出优化建议，建立从“需求—研发—推广—需求”的良性循环，形成以用户为中心、快速迭代、持续交付的软件研发理念。三是有利于助推 IT 自身的数字化转型。此类独立的测试部门凭借对软件研发全过程的数字化监控，为银行决策者、业务部门、系统用户更直观地实时展示研发过程进度和质量数据，为业务部门实施产品决策、预测系统风险、明确产品改进方向等提供有力支持，真正成为银行业务保障和风险控制的“第三方监理”。

（三）深挖用户体验测试价值

客户体验测试属于 UAT 的范畴，重点关注用户体验，具体是指在将产品交付客户之前，通过邀请潜在客户或组织特定人员代替客户，在银行指定的场所对新产品、新功能进行一系列体验试用，以便收集一线反馈，及时进行有针对性的完善调整。比如，界面是否友好、操作是否流畅便捷、功能是否满足用户场景等。目前，部分银行开始尝试开展一些类似客户体验测试的工作。比如，由业务部门牵头组织，或是通过开展劳动竞赛鼓励内部员工试用，或是交由外部第三方机构代为测试。有的银行自主开发众测平台，鼓励行内员工利用空闲时间开展体验试用，参与者会给予一定的奖励；个别银行通过与众测平台运营商合作，在组织行内员工参与体验的同时，将来也会考虑尝试将个别业务交由平台上的社会人员进行体验。

但总体上看，我国银行业尚未正式系统地推行客户体验测试。IT 公司化以后，银行为了更好地满足客户需求，客户体验测试也将成为提升获客不可或缺的重要手段。

三、银行软件测试应该如何转型

综上所述，IT 公司化势必推动银行软件测试定位转型。但是，银行软件测试转型不能采取“一刀切”，而应结合不同测试类别的价值体现重新进行布局，循序渐进。

组织定位方面。组织定位要利于价值发挥，加强协同。IT 公司化改革以后，系统集成测试团队需与开发组织紧密结合，形成高效的开发测试联合团队，坚守“后台”；用户验收测试团队则应更为独立，逐渐成为银行软件研发方面的监理角色，对决策者、业务部门负责，成为“中台”；用户体验测试团队则应融入“前台”，也可以配合业务部门搭建众测平台，邀请前台人员，甚至客户参与，利用其充分了解客户场景、系统功能、业务需求的优势，重点解决用户体验问题，提高用户黏性。如工行成立金融科技公司的同时，对其金融科技架构进行了优化。其中原来主要承担用户验收测试职能的数据中心（北京）与产品研发中心进行了整合，在业内率先成立了业务研发中心，其职能覆盖业务创新的顶层设计和需求整合，以及需求和测试的统筹管理。该中心与金融科技部、软件开发中心、数据中心和金融科技子公司组成了“一部、三中心、一公司”的新格局，值得思考。

人才培养方面。人才培养要注重全面融合，各有侧重。除了要继续培养人才在银行软件测试专业自身领域方面的发展以外，还需要按照不同组织定位的特点和诉求，实施个性化的培养方案。比如，系统集成测试团队人员因为要参与到开发过程的优化和质量检测工作，需对架构规划、技术平台、程序设计、代码管理、版本发布等方方面面都进行深入的学习和掌握，因此要侧重将其培养成为“全能选手”，既能当运动员，又能当教练员。用户验收测试团队人员则需要全面熟悉银行业务知识、精通业务场景和了解系统架构，应具备较强的业务分析评估和整合创新能力，成为业务和测试“两栖专家”，既能当业主，又能当监理。用户体验测试团队人员则需要熟悉业务场景、客户诉求，具备一定的市场分析和营销能力，能够设计出一套精准感知和迅速反馈客户体验的机制，成为“跨界专家”，既能搭台，又能唱戏。

风险管控方面。风险管控要未雨绸缪，无缝衔接。银行测试组织的转型必然会带来诸多风险，如权责分工如何厘清、工作边际如何界定、运营战略如何调整以及过渡期方案如何制定等。因此，要制订详尽的过渡计划，明确时间、范围和工作机制，确保平稳过渡。同时要厘清各测试环节的职责范围，制定准入准出标准，理顺工作流程；对可能出现的风险匹配相应解决措施，强化监控力度，避免发生系统性风险。

随着数字化、智能化时代进程的加快，金融科技将激发更多活力。银行 IT 公司化转型等经营理念和管理思维将引领新的时代发展潮流，推动银行 IT 不断创新。银行软件测试也要紧跟步伐，做好充分的体制、机制和人才方面的改革准备，挖掘自身价值潜力，促进银行 IT 焕发新的生命力，助推传统银行在金融科技潮流中逐浪前行。

第十四章　如何培养测试人员

第一节　怎样安排测试组织的职责分工

一、测试人员角色划分

在软件测试工作中，测试人员会存在不同的角色。尤其当队伍规模和人员构成到达一定数量级以后，更需要进行专业分工。从而发挥每个人员的技能特长，让整个组织的工作效率和质量进一步提高。

当测试组织规模不是很大（如几十个人）时，测试组织角色可以简单划分为测试人员和测试管理人员。在这种情况下，测试人员需要承担测试案例编写、测试案例执行、缺陷上报与跟踪等工作，而诸如整个团队的人员管理、工作任务分派、测试设计、报告编写等工作则由测试管理人员负责。

随着测试组织规模逐渐扩大，某些角色分工会从以上两种角色中进一步细分。比如安排专人从事测试需求分析和设计角色。这时，团队中就有了三种人员角色：测试管理人员、测试设计人员和测试执行人员。与上一阶段的人员分工相比，测试管理人员的测试设计工作和测试人员的案例编写工作全部或者部分由测试设计人员承担，管理人员更加注重团队的管理，而测试执行人员更加注重案例的执行和缺陷的跟踪。

当团队达到百人级别以后，单一的测试管理人员已经无法有效完成事无巨细的管理工作了，因此管理人员也需要助手帮助其进行管理。测试设计团队需要一个管理人员，从而主持整个团队的测试设计工作，安排需求分解和案例设计的评审，把控测试设计质量；测试执行团队也需要一个管理人员，仔细划分和安排案例执行任务，跟踪案例执行质量，总体跟进缺陷提交与解决情况，还有可能与测试设计团队进行案例设计方面的沟通。

如果测试组织进一步扩大，那么团队中还需要更多的角色执行一些专业工作。比如测试工作本身的质量需要安排专人进行管理，因此团队中可能会需要一个质量管理人员，负责测试设计质量、测试执行规范，同时跟踪测试缺陷情况，确认测试准入与准出条件是否具备等。大型测试项目组的测试环境、测试设备的维护往往也有很大的工作量，因此也需要一个专门负责环境、设备等技术支持的团队。如果项目组的测试执行人员分为多个小团队进行管理，那么各个小团队也需要相应的负责人员进行管理。

二、测试人员角色职责

通常情况下，大型测试团队人员分工已经基本形成。可以将团队成员主要分为以下角色。

（一）测试经理/团队负责人

负责测试项目组整体工作，对外联络沟通，把控整体进度与测试质量，同时还要负责项目组人员的日常管理、规范和制度的制定等，也要负责项目组的成本控制，最终实现测试目标。有的团队实行扁平化管理，不一定再设小组，也有的团队内设小组负责人由团队其他角色兼任。

（二）项目小组负责人

负责团队内部小组的日常管理、任务分配等，落实项目组的整体管理要求，完成小组的工作职责。

（三）项目质量管理人员

协助测试经理或测试团队负责人，甚至还有测试组织的专职质量团队负责人和成员把控测试质量，可能包括审核项目总体进度、识别与跟踪项目风险、跟踪缺陷情况、参与项目投产决策，评审测试资产归档以及组织测试能力提升、改进工作等。

（四）技术支持人员

负责测试项目组的测试环境维护、测试设备的保障，有时可能还包括测试工具平台的维护支持以及其他基础环境的管理等。

（五）测试设计人员

负责测试需求分析和测试方案设计，明确采用的测试技术、测试条件，维护项目的测试案例等资产库。

（六）测试执行人员

负责运用既定测试技术实施测试方案，根据方案准备测试条件，执行测试过程，发现并提交缺陷，跟踪缺陷的解决情况提交测试结果和风险评估依据，归档测试案例等资产，有时还需要协助编写操作手册等。

【同业实例 14－1－1】

某银行测试中心建设的最终目标是实现可持续优化的软件质量管理体系。测试中心未来不仅仅是在项目开发后期进行测试组织管理和实施工作，更应该在构建该银行软件质量管理体系工作中发挥主导作用，能够为各地开发中心的整个项目开发过程提供有效的质量管理手段。为充分协调好各类人员的工作，提高人员的利用率，其测试中心的人员角色定义如下（见表 14－1－1）。

表 14－1－1

人员角色	工作职责
测试中心经理	管理测试中心的日常工作，负责所有工作的指派和人员调整； 监督测试项目的流程进度和质量； 为测试中心的负责人

续表

人员角色	工作职责
测试项目经理	负责具体的一个或多个测试项目 管理项目内部的工作流程 项目人员的工作任务分配 直接对评测中心经理负责 对所提出的评测结果和报告负责 评估测试项目质量
测试架构师	测试中心的专业测试顾问 针对项目制定测试策略 总体设计测试计划 考核测试结果 控制流程更改 评估和总结被测试应用的质量
测试设计工程师	设计测试计划和案例 设计自动化测试脚本 熟悉各种测试工具和技术 定义测试实施计划
测试执行工程师	执行测试案例 记录案例运行结果 分析测试结果 提交缺陷报告
系统管理员	管理和维护测试管理系统 搭建和维护被测试系统
业务人员	提供和确认被测试系统业务需求 检验被测试系统测试结果 提供业务测试数据

注：其中服务实施既包括功能性测试，也包括性能测试。项目经理也可以考虑根据功能和性能分别设置。

【同业实例 14－1－2】

某银行测试中心项目人员岗位职责：

1. 测试项目经理。

负责管理测试项目的各项工作，包括制订测试方案，分配测试任务，跟踪测试进度，把控测试质量；对测试项目组人员、成本等进行考核；负责组内和组外沟通协调工作；对测试工作进行阶段总结和风险评估，为项目上线提供决策依据。

2. 质量专员。

负责监督和管理测试质量，跟踪测试项目总体进度；监控测试执行组员工作状态；分析进度和质量偏差；识别测试项目风险、提出应对措施，并跟进改进情况；为项目测试经理判断项目是否上线提供综合依据。

3. 技术专员。

负责对测试项目组进行技术支持，包括协调准备测试环境和前置条件；根据测试需求协调测试环境数据的初始化和准备工作；根据测试需求协调、跟踪测试项目组的批处理工作；协调、跟踪、解决测试过程中发生的技术类问题。

4. 测试需求分析人员（以下简称BA人员）。

负责定义业务需求范围、业务处理过程，分析待测系统业务需求，分解需求功能点等，并根据分解的功能点设计、编写测试案例，保证测试案例对功能点的覆盖度；组织测试案例的评审工作；根据测试过程评估测试案例的准确性、完整性，并根据评估结果修正、完善测试案例。

5. 测试组长。

负责管理测试小组内的各项工作，包括进一步分解测试项目经理分派到测试小组的任务，跟踪小组的测试进度，把控测试质量，解决测试问题，对小组内的人员进行考核，完成测试任务；负责测试组间的沟通、协调工作，畅通测试组间的测试流程。

6. 测试执行组员。

负责执行测试组长分派的测试任务，提交和跟踪发现的缺陷，按期保质保量完成测试任务。

第二节　怎样培养测试人员

从某些角度讲，测试人员的职业发展比开发人员更加丰富多彩，因为测试人员既接触了业务，也接触了技术，还接触了用户。而作为团队的管理者，为团队的成员规划好发展路线，可以使得团队成员有清晰的发展和努力的方向，从而促进人员的成长和整体工作效率的提高。

一、测试人员的晋升通道

一般来说，测试人员的发展可以分两个大的方向，一个是向专业能力方向发展，另外一个是向综合管理能力方向发展。每一个人员的个人发展方向应该结合其个人能力、优势和意愿，当然最终的选择权在每个人自己。

（一）管理发展方向

管理能力是一项综合能力，市面上可以找到许多介绍管理方法、管理理论和培养管理能力的书籍，在这里我们并不对此多做赘述。无论是测试人员、开发人员还是其他领域的工作，都有机会走上管理岗位，从某种角度来说，管理者需要的基本素质和能力是一样的。可能不同的人会有不同的看法，以下是一个潜在的管理者需要具备或者培养的能力。

✓ 自律与学习能力。

✓ 培养与授权能力。

✓ 计划与控制能力。

✓ 沟通与协调能力。

如果一位测试人员希望向管理方向发展，那么在测试领域可以有怎样的发展路线呢？一般来说，可以规划为测试组长、测试经理、项目经理以及产品经理等。再高一层的管理职位已不在本书叙述的范围。

（二）专业发展方向

与开发人员不同，测试人员专业领域基本可以分为业务方向和技术方向。

1. 业务专业发展方向

业务方向发展的目标是成为业务专家。测试人员在测试过程中需要更加紧密地接触业务需求和业务人员，有的测试人员甚至要比专职的业务人员更加了解业务。

业务方向发展的路线可以是测试设计人员、测试需求分析人员、测试需求分析专家，甚至成为需求设计专家。这个发展方向的最终目标是成为某一领域的业务专家，这个时候不仅软件测试过程中遇到业务方面的问题需要向他请教，而且整个系统建设过程中的业务设计都需要向这样的专家咨询。当然还可以转型成为业务管理部门、基层经营单位的“老法师”。

2. 技术专业发展方向

技术方向发展的目标是成为测试技术专家。正如本文中介绍的那样，软件测试领域也包含很多种专业测试技术、无论功能测试还是非功能测试，无论时间是否充裕，测试组织都应该不断丰富“测试方法库”，选择最合适的方法、技术来应对，尽最大努力来揭示系统的风险。比如除了传统的测试方法以外，还可以采用一些新的方法、技术组合，比如静态测试技术、自动化测试技术、探索性测试技术等。如果有人员对于软件测试技术方面比较感兴趣，可以往此方向发展。

技术专业发展路线可以是成为某一种测试类型的专家，如功能/性能测试工程师、高级功能/性能测试工程师、功能/性能测试专家等。技术发展路线对于人员的要求和开发人员的要求类似，需要具备良好的自我学习和钻研能力。

【同业实例 14－2－1】

某银行测试中心人员职业发展规划：

该银行测试中心按照人员经验和技能将测试岗位划分为高级、中级、初级三类。人员入职测试中心以后，可以选择管理、业务和技术三个发展方向，通过工作经验积累、绩效考核和培训学习，逐步晋升。

三个方向的岗位级别晋升，除需要一定时间的岗位工作经验积累以外，还需要参加定期的培训学习，并且获得相应的资质证书。

● 初级岗位。

初级岗位包括组员和组长。初级岗位不区分管理、业务和技术方向，人员可以通过在基层岗位工作情况自主选择今后的发展规划和晋升通道。

● 中级岗位。

中级岗位包括项目经理、业务经理和技术经理，分别对应相应的专业方向。中级岗位人员需要获得相应的工作经验年限及中级专业证书，并通过一定的竞争选拔程序才能晋升。初级岗位人员向中级岗位晋升时，不受发展方向限制：组员可以直接向业务专家或技术专家晋升，也可以先晋升为组长；而组长可以向任意一个中级岗位晋升。

● 高级岗位。

高级岗位包括高级经理、高级业务专家和高级技术专家，分别对应相应的专业方向。高级岗位人员需要获得相应的工作经验年限及高级专业证书。不同的中级岗位人员向高级岗位晋升时，可以参照如下晋升通道：项目经理可以向任一高级岗位晋升；业务专家可以向高级经理或高级业务顾问晋升；而技术专家可以向高级经理或高级技术专家晋升。详见图 14 –2 –1。

● 资深岗位

资深岗位包括部门总经理、高级业务专家、高级技术专家，分别对应相应的专业方向。不同的高级岗位人员向资深岗位晋升时，可以参照如下晋升通道：高级经理可向部门总经理晋升，业务专家可向高级业务专家晋升，技术专家可向高级技术专家晋升。

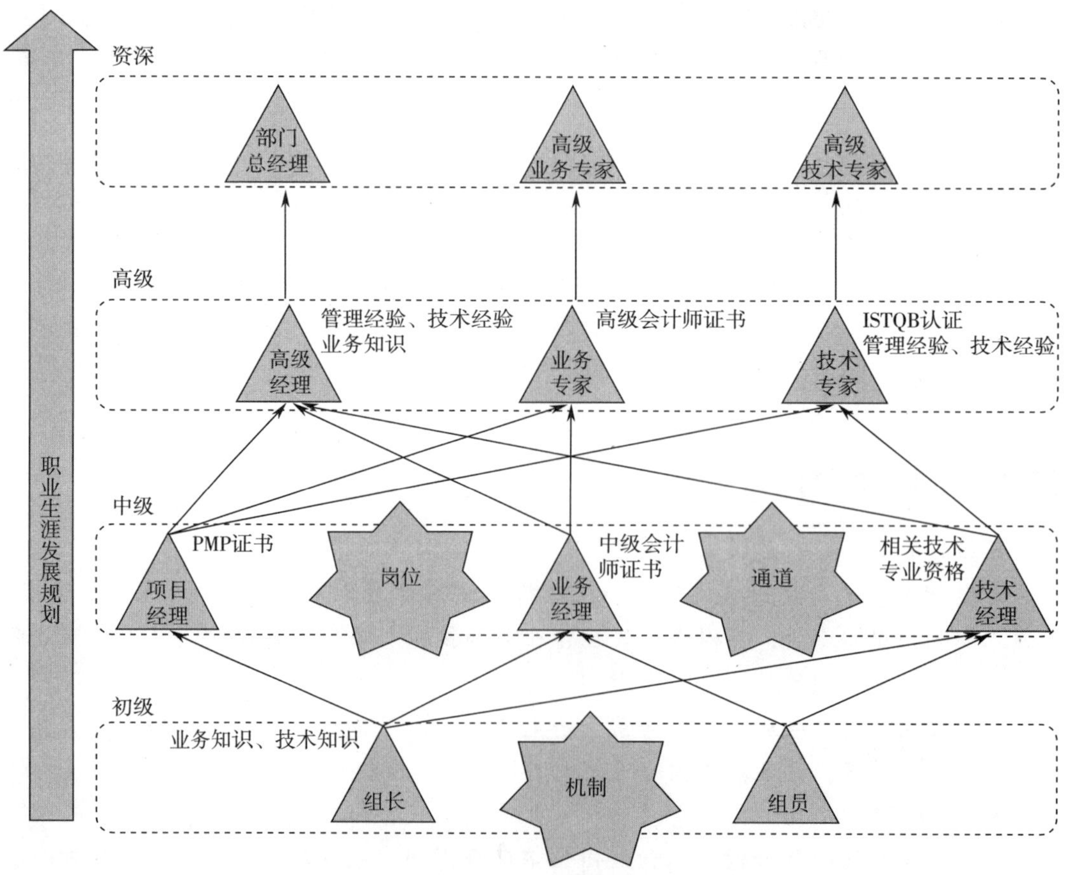

图 14 –2 –1　某银行测试人员职业发展规划

二、测试人员的发展前景

测试人员因其工作贯穿全流程、接触多角色，掌握了更为全面的业务知识，而站在IT、业务和用户的多重立场也使其更具洞察力，更适合参与业务创新、市场营销和项目决策，尤其在跨界创新、融合沟通方面更是优势明显。具体来说，可以在以下几个方面发挥新的作用。

（一）参与基层业务营销，协助提高一线获客能力

测试人员对业务场景、用户诉求、系统架构的熟悉，尤其是平时面向各种角色积累的洞察沟通能力，使其能在业务一线的产品推广上发挥意想不到的作用，不但可以协助营销人员推介产品，更助其善于引导，敢于拍板。测试人员可以和传统营销人员一起搭档出击，成为银行金融产品推广过程中的“售前”人员。

（二）梳理全行业务流程，发挥产品创新引领作用

在目前“测试前移后延”的基础上，测试人员可以利用自身熟悉业务、懂得技术，又了解用户体验的优势，在融合业务与技术方面发挥更大价值。既可以协助业务人员优化产品需求，又可以协助技术人员优化产品设计。特别在梳理、整合跨部门的业务流程方面，可以发挥其贯穿全流程、掌握全业务的优势，将自身角色进一步提升，实现突破和跨界，成为金融产品创新的“设计师”。

（三）提高软件交付质效，提升研发投入回报水平

未来测试人员可以在完成好银行软件产品“质检员”的基础上，利用好自身“既懂业务，又懂技术，还懂用户”的特点，做好业务部门和技术部门的联络员，将角色转变为银行软件产品的“监理师”，不但要在开发测试阶段发挥作用，更要在软件产品全生命周期各个阶段中“无处不在”，在产品规划、需求编制、软件设计、用户验收等各方面提供合理意见，解决业务与技术部门在产品研发过程中的各种分歧，抑制重复需求和过度开发现象，减少过程管理不到位造成的内耗，整体提升银行软件研发交付的投入回报水平。

第三节　怎样进行测试的绩效考核

测试组织无论在确定质量目标、明确测试方案、选择方法工具、制订测试计划、实施测试过程，进行测试保障、总结测试结论、提示质量风险，还是规划组织架构、提示专业水平、实施持续改进，这些银行测试工作都需要专业人员来推进。前面已经介绍了银行业测试领域人才培养的方式和途径，这里着重介绍对人员的培训和考核。

一、为什么要进行绩效考核

（一）什么是绩效考核

在“百度知道”上，我们很容易查到：绩效考核指企业在既定的战略目标下，运

用特定的标准和指标，对员工的工作行为及取得的工作业绩进行评估，并运用评估的结果对员工将来的工作行为和工作业绩产生正面引导的过程和方法。绩效考核是企业绩效管理中的一个环节，常见绩效考核方法包括 BSC（平衡计分卡）、KPI（企业关键绩效指标）及 360 度考核等。测试组织同样需要对组织成员进行绩效考核，包括组织中聘用的外协人员。

（二）为什么要进行绩效考核

同样，我们也不难找到进行绩效考核是为了以下目的。

一是考核是管理必不可少的环节。考核、检查和监督是管理的基础，如果没有考核，工作就会流于形式，就会形成做好做坏一个样，做和不做一个样的结果。

二是可以对过去的工作业绩做出客观全面的评价。通过绩效考核，可以看到日常工作中的问题所在，从而提出改进方案。

三是能够对员工有一个客观的评价。员工在工作一段时间后，对其工作表现和能力需要有一个客观的评价，绩效考核为评价奠定了基础。绩效考核可以帮助提高员工的工作效率和团队管理水平，并成为员工晋升的主要依据。

四是员工希望了解自己的表现。每个员工在内心都希望能够了解自己的绩效和别人对自己的评价，同时也需要了解自己目前有待于提高的地方，使自己的能力得到提高，技能更加完善。绩效考核提供了一个渠道，使员工了解自己的绩效表现，以符合组织要求的方式提升自己，达到双赢的结果。

五是便于分配绩效奖金。与奖金不挂钩的考核是没有意义的，员工绩效奖金的分配与绩效考核得分息息相关。

目前银行业测试主要还是依靠人来管理和实施，人员的价值评价和发展方向同样需要有一套合适的绩效考核体系来客观衡量。特别对于质量把关的测试组织，无论出于对验收工作质量，还是从业人员自身发展考虑，都需要建立一套验收工作的绩效考核机制。

二、测试人员绩效考核的内容和方法

（一）绩效考核的内容有哪些

一是特征导向型。考核的重点是员工的个人素质，如沟通能力、写作能力、工作态度等，即考核员工是一个怎样的人。

二是行为导向型。考核的重点是员工的工作方式和工作行为，比如每天编写的案例数、执行的案例数创造的测试工具、积累的测试资产、参与的测试评审等，即对工作过程的考量。

三是结果导向型。考核的重点是工作的结果，比如被测系统投产后的运行情况、用户的反馈等。

（二）绩效考核常用方法

1. 关键绩效指标法（平衡计分卡）

关键绩效指标是一种根据员工的关键行为和行为结果来对其绩效水平进行考核的

方法。一般由主管人员将其下属员工的工作按其预期从多个方面设定绩效指标，考核时根据其实际表现出来的工作结果与绩效指标进行对应评价，然后在考核时间点上与该员工进行一次面谈，根据共同讨论结果来对其绩效水平做出考核。比如，测试组织可以从专业能力、测试质效、项目管理、贡献价值和职业素质五个方面对测试和管理人员进行考核评价。

2. 目标管理法

目标管理法是现代更多采用的方法。测试组织的管理者通常为了确保自身价值的充分体现，管理者将其总体目标按测试岗位的具体分工分解成各个岗位的分解目标，并设置考核指标和评价标准，明确取数规则。经过在测试组织内部统一宣讲后，全体人员遵照执行。

3. 360 度考核法

360 度考核又称交叉考核。在考核时，通过“上级打业绩分，平级打协作分，下级打满意分”来评定被考核人绩效水平的方法。360 度考核可以避免传统考核中考核者极容易发生的“光环效应”“居中趋势”“个人偏见”和“考核盲点”等现象，能够较为全面地反映被考核者多方面的能力，使考核者获得的信息更为准确和全面。这种方式实际上是员工参与管理的方式，在一定程度上增加他们的自主性和自我控制，员工的积极性会更高。不过凡事有利必有弊，这种考核方法也有不足的地方。一是由多方共同考核导致考核成本比较高，二是可能会成为某些员工发泄私愤的途径，利用考核机会“公报私仇”。因此，管理者和考核负责人要在实践中不断总结经验，持续完善。

三、如何设置绩效考核的流程

通常情况下，绩效考核可以分为如下几个步骤：

（一）考核工作分析

首先要根据测试组织的目标和定位、测试岗位设置，选择符合自身情况的考核办法，制定考核关系和考核指标库。有时还要兼顾测试组织外部的因素，比如行领导、人资条线或业务主管部门对测试组织的考核评价方式等。

（二）设定绩效考核表

根据考核方法关系和指标库，对每个考核岗位根据岗位职责设定绩效目标，并形成书面化的绩效考核表。

（三）试行考核

选取典型代表进行试考核，检查考核内容、过程和结果是否符合考核设计需求，找出问题并加以改进。

（四）正式评审绩效考核方案

通过组织同行评审、向测试组织领导汇报等形式对绩效考核方案进行评审。评审通过后，正式发布。

(五) 开展绩效考核培训

对于开展绩效考核的测试组织，需要对全体员工进行考核方案的培训。培训内容包括考核方案的设计、实施流程和方法，考核主体关系，绩效考核指标和取数规则等。

(六) 正式考核

根据考核的周期，正式开始绩效考核活动。

(七) 绩效考核结果的应用与改进

绩效考核的结果，既可以用来作为测试人员自我提升的依据，也可以用来作为员工综合评定薪酬职位调整的依据。每次绩效考核完成后，直接上级都应与下级进行绩效面谈，指出员工本阶段工作的优秀与不足之处，共同制订绩效改进计划，以提升下一阶段的绩效考核成绩。当然，考核方案本身也需要根据测试组织外部和内部的变化情况持续完善。

四、如何规划绩效考核中的考核关系和考核指标

考核关系就是谁考核谁的关系。了解了前面介绍的考核方法，大家就明白了考核关系绝不是领导考核员工这么简单。要正确地设置绩效考核中的考核关系，必须要先明确采用哪种考核方法。明确了考核方法，就可以设置相应的考核关系。比如，使用360度考核法，需要设置以下的考核关系：被考核人的自我考评、员工之间的相互考评、上次对下级的考评、下级对上级的考评。总之，考核关系的设置依赖于考核方法，考核方法不同，考核关系也会有所区别。经过上面的介绍，大家明白了考核关系往往不是单一存在的，采用不同考核关系的组合更能全面地反映被考核人的工作情况和个人能力。但是考核的主体关系如上级对下级之间的考核等，基本还是一致的。考核关系明确以后，就可以根据每种关系设置考核指标了。

五、如何运用绩效考核结果

绩效考核的根本目的是建立一种反馈机制，提高员工绩效，帮助组织增强竞争优势。绩效考核体系的变革，是推进员工行为改变最有效的工具之一，绩效考核看似很小的变化，可能在测试组织中产生巨大的影响。考核的结果必须与有效的人力资源管理决策挂钩，才能真正发挥作用。

一是给予上下级之间定期沟通的机会，利于改进绩效；二是作为薪资、奖金调整的依据；三是绩效考核结果与晋升关联；四是作为发掘教育培训需求和职业生涯规划的参考依据；五是绩效考核结果作为人员招聘、岗位调整的依据。

六、绩效改善和绩效计划调整

绩效考核不是最终目的，绩效考核的目标在于改善和提高被考核者的工作能力。在考核完成后，员工和管理者可以充分地沟通关于如何改进绩效的方法和具体计划。

员工可以提出自己的绩效改进计划和自己需要得到的支持；管理者则对员工如何改进绩效提出自己的建议。

（一）绩效改善计划的基本步骤

一是分析员工的绩效考核结果，找出绩效不佳的原因；

二是选择绩效改进的重点领域；

三是制定绩效改进项目的具体步骤；

四是确定绩效改进方案的执行者和完成的时间要求和评价标准；

五是确定绩效改进过程中需要的指导和协助；

六是最后形成书面的绩效改进计划。

（二）绩效改进计划的要点

绩效改进计划是考核工作最终的落脚点。一个切实可行的绩效改进计划应包括如下要点：

1. 计划要切合实际

为了使绩效改进计划确实能够执行，在制订绩效改进计划的时候要依据三条基本原则：容易改进的优先列入计划，不易改进的列入长期计划，不急于改进的暂时不要列入计划。也就是说，容易改进的先改，不易改进的后改，循序渐进，由易至难，以免使员工产生抵制心理。

2. 计划要有时间性

绩效改进计划应有时间的约束，避免流于形式，也有利于管理者的指导、监督和控制，同时给员工造成一定的心理压力，驱动其认真对待。

3. 计划要具体明确

列入绩效改进计划中的每一项内容，都要十分具体，看得见、摸得着、抓得住，这样才能够落地实施。

4. 计划要获得认同

绩效改进计划必须得到双方的一致认同，方为有效，才能确保计划的实施，而不是管理者将自己的意志强加给员工。

5. 计划要不断完善

绩效改进能够成功，关键在于能否控制改进的过程。只有管理者在过程中给予员工指导和帮助，根据绩效改进过程中的实际情况，修正改进方案，才能确保绩效改进的效果。

【同业实例 14－3－1】

某银行测试中心成立初期的考核方法是关键绩效指标法，其考核周期分为季度考核和年度考核。考核流程为：

先根据各位员工的工作目标表进行自评、项目直接主管考核与二级部负责人考核。

考核结果汇总后，由各二级部负责人根据平时工作表现，对二级部内人员的最终考核得分进行微调和排序。

部门班子成员根据部门总体考核情况确定所有员工的最终考评。

该银行的绩效考核覆盖所有项目人员，分别从管理、技术、业务、约束、测试五个维度进行考核，可以看出被考核人员的综合能力，也可以明确被考核人在各个维度如项目管理、技术、业务知识等方面的能力，从而可以发挥优点，改掉缺点。从考核中可以评估被考核人适合的岗位以及今后的发展方向。

该绩效考核的体系的优点是可以将不同角色的项目人员放在一起综合比较，从而得出项目人员的综合素质。同时也支持相同岗位的人横向比较，可以体现出相同岗位人员表现的优劣（见表 14－3－1）。

表 14－3－1

人员 \ 项目	管理	业务	技术	测试	约束
A 项目经理	80	78	60	60	90
B 测试人员	14	88	24	89	65
C 质量专员	79	68	28	72	84
D 技术专员	68	68	89	35	77

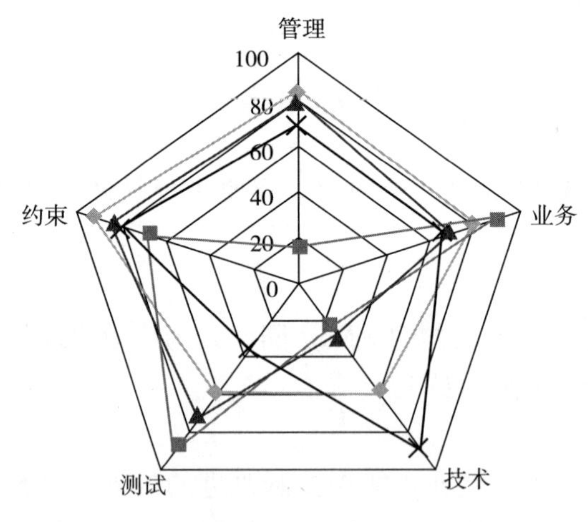

	管理能力	业务能力	测试能力	自我约束	技术能力	加权评分
甲项目经理	93	80	45	77	34	75.7
乙项目经理	93	85	65	77	79	84.2
丙项目经理	82	88	75	80	83	82.05
丁项目经理	88	84	70	77	79	82.5

该银行测试中心发展到一定阶段后，绩效考核方法进一步优化为360度考核。考核总体框架采用矩阵化的考核模式，考核成绩由行政维度考核和项目维度考核两部分组成，并着重突出项目维度考核的重要性。考核方案以外部门对中心的考核为导向、以中心发展战略为基础、以中心全部工作为内容，以指导员工工作为目标，人员的考核指标根据不同岗位的工作内容来制定，由其上级、下级、平级分别进行打分，从而形成了一套360度全方位的考核方案。

该银行测试中心按季度组织考核，先由员工进行360度考核打分，根据各指标、人员打分的权重计算总分，再由分管部结合员工表现进行微调，形成当季的考核成绩，年终以四个季度的平均分作为员工年度考核得分，最终由中心领导参考该得分对员工考核等级进行评定。

七、怎样建立测试人员绩效指标

（一）设置绩效指标的重要性

在绩效管理中，绩效指标的设定对组织对个人都是重要的一环。绩效指标的作用是：

对于测试组织来说，通过设计考核指标，可以将组织的目标有效地分解到各个测试岗位和个人。通过对测试组织和个人绩效目标的跟进以及对绩效结果的评估，测试组织可以有效地掌握组织目标的达成和组织价值的体现情况，也可以发现阻碍目标达成、价值体现的原因。

对于管理者来说，设定绩效指标对员工进行管理是他们实施管理的重要内容。对于自我管理的专业人士或者团队来说也是如此。高绩效的个人或团队通常都有清晰的目标，他们清晰地知道自己将要做什么，以及将要做到什么程度。因为如果没有这些指标，就无法得知什么是所期待的目标，无法对目前的现状进行评估，也不知道依据什么对员工反馈绩效评估结果。

如果需要依据绩效来付薪酬、定升迁，那么当然，在具体操作中也要注意不要落进“唯指标论”的误区。绩效考核是一次系统性的工作，要注意不要过于死板和机械化，要强调顶层设计、上下兼顾，从而进行清晰地设定和量化，提供客观、公正的信息。

（二）测试人员绩效指标的分类

和传统的计时、计件类岗位工作的绩效要求不同，对于测试人员来说，由于每个人负责的模块不同，模块的功能点、测试案例颗粒度也不同，需求人员的质量目标和开发人员技术水平差别导致对测试模块的投入仍有不同。这些“不同”告诉我们，如果只凭缺陷的数量、案例的数量这些简单的指标来衡量绩效，并不能全面反映测试人员的绩效水平。那么针对软件测试人员，该如何设定考核的绩效指标呢？

个人考核可从以下几个方面来进行：

1. 专业能力

主要考核测试人员在工作领域掌握相关专业知识、工具技能、探索创新等方面的综合能力。如获得的证书、参与培训的时间、撰写的论文著作、参与的项目经验等。

2. 测试质效

测试质效主要考核测试人员整体工作效率。

（1）测试效率。

主要指标可以是单位投产窗口测试任务完成率、测试资产存档效率。

（2）测试质量。

主要通过与系统投产后的运行情况和用户评价来评估测试阶段发现的有效缺陷率、缺陷泄漏率、各级别缺陷比重等。

3. 项目管理

根据被考核人的岗位定位和作用不同，有时还需要增加管理方面的绩效指标，包括沟通协作能力、文档报告能力、项目成本管控能力、专业人才培养能力等。

4. 贡献价值

贡献价值主要考核测试人员在完成测试任务以外对测试组织的贡献价值。如积累资产情况、设计测试工具情况、参与创新改进情况等。

5. 职业素质

职业素质包括工作责任心、工作积极性和日常表现。如公文处理效率，考勤守则情况等。

【同业实例 14 -3 -2】

某银行测试中心对于测试人员的绩效指标是从这五个方面展开定义。但并不是所有的指标都用来考核，有的指标用于统计分析，有的指标用于工作改进。考核指标是考核人。根据当前的组织目标在指标库中选择并经过 评审确定的指标子集 。

1. 专业能力通过以下指标衡量：

- 管理类证书
- 业务类证书
- 技术类证书
- 测试类证书
- 管理类培训
- 业务类培训
- 技术类培训
- 测试类培训
- 业务系统经验年限
- 技术领域经验年限

- 测试工作年限
- 业务系统熟悉程度
- 测试工具熟悉程度
- 创新项目参与数量
- 撰写论文著作

2. 测试质效通过以下指标衡量：

- 测试案例需求覆盖度
- 案例有效率
- 案例产出率
- 功能点分解效率
- 案例编写效率
- 执行案例率
- CQ 单分析效率
- 需求覆盖率
- 案例重复提交率
- 平均重复提交次数
- 计划偏差率
- 工作进度
- 延误率
- 单位投产窗口任务完成率
- 单位投产窗口测试时长
- 投产一年相关生产问题数量
- 投产一年内用户问题数量
- 度量指标有效率
- 案例密度
- 需求评估有效性
- 案例有效率
- 非案例检出缺陷率
- 发现非开发类缺陷率
- 有效期评审
- 评审不通过率
- 编写操作手册
- 环境问题数
- 版本问题数

3. 项目管理通过以下指标衡量：

- 风险识别准确率

- 沟通协作能力
- 文档相关能力
- 成本管理能力
- 专业人员培养能力

4. 贡献价值通过以下指标衡量：

- 编写可入库的案例数
- 编写案例复用情况
- 设计工具
- 录制视频
- 测试体验服务输出
- 参与创新大赛

5. 职业素养通过以下指标衡量：

- 正常出勤率
- 公文处理效率
- 安全制度遵守情况
- 工作积极性和态度

第四节　怎样管好外协人员

随着经济环境日益完善，竞争日益加剧，技术、设备、市场信息等资源的共享速度显著加速，行业间的核心竞争已经逐步转移到人力资源上。银行软件测试作为目前仍要大量依靠人力来完成的工作，其作用价值的发挥显然与人的配备和人的能力等因素密切相关。需要特别关注的是外协人员。

对于企业来说，选择劳务外包可以带来很多优势，但是对于外协人员的管理问题却也是十分让人头疼的，除了让外协人员和正式员工一样遵守安全管理规定外，还需要掌握一些管理的诀窍。

一、为什么要使用外协人员

目前，绝大多数的银行测试组织都通过引进外协人员来开展测试工作。或是利用外协人员进行基础的测试执行，或是协助行编人员分析需求，或是配合开展新技术创新研究。主要原因有多个方面。

一是出于人员成本的考虑。随着银行测试任务的不断增加，银行测试组织的行编人员普遍不足，而行员的招聘、工资、福利等各方面费用都高于外协人员的费用。加之，测试项目所需人员存在一定的峰值和低谷，使用外协人员就可以根据任务数量进行动态调整，能够有效降低人员成本。

二是出于专业技能的考虑。一方面经过规范化的测试流程，以及对测试岗位的细分，如测试执行等专业能力要求并不高的岗位，仅依靠初级的外协人员就可以完成，行编人员则可以担任项目组长、项目经理等管理角色，对项目进度和测试质量进行把控。另一方面对于专业性要求比较高的测试工作，如自动化测试、性能测试等，或者测试标准和质量体系的建立等工作，提供外协人员的供应商具有更专业的技术手段和工具平台，通过引入外协人员也可以弥补行编人员在这些方面的短板。

二、外协人员与银行员工的比较

虽然引入外协人员，可以一定程度上降低人员成本，弥补专业能力短板，但外协人员毕竟与行编员工存在很大差别，无法同等对待。

（一）招聘途径

行编人员通过行内人资部招聘，经过笔试、面试、信息审查等层层选拔，人员资质、就业经历都有一定的保证。外协人员由供应商推荐，银行仅通过笔面试进行筛选，简历信息的真实性难以认定。

（二）定岗定级

行编人员的岗位级别由人资部根据银行比较完善的人资体系进行全面评价，基本符合人员自身能力和条件。外协人员的岗位级别则是根据其简历描述进行判断，可能无法反映其真实水平和能力。

（三）培养路径

银行都有比较完备的人员培养体系，行编人员可以根据自身需要选择合适的职业规划路径，或是向行政级别角度发展，或是向专业序列方面发展，银行也会在发展路径的各个阶段制订相应的培养计划。外协人员则缺乏明确系统的职业生涯规划和培养方案。

（四）考核评价

与培养路径相对应，银行也会对人员有相应的考核评价体系，结合个人的岗位和表现情况，从工作效率、质量、贡献度等多方面制定考核指标，对人员进行客观准确的评价。银行一般不对外协人员个人进行考核，更多的是对其所在供应商的服务能力进行考核评价。

（五）管理约束

行编人员以责任人的心态做事，能够有所担当，对管理制度执行到位。外协人员则是以旁观者的心态做事，只是被动接受管理，缺乏担当和责任心。

（六）忠诚度

行编人员具有较强的企业归属感，一般离职率较低。外协人员对企业的忠诚主要依靠自觉，一般流失率都比较高。

三、外协风险和应对策略

上面也提到，外协人员与行编人员存在很大差异，因此，使用外协人员也存在一定的风险。银行测试组织在与外协公司“合作博弈”的过程中，也摸索出很多比较有效的应对策略。

（一）外协风险

1. 人员流失率较高

上面也提到，因为外协人员缺乏职业规划路径，无法获得与行编人员一样的晋升机会，很难有企业归属感，因此流失率较高。另外，外协服务供应商的撤并、改组等企业行为，也会造成人员的流失。据统计，行业内外协人员的流失率普遍为20%左右，有些银行甚至达到40%，可能对测试工作造成很大影响。

一是影响业务连续性。多数银行在引入外协人员初期，会将同一供应商的外协人员分配到同一业务种类的测试项目组，一方面为了便于管理，另一方面可以确保业务的专业性。但如果因为供应商撤并、改组等企业问题造成人员大量流失，可能会导致整块业务的测试无法正常开展；从外协人员个人来看，若承担对业务能力要求较高工作的外协人员离职，如需求分析人员等，短时间内难以有专业能力相近又具有经验的人员替补，也会对业务连续性造成影响。二是增加管理成本。外协人员流失率高，需要频繁开展人员招聘、入离场手续办理，以及人员培训等工作，大大增加了管理成本。

2. 人员信息不真实

由于外协人员由供应商推荐，银行仅通过笔面试进行筛选，如果供应商没有尽到核实人员信息的责任，银行也无从确认人员信息的真实性。

一是难以胜任测试工作。若某外协人员工作经验、能力素质信息不真实，可能造成入职后无法熟练使用测试工具开展工作，或学习能力差，对业务的了解程度无法满足测试工作需要。二是存在安全隐患。若某外协人员个人信息造假，银行测试组织无法掌握该人员的真实情况，可能混入品行不端人员，发生违反银行管理制度要求和信息安全管理要求的行为。

3. 能力评价不统一

由于外协人员来源多样，任职经历也较为丰富，对于其能力的评价缺乏统一的标准，或是某培训机构的培训证明，或是某测试公司的任职证明，难以充分评价个人能力。外协人员个人能力无法通过统一标准进行刻画，确定岗位级别时仅能参考其简历内容，可能导致个人能力与岗位级别不匹配，定的级别过高，会造成人员成本的增加；级别过低，则可能导致供应商将能力较高的人员调走。

4. 稀缺岗位招不到人

银行招募外协人员一般通过供应商推荐，供应商则根据用人银行的岗位需求采取线上线下招聘的方式来招募人员，这种“愿者上钩”的模式，使得人员来源单一，部分像自动化测试、安全测试的岗位很难招到合适人选。另外，对于培训机构、高校来说并不完全清楚测试行业的具体市场需求，还是基于普遍需求来培养测试人员，由此造成了部分测试岗位人员的稀缺。从而使得银行在自动化测试、安全测试等方面缺乏专业性人才协助开展。

5. 培养路径不明确

银行“按岗招人”，供应商“按需供人”，外协人员就成为了“一块砖”，哪里需要哪里搬。对于外协人员的培养也是随着业务走，需要测试哪块业务则安排一些相应的培训，但对于外协人员的培养路径并不明确，外协人员也并不清楚自身的发展方向，由此一方面造成外协人员因对前景的渺茫而流失，另一方面也造成银行人员梯队的断层。

（二）应对策略

1. 堵风险——加大管理力度

一是形成混编工作制。可以将人员进行混编，即将不同供应商的外协人员分配到同一业务种类的测试项目组，改进外协人员配备模式。同时，要求供应商安排测试现场负责人，并通过细化外包管理制度流程，明确测试现场负责人的管理职责，确保混编外包队伍的管理力度，避免因个别供应商出现突发性人员流失造成的影响。

二是建立人员缓冲池和备份制度。建立人员缓冲池，不定期地组织外协人员资格考试，选择较好的人员纳入缓冲池（不进场，不计工作量）。根据测试现场人员流失、淘汰和新增需求的预期，监控缓冲池中可用的人员数量，及时采取补充人员的措施确保缓冲效力；要求供应商按照一定的人数比例在测试现场配备免费的外协备份人员，日常可根据需要配合各测试项目组开展测试等工作，待某测试项目组外协人员提出离场后，直接调配备份人员与其进行工作交接，这样可在短时间内弥补人员空缺，而且新接替人员已经积累了一定的经验，可以快速投入工作。

三是约束供应商行为。要求供应商在推荐人员时出具人员信息真实性的证明材料，并在对供应商的服务考核中设置相应的指标，确保供应商履行核实人员信息的责任。

四是细化管理制度。制定严格的安全管理制度，加强安全宣传教育，张贴安全规范标识，定期检查和不定期抽查相结合，关注外协人员的异常行为，防微杜渐，紧抓苗头问题。

2. 疏渠道——建立人才共享机制

可以与同业、专业机构、高校等联合建立测试人才共建共享机制，银行业共建共享的测试人员信用体系，降低选人用人成本，有效控制外包风险；行业共同参与智能化人员评价和推荐，打造行业统一的智能评价体系；行业共同规划人才培养体系，智能规划人员发展路径，储备行业稀缺人才，从而形成一个可持续可循环的“人才生态圈”。

【同业实例 14 -4 -1】

为了解决测试人才的培养供给机制对银行转型发展需要的不适应，促进银行软件测试价值发挥等问题，按照国家“建立产学研深度融合创新体系”的倡导，某银行测试中心联合同业、高校和专业机构，组成联合课题组，共同探索以解决人才供给机制问题为突破口的《银行业软件测试人才“产学研”共建共享体系建设》软科学课题。

《银行业软件测试人才“产学研”共建共享体系建设》课题的主要成果是金融科技人才建设“产学研”共建共享体系“1+2+3+N”的理论与实践框架，以及在银行业软件测试领域的试点验证成果。

金融科技人才建设“产学研”共建共享体系“1+2+3+N”的理论与实践框架是指：一个理论、两个标准、三个融合领域和一个可以接入行业生态圈内N个参与方的“区块链”智能工具平台。

上述框架在银行业软件测试领域的试点部署情况如下。

一是创建了《银行业软件测试人才建设基础理论》，定义了银行软件测试人才细分领域、级别划分、知识要求、资质标准、价值考核以及生涯规划等内容，为行业人才培养、评价和职业生涯规划提供了理论基础和实践依据。

二是将理论转换成行业标准，充实了国际和国内两个现有行业标准，即《中国银行业软件测试标准框架》和《CSTQB银行业软件测试认证标准》，为“产学研”融合提供了工作指引和操作规范。

三是以产业为核心驱动产研融合、产学融合、产业内融合三个融合领域。在产研融合方面，成立决策和专家机构，构建银行业软件测试知识大纲，建立人才培训、认证和注册管理体系；在产学融合方面，定制“金融测试”专业（大学本科），开展实习生计划，建立在职深造体系；在产业内融合方面，建立行业人才库，形成行业人才信用机制。在产研、产学、产业内三个领域的深度融合，使得理论标准不但能够付诸实践，而且还得以不断完善。

四是利用区块链和机器学习技术构建了一个“产学研”多方共用的“联盟链”平台，将课题研究形成的理论、标准、方法和创新机制落地在一个工具上，为重塑行业生态圈提供智能高效的服务保障。

【同业实例14-4-2】

某银行IT部门包括信息技术部、开发中心、测试中心和运行中心。测试中心共有700人，包括行编人员8人、子公司200人和外协公司460人。该银行测试中心目前主要承担SIT测试和UAT测试工作。在投产决策中，测试中心具备“一票否决权”，即有权对不具备投产条件的系统或功能点提出不予投产的要求。其人员管理情况如下：

（1）建立测试人员、设备资源缓冲池机制。

该银行测试中心通过建立人员和设备缓冲池，实现测试资源的精细化管理。测试人员根据年度测试计划招聘进场后，先以资源池的方式进行统一管理，集中培训或做基础工作。测试经理接受测试任务后，根据测试需要评估和申请人员、设备。申请时，需要明确测试人员的工作量饱和度，并通过百分比的形式体现。一个测试人员可以同时参与多个测试任务，但其工作饱和度不能超过150%。测试过程中，中心会及时反映测试人员的实际工作饱和程度，便于统筹调整。测试任务完成后，及时将人员和设备返还缓冲池。测试人员缓冲池内，如果形成较大冗余，则进一步将测试人员（外协人员）释放到市场。

（2）建立外协人员晋升通道和黑名单体系。

该银行测试中心人员主要由行编人员、子公司和外协公司人员组成，使用同一套管理体系和标准进行管理，包括录用考试（逐一面试）、日常考勤、培训教育、绩效考核、晋升激励等。外协人员的晋升通道，参考行编和子公司的体系，同样设置了4个级别，初级、中级、高级和资深级。每一级内部还设有多个档次，便于延长晋升通道，提高激励效果。

该银行测试中心与当地同行多家同业之间联合建立了黑名单体系，将有不良记录的外协公司和个人登记在名单中。一旦在需要招聘用人时就可以有针对性地了解相关用人单位资质及其员工个人信息，一定程度上保证了录用人员的职业素养与质量，同时节约了后期的人员管理成本，保证了录用人员的整体水平。

（3）绩效考核兼顾效率、质量和工作量。

该银行测试中心建立了一套比较完善的度量指标体系，在不同管理维度间做到比较平衡。比如为防止测试经理虚报、囤积测试人员的情况，中心通过日报系统（每日由外协人员填写工作日报）核实测试人员实际工作饱和度；为了防止外协人员夸大实际工作量，则通过管理平台统计其每日编写或执行案例数等数据进行比对核实；为防止测试人员拆分测试案例，保证每日执行案例数的做法，则实行了"效率+工作量"双向考核指标。这样的一套指标体系，是长期测试管理经验的积累，也是体现中心管理思想和目标的指挥棒。

第十五章　如何把控测试进度

第一节　怎样制订测试进度计划

一、什么是进度计划

进度计划是详细列出项目的任务，并描述这些任务在整个项目周期内的完成时间的计划，制订进度计划的目的是使得项目过程可被跟踪检查。进度计划包括以下四类要素。

一是任务。即为达到目标而必须完成的具体工作。例如一个项目的测试工作，可以分为需求分析、测试案例编写、物料准备、测试执行等具体任务。

二是顺序。即确立任务之间的关联关系，某个任务可能是另外一个任务的前置或者后继。比如测试执行必须是在测试案例编写之后才能进行，所以测试案例编写任务是测试执行任务的前置条件。

三是时间。估计完成每项任务所需的时间，例如需求分析需要 5 个工作日。

四是资源。估计完成每项任务所需的人员及其技术要求。

一旦进度计划制订好，测试就要按照计划兑现承诺，不论是测试团队成员还是委托测试方都可以轻松迅速地掌握测试进度计划的执行情况。当然，测试进度计划是整个项目建设计划的部分，上下级的工作衔接是否合理、工作条件是否具备要在一个整体范围内进行评估，因此项目计划制订是否科学是保证项目成功实施非常关键的因素（见表 15－1－1）。

表 15－1－1

任务名称	工期	开始时间	完成时间	前置任务
－基础服务平台	109 个工作日	2013 年 1 月 7 日	2013 年 6 月 6 日	
－项目阶段一	57 个工作日	2013 年 1 月 7 日	2013 年 3 月 26 日	
＋需求分析	6 个工作日	2013 年 1 月 7 日	2013 年 1 月 14 日	
＋开发设计	13 个工作日	2013 年 1 月 15 日	2013 年 1 月 31 日	3
相关系统接口调研及设计	4 个工作日	2013 年 1 月 18 日	2013 年 1 月 23 日	
＋功能实现	26 个工作日	2013 年 1 月 28 日	2013 年 3 月 4 日	
＋系统测试	10 个工作日	2013 年 3 月 5 日	2013 年 3 月 18 日	16
＋上线准备	1 个工作日	2013 年 3 月 19 日	2013 年 3 月 19 日	
＋用户验收	4 个工作日	2013 年 3 月 19 日	2013 年 3 月 22 日	34
阶段一上线部署	2 个工作日	2013 年 3 月 25 日	2013 年 3 月 26 日	42

续表

任务名称	工期	开始时间	完成时间	前置任务
-项目阶段二	62 个工作日	2013 年 2 月 1 日	2013 年 4 月 29 日	
+需求分析	16 个工作日	2013 年 2 月 1 日	2013 年 2 月 22 日	
+开发设计	15 个工作日	2013 年 2 月 25 日	2013 年 3 月 15 日	
需求分析系统接口调研及设计	2 个工作日	2013 年 2 月 18 日	2013 年 2 月 19 日	
测试管理系统接口调研及设计	7 个工作日	2013 年 2 月 27 日	2013 年 3 月 7 日	
+功能实现	17 个工作日	2013 年 3 月 18 日	2013 年 4 月 9 日	
+系统测试	24 个工作日	2013 年 3 月 18 日	2013 年 4 月 18 日	
+上线准备	1 个工作日	2013 年 4 月 19 日	2013 年 4 月 19 日	
+用户验收	4 个工作日	2013 年 4 月 22 日	2013 年 4 月 25 日	
阶段二上线部署	2 个工作日	2013 年 4 月 26 日	2013 年 4 月 29 日	
+项目阶段三	59 个工作日	2013 年 3 月 18 日	2013 年 6 月 6 日	

二、制订进度计划的流程

通过进度计划的组成要素，我们了解到进度计划包含任务、顺序、时间、资源四部分，那么进度计划具体是怎么制订的呢?

(一) 定义任务

定义任务是为完成测试而须采取的第一步活动。定义任务的主要目的是，将测试工作分解为具体的活动。用户验收测试，一般可分为需求分析、测试案例编写、案例评审、物料准备、案例执行第一轮、案例执行第二轮、案例执行第三轮、测试总结等测试阶段划分。在每个阶段，可以将需要测试的项目按照系统、模块功能点和各功能点测试案例进行层次级别细分，从而为后续评估奠定基础。请参考表 15－1－2 中定义和分解任务的样例。

表 15－1－2

任务名称	工期	开始时间	完成时间	前置任务
-功能实现	26 个工作日	2013 年 1 月 28 日	2013 年 3 月 4 日	
-考核管理	19 个工作日	2013 年 1 月 28 日	2013 年 2 月 21 日	
考核指标管理	3 个工作日	2013 年 1 月 28 日	2013 年 1 月 30 日	
考核体系管理	3 个工作日	2013 年 1 月 31 日	2013 年 2 月 4 日	18
考核任务管理	5 个工作日	2013 年 2 月 4 日	2013 年 2 月 8 日	
考核报表	4 个工作日	2013 年 2 月 18 日	2013 年 2 月 21 日	
-培训管理	22 个工作日	2013 年 2 月 1 日	2013 年 3 月 4 日	10
课程库	3 个工作日	2013 年 2 月 1 日	2013 年 2 月 5 日	
我的培训	3 个工作日	2013 年 2 月 1 日	2013 年 2 月 5 日	
我的培训班	3 个工作日	2013 年 2 月 6 日	2013 年 2 月 8 日	25

续表

任务名称	工期	开始时间	完成时间	前置任务
课程库管理	3个工作日	2013年2月6日	2013年2月8日	25
教师库管理	3个工作日	2013年2月18日	2013年2月20日	
培训班管理	3个工作日	2013年2月18日	2013年2月20日	
培训管理	2个工作日	2013年2月21日	2013年2月22日	29
我的考试	4个工作日	2013年2月21日	2013年2月26日	29
考试管理	4个工作日	2013年2月27日	2013年3月4日	31

（二）排列任务顺序

我们都知道，不同的任务之间存在一定的关联，有的任务必须在其他任务完成之后才能开始，而有些则需要优先完成，才能开始后续的任务。所以，我们要识别出不同任务之间的关联关系，排列任务顺序是确定项目任务之间关系的过程，定义任务之间的逻辑顺序，以便合理高效地开展工作。

这里不仅是指完成了测试需求分析才能编写案例，完成案例编写才能启动测试执行。更重要的是细化到功能层面，要根据业务开展的顺序、物料需求以及会计周期等环境情况综合考虑任务执行的先后顺序是需要考验测试设计人员的智慧和经验的。

（三）估算任务资源

估算任务资源是估算执行各项任务所需人员、设备、数据物料、会计周期等资源种类和数量的过程，主要是为了明确完成任务所需的资源种类、数量和特性，以便做出更准确的成本和项目时间估算。估算任务资源与估算成本紧密相关，在估算资源需求情况时，需要了解哪些资源（如人力资源、设备和材料）可用，同时在估算时还需要考虑资源日历。资源日历是在项目日历上定义每种资源的工作时间和休息日，即规定了在项目期间每种项目资源何时可用、可用多久。另外还需考虑人员经验、技能水平、设备厂商品牌型号等资源属性。资源估算通常采用“一上一下”或者“两上两下”的方法进行。“上”是指通过从下到上逐层汇总项目任务的估算而得到项目总体估算，“下”是指将汇总得到的总体估算进行可行性评估，根据实际情况统筹调整后再向下分解落实。

例如，一个完整的测试项目如果分解成需求分析、测试案例编写、测试执行、缺陷跟踪等主要阶段，而测试案例编写任务，根据功能点分成很多子任务。在测试案例的编写需求，我们再估算所需的资源，如测试人员数量和工具类型等。在测试案例执行方面，我们可以针对每个待测案例集估算所需的资源，如测试人员、环境设备、数据物料等。由于案例之间存在着前后关联关系，执行前一个案例产生的数据可能是执行下一个案例所需的数据，因此我们需要登记资源日历，以及编写“会计周期”。

（四）估算任务持续时间

明确了测试任务，排列了任务的顺序，估算了资源，那么接下来，就应该估算任务的开始时间和结束时间，也就是任务的持续时间。例如，编写某个功能点的持续时间为 5 个工作日。

在一个测试项目中，任务持续时间估算一般需要考虑这几种影响因素，系统的功能点数、场景数、案例数、项目的时间要求、测试工程师人数、工作效率（测试设计效率、测试执行效率）等。在不同的管理体系之下，测试工程师的可用时间存在一些区别。在传统型的项目体系中，工程师理论上是归项目所有，因此是一直可用的，可以不考虑该因素；而采用人力资源池的方式进行管理的组织，因为测试工程师可以被多个团队预订，则需要重点考虑该因素。

通常情况下，可以通过专家判断和类比估算的方式进行估算。

1. 专家判断。

所谓专家判断，其实就是专家根据专业知识和项目经验做出的判断，通过借鉴历史测试项目的信息和经验，判断能提供估算持续时间所需的信息，比如被测系统的复杂程度、开发团队的能力经验、可能需要测试的功能点数量、可以调动的测试人员数量、测试设备数量、测试场地等，从而估算测试所需的时间的方法。

2. 类比估算。

类比估算是使用相似任务的历史数据作为依据，来估算当前任务持续时间的方法。即以过去类似项目的实际持续时间为依据，来估算当前项目的持续时间。例如测试一个对公授信系统，如果有该系统的历史测试数据，那么历史数据的功能点数、测试案例数、测试工程师数量、测试周期以及测试轮次、缺陷数量等，都可以成为当前测试项目的参考数据，用来作为类比估算。

（五）制订进度计划

制订进度计划是结合任务顺序、持续时间、资源需求和进度限制因素，创建项目进度的过程。可行的进度计划并不是一次就可以确定的，需要根据实际情况不断修订和维护，确保进度计划切实可行。当然调整计划需要完备的制度约束和审批流程，以确保进度计划的有效性。

三、进度计划制订的方法和工具

（一）进度计划制订方法

学过项目管理的人员应该都曾学过以下知识点：关键路径法是在进度模型中，估算项目最短工期，确定项目的进度网络灵活性大小的一种方法。这种进度网络分析技术在不考虑任何资源限制的情况下，沿进度网络路径顺推与逆推分析，计算出所有活动的最早开始、最早结束、最晚开始和最晚结束日期。

关键路径是项目中时间最长的任务顺序，决定着可能的项目最短工期。由此得到的最早和最晚的开始和结束日期并不一定就是项目进度计划，而只是把既定的参数（任务持续时间、逻辑关系、提前量、滞后量和其他已知的制约因素）输入进度模型后所得到的一种结果，表明任务可以在该时段内实施。

在任一网络路径上，进度任务可以从最早开始日期推迟或拖延一定时间，而不至于延误项目完工日期，就是进度灵活性，被称为“总浮动时间”。正常情况下，关键路径的总浮动时间为零。关键路径上的任务被称为关键路径任务。为了使网络路径的总浮动时间为零或正值，可能需要调整任务持续时间（通过增加资源或缩减范围）、逻辑关系（针对选择性依赖关系）、提前量和滞后量，或其他进度制约因素。一旦计算出路径的总浮动时间，也就能确定相应的自由浮动时间。自由浮动时间是指在不延误任何紧后活动最早开始日期或不违反进度制约因素的前提下，某进度任务可以推迟的时间量。

（二）进度计划编制工具

市面上有一些自动化进度编制工具，它用任务清单、网络图、资源需求和任务持续时间等作为输入，使用进度网络分析技术，自动生成开始和结束日期，从而可加快进度计划的编制过程。进度计划编制工具可与其他项目管理软件以及手工方法联合使用。

【同业实例 15－1－1】

在某银行新系统建设项目里，测试进度计划制订部分分为概要和任务分配表两部分：

1. 进度概要。

进度概要记录了项目的整体信息，包括测试范围、目的、项目实施周期，并定义了项目执行的里程碑（阶段），其里程碑结构如下（见表 15－1－3）：

表 15－1－3

里程碑	里程碑日期					计划完成任务	测试环境	备注
	计划开始日期	计划结束日期	实际开始日期	实际结束日期	实际完成质量			
需求理解								
编写测试用例								
组内测试用例评审								
测试用例评审								
测试执行第一轮								
测试执行第二轮								
测试执行第三轮								
测试执行第四轮								
测试执行第五轮								
测试执行第六轮								
测试执行第七轮								
测试执行第八轮								

其中里程碑按需求理解、编写测试案例、组内测试案例评审、测试案例评审、测

试执行第一轮、测试执行第二轮、测试执行第 N 轮定义（N 具体多少可取决于项目的特性）。具体定义多少里程碑或者阶段，可按照组织定义的流程框架和项目的复杂度进行相应的增删。在每一个里程碑里都设置了“计划开始日期”“计划结束日期”“计划完成任务”，用来作为项目进度的基准，当项目计划开始执行后，可在对应的栏目填写实际的数据。如果执行结果和制定的基准发生了偏差，可根据整体执行状况进行相应资源的调整，以保证整体进度在可控范围内。

2. 任务分配表。

任务分配表里设置了成员的计划投入和实际投入情况，考虑到部分人员可能同时负责多个项目，所有在“实际投入精力”栏目里可以设置某项目的投入占比，这样就可以算出该项目的实际工作量。其人员分配表机构见表 15 –1 –4：

表 15 –1 –4

人员	计划投入日期	计划脱离日期	计划投入精力	计划工作量	实际投入日期	实际脱离日期	实际投入精力	实际工作量	备注
合计				0.0				0.0	

任务分配表是按三级模块级别分别设置各个阶段对应的测试人员。其任务分配表结构见表 15 –1 –5：

表 15 –1 –5

序号	一级模块	二级模块	三级模块	编写测试用例	第一轮测试执行	第二轮测试执行	第三轮测试执行	第四轮测试执行	第五轮测试执行	测试总结

该三级模块下属的功能点对应的测试案例都统计在测试管理平台里，测试组长在测试管理平台里将对应的案例分配给测试人员，测试人员每日将完成的情况更新到测试管理平台里，测试组长就可以导出测试管理的测试案例执行情况，从而就可以得到每个模块的完成百分比，以及每个测试人员的任务完成情况。

【同业实例15－1－2】

某银行资金交易系统包括十个模块：基础数据管理，牌价管理，外汇买卖，结售汇，其他资金交易，交易监控，资金管理，风险管理，报表，系统管理。外汇买卖为此次测试服务的测试内容，其中某一模块的测试进度安排见表15－1－6：

表15－1－6

里程碑	日期	交付物	工作日
项目启动	12.2—12.3	测试项目计划	2
测试需求分析	12.6—12.28	测试需求分析表格	17
测试案例设计	12.29—1.13	测试案例文档	14
测试执行——第一轮迭代	1.14—1.27	测试报告 缺陷报告	10
测试执行——第二轮迭代	1.28—2.15		8
测试执行——第三轮迭代	2.16—3.1		10
总结和汇报	3.2—3.4	项目总结汇报文档	3

整个测试工作由六个阶段组成，上述计划只涉及资金交易系统外汇买卖模块某交易的功能测试。本计划得以执行有一个前提假设，开发人员要在案例设计前准备好测试环境并已经充分地进行了单元测试。每一个阶段细化任务的分配情况在其项目管理mpp文件中详细定义。

第二节　怎样监督控制测试进度

控制进度的主要作用是，发现计划执行的偏差，从而可以及时采取纠正和预防措施，以降低风险。此项工作可以由测试组织内各测试团队安排人员负责，也可以在测试组织内成立一个质量团队，专项负责测试组织的质量和进度管理工作。

一、如何收集进度数据

关于进度收集，可以通过日报、周报的方式自下而上进行收集。如果通过进度管理工具维护进度表的话，测试人员可以直接去更新这张进度表，生成相应的项目进度报表。为了准确地统计进度，在填写进度之前，需要规定相应的填写标准，将每个活动再细分，再配以相应的比率。例如以功能点为单位定义活动的，并且该功能点配有两个测试案例，每个案例分为准备数据和执行案例两步，那么，完成一个测试案例，进度应更新为50%，如果第二个案例数据已经准备好，那进度应更新为75%，以此类推。

二、进度监控的方法和工具

如果发现实际情况与计划发生偏离，就需要分析具体的原因和程度，评估可能造成的影响，以便采取有效措施。具体方法包括趋势分析、关键路径法和增值管理等，在项目管理的知识体系里都很容易找到。

当然，借助项目管理软件，可以事半功倍，甚至完成人工无法完成的分析工作。比如预测偏离对项目进度的影响以及各种应对措施的效果。

三、如何控制进度变更

我们可以通过调整提前量与滞后量、压缩进度的方法使进度落后的任务赶上计划。比如对剩余工作使用快速跟进或赶工方法。这样可能会对进度基准、范围基准和项目管理计划的其他组成部分产生变更。应该把变更请求提交给变更控制程序进行审查和处理，在变更请求得到审批后，方可调整进度计划。

【同业实例 15 –2 –1】

在某银行，测试进度及监控包括测试执行跟踪、缺陷跟踪两部分：

1. 测试执行跟踪。

测试执行跟踪表以三级模块下属的功能点为统计单位，按每轮测试执行后，该功能点计划执行的测试案例中，有多少属于“执行通过”，有多少属于“执行失败”，有多少属于“未执行完成”，有多少属于“取消执行”。其执行跟踪结构如下（见表15 –2 –1）：

表 15 –2 –1　　测试执行跟踪结构

模块	功能点	第一轮					
		通过用例	失败用例	未完成用例	Cancel 用例	运行用例	通过率
模块 1	功能点 1					0	
	功能点 2					0	
	功能点 3					0	
	功能点 4					0	
	功能点 5					0	
	功能点 6					0	
	功能点 7					0	
	小计	0	0	0	0	0	
模块 2	功能点 1					0	
	功能点 2					0	
	功能点 3					0	
	功能点 4					0	
	功能点 5					0	
	功能点 6					0	
	功能点 7					0	
	小计	0	0	0	0	0	

续表

模块	功能点	第一轮					
		通过用例	失败用例	未完成用例	Cancel 用例	运行用例	通过率
模块 3	功能点 1					0	
	功能点 2					0	
	功能点 3					0	
	功能点 4					0	
	功能点 5					0	
	功能点 6					0	
	功能点 7					0	
	小计	0	0	0	0	0	
合计		0	0	0	0	0	

表 15－2－1 中各类数据可以从测试管理平台直接导出，根据导出的数据即可自动计算出模块和模块下属各功能点的“运行案例”和“执行通过率”，通过分析每个模块的执行结果进行相应的资源调整。例如，针对通过率低的模块，分析其具体原因，确定是开发质量过低、测试案例编写不完备，还是测试人员自身问题，再根据分析结果进行相应的调整，确保整理进度能够在可控范围之内。

另外，还可以根据执行案例数来统计测试人员的生产效率。根据历史经验获得执行每个测试案例执行的平均时间，并设定相应的偏差系数，可算出每日可执行案例数的上、下限区间。这样，把测试人员每日的实际执行案例数代入其中，就可以算出每位测试人员每日执行案例数走势图，凡超出上下限区间的，需要具体分析，并根据实际原因进行调整，如果确实是因为测试人员执行效率问题，可以通过增加执行工作时间或增加测试资源，保证进度不被延缓。

2. 缺陷跟踪。

缺陷跟踪表跟测试执行跟踪表一样以三级模块下属的功能点为统计单位，不过统计是执行案例后发现的缺陷，也就是每轮测试执行后“执行失败”的测试案例，并将缺陷类型分为“有效”“无效”“暂缓处理”和“处理中”4 种缺陷。针对“有效”缺陷，可按“紧急”“高”“中”和“低”4 种优先级进行细分。其执行跟踪表结构如下（见表 15－2－2）：

表 15－2－2

模块	功能点	第一轮								
		有效缺陷					无效缺陷	暂缓处理	处理中	缺陷总数
		紧急	高	中	低	小计				
模块 1	功能点 1					0				0
	功能点 2					0				0
	功能点 3					0				0
	功能点 4					0				0
	功能点 5					0				0
	功能点 6					0				0
	小计	0	0	0	0	0	0	0	0	0

续表

模块	功能点	第一轮								
		有效缺陷					无效缺陷	暂缓处理	处理中	缺陷总数
		紧急	高	中	低	小计				
模块2	功能点1					0				0
	功能点2					0				0
	功能点3					0				0
	功能点4					0				0
	功能点5					0				0
	功能点6					0				0
	小计	0	0	0	0	0	0	0	0	0
模块3	功能点1					0				0
	功能点2					0				0
	功能点3					0				0
	功能点4					0				0
	功能点5					0				0
	功能点6					0				0
	小计	0	0	0	0	0	0	0	0	0
合计		0	0	0	0	0	0	0	0	0

其中，各种类型的缺陷数据从测试管理平台导出，为了更好地帮助项目管理人员分析缺陷数据，可用图表的方式展现各类缺陷数据，使其能够一目了然。其统计类型如下：

（1）缺陷处理情况统计。

缺陷处理情况统计图是指将每个分模块发现的缺陷总数除以该分模块的产品规模（以千行为单位的代码行数），计算出该分模块的缺陷密度，再用柱形图的方式显示各分模块的缺陷密度。另外，也可用饼图的方式将各类型缺陷占比显示出来。

（2）有效缺陷分类统计。

有效缺陷分类统计包括每轮测试中各个分模块的缺陷总数折线图、各分模块所有缺陷占比饼图、按分模块缺陷严重性分类的对比柱形图和所有分模块各类严重性的缺陷占比饼图。

（3）分模块统计。

分模块统计图主要统计各分模块下属各功能点的缺陷总数对比柱形图。

第十六章　如何规划和调整测试资源

要顺利开展用户验收测试，除了方法得当、工具适用、沟通顺畅以外，资源保障也尤为重要。从广义的角度来讲，测试资源包括人力资源、环境资源、物料（如凭证、数据时间经费等），就是通俗概括的“人”“财”“物”。前面章节我们已经谈过“人”的管理，后面我们会对“财”进行详细叙述，本章我们简要谈谈“物”。

第一节　如何搭建和管理测试环境

一、什么是测试环境

（一）什么是测试环境及其重要性

什么是测试环境？测试环境是为了完成软件测试工作所必需的计算机硬件、软件、网络设备、数据的总称。这里的软件除了操作系统、中间件、数据库等基础软件，还包括被测应用软件、其他与被测软件交互的软件、测试工具等。

测试环境适合与否直接影响着测试结果的真实性和可靠性，是影响测试价值，确保系统质量的重要因素。稳定而可靠的测试环境，可以使测试人员确保有效的测试活动，可以保证提交的缺陷被准确地重现等。

（二）测试环境与其他环境有什么不同

银行为了支持项目开发、测试和运行等不同阶段的活动，首先会相应配备开发环境、测试环境和生产环境三类环境。当然，也会酌情配备其他环境，如培训、准生产环境等。

测试环境与开发环境、生产环境因为使用者不同，发挥作用的阶段不同，使用维护管理要求不同，它们之间是有着明显的区别的。

1. 测试环境、开发环境和生产环境的使用对象不同

测试环境的使用对象主要是测试人员或从事测试体验的业务人员和用户，同时在某些特定条件下也会支持开发重现缺陷，开发环境的使用对象当然是开发人员，主要用于开发和调试。生产环境的使用对象主要是最终用户，也包括运行操作人员生产环境和应用维护人员。

2. 测试环境、开发环境和生产环境发挥作用的阶段不同

开发环境主要用于程序编码和软件单元或集成测试阶段，测试环境主要用于软件系统测试和验收测试阶段，而生产环境主要用于运行维护阶段。测试环境在整个软件

生命周期里，处于一个承上启下的位置，也就是说，软件在开发环境完成程序编码和调试工作后，要在独立的测试环境完成合理的有计划的测试，才能正式发布到生产环境。

3. 测试环境、开发环境和生产环境的配置不同

开发环境通常是开发组织配备的开发专用 PC、服务器以及其他机具、外设等，为了开发调试方便和高效，其配置一般相对较高。测试环境一般是配备尽量接近生产环境的配置，以确保测试效果。生产环境则是正式提供对外服务的环境，遵守严格的容量和配置管理要求。

4. 测试环境、开发环境和生产环境的变更周期不一样

开发环境的代码版本基本是时刻在变的，或者说变化频率很高，不同项目会有不同规定，比如一天提交一次代码。测试环境的代码版本是隔一段时间才会变，比如在一定的测试工作完成后按照计划发布测试版本；生产环境稳定优先，除非有特殊需求，否则一般会选择某个商议一致的固定窗口进行版本更新，并且需要通过严格评估审批流程。

这些环境既有关联又互相独立，需要良好的管理机制保证有效的使用。在软件发布之前，开发环境和测试环境是同时存在的，因为测试人员在测试过程中会不断反馈和提交缺陷，那么开发人员需要去开发环境重现和修复这些缺陷。这是一个迭代和重复的过程，直到测试结果达到了交付的标准，才可以将软件发布到生产环境维护和使用。在软件发布后，开发、测试和生产环境仍有可能长期共存，因为生产环境中发现的问题，需要在开发环境中修补，并在测试环境中验证。

（三）为什么需要独立的测试环境

单元测试和集成测试阶段，测试一般是由开发人员完成的，通常在开发环境中实施，有利于代码的调试和分析。在验收测试阶段，必须搭建独立的测试环境，模拟并最大限度地接近生产环境。独立的测试环境有以下优势：一是有利于发现开发环境无法重现的缺陷，二是便于开发人员在测试过程中并行地修复缺陷，三是可以验证软件安装和配置的全过程，四是避免开发环境被破坏导致测试无法进行的意外情况。

【同业实例 16－1－1】

某银行测试中心的系统环境主要分为五大类，分别为用户验证环境、投产演练环境、第三方外联环境、生产补丁验证环境、模拟银行培训环境。

其中用户验证用于 UAT 测试总共有 4 套；投产演练环境主要用于 UAT 测试结束后，提交数据中心前的重要案例复测和投产演练；第三方外联环境为与银联、VISA、MASTER、金交所等第三方系统对接测试用的环境；生产补丁验证环境中版本与生产一致，主要用于生产问题抢修；模拟银行培训环境用于模拟培训。

【同业实例16－1－2】

某银行测试环境采用双UAT（用户验收测试）环境，即UAT1和UAT2环境。UAT1、UAT2和PRD（生产环境）的关系为：程序版本在UAT1环境测试通过后，由开发中心打包上传至测试中心版本服务器，编写发布操作文档；测试中心根据文档自行将程序发布到UAT2环境，进行回归测试，测试通过后将程序包上传至数据中心版本服务器；数据中心根据发布文档将程序发布到生产环境，准备投产。

UAT2环境的业务测试，如发现程序缺陷，一般可归纳为三类原因：UAT2环境配置与UAT1不一致、UAT2环境发布的版本不正确、UAT1环境的业务测试覆盖不全。对于由于UAT2环境配置与UAT1不一致、UAT1环境的业务测试覆盖不全造成的缺陷，由开发中心修改程序重新发布到UAT1进行测试，测试通过后再发布到UAT2；对于由于UAT2环境发布的版本不正确造成的缺陷，由开发中心、测试中心合作找出问题根源，重新发布。

【同业实例16－1－3】

某银行目前主要的环境分为开发环境、SIT环境、UAT环境、模拟环境和生产环境。其中测试中心管理的有SIT环境用于系统和功能测试，UAT环境用于用户验收测试，模拟环境用于投产演练。此外还有用于三方联调测试等的特殊测试环境，用于供业务培训使用的培训环境，压力测试环境可根据需要临时搭建。

二、怎样规划、分配和回收测试环境

环境资源是有限的，资源的使用是有成本的，为了更高效地利用测试环境资源，合理分配、避免闲置，我们需要对测试环境进行统一调度和管理，保证所有测试环境相关资源的使用都是可控，且有预见性的。

（一）测试环境管理的要点

测试环境管理包括规划、分配和回收。为了达到有效管理的目的，需要关注以下几点关键成功因素：

1. 设置专门的测试环境管理团队

每个测试组织都应当设置一个专门的测试环境管理团队，其职责包括：

（1）测试环境的搭建。包括安装应用层以下的内容，如硬件、操作系统、数据库、中间件、Web服务器等软件的安装和配置。

（2）编写配置手册，记录组成测试环境的各台机器的硬件配置、IP地址、端口配置、机器的具体用途，以及当前网络环境的情况。

（3）完成被测应用的部署，编写相关文档。

（4）执行测试环境各项变更，备份和恢复做好记录。

（5）做好测试环境的用户和权限管理，执行统一的测试环境会计周期，协调解决资源冲突。

（6）确认测试设备覆盖、协助分析测试受阻原因，解决测试环境问题。

2. 明确测试环境访问权限和方式

为每个访问测试环境的用户根据不同的工作需要设置不同的访问权限，明确访问方式和管理手段。这里的用户主要是开发、测试人员，也包括技术支持等其他人员。访问的方式和管理手段可以参考与其更接近的开发或生产环境。为了确保应用版本和变更操作安全可控，有的银行同样要求访问测试环境，需要到指定的场地，通过堡垒机登录操作，操作过程都要记录。

3. 撰写和管理环境管理所需的文档

测试环境的相关文档主要包括安装配置手册、被测应用发布手册、环境备份恢复手册、权限和访问管理手册等。文档的管理重点在于规范使用和及时更新，确保文档可用和管用。

4. 测试环境的变更管理

测试环境根据作用不同，其变更管理策略也有所差异。比如测试初期使用的测试环境可能更接近开发环境，而测试后期使用的环境更接近生产环境。但越接近测试结束，越应该遵照标准的流程，并保证每次变更都是可追溯的和可控的。

【同业实例16－1－4】

某银行测试中心专门成立了环境管理团队，负责中心环境资源的配置管理。

1. 测试计划阶段。

（1）配置管理。在测试计划阶段，该团队通过用户的测试需求，对项目测试工作进行预先的测试环境配置规划，确定用户如何配置设备、网络、软件以及版本。

（2）网络管理。在测试计划阶段，该团队需要通过用户测试需求，确定网络地址端口的权限开通、做好网络方位的准入控制工作并依据测试中心现有的网络环境进行合理的地址分配和使用。

（3）设备管理。以一体化管理平台为基础，以库存实际情况、设备覆盖度为前提条件对设备进行出入库的登记与管理，明确使用人、负责人。对一些现库存无法满足测试需求的，编制设备需求，提交商务组进行采购。

2. 测试分析阶段（测试环境分析与配置）。

（1）环境组在测试分析阶段需要基于确认测试需求、测试目标转化为具体测试环境配置。

（2）评估测试所需的环境需求可行性。

（3）通过对用户需求、规格说明、测试对象行为和测试系统的分析，做测试环境配置规划如设备、软件、网络、版本。

（4）规划用户所需的测试配置环境，其中包括必要的基础设备、网络配置、系统配置、软件配置等。

①基础设备：以用户测试需求为基础提供金卡键盘、交互屏、台式机、扫描仪、存折打印机等外设基础设备。

②系统配置：根据用户测试需求提供相应的操作系统并配置系统参数。

③软件配置：软件配置包含软件授权清单，符合规定的软件介质、用户需求所需的软件版本。

④网络配置：根据用户测试需求，开通相应网络，同时做好访问控制。

3. 测试实施与执行阶段。

（1）在测试实施与执行阶段开始之前，需做好基础测试设备、测试网络开通、系统配置、软件配置。

①确认测试环境配置是否按照规定构建并准备完成。

②软件、网络、系统参数、设备等是否准备完毕。

（2）在测试实施与执行阶段，进行支持管理工作以及系统支持管理工作。

①参数类设置。

a. 规定范围内处理设备参数设置。

b. 软件安装。

c. 应用安装。

d. 版本升级。

②故障类报修。

a. 维护记录真实和全面、描述清晰。

b. 细分故障、关联设备信息。

③服务器管理。

a. VMware、Cirtx 等软件支持管理。

b. 移动测试设备（远程真机）管理。

c. 资源分配。

d. 资源监控。

④应用系统管理（目的和主要功能）。

a. AD + SCCM 支持。（OA + UAT 域控）用户账号开通、关闭原则。

b. EDLP 支持。主要针对行员办公用机和测试用机。

c. 一体化平台。设备管理、报修、设备申请、网络变更。

d. Symantec 支持。主要针对外协人员测试用机。

e. 指纹考勤系统支持。测试过程中测试外协人员的考勤。

4. 测试结束工作。

（1）保存测试环境的测试基础设备、软件配置、网络配置、系统配置等信息，以备以后可用同样的数据在同样的环境下重复使用或为将来的项目组使用。

（2）记录在整个工作生命周期中遇到的问题并归档到知识库中以便将来查询与修改。

（3）测试结束后，库存管理方面的工作：

①检查核实账实一致、信息一致。

②到货清点、出入库、设备盘点、报废更新。

（4）测试结束后，维修管理方面的工作：及时联系供应商维修，记录维修信息。

（二）测试环境管理的几个阶段

测试环境的管理可以分为规划、分配和回收三个阶段。

1. 规划阶段

（1）申请测试环境。

申请测试环境是软件研发项目的一个必要步骤。项目组或测试组织明确测试环境的需求以后，就可以提出申请。申请时需要说明测试环境用于哪个项目、使用时间段、涉及的系统用户和权限，以及环境所需资源的具体要求。对于有特殊用途的，需要加以说明，比如用于移动应用测试，需要接外网等。

（2）评估并审核申请。

由测试环境资源管理员进行评估，确认申请是否符合实际要求，避免申请的资源出现过度或不够用的情况。如果申请不合理或可用资源不足，管理员需要和申请人协商调整方案。测试环境管理员一般是测试组织内部的一个环境管理团队的成员，如果测试组织委托其他 IT 部门管理测试环境，则由其他部门安排专人负责。

（3）准备所需资源。

当申请审批通过后，环境管理人员就要进行资源准备工作。被预订的资源，在计划的使用期限内，就不能再接受其他预订，也不能用于其他用途。

2. 分配阶段

（1）安装配置测试环境。

系统管理员在测试开始前，按照需求描述进行系统资源配置。同时需要准备相关的技术安装手册和安装配置信息，以备以后查阅。这里说的系统管理员可以是环境管理团队的成员，也可以是测试组织的技术人员。

（2）确认测试环境。

测试环境准备就绪后，项目组或者申请人需要对测试环境进行确认，以保证实际部署和配置与需求一致，如果出现误差，则需要系统管理员进行调整。

3. 回收阶段

（1）回收测试环境。

当项目组确认测试结束、资产归档、环境可以被释放后，系统管理员将测试环境中的资源回归初始状态，并归还资源管理团队。资源管理员需要改变这些资源的状态为可用，这样这些资源可以接受新的测试环境使用预订。

（2）测试环境延期申请。

如果在测试环境计划的回收时间到期时，测试工作仍没有完成，则项目组或测试组织需要评估延期需求。一般情况下，对于较短时间的延期，可以通过提交延期申请，作为对于测试环境的变更处理；如果延期时间较长，则需要重新提交一份测试环境申请，这也就要求项目组在提交申请时要尽可能准确地估算时间，如果误差较大，就要重新进行申请测试环境的流程，这对项目组本身也会产生额外的工作。

（三）测试环境需求的关键要素

测试环境需求的关键要素包括以下内容：

1. 测试设备如计算机的数量、时间要求以及硬件配置要求。

2. 部署被测应用的服务器所必需的软件和配置要求。

3. 用来保存各种测试工作中生成的文档和数据的工具要求。

4. 测试中所需要使用的网络环境和访问权限。

5. 其他管理工具的要求，比如文档编写工具、测试管理系统、性能测试工具、缺陷跟踪管理系统等。

6. 为了执行测试案例，所需要提前铺设的测试数据和业务测试凭证等测试物料。

【同业实例 16 –1 –5】

某银行对用户验收测试环境（UAT2 环境）的管理要求为尽可能确保与 PRD 环境一致，并且环境变更不影响测试工作。管理和维护工作主要由测试中心和数据中心共同完成。其中数据中心负责保证测试环境与生产环境一致并负责环境搭建、变更和维护的工作；测试中心则负责对测试环境变更的密码管理。具体流程为：

1. 数据中心提交环境变更申请清单，提交 IT 服务台。

2. IT 服务台审批申请。

3. 审批通过后，测试中心发放密码。

4. 数据中心执行环境变更。

三、怎样变更和发布待测应用程序

程序开发的过程往往需要多次迭代。测试人员对测试环境上的应用程序进行测试，发现问题后记录缺陷，并通过与开发人员提前建立的缺陷管理机制，将缺陷信息告知开发人员，开发人员在开发环境进行修复。之后这些程序上的修改部分作为新的待测程序的组成部分，会被提交到测试环境进行新一轮的测试。将待测程序提交到测试环境的过程就是待测程序的变更和发布。变更和发布管理就是使这一过程符合规范和流程，保证所有的变更和发布都被记录、评估、授权、计划、执行和检查，并且将所有相关文档和材料都进行归档。

变更和发布的对象是测试环境上的待测程序，可以是程序组件、配置文件和数据库数据，包括新增、更新和移除程序。

测试环境本身的变化，不属于待测程序变更和发布的范围。

（一）为什么需要变更和发布管理

待测程序的变更和发布管理主要是为了保证测试环境的稳定，避免对测试环境的随意改动。试想，如果没有变更和发布管理，测试人员对旧版本发现了缺陷并记录到了缺陷库中，随后开发人员在测试人员不知情的情况下，把修改过后的新版本程序或者其他相关文件应用到测试环境中，那么之前的缺陷就可能不能重现，之前的测试成果就不再可靠，既浪费了测试精力，又浪费了测试资源。如果开发人员没有通知测试人员代码被更改了，也没有告知测试人员哪些代码进行了修改，那么测试范围就得不到保证，可能会遗漏新的缺陷。

另外，由于变更和发布管理前要对发布包和相关文档进行仔细检查、评估和审核，这样能有效规避相应的风险，最大限度地做到一次成功；即使发生发布失败的情况，也能马上进行回退，从而避免对测试环境的破坏。

（二）变更和发布的类型

变更和发布根据执行复杂度、紧急度、对其他系统的影响程度、风险大小等因素，被定义成不同类型，包括“标准变更”“简单变更”和“紧急变更”。不同类型的变更和发布在流程方面有一些差别，这样更能提高效率。

1. 简单变更

简单变更是指频繁发生、影响范围较小、紧急程度较低、实施风险较小、实施较简单的变更。例如对一些测试数据修改、权限分配和密码修改等。在测试执行阶段，测试团队和开发项目组约定每周固定时间更新测试环境版本，这类变更也采用预授权的方式，在做到提醒和通知相关人员的前提下，可以直接安排版本发布。

2. 标准变更

标准变更是指涉及影响范围较大、实施风险较大、实施较复杂的变更。标准变更需要进行正式的计划和评估，既要考虑测试的充分覆盖，又不能影响测试工作的正常进行，保证测试结果的可信程度。因此。标准变更必须遵循计划、测试、评估、审批和实施的标准流程。

3. 紧急变更

紧急变更是指为了立即解决严重影响测试正常开展、测试结果可信程度，以及测试环境上现有系统正常运行的问题，所采取的快速的变更处理。这类变更既要减少流程的复杂性，又要有一定的风险控制。紧急变更时因为此时测试也无法正常开展，所以不能随意启动这种变更方式，需要明确这种变更方式的启动条件。有时生产环境的紧急变更往往会同时促使测试环境也进行紧急变更。

（三）变更和发布管理流程

1. 提出变更申请、评估、分类

变更申请人提出变更申请，申请人可以是开发组织，也可以是测试组织。变更申请需要包含完备的内容，包括变更的原因、涉及的功能和系统、变更分类、预计发生时间、发布版本号、风险、影响和优先级等内容。测试组织的有关负责人或相关管理团队检查变更申请内容，尤其是风险和优先级部分，有时风险会被低估而优先级会被高估，需要确保评估客观，充分论证，确保明确变更是否会影响测试过程，是否会产生额外的质量风险。在这一步骤中，需要确定变更类型，如为紧急变更，则按照紧急变更子流程执行；如为简单变更，直接制订变更计划，并安排实施；如为标准变更，则继续执行正常的流程。

2. 制订变更和发布计划

测试组织的环境团队或质量团队负责制订变更和发布计划，包括发布任务的日程安排，待测程序实施（安装和配置）计划、回退计划、版本更新计划等。

3. 评估并审批计划

如果是紧急变更，则快速完成评估、审批。对标准变更，确定变更风险等级，应对实施计划和回退计划进行检查确认，保证技术细节的完整性和可行性。如需要更高级别管理层的审批，则根据不同风险级别报批。审批结果可以批准或驳回计划，如果驳回，则计划需要进一步完善后再次提交评估审批。

4. 准备发布包

当计划被批准后，项目组需要准备发布包，发布包包含可安装部署的程序文件，如果一个发布涉及多个系统或模块，则需要将这些系统或模块的安装部署文件放在一个发布包中，避免误操作带来的版本冲突。

如果发布的程序对硬件和操作系统有专门的要求，需要在文档中详细说明，保证安装程序前，硬件和操作系统环境已经满足要求。

5. 发布前评估并审批

测试组织的环境团队或质量团队将根据变更申请组织对该变更的风险、对现有系统和测试的影响、实施计划、回退计划和配置项更新计划等，做出批准与否的决定。如为紧急变更，则快速完成以上评估、审批。

6. 待测程序发布

测试组织的环境团队或质量团队安排的发布实施人负责测试环境的发布工作。发布实施后对结果进行确认，如发布成功则通知其负责人进行确认，必要时需要安排测试组织进行验证。如发布失败则实施回退计划。

7. 回顾和关闭

实施变更后，需要进行变更过程和结果的回顾，然后更新变更记录并关闭变更记录。

【同业实例 16－1－6】

某银行开发中心提交经过冒烟测试和SIT测试的版本至测试中心，测试中心测试通过后，由测试中心将版本提交至数据中心投产。在测试期间，如发生BUG修复等情况，则由开发中心陆续提交新的版本至测试中心，测试中心将开发中心在该测试期间提交的所有版本累加后测试，测试通过后，提交至数据中心的也是该累加后的版本。

某银行有4套UAT环境，每套环境可测不同月份的投产版本。测完上线后再切换至另一投产版本。而每个版本投产前都需在投产演练环境进行（实际的回归）测试。以9月份投产的常规测试版本为例，该银行软件开发中心约在6月份完成封版，并交付已通过SIT功能测试的9月投产基础版本给测试中心，测试中心将该版本安装于9月版的常规版本测试环境进行测试，同时其他3个常规版本测试环境可能分别安装了6月投产、7月投产、8月投产的月度版本，开展并行测试。在每个常规投产版本交付数据中心投产前，测试中心将待交付的基线版本安装到投产演练测试环境中，对该版本进行（实际的回归）测试。常规投产版本的测试时间根据版本大小一般为4~7周，投产演练测试约为2周（见图16-1-1）。

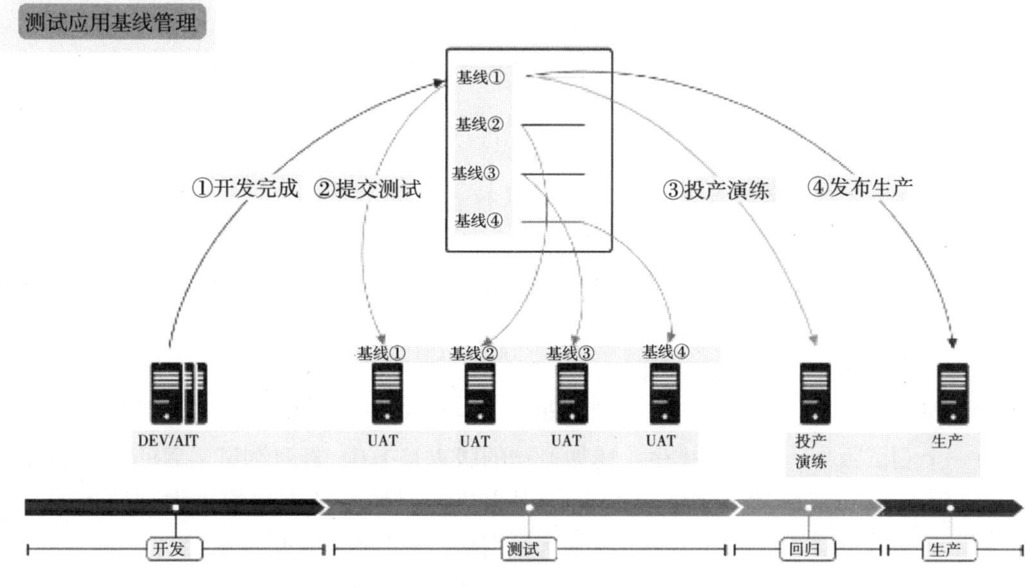

图16-1-1

【同业实例16-1-7】

某银行开发中心提交经过联调测试的版本至测试中心；测试中心内部的SIT测试部进行系统测试；系统测试通过后，由UAT测试部进行UAT测试；UAT测试通过后，将版本投入模拟环境（即投产演练环境）进行回归测试，之后交付数据中心投产。而对于SIT或UAT测试阶段可能产生的各种资源冲突（包括版本程序冲突、会计周期冲突等）的情况，可按需搭建SITB、UATB、SITC、UATC等临时测试环境（每套环境搭建约需一周）。还可临时搭建其他特殊测试环境，以满足年终决算等需移植生产数据的特殊测试需求（见图16－1－2）。

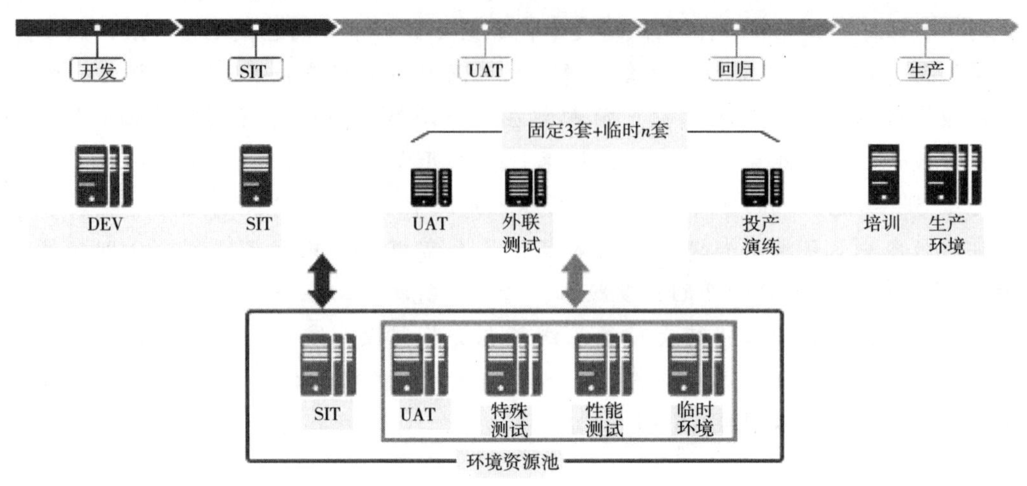

图16－1－2

四、怎样管理待测应用程序的版本

（一）为什么需要管理待测应用程序的版本

1. 什么是版本控制

对于软件测试人员来说，版本控制这个概念并不陌生。在程序开发和测试过程中，往往需要多次迭代，会产生待测应用程序的不同版本。

版本控制简单地说就是对待测应用程序的版本有明确的标识、说明，待测应用程序版本的交付准确可控。版本号是版本的标识号。用来对不同的版本进行编号，标识发布过的每一个测试版本，并进行排序，比如最初的版本是1.0，经过测试之后的版本是1.1、1.2等。版本号的用处很多，例如在填写错误报告的时候往往需要提供发现错误的版本号。在做缺陷分析时，也可以利用版本号来区别缺陷和判断缺陷的发展趋势。

2. 缺乏测试版本控制的危害

（1）把控质量状态。

为了确保最终的测试质量，通常要求测试组织在测试过程中使每个待测应用程序版本的质量状态做到尽在掌握，比如最基本的就是哪些功能正常，哪些功能有缺陷。这样的话，对于投产哪个版本的评估决策、投产前的风险应对以及投产以后的运行维护都有据可循。版本控制不仅只为各种测试版本提供了文档管理功能，而且还能提供可追溯性的文件。这样我们就可以随时查阅软件测试过程中生成的各种文档，便于开展相应工作。

（2）难以保证测试的一致性。

随着待测系统架构越来越复杂，规模越来越大，系统交互越来越多，软件测试工作也越来越难，为了加速迭代，同一个时间有不同的版本在测试。这就对版本控制提出了新要求。有效的版本控制将有效保证测试的一致性；反之缺乏版本控制，将可能带来诸多问题和风险。

（3）导致投产版本和已测版本不一致。

如果没有健全可靠的版本控制，就没有办法保证未来投产的版本是经过测试、修复缺陷、集体评估确认的上线版本，一旦投产版本搞错，或有人为了某些目的“夹带”未测程序投产，就将造成难以估量的风险。

3. 版本控制的作用

版本控制的作用正是要避免上述危害，由此版本控制成为软件测试过程中不可缺少的一部分。有了软件测试的版本控制，测试人员可以更加高效，有针对性地执行测试。而要做好版本控制一方面要注意标记历史上产生的每个版本的版本号和测试状态；另一方面要保证测试人员得到的测试版本、测试通过的版本、准备投产的版本切勿因人为和技术原因张冠李戴、私藏夹带。

（二）怎样管理待测应用程序的版本

1. 制定规范的版本控制管理制度

目前，银行基本都已形成了企业级或跨几个部门共同遵守的软件版本管理制度，覆盖了开发、测试和投产运维等环节。对于测试组织而言，要对测试过程中产生的测试版本进行严格控制，通过把版本控制与测试里程碑的结合来实现阶段性成果，要对最终投产的应用程序版本的质量负责，以确保测试效果。

2. 建立合理版次规划和监控机制

测试组织要对测试过程中的版本变更频率、时间安排做出合理的规划，同时建立监控措施，在整个测试项目的关键阶段要设立检查点，要能根据版本规划随时监控版本更新情况，及时发现问题，并对出现的异常现象做出快速反应，这样才能使得测试过程更有计划性、质量更能保证。

3. 指定版本控制管理员

测试版本控制管理员负责掌控整个测试过程的测试版本，要负责记录和监控测试中不同测试阶段产生的测试版本。版本控制管理员可以由测试组织的环境团队人员担任，也可以由测试组织指定专人担任。

4. 做好过程记录和文档管理

由于测试工作涉及方方面面，故所有与版本控制相关的说明、标识等都需要文档化。因此，做好文档工作是版本控制得以成功的一个重要支撑。作为控制文档，应该还包括与测试相关的资源及其使用情况，以方便跟踪与监控测试版本的执行过程。

5. 选择一款合适的版本控制工具

工欲善其事，必先利其器。在进行版本控制的过程中测试团队选择一款合适的测试版本控制软件是不可缺少的。但无论使用哪个工具或是自行开发，都要与自身的实际情况与外部的职能关系紧密结合，避免事倍功半。

【同业实例16-1-8】

某银行对于测试环境版本管理遵循以下原则：

规范性原则：保证UAT测试环境中的测试工作和生产环境软件版本的变更在软件测试版本管理的支持下有效、规范地进行。

一致性原则：保证软件版本在UAT测试环境的生命周期中、在生产环境中始终保持一致。

责任到人原则：软件版本管理应在UAT测试和生产工作各环节中设立人员角色，并确定各人员的职、权、责。

监督检查原则：在软件版本管理过程中，应建立相应的监督检查机制。

逐级审核原则：软件版本部署到UAT的过程需经过项目组、架构组、项目群测试组的逐级审核。

测试版本的管理流程为：

项目组测试负责人主要负责提交版本测试申请（同时提交版本变更说明）、组织安装测试版本及测试工作、完成测试工作等。

架构组人员主要负责审核项目组提交的版本测试申请，提出版本变更意见、变更计划。

测试组版本管理人员负责项目测试版本签入、传输到指定测试服务器、关闭测试活动等。

组织级配置管理员主要负责生产版本入产品库的工作。

UAT及生产环境运维管理员主要负责将通过审核的应用软件，按照具体的升级规程部署至UAT或者生产环境。

第二节　如何做好配置管理

一、为什么需要配置管理

（一）什么是配置管理

测试过程中会产生许多的工作产出物，例如测试计划文档、测试案例、测试版本、测试工具和环境以及自动化测试脚本和测试缺陷数据等，这些都需要被保存起来，以便查阅和修改。这些工作产出物统称为配置。配置管理则是通过技术或行政手段对“配置”及其全生命周期进行控制、规范的一系列措施。

为了方便对“配置”进行管理，“配置”经常被划分为各类配置项，这类划分是进行软件配置管理的基础和前提。配置项是一组软件功能或者物理属性的组合，在配置管理过程中，配置项被作为一个单一的实体对待，每个配置项的主要属性有名称、标识符、文件状态、版本、作者、日期等。

（二）配置管理的重要性

配置管理在整个软件研发过程中起着至关重要的作用。其目的是在整个项目和产品的生命周期内，建立和维护软件或系统产品（组件、数据和文档）的完整性。良好的配置管理能使软件或系统产品开发过程有更好的可预测性和可重复性。

测试过程中的配置管理的目标：一是在测试过程中控制和审计测试活动的变更；二是在测试过程中随着测试项目的里程碑，同步建立相应的基线；三是测试人员在测试过程中针对相应的软件测试活动或者产品进行标识。具体要求如下：

1. 所有测试项都已经被识别、版本受控、相互之间有关联以及和开发项（测试对象）之间有关联的变更均可跟踪，从而保证可追溯性。

2. 在测试文档中，所有被标识的文档和软件项均能被清晰明确地引用。

3. 测试人员需唯一地标识（并且复制）测试项、测试文档、测试案例。

（三）何时做配置管理

通常，银行 IT 部门内部会在项目初期，指定整个项目的配置管理规程和工具。这样项目所有成员可以在整个项目周期内逐步添加和维护配置项。测试作为项目的一部分，一般会参与明确项目的配置管理规程和工具。对于使用外协人员参与测试工作的项目，外协人员同样需要使用银行的配置管理工具，保证相关配置项的有效性、及时性和完整性。

二、如何进行配置管理

配置管理的核心是配置项的建立和相应权限设置，前提是已经明确定义了配置管理员、项目经理、产品经理等角色和职责。配置管理员是项目组中负责配置管理工作的角色，该角色可以兼职。对于测试组织而言，可以选派质量团队或测试团队的人员兼任。在某一开发阶段通过评审或某一质量检查点通过审核后，配置管理员负责统一添加或修改相关文档的最新有效版本。软件配置管理的主要任务可以归结为以下几条：

1. 制订项目的配置计划；

2. 对配置项进行标识；

3. 对配置项进行版本控制；

4. 对配置项进行变更控制；

5. 向干系人报告配置的状态；

6. 定期进行配置审计。

（一）制订项目的配置计划

配置计划明确了要在产品或项目生命周期过程中执行的所有配置和变更控制管理活动，详细说明了活动时间表、指定的责任人、具体管理工具和相应设备资源。进入测试，尤其是用户验收测试阶段，因为离正式投产越来越近，因此制订计划时必须考虑到银行往往到投产前最为忙碌，但此时的配置管理又不得不更接近投产后较为严格的管理方式的现实矛盾。

（二）对配置项进行标识

标识配置项是对软件项目在开发过程中的资源进行标识，以便识别。配置项的识别是配置管理活动的基础，也是制订配置管理计划的重要内容。配置对象包括标识软件配置项、配置库和配置基线。

1. 配置项

凡是纳入配置管理范畴的工作成果统称为配置项，配置项主要有两大类：一类是属于产品的组成部分，例如需求文档、设计文档、源代码、测试案例等；另一类是在管理过程中产生的文档，例如各种计划、报告等。

2. 配置库

配置库可以分为受控配置库和非受控配置库两种。

（1）受控配置库。

在项目实施的整个过程中，可以根据不同阶段的配置管理划分为 11 个受控配置目录，配置管理员具有增加和修改的权限，其他用户仅能查询内容。受控配置库的目录如下：

00 初始配置

01 启动

02 需求分析

03 设计

04 编码

05 测试

06 安装

07 总结

08 变更

09 项目管理

10 环境配置

初始配置库的根目录中包含项目的配置文件清单，该文档包括本项目开发过程中应该提交的文档的清单。在实际开发过程中，根据实际情况，可以在清单中酌情修改、增加和删除需要提交的文档。

（2）非受控配置库。

建立非受控配置库的目的是统一管理和存放开发过程中产生的临时文档和过程性文档。该库没有格式及命名上的严格要求。项目组成员在思考、设计时不受太多的限制和约束，能够更有效地发挥个人能力。

在项目初始阶段，可以建立三个目录：个人工作区、团队工作区和文档提交区。

个人工作区用于存放项目成员自己编写的文档，各项目成员都有独立的工作目录。

团队工作区用于存放团队成员编写的文档，各项目团队都有独立的工作目录。

文档提交区用于非受控配置库和受控配置库之间的缓冲，用于提交已经定稿的文档和代码。在评审通过后，再由项目管理员取出并提交到受控配置库中。

3. 配置基线。

配置基线是项目配置库中每个配置项版本在特定时期的一个“快照”，也称为里程碑。它提供一个正式标准，随后的工作基于此标准，并且只有经过授权后才能变更这个标准。

（三）对配置项进行版本控制

版本控制是软件配置管理的核心任务。所有配置库中的元素都应予以版本标识，并保证唯一性。除了系统自动记录的版本信息以外，为了配合软件开发流程的各个阶段，我们还需要定义、收集一些元数据来记录版本的辅助信息和规范开发流程，并为今后对软件过程的度量做好准备。当然如果使用了合适的工具就可以事半功倍。

对于配置库中的各个基线控制项，应该根据其基线的位置和状态来设置相应的访问权限。一般来说，对于基线版本之前的各个版本都应处于被锁定的状态，如需要对它们进行变更，则应按照变更控制的流程来进行操作。

（四）对配置项进行变更控制

根据本章开始部分对基线的定义中我们可以发现，基线是和变更控制紧密关联的。如何保证配置基线在复杂多变的软件开发过程中真正处于受控状态，并在任何情况下都能迅速进行恢复回退，就成为了软件配置管理的另一重要任务。而变更控制就是通过结合项目规程和工具，以提供一个变更控制的机制。

变更管理的一般流程是：

1. （获得）提出变更请求；
2. 审核并决定是否批准；
3. 提取对应的配置项，进行修改；
4. 复审变更；
5. 提交修改后的配置项；
6. 建立测试基线并测试；
7. 重建软件的适当版本；
8. 复审（审计）所有配置项的变化；
9. 发布新版本。

（五）向相关人员报告配置的状态

配置状态报告就是根据配置管理任务记录来向干系人报告软件开发活动的进展情况。这样的报告应该定期进行，并尽量通过工具自动生成，用客观数据来真实反映各配置项的状态情况。

配置状态报告应着重反映当前基线配置项的状态，以作为对开发进度报告的参照。同时也能从中根据开发人员对配置项的操作记录来对开发组织的工作关系作一定的分析。

配置状态报告应该包括下列主要内容：

1. 配置库结构和相关说明；
2. 开发起始基线的构成；
3. 当前基线位置及状态；
4. 各基线配置项集成分支的情况；
5. 各私有开发分支类型的分布情况；
6. 关键元素的版本演进记录；
7. 其他应予报告的事项。

（六）基线检测

基线检测可以作为配置审计的一部分。即测试组织根据项目管理的要求对待投产软件版本进行检查，核对其是否符合投产配置要求。基线检测的主要作用是作为变更控制的补充手段，确保某一变更需求已被切实实现。在某些情况下，它被作为正式的技术复审的一部分，但当软件配置管理是一个正式的活动时，该活动由测试人员单独执行。

三、怎样选择配置管理工具

在配置管理工具选型时，需要考虑的因素大体包含功能满足需求的程度、与测试组织现有流程和工具集成的程度、符合团队特点的程度、性能的优良程度、费用是否在预算范围内以及售后服务如何。

对于现在流行的多种配置管理工具，可以根据银行自身的特点、开发、测试、运维组织的需要，选择切合实际的工具。当然，目前银行配置管理工具呈企业级共用的特色，并不断趋向于自行研发替代外购工具。尤其在面向互联网业务、移动应用研发项目中，传统的配置管理工具越来越难以兼顾传统和新型业务系统研发过程中配置管理的需求。

第十七章　如何保证测试质量

第一节　什么是测试质量管理

一、什么是测试质量

在了解测试质量之前，我们先来认识一下什么是质量。其专业的定义是“反映实体满足明确或隐含需要能力的特性总和”。通俗的说法可以是，“符合需求”和“适于使用”。“符合需求”包含着需求明确提出的和隐含的要求；而“适于使用”隐含了客户的需求和预期。反映产品和系统是否适合顾客使用。我们也可以这么理解，质量包含最终产出物和产出过程，这一点是很重要的，很多人认为质量就是产品——最终产出物的质量，却没有意识到，产生该产品的过程和后续的服务也是质量的一个重要方面。

回到测试上来，那么测试的质量管理是什么呢？测试质量管理，包含了对测试过程和测试结果的质量管理。软件测试的最终交付物是软件产品，也就是说，软件产品的质量直接反映测试结果的质量。比如上线后有没有出问题，顾客投诉多不多，这些都能反映测试结果质量的好坏。而测试过程是从需求分析、案例设计、执行案例、用户培训的系列过程，由很多个阶段和环节组成。需求分析是不是按照标准流程来进行、需求分析的颗粒度是不是达到了要求、测试案例的覆盖度和冗余度是否满足标准、测试进度是否按照计划进行，是否发生了偏离，这些则是针对测试过程的质量审查，也是测试质量管理的组成部分。

二、管理测试质量的重要性

没有规矩，不成方圆。管理质量测试就像是运用一把尺子，衡量测试结果以及过程是否达到标准。大家应该在平时学习中都见过这样一幅图，图 17 - 1 - 1 形象地描述和显示了发现和修复缺陷的费用随着时间推移而发生巨变的过程。软件缺陷发现得越晚，其处理费用就越高——不是线性增长，而是几何级激增。

测试过程的质量管理，通过对测试过程的质量管理和控制，使得测试过程符合规范和标准，使得项目满足成本、时间和风险控制的要求；对测试结果的质量管理，要从是否满足设计要求和用户使用要求入手，包括功能性、可用性、可靠性、兼容性、可维护性等要求。

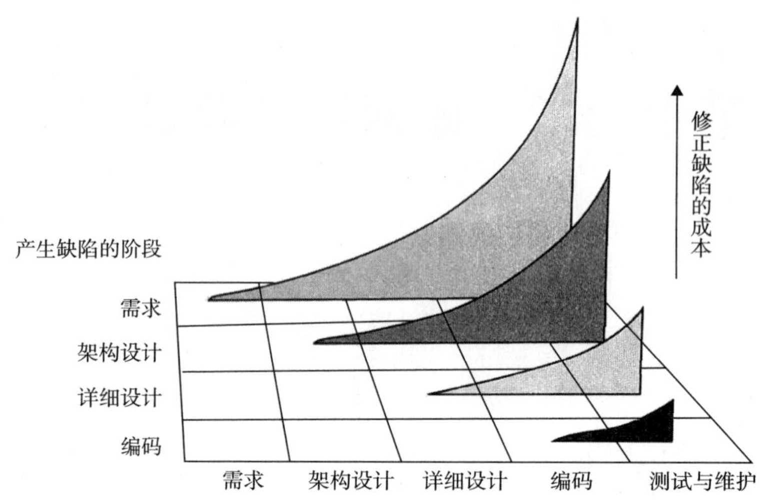

资料来源：朱少民，全程软件测试［M］. 电子工业出版社，2014.

图 17－1－1

三、质量管理的几个模型

（一）早期软件质量管理有哪些体系

质量管理从20世纪70年代开始提出后，经历了几个阶段的发展，早期主要的质量模型如下。

1. McCall 质量模型

早期的软件质量模型是 1977 年 McCall 和他的同事建立的，提出了影响质量因素的分类，集中在软件产品的三个重要方面：操作性（产品运行）、承受可改变能力（产品修订）和新环境适应能力（产品变迁）。

2. Boehm 质量模型

1978 年 Boehm 提出分层结构的软件质量模型，除包含了用户的期望和需要的概念，还包括了 McCall 模型中没有的硬件特性。Boehm 模型始于软件的整体效用，反映了对软件质量的理解，包括是否满足用户的喜好；是否有效地使用系统资源；是否易于用户学习和使用；是否易于测试和维护。

3. ISO 9126 质量模型

国际标准化组织 1991 年颁布了 ISO 9126—1991 标准《软件产品评价——质量特性及其使用指南》。这是一个三层质量模型，第一层有 6 个影响软件质量的主要因素，在标准中称为“质量特性”。每个质量特性又可以通过第二层的若干子特性测量，子特性在评价时要定义并实施若干个度量。

（二）软件测试成熟度模型集成（TMMi）

前面我们介绍了一些软件质量模型，但是有没有与测试直接相关的质量模型呢？TMMi 是测试过程改进的详细模型，它使用预定义的多套“过程域”定义测试组织的改进过程。这种发展过程被描绘成一种模型成分，称为成熟度级别。成熟度级别又被定义成进化水平，以完成测试组织的改良过程。

TMMi 是阶段架构的过程改进模型。它包含的阶段或者级别是从一个无序的，不可管理的到可管理的、可定义的，再到可测量的和可优化的。TMMi 内部结构是丰富的，在测试中可以学习和有系统地支持一个质量检测的过程，通过渐进的步骤改善应用实践。

TMMi 有 5 个级别，它们遵守成熟度等级制度和演化路径来进行测试过程改进，每个级别都有一套过程域指明组织需要致力在该级别取得成熟度。经验表明组织各尽其能，专注于测试过程改进中可做到的过程域，那些过程域随着组织的改进需要增加混合。因为每个成熟度级别为下一个级别构成必要的基础，略过一个成熟度级别通常是无益的。同时，需意识到测试过程改进的努力必须致力于组织在商业环境的需要，更高级别的成熟度水平上的过程域需定位在当前组织或项目的需要。

1. 级别 1：初始级

在 TMMi 级别 1，测试是个混乱、无定义的过程，常常被当作调试的一部分。组织通常没有提供稳定的环境来支持这个过程。组织的成功都是依靠能力超强英雄式的人物，而不是使用被证实的过程。实际应用时，产品经常不符合需求，不稳定或者工作太慢。测试缺少资源、工具和训练有素的人员。在 TMMi 级别 1 没有定义过程域。成熟度级别 1 的组织的特征是倾向于过度承诺，危机时放弃过程，无法重复成功。产品往往不按时发布，超支，质量不可预料。

2. 级别 2：可管理级

在 TMMi 级别 2，测试成为一个可管理的过程并被清晰地从调试中分离出来。成熟度 2 级反映出的过程训练能确信现有的实践仍然有时间压力。然而，很多人仍然意识到测试是编码的后一个阶段。在改善测试过程的前后，建立了公司范围或者项目范围的策略，制订了测试计划，定义了测试途径。风险管理技术被用来澄清文档需求基础上的产品风险。测试也定义了哪些测试需要做，什么时候做，谁来做等。根据需要委托和校验被制定了。测试被监控以确保它能按照计划执行，一旦发生背离会有相应的动作。工作产品的状态和测试服务的递交对管理来说是可见的。从详细规格说明中选择测试案例的测试设计技术被应用了。然而，在开发生命周期测试仍然开始得比较晚，比如要在设计或者在编码阶段才开始。

测试分多个标准，有单元测试、综合测试、系统测试和验收测试，在组织范围或者项目范围的测试策略中，对于每个确定的测试标准都有指定的定义。2 级 TMMi 组织的主要测试目标是检验产品是否符合指定的需求，还有一个目的是清楚地界定测试和调试。这个级别的 TMMi 有许多的质量问题是因为测试启动太晚。缺陷从需求阶段和设计阶段被引入到编码阶段。没有正式的评审程序去定位这个重要的问题。许多人认为编码过后的测试执行是主要的测试活动。TMMi 级别 2 有如下过程域：

✓ 测试方针和策略；

✓ 测试计划；
✓ 测试监控；
✓ 测试设计和执行；
✓ 测试环境。

3. 级别 3：可定义级

在 TMMi 级别 3，测试不再是编码后的一个阶段，它被集成到整个开发生命周期和相关的里程碑。测试计划在项目的初期就被完成，比如在需求阶段就制订测试总体计划。在 2 级 TMMi 测试所获得的测试计划技能和承诺的基础上建立总体计划。组织的一套标准测试过程集是 3 级成熟度的基础，被明确定义并随着时间的推移而完善。存在测试组织和明确的培训程序，测试被明确为一种职业。测试过程改进是完全制度化测试组织的一部分。在这个级别的组织明白评审在质量控制方面的重要性，评审贯穿到整个生命周期。

TMMi 级别 3 有如下过程域：

✓ 测试组织；
✓ 测试培训程序；
✓ 测试生命周期和整合；
✓ 非功能测试；
✓ 同行评审。

4. 级别 4：可测量级

在 4 级 TMMi 组织，测试是一个充分定义，有事实根据和可度量的过程。成熟度组织和项目为产品质量和过程性能建立多个目标，并作为标准管理它们。产品质量和过程性能在统计条款上被理解，在整个生命周期被管理。测量成为组织度量库的一部分以支持基于事实策略的制定。评审和检查被视为测试的一部分并用来度量文档质量。静态和动态的测试方法被集成到一起。评审被正式地使用来控制质量关口。产品使用质量评价量化标准的属性，如可靠性、可用性和可维护性。一个组织广泛的测试度量方案提供了有关信息和能见度测试过程。测试被认为是评估，它由检测产品和相关的工作产品生命周期有关的所有活动组成。TMMi 级别 4 有如下过程域：

✓ 测试度量；
✓ 产品质量评估；
✓ 高级同行评审。

5. 级别 5：可优化级

在取得之前成熟度级别所有改进目标的基础上，测试是一个完全可定义的过程，并能控制成本和测试效率。在 5 级 TMMi 中，组织在理解众多变化过程中，固有的常见原因的基础上持续改进它的过程，通过渐进和改进的过程和技术改进，提高测试过程的性能被执行。方法和技术被优化，并持续地致力于微调和测试过程提高。缺陷预防和质量控制被实践。统计抽样，信心水平度量，确实性和可信赖性驱动测试过程。此外，缺陷预防和质量控制被引入成为过程域。测试过程的特点是基于质量测量的抽样。存在一个详细的步骤来选择和评估测试工具。在测试设计、测试执行、测试案例管理等期间尽可能地用工具来支持测试过程。在 5 级 TMMi，支持通过一个过程资产库实践过程重用。测试是个以缺陷预防为目标的过程。TMMi 级别 5 有如下过程域：

✓ 缺陷预防；

✓ 测试过程优化；

✓ 质量控制。

（三）国际软件测试资质认证委员会（ISTQB）

ISTQB®（International Software Testing Qualifications Board）全称国际软件测试认证委员会，是国际唯一权威的非营利性软件测试资质认证机构。其主要负责制定和推广国际通用资质认证框架，即“国际软件测试认证委员会推广的软件测试工程师认证”（ISTQB® Certified Tester）项目。ISTQB® 目前拥有 59 个分会，覆盖包括来自美国、德国、英国、法国、印度等在内的 120 多个国家和地区的数百位测试领域专家作为志愿者服务于 CSTQB® 及其倡导的软件测试工程师认证体系。（CSTQB Chinese Software Testing Qualifications Board）全称中国软件测试认证委员会，是 ISTQB 在大中华区（包括港澳台地区）的唯一分会，成立于 2006 年。全权代表 ISTQB 在授权区域内推广 ISTQB 软件测试工程师认证体系，认证、管理培训机构和考试机构，接受 ISTQB 的全面的业务指导和授权。CSTQB 旨在规范中国软件测试行业，提高中国软件测试行业的水平，通过市场调研、信息交流、咨询培训、评估认证、知识产权保护等方面的工作，推动中国软件测试行业的发展，做好为 CSTQB 会员的服务工作，面向全行业，发挥政府与企事业单位之间的纽带和桥梁作用，为中国的测试行业提供一个新测试方法、新技术的研究和推广的交流平台，加强国际交流与合作，积极推进国际通用软件培训和认证体系，建成规范的高端培训和认证平台，推动国际软件测试人才流动和技术交流，使中国软件测试行业与国际接轨。

第二节 怎样规划测试质量管理体系

一般来说，在做组织级质量管理体系的规划之前，先要从人、技术、流程、工具等各个方面进行评估。同时需要有一个好的参照物——业界标准，与之进行对比，经过差异分析之后，才能初步了解到组织强项是哪些，哪些实践需要更好的方法，哪些空白亟待补充，哪些实践待加强等。接下来，综合考虑组织未来几年的整体规划以及对自身的要求，按业界标准实施步骤，分阶段把需要补充和加强的内容按照优先级别逐步改进，并对每项内容设置具体的目标和达成标准。在达到目标的过程中会形成一系列适合组织自身的文档：方针、标准规范、流程、模板、工具、指南等。在试点项目运行成功后，再进行组织范围内全项目展开，并在运行的过程中不断去优化，以持续提高组织运营效率。

一、组织级测试质量管理体系包含哪些内容

如果我们要构建组织级测试质量管理体系，那么先要明确该体系是对测试哪些方面进行质量度量和保证，一般应该包含以下方面。

（一）测试过程质量

过程决定结果。全面质量管理理论认为，质量并不仅仅是对产出物的抽查，必须对整个生产过程也进行质量监控。同样的道理，测试过程质量主要针对的是在整个测试过程中，测试活动是否合规，比如测试流程是否符合既定的规范和标准；测试进度是否偏离计划；测试风险是否被识别，是否有应对计划；测试成本是否超支；测试配置管理是否偏离基线；测试案例覆盖是否达到要求等。除此以外，测试过程产生的交付物同样反映测试过程的质量。包括测试计划、测试案例、测试记录、操作手册等。保证测试交付物的质量，也是保证过程质量的组成部分，比如检查交付物有没有按照规定提交，是否满足规范等。

（二）测试结果度量

测试结果的质量其实就是软件产品的质量，即满足使用要求的程度，包括功能性、可用性、可靠性、性能、容量、可测量性、兼容性、可维护性等。这里涉及两方面内容：一是如何评测和保证功能性、可用性、性能等方面内容，应确立相应的方法论技术标准和度量值；二是如何在测试报告中评价测试内容，出具相应的测试结果，比如性能是否满足用户需求，一个业务交易的响应时间是否达到标准值 2 秒，那么响应时间 2 秒，就成为我们测量软件产品性能是否达标的标准，多个这样的标准汇集起来，形成了软件产品的质量体系。有时候还需要跟踪产品和系统投产后的情况，从而反馈到后续的测试过程改进中。

二、测试质量体系的规划流程

上面我们讲述了组织的测试质量管理体系应该包含哪些内容，那么建立测试质量管理体系要做哪些工作呢?

一般包括确立组织级的质量目标，定义和执行质量管理活动。

（一）确立质量目标

测试质量目标是反映组织能够保证产品质量的能力和范围，即满足用户明确和隐含的要求。这是一个广义的范围，从狭义来说，测试质量目标是确保软件产品满足准出条件，测试过程和测试结果符合规定要求。因此，建议测试质量体系的第一步是确立测试质量目标。这个目标在软件研发的不同阶段是不同的。例如，SIT 测试和 UAT 测试，不同阶段，质量管理目标显然是不同的。UAT 阶段的质量目标主要是确保系统满足设计需求和用户满意，根据质量评价的目的和测试的阶段，再选择对应的质量模型，如 TCOE 或 TMMi 等。我们需要在 UAT 开始前与需求部门、开发部门甚至用户代表共同评审待测系统需要达到的质量目标，在后续的 UAT 过程中就可以以检测和保证

这些目标而努力。所以作为质量检测部门，测试组织需要形成组织级的质量目标，比如功能、性能、安全、兼容性等。然后再逐步检测上述目标的方法、流程、工具等专业能力，再与相关部门一起合作保证这些质量目标。

（二）定义质量管理活动

首先定义度量指标，指标对测试过程和测试结果的测量需要既简单又经济，而且测量结果要易于使用，可以使用某些工具来进行测量。例如测试覆盖度可以使用测试案例覆盖度来进行测量，它可以借助测试管理工具来进行数据收集。在定义了度量指标后，我们还需要确立测量的评定等级。我们可以将测试度量值映射到某一个区间，度量值本身不代表特殊意义，而区间则代表了度量等级，比如测试案例的覆盖度为83%，而测试覆盖度的可接受区间是90%～95%，满意区间是95%～99%，不可接受区间是小于90%，那么该测试案例覆盖度是不可接受的。再然后就是明确检测工作流程，这需要兼顾不同质量目标对应的检测方法、流程和工具，还要明确实施活动每个步骤涉及的责任人和干系人。比如监控是否与需求部门确认范围、是否对测试案例进行评审、待测系统版本是否可控、回归测试范围是否有效等。上述环节均需要通过对测试过程和结果的质量度量数据来分析展示。因此，要选择和部署有效的质量度量模型事半功倍的方法。又比如开展测试活动质量抽查、检查测试团队实施过程中是否遵守规章。当然，还有对测试团队的测试结果进行复审等。

（三）执行质量管理活动

在选择了质量模型，定义了度量指标，明确了质量管理活动，那么现在可以在测试过程中执行质量管理工作，并记录相应的数据，与设定的质量目标进行比较，得到测量结果。质量管理人员根据测试测量结果，出具质量评估报告。

三、如何设计测试质量人员角色

我们知道有一个比较熟悉常用的角色名称“软件质量保证（QA）”，QA 的主要职责是创建和执行改进软件开发过程并防止软件缺陷发生的标准和方法。同样的道理，测试过程中质量保证人员的职责就是创建和执行改进软件测试过程并防止软件缺陷发生的标准和方法。测试组织应该指定专人承担这个角色，或者成立质量管理团队，专门负责组织级的质量管理工作。

“保证”意味着“一种担保、确保”或“毫无疑问、没有问题”，所以测试 QA 团队的角色是毫无疑问地保证测试过程和结果具有高质量。那么测试 QA 团队是如何实现目标呢？答案是对测试项目实施近似完全的控制，建立标准和方法论，仔细监管测试过程，进行测试风险评估，对发现的问题和风险反馈解决建议，并执行检查，甚至拥有决定测试何时准出的权利。

四、如何选择测试质量度量指标

前面我们已多次提到质量度量指标，这里我们再详细转述几个具有代表性的度量指标。

在互联网上，我们很容易搜索到以下这些知识点。在CMMi体系的测试过程中定义了四个度量指标：测试覆盖率、测试执行率、测试执行通过率、测试缺陷解决率。

（一）测试覆盖率

测试覆盖率是对测试完全程度的评测，由测试需求和测试案例的覆盖或已执行代码的覆盖来表示。

计算公式：已设计测试案例的需求数/需求总数。

测试覆盖率从维度上说包括广度覆盖和深度覆盖；从内容上说包括用户场景覆盖、功能覆盖、功能组合覆盖、系统场景覆盖。

首先说广度，需求规格说明书中的每个需求项是否都在测试案例中得到设计。其次说深度，通俗地说，是不使测试设计流于表面，是否能够透过客户需求文档，挖掘出可能存在问题的地方。例如，重复点击某个按钮10次，或者依次执行新增、删除、新增同一数据的记录、再次删除该记录操作，系统是否会出现功能失效的问题。

在设计测试案例时，很少单独设计广度或深度方面的案例，而一般是结合在其他案例设计中。为了从广度和深度上覆盖测试案例，需要考虑很多要素，比如用户场景（识别最常用的20%的操作）、功能点、功能组合、系统场景、性能、语句、分支等。在执行时，需要根据测试时间的充裕程度按照一定的顺序执行。通常是先执行用户场景的测试案例，然后再执行具体功能点、功能组合的测试。

测试覆盖率数据的收集，可以通过需求跟踪矩阵RTM来实现。测试人员通过计算需求跟踪矩阵（RTM）列出的需求数量以及已设计测试案例的需求数量，可以快速计算出测试覆盖率。通过需求跟踪矩阵、测试人员、需求和开发人员都可以很清楚地、快速地知道当前这个项目测试的测试覆盖情况。

（二）测试执行率

测试执行率是指实际执行过程中确定已经执行的测试案例比率。

计算公式：已执行的测试案例数/设计的总测试案例数。

在实际测试过程中，经常有如下情况发生。第一种情况是，因为系统采用迭代方式开发，每次部署的测试版本都有不同的重点，包含不同的内容；第二种情况是，由于测试资源的有限，不可能每次将所有设计的测试内容都全部测试完毕。由于这两种情况的存在，所以在每次执行测试时，需要按照不同的测试重点和测试内容来安排测试活动，所以就存在了“测试执行率”这个指标。

通常，测试目标是确保100%的测试案例都得到执行，即执行率为100%。但是，如前面所提到的，实际中可能达不到100%的执行率。如果不能达到100%的测试执行率，那么需要根据不同的情况制定不同的测试执行率标准——主要考虑风险、重要性、可接受的测试执行率。在考虑可接受的测试执行率时，就涉及了测试案例执行顺序的问题。

在设计测试案例时，需要从广度和深度上尽可能地覆盖需求，所以就需要设计各种测试案例，如正常的测试案例、异常的测试案例、界面的测试案例等。但是在执行时，测试人员需要根据项目进度和测试时间的充裕程度，参考测试执行率标准，将测试案例按照一定的顺序执行。通常是先执行用户场景对应的测试案例，然后再执行具体功能点、功能组合的测试，完成这些测试后，再进行其他测试，如系统场景、性能、语句等测试。

（三）测试执行通过率

测试执行通过率是指在实际执行的测试案例中，执行结果为“通过”的测试案例比率。

计算公式：执行结果为“通过”的测试案例数/实际执行的测试案例总数。

可针对所有计划执行的测试案例进行衡量，可以细化到具体模块，用于对比各个模块的测试案例执行情况。

为了得到测试执行通过率数据，在测试执行时，需要在测试案例副本中记录下每个测试案例的执行结果，然后在当前版本执行完毕，或者定期（如每周）统计当前测试执行数据。通过原始数据的记录与统计，可以快速地得到当前版本或当前阶段的测试执行通过率。

（四）测试缺陷解决率

缺陷解决率，指某个阶段已关闭缺陷占缺陷总数的比率。缺陷关闭操作包括以下两种情况：

正常关闭：缺陷已修复，且经过测试人员验证通过。

强制关闭：重复的缺陷；由于外部原因造成的缺陷；暂时不处理的缺陷；无效的缺陷。这类缺陷经过确认后，可以强制关闭。

计算公式：已关闭的缺陷/缺陷总数。

在项目过程中，在开始时缺陷解决率上升很缓慢，随着测试工作的开展，缺陷解决率逐步上升，在版本发布前，缺陷解决率将趋于100%。一般来说，在每个版本对外发布时，缺陷解决率都应该达到100%。也就是说，除了已修复的缺陷需要进行验证外，其他需要强制关闭的缺陷必须经过确认，且有对应的应对措施。可以将缺陷解决率作为测试结束和版本发布的一个标准。如果有部分缺陷仍处于打开或已处理状态，那么原则上来说，该版本是不允许发布的。

缺陷关闭数据，可以通过缺陷跟踪工具定期（如每周）收集当前系统的缺陷数、已关闭缺陷数，通过这两个数据，即可绘制出整个项目过程或某个阶段的缺陷解决率曲线。

当然，转述上述定义的四个CMMi测试度量指标只是举例说明，在实际工作中，各测试组织需要结合实际情况定义和优化。下面再列几个制约指标。如验证不通过率、缺陷密度等指标。

验证不通过率是测试执行通过率的反向指标，统计执行结果为“失败”的测试案例数占总测试案例数的比重。

缺陷密度是指各版本缺陷数与测试模块的比率。

计算公式：本版本的缺陷数/已测各模块数。

缺陷密度主要查看各版本是否趋于稳定情况，通过数据图表等方式来衡量版本交付的风险大小，是衡量版本是否可交付的重要依据之一。

收集这些数据的目的是能对测试过程进行量化管理。但是，简单收集度量数据不是目的，通过对数据的分析、预防问题、对问题采取纠正措施，减少风险才是目的。

【同业实例 17－2－1】

某银行在测试质量管理办法里定义的测试质量度量指标主要分为测试效率指标和测试质量指标，测试效率指标主要有进度偏离度、缺陷发现率、案例执行效率、编写文档的速度和质量等。测试质量指标主要有需求覆盖率、案例有效率、评审通过率、缺陷数、二次缺陷率、有效缺陷数/率、严重缺陷率、遗漏缺陷率、缺陷收敛度等。

【同业实例 17－2－2】

某银行在质量中心建设中采取的质量管理路线图如下（见图 17－2－1）：

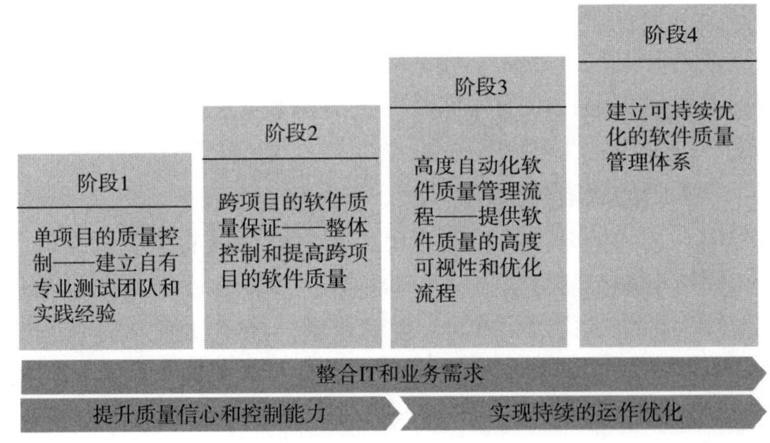

图 17－2－1

通过分阶段的质量中心的实施路线图，该银行可以实现 IT 和业务部门需求的整合，从而可以从软件需求开始管理和控制软件质量，在软件生产的每个过程中都有效地实现质量目标。通过实现项目级和部门级的软件质量保证，提升对软件质量的信心和质量控制能力。通过优化软件质量保证流程，最终建立符合该银行自身软件生产特点的质量中心。

在实现质量中心的过程中，该行制定了几个阶段的目标，这些目标包括：

一是项目级的软件质量控制：针对企业当前的某一系统的测试项目，规范并管理测试文档、案例和标准等测试资产，搭建测试管理的基本平台和环境，建立能自主运作软件测试项目的质量控制团队。全球超过80%的客户目前处于这一阶段，并正在实现各自产品级的软件质量保证的过程中。

二是产品级的软件质量保证：在实施并实现某一系统的测试项目的同时，建立符合企业自身特定的软件质量保证的有效流程，全球只有不超过1%的客户已经达到并超越这一阶段，他们大都是在软件质量管理方面卓有声望的机构。

三是质量保证流程的优化：通过自动化技术和手段，量化并衡量质量控制和保证流程的有效性，在质量审查的基础上进一步优化软件质量过程。

四是可持续优化的软件质量管理体系：通过不断的流程优化和技术更新，使软件质量保证流程实现向软件质量管理体系的转移。

可以看出，该银行测试组织建立之初，已经在前期测试工作中积累了一定的经验，建立了一套符合自身的操作流程和规范，开始采用测试管理平台和自动化测试工具来加强测试工作，提高效率，并且成功地进行了两个项目群的测试工作，已经初步进入了产品级的软件质量保证阶段，未来发展的步骤大体可以规划如下：

第一阶段：继续完善产品级的软件质量保证，发展成为质量保证流程的优化阶段。

第二阶段：逐步向质量保证流程的优化和可持续优化的软件质量管理体系发展。

第三节 怎样实施质量监督和风险提示分析

为了更好地对测试质量进行监督，并对可能产生的风险进行及时提示，需对测试进行监控，其目的就是了解产品质量，以便在产品质量与预期结果发生重大偏差时进行风险提示、并采取适当的纠正措施。

监控方式包括从测试记录和测试问题报告中收集必要的原始数据、审核这些数据的有效性并计算已定义的进展的产品质量度量数据。定期或事件驱动地制定测试总结报告有助于了解测试进展和产品质量。

一、监控测试过程

监控产品质量一般可以从以下几个方面着手。

一是在测试执行阶段的开始，需要检查测试计划中已识别的入口准则的状态，比如检查测试计划中已识别的入口准则的状态，识别和记录不符合入口准则的重大偏差，并启动纠正措施。

二是根据预期值，监控测试过程中发现的缺陷度量值。

根据预期值，监控已发现的缺陷和状态的度量值。包括：

在每个已定义的级别上，重要缺陷的总数（组件、子系统、系统）；

在每个已定义的级别上，最近的测试轮次期间发现的缺陷总数；

已解决/未解决的缺陷数（对于所有测试级别）；

对于每个指定类型所发现的缺陷数；
严重级别大于指定数并引起失败的缺陷数；
实际缺陷数量与估算的缺陷数量比较（基于历史数据的估算）。
识别和记录与缺陷数的预期值的重大偏差。
三是监控测试计划中已识别的产品风险。
定期与选定的干系人就当前状态和情况对产品风险文档进行评审；
监控对需求的变更和补充，以识别新的或变化的产品风险；
修订产品风险文档，补充变更信息后更新风险概率、影响程度或优先级；
根据计划中说明的缓解措施实施后，监控已缓解的产品风险；
与相关干系人沟通产品风险状态。
四是对测试计划中已识别的出口准则的状态进行检查。
检查在计划中与测试过程相关的出口准则，例如测试覆盖率；
检查在计划中与产品质量相关的出口准则；
识别和记录出口准则状态与计划的重大偏差。
五是对测试计划中已识别的暂停和重启准则的状态进行检查。
检查测试计划中已识别的暂停准则；
如果暂停准则满足则暂停测试，并启动纠正措施；
检查测试计划中已识别的重启准则；
一旦问题得以解决，则使用已定义的重启准则，重新启动测试。
六是定期评审产品质量。
收集和分析产品质量监控的度量数据；
定期与干系人沟通产品质量状况；
与干系人定期组织产品质量评审会议；
识别、记录和讨论产品质量问题以及与计划的偏差；
记录评审结果，例如，做出的决定。
七是选定测试里程碑，评审产品质量。
在测试进度表中的重要节点，与干系人进行产品质量评审，例如，阶段完成时；
通过正式的产品质量报告与干系人沟通产品质量状况；
评审有关问题、产品风险和退出准则的状态；
识别和记录重要的产品质量问题及其影响；
记录评审结果、行动项和决策；
更新测试计划以反映完成情况和最新的状态。
八是针对测试进展或产品质量与计划和预期出现的偏差，采取纠正措施。
收集准备分析的问题；
分析问题，决定是否需要采取纠正措施；
确定和记录需要解决已识别问题的恰当纠正措施；

与相关干系人就采取的纠正措施进行评审并达成一致；

与内部和外部干系人重新协商承诺；

监督纠正措施的完成情况；

分析纠正措施的结果以确定纠正措施的效果。

在具体实施测试监控时，可以通过专门的软件质量保证（SQA）人员对测试整个过程进行评审和监控。其目的是依据明确的质量审核工作流程，通过第三方客观评价支撑室流程执行情况，反馈流程实施效果，使支撑室成员和管理层了解流程强、弱项，并采取相应的改进措施。

总之，好的测试质量离不开好的测试流程和测试监控，通过在流程执行的过程中去定期地评审，将偏离的检测出来，使之回归到正确的轨道上去。当然，好的流程也需要随着测试需求的变化、测试方法和技术的创新而不断优化和改进，才能彻底地保证测试质量。

【同业实例 17－3－1】

某银行的测试质量管理办法主要有质量保证和质量控制两个环节，其具体定义如下：

1. 质量保证。

（1）建立测试过程体系，完善测试过程要求和规范测试过程产出物。

测试过程主要包括测试项目立项、测试需求分析、测试案例准备、测试方案设计、测试资源规划、测试风险管理、测试执行、测试收尾和测试监控等过程管理。

测试项目组可以根据测试项目的规模和特点进行过程裁剪，但裁剪后的测试过程需满足最低质量要求。

（2）开展测试过程审计，依据测试过程和项目管理计划，监督和审计过程质量。

通过现场过程检查、人员访谈、工具验证、手工验证等方式，核对测试过程的执行记录和结果。

审计过程中发现的问题，须与问题责任人沟通和确认问题，并向项目组通报审计结果。

（3）做好测试风险管理，最大限度地保证测试质量和满足客户的需求。

根据测试项目的类型，制订相应的测试风险管理计划和风险控制策略，并对风险的处理制订一些应急的、有效的处理方案。

降低测试过程中存在的需求变更、功能变化、人员流动、测试周期短、测试环境不一致等风险。

（4）加强测试人员管理，不断提高测试人员的工作效率和能力水平。

实行测试外协人员入场考试机制。

实行质量责任制。

落实人员考核和奖惩措施。

制定测试人员职业发展规划，保持测试人员队伍的稳定性。

（5）制定测试质量指标，实现质量指标的量化管理和考核管理。

2. 质量控制。

（1）测试需求的准确定义。

尽早介入业务需求阶段，通过交流充分理解需求文档。从用户和测试产品的双角度，进一步检查用户需求和产品实现的功能。

测试需求的分解，可按需求功能点或业务点的最小颗粒度分解，保证测试需求覆盖度不低于99%。

需求变更须形成文档，对没有文档的需求变更，在测试过程中一旦发现，及时与测试负责人确认，并存档相关变更文档。

（2）测试案例的正确性和完整性。

确保测试正面案例和负面案例的比例，以及一些比较容易忽视的边界条件、深层次的逻辑、用户场景等。

测试案例的设计方法可采用划分等价类法、边界值分析法、场景图法、因果图法、枚举法和错误推测法等。

测试案例可采用走查、抽查等方式。

测试案例设计完成后由测试组长组织内部同级评审，最后由项目经理组织外部（测试需求部门、开发组织）评审确认。

（3）测试项目管理计划的合理性和可行性。

明确测试计划安排、测试范围覆盖面、测试重点和难点、测试人员安排、测试质量标准、测试风险等。

必须使用规定的模板编写，并标识编写人员、版本控制信息和密级管理。

测试项目经理负责召集项目干系人对测试项目管理计划进行评审，评审通过后方可实施。

（4）测试版本的控制管理，制订合理的测试版本发布计划，减少发布频繁度。

根据软件测试、硬件测试和方案测试的特点建立测试版本库。

测试过程中版本的发布须经过测试项目经理批准，并严格控制测试版本的准入和准出标准。

在有条件的前提下，须统一在测试产品的明显处标示测试版本号，方便测试人员辨识。主要包括：软件测试需在首页上标示测试版本号；硬件测试需在硬件的外表标示硬件的测试版本号或型号；方案测试需在文档的封面标示测试版本号。

生产版本封版时间需预留不少于测试总体时间的30%。

（5）规范缺陷管理流程，提高缺陷登记和提交质量。

准确定义缺陷的状态、分类、等级、严重程度。

缺陷的提交和关闭须进行复查，复查人可以是测试项目经理，或者测试项目经理指定的人员。

及时跟踪和处理缺陷的状态，并按照缺陷等级分别统计缺陷处理的响应效率和解决效率。

(6) 测试执行过程中，测试组长应根据项目组成员的经验和个人能力因素，合理地分配测试任务，并将测试任务的模块和时间详细化，提高整个项目的测试效率。

(7) 组织测试人员培训，保证测试人员掌握一定的测试知识和业务知识。测试任务执行前，项目经理需组织测试人员培训，学习相关业务知识和管理制度。

为了更好地执行好这两个环节，该银行将测试质量管理角色主要分为测试质量保证人员（QA）和测试质量控制人员（QC）。测试过程中，质量专员可承担 QA 角色；测试项目经理、技术专员、测试人员可承担 QC 角色；测试组长主要承担 QC 角色，但也承担部分 QA 角色。其主要职责定义如下：

(1) 测试质量保证人员主要职责：

负责制定测试质量方针、质量目标和质量策略。

完善测试过程体系，对测试过程进行质量监督和审计，撰写测试审计报告。

制定测试质量指标，并负责测试过程中质量度量数据的收集和分析，以及质量考核。

(2) 测试质量控制人员主要职责：

落实质量管理要求，贯彻质量目标和质量策略。

参与和跟踪测试过程，对测试过程质量进行控制。

组织测试人员培训和考核工作。

协助 QA 完成测试质量度量数据的收集和分析。

关于风险分析报告，该银行在 UAT 测试报告按如下方式进行报告。

(1) 阐述项目的测试背景。

阐述整体的测试周期。

阐述经历了几轮测试，每轮测试的执行周期、主要内容和问题。

(2) 阐述项目的测试总体指标。

阐述各轮次案例的执行情况，具体每轮案例的总数、通过个数和通过率。另外，重要分行的案例执行情况需单独汇总。

阐述开发类的缺陷情况，包括开发类缺陷整体情况、已关闭缺陷遗留问题情况、未关闭缺陷情况、非开发类缺陷情况、测试效率情况和测试环境。其中测试环境需包括阐述测试终端电脑、重点外设和测试管理工具。

(3) 进行测试情况分析。

分析新建系统的业务功能和流程测试情况，主要包括有多少主要业务功能和流程有无测试，测试过程中出现的异常情况及其相应原因。

分析并行期交易测试情况。

分析账务核算测试情况。

分析主要报表测试情况。

分析兼容性测试情况。

(4) 进行投产风险提示及建议，主要体现在以下方面：

对部分未能如期投产，可能影响业务正常开展的功能。

对频繁修改，拟投产版本稳定性不高的程序。

对系统功能及数据移植验证仍存在较多未解决问题，可能在生产环节暴露的部分。

对案例质量不高和测试时间紧张，测试覆盖度不全面，系统友好性较差的部分。

二、测试风险提示

测试项目风险管理是测试监控的重要工作，应尽早识别和解决影响测试效率、质量和成本的主要问题。例如，组织预算削减、需求变更频繁、开发工作延期、测试条件不满足、同行评审不充分等情况，都是测试项目的风险项。对于测试计划中识别记录的项目风险，应对其进行监控，分析影响程度，并及时调整应对策略。

这里打个比方。试想在我们面前有一个天平秤，天平的两个托盘分别是效率和质量。天平秤的游标卡尺刻画的是测试投入和项目风险，一端代表测试投入最大、风险最小，一端代表测试投入最小、风险最大，甚至不测试；而测试的目标就是通过调节游标使得天平保持平衡，即找到效率和质量的平衡点。不同项目的天平初始状态是不一样的，在项目进展过程中，天平还会不断发生变化，测试人员需要随时监控并作出及时分析应对。在测试过程中，测试人员思考的重点并不是怎样根据之前评估的测试大纲把测试案例设计完，怎样把设计的测试案例执行完；而是通过选择或调整适合可行的测试方法，在条件允许的范围内尽可能准确地评估出项目风险，便于项目负责人和其他相关干系人及时掌握项目推进的真实情况，既能做出准确的决策，确保系统又快又好投产，又能形成有效的风险应对措施和应急预案。这其中比较关键的就是在项目建设过程中怎么来动态调节这个游标，换句话说测试计划，包括测试范围、待测测试案例数、测试数据准备等工作都有可能根据最新的情况相应发生变更。尤其是当上游工序延误、测试条件迟迟不具备且投产时间无法延后时，测试人员发现剩余时间条件不允许按原计划执行。通常情况下，此时要进行测试投入和项目风险的重新评估，进行风险可控的方案裁剪，这就是调节游标的过程。以上我们称之为银行业软件测试的“天平秤理论”。

(一) 测试项目相关的风险。

软件测试是软件研发全生命周期中的一个环节，需要在软件研发项目的管理体系内开展工作，同时又根据测试领域的专业要求和测试组织的管理下开展工作。当前银行业务发展较快，效率要求是银行 IT 部门的共同指标，而作为 IT 部门中的一员，测试组织又是追求质量优先，因此，如何平衡效率和质量是测试项目管理中的主旋律，需要灵活运用“天平秤理论”。识别和管理测试项目相关的风险，可以参照普通项目管理理论体系的要求实施，其目的是确保项目成功。比如，参照 PMI PMbook 里面规定的 5

大过程组，44 个管理过程要求，其中对风险管理是有明确要求的，包括理论、方法和工具。各组织可根据项目实际情况进行裁剪，形成每个测试项目的管理方法。但无论怎么裁剪，其中对风险管理是必须明确要求的，必须提前识别，随时监控，及时应对。比如，需求频繁变更，案例评审不足，测试投入受限，系统缺陷过多，缺陷修复不及时等，都可能成为测试工作的潜在风险，造成测试任务完不成。在识别风险后，要评估其发生的概率、影响程度，预设应对方法，并随时监控其发展趋势，及时调整应对策略，确保风险可控。

（二）待测系统相关的风险。

除了测试项目的风险，测试组织更要关注待测系统相关的风险。比如，是否存在质量隐患、用户体验隐患等。当测试时间、人力、测试环境等资源有限时，如何调整测试策略，就像“天平秤理论”提到的那样，要找到效率与质量的平衡点。

【同业实例 17 -3 -2】

某银行测试组织在开展一个对公开户优化项目的用户验收测试过程中进行了风险管理。测试经理制作了这样一个表格，在表中有两列“风险”和“风险应对措施”，记录了测试经理识别、评估和监控风险以及制定应对措施的信息。由于该项目实际需要，测试经理每日更新一次，并发布所有干系人。

表 19 -1 -1

对公开户与签约专项优化项目测试进度反馈表（年 - 月 - 日）											
业务发起/受理渠道	预估案例数	预估所需人数	预估所需末数	测试负责人	案例编写进度	需求变更涉及修改案例数	执行案例百分比	缺陷总数	未解决缺陷数	风险	风险应对措施
手机银行	1100	1.5	13	张三	100.00%	697	0%	11	1	版本不稳定，接口变更较频繁，已解决问题多次复现。影响测试进度。	已于例会上反馈，同时请营运部关注并协调。
										程序受阻节点较多，连通性验证测试不理想，影响测试进度。	提请营运部关注并协调。
										手机银行渠道发起开户，连通性未流转至柜面受理，柜面的连通性测试地无法展开，影响测试进度。	已提建议给开发中心。通过特殊手段，模拟一笔流程流转至柜面的数据，以便展开验证柜面的连通性验证。
微信小程序/公众号	1000	1.5	13	李四	100.00%	612	0%	4	2	版本不确定，接口变更较频繁，已解决问题多次复现，影响测试进度。	已于例会上反馈，同时请营运部关注并协调。

续表

<table>
<tr><th colspan="12">对公开户与签约专项优化项目测试进度反馈表（年－月－日）</th></tr>
<tr><th>业务发起/受理渠道</th><th>预估案例数</th><th>预估所需人数</th><th>预估所需末数</th><th>测试负责人</th><th>案例编写进度</th><th>需求变更涉及修改案例数</th><th>执行案例百分比</th><th>缺陷总数</th><th>未解决缺陷数</th><th>风险</th><th>风险应对措施</th></tr>
<tr><td rowspan="2">微信小程序/公众号</td><td rowspan="2">1000</td><td rowspan="2">1.5</td><td rowspan="2">13</td><td rowspan="2">李四</td><td rowspan="2">100.00%</td><td rowspan="2">612</td><td rowspan="2">0%</td><td rowspan="2">4</td><td rowspan="2">2</td><td>微信小程序渠道发起开户，连通性未流转至柜面受理。柜面的连通性测试无法展开，影响测试进展。</td><td>已提建议给开发中心，通过特殊手段，模拟一笔流程流转至柜面的数据，以便展开验证柜面的连通性。</td></tr>
<tr><td>程序受阻节点较多，连通性验证测试不理想，影响测试进度。</td><td>提请营运部关注并协调。</td></tr>
<tr><td rowspan="2">门户网站</td><td rowspan="2">900</td><td rowspan="2">3</td><td rowspan="2">12</td><td rowspan="2">王五</td><td rowspan="2">100.00%</td><td rowspan="2">280</td><td rowspan="2">0%</td><td rowspan="2">1</td><td rowspan="2">1</td><td>门户渠道发起开户，连通性未流转至柜面受理，柜面的连通性测试无法展开。影响测试进度。</td><td>已提建议给开发中心，通过特殊手段，模拟一笔流程流转至柜面的数据，以便展开验证柜面的连通性。</td></tr>
<tr><td>程序受阻节点较多，连通性验证测试不理想，影响测试进度。</td><td>提请营运部关注并协调。</td></tr>
<tr><td rowspan="2">手持终端</td><td rowspan="2">1600</td><td rowspan="2">3</td><td rowspan="2">14</td><td rowspan="2">赵六</td><td rowspan="2">100.00%</td><td rowspan="2">594</td><td rowspan="2">2.67%</td><td rowspan="2">7</td><td rowspan="2">3</td><td>手机终端渠道发起开户，连通性未流转至柜面受理，柜面的连通性测试无法展开，影响测试进度。</td><td>已提建议给开发中心，通过特殊手段，模拟一笔流程流转至柜面的数据，以便展开验证柜面的连通性。</td></tr>
<tr><td>程序受阻节点较多，连通性验证测试不理想，影响测试进展。</td><td>提请营运部关注并协调。</td></tr>
<tr><td>柜面受理</td><td>1500</td><td>3</td><td>14</td><td>赵六</td><td>100.00%</td><td>499</td><td>0%</td><td>0</td><td>0</td><td></td><td></td></tr>
<tr><td>集中处理</td><td>200</td><td>2</td><td>12</td><td>小七</td><td>100.00%</td><td>49</td><td>0%</td><td>0</td><td>0</td><td></td><td></td></tr>
<tr><td>小计</td><td>6300</td><td>14</td><td></td><td></td><td></td><td>受影响案例数2489条</td><td></td><td></td><td></td><td>为了支持开发人员提高缺陷修复效率，攻坚战期间，调整为不固定打板。以提前15分钟通知测试人员的方式安排打版。在这种方式下，如开发人员未及时准确的告知测试人员变更范围，会对回归测试范围的准确评估造成风险。</td><td>提请各技术部门将每次打版优化内容同步告知测试中心，以便跟进回归验证。</td></tr>
</table>

第十八章　如何管理测试成本和开展服务计价

第一节　为什么要管理测试成本

一、什么是测试成本管理

测试成本管理是指在满足质量、工期等要求的前提下，对测试过程中所发生的费用，通过计划、控制和协调等活动实现预定的成本目标，并尽可能降低成本费用的一种科学的管理活动。测试组织作为非直接营利部门，一般在银行内部被称为成本中心。因此，要制定成本管理制度，对项目的测试成本进行计划和控制。

（一）测试成本

测试成本指的是一个项目交给测试组织进行测试所发生的总费用。如果该组织仅负责用户验收测试的话，那么不包含单元、集成及系统测试所发生的费用。测试成本由直接测试成本和间接测试成本组成。

（二）直接测试成本

直接测试成本是指执行一个项目的测试工作直接消耗的人员费用、设备费用及其他直接用于该项目测试的费用的总和。

（三）间接测试成本

间接测试成本是指该项目的测试工作所花费的间接费用。例如测试工具设计维护费、设备环境管理维护费、人员场地管理费用等，以及测试组织人员为提高测试技能、改进测试管理和提高专业水平进行学习培训和咨询认证所花费的费用等。

一般组织对测试以项目为基本单位进行成本管理，测试费用也将以项目为单位进行分摊。这里所说的项目不仅包括银行业务部门提出的业务发展和管理类项目，也包括技术部门提出的技术类项目，比如操作系统、数据库升级、服务器升级和灾备体系建设等。测试组织的年度预算将以各个项目的年度测试费用预算为基础进行汇总、计算。各个项目的测试成本分为直接测试成本和间接测试成本，直接测试成本由发生测试的相关项目组直接承担；间接测试成本将在年末根据各个项目消耗直接成本的比例来分摊。

二、测试成本管理的主要任务

测试成本的管理一般包括预算、控制和结算三个环节。

（一）编制预算

编制测试费用预算的核心任务是为计划开展的项目评估测试工作量和测算测试费用预算。

1. 明确项目的质量目标，根据测试组织可以提供的测试服务确定测试范围，形成测试任务计划，估算测试任务的工作量，给出测试所需要的时间。

2. 估算所需的人力资源、设备配置和其他资源。

3. 汇总各个项目测试费用预算估算组织级基础建设费用预算最终测算出测试组织的年度预算。

需要注意的是，对于项目质量目标有需要，但测试组织因客观条件限制等原因暂时无法提供测试服务的情况，需要多方进行商议，甚至上级有关领导决策，要么将无法测试的质量目标作为项目风险进行管理，要么引入第三方测试机构进行测试，相关费用同样需要纳入项目的测试费用预算，并进行控制和结算。

（二）执行控制

控制预算执行的核心任务是在测试项目过程中做好费用执行管理，使其合理可控。

1. 在项目启动以后，不断细化质量目标和测试需求，编制测试计划，对测试工作量、参与的人员、所需的设备及其他资源、工作进度等给出详细的计划。

2. 测试启动后，按照测试计划监控测试的执行进度、质量和费用发生情况。在每次测试结束后，依据实际发生的工作量和消耗的资源计算本次测试的直接测试成本。当然考虑到测试前移的因素，前期发生的费用也可计算在内。

3. 对测试费用执行进度已经超出测试计划的项目应及时给出预警，并组织采取有效措施。对测试费用执行进度达不到计划的项目，也要分析原因，加强管理，避免滥用，要将节余分配到更需要的地方。

4. 将测试费用执行情况和原因分析纳入项目过程监控范畴统一管理。

5. 以年度或月份为单位，计算本期各个项目的直接测试成本和分摊的间接测试成本，并进行上报和通报。

（三）结算分析

测试费用结算分析的核心任务是在项目结束后做好项目测试费用的结算和分析工作。

1. 计算项目所有测试相关工作的总体成本。

2. 和预算进行对比分析，是否超过预算，如果超过预算要分析原因。

3. 以书面且规范的形式给出测试成本决算报告。

第二节　怎样估算测试任务的工作量

一、为什么要进行测试工作量的估算

测试工作量估算结果是制订测试计划的基础之一，影响到成本估算和预算的分配，

同时也是测试资源安排、测试过程监控的主要输入。精确地估算工作量不太可能，测试组织需要在已有条件下，利用合适的方法和技术降低工作量估算的误差，以满足不同测试阶段的要求。测试工作量的单位一般采用人年、人月、人天或者人时来表示，由此看出测试的工作量估算由人数和时间两个要素组成。

二、什么是好的测试估算

估算要做到精准很困难，尤其是在项目立项阶段，但如果我们利用估算出的测试资源，在保证测试质量的基础上，按时完成测试内容，说明这时的估算是合适的。因此，我们认为：能够“基于估算的结果，帮助测试人员控制和协调测试过程中的各种活动，使之满足测试范围、测试时间、测试资源和测试质量等方面的要求”的估算就是好的测试估算。

测试成本的估算应该尽早开始，了解项目需求后可以开始进行粗略的估算，随着对系统了解的深入和相关文档的不断完善，在后续阶段可以进行更加精确的估算，对前面的估算结果进行相应的更新和修正。

三、如何进行测试任务的工作量估算

工作量、成本估算一般按照分解和类推的方法进行，下面列举几种常用的估算方法。

1. 直觉和猜测

这种方法下的测试工作量不基于任何标准和原则，而是通过个人经验甚至直觉来进行估算。这种情况普遍存在于刚起步的测试组织，或者项目需求极不明确的阶段。

2. 测试占整个项目工作量的百分比

这个方法的基本前提是测试工作量依赖于整个项目的工作量。首先，项目整体工作量被估算出来，然后使用一些探索性的方法来限制测试的工作量。这种方法基于以前的经验，一般在新项目时使用。对于维护性项目由于系统变更的范围和测试验证的范围不成比例，特别是基于业务流程的用户验收测试，为了保证业务流程的完整性，测试工作量按此方法估算将会有较大的误差，因此需要预留项目总工作量的固定占比给测试。

3. 类比法（经验值法或历史数据法）

类比法是根据以前相似项目（项目性质、领域、规模上有相似）积累的经验或历史数据来估算工作量，估计结果的精确度取决于历史项目数据的完整性和准确度，以及与本项目的类似程度。因此，使用类比法要求对被参考项目建立起较好的项目后评价与分析机制，确保对历史项目的数据分析是可信赖的。一般情况下，采用类比法可以参考以下历史数据：

✓ 在设计和实现阶段花费的时间。

✓ 测试工作的规模，例如用户需求的数量、页面数、功能点数。

✓ 数据样式，例如实体、字段的数量。

✓ 屏幕或字段数量。

✓ 测试对象的规模。

4. 工作分解结构估算法（WBS）

该方法是将测试工作进行分解，尽可能细化，然后分别对各个工作进行时间估算，最终求和得出项目或产品的测试工作量。这种方法的优点是对各个部分的工作量估算准确性高，可以在没有任何历史数据的情况下，凭经验预测各种活动工作量。缺点是如果缺少各项工作的交互信息，可能遗漏某些重要的活动，会导致估值偏低，此时就必须用其他方法进行检验和校正。

5. 团队会议或专家评估法（Delphi 专家法）

在没有历史数据的情况下，使用团队会议或专家评估技术这种方式可以减轻估算的偏差。这种方式鼓励参加者就问题相互讨论，要求有多种相关经验人的参与，互相说服对方。具体的步骤是：

✓ 确定一个估算的协调人，协调人向各专家提供项目规格和估计表格。

✓ 协调人召集小组会各专家讨论与规模相关的因素。

✓ 各专家匿名填写迭代表格。

✓ 协调人整理出一个估计总结，以迭代表的形式返回专家。

✓ 协调人召集小组会，讨论较大的估计差异。

✓ 专家复查估计总结并在迭代表上提交另一个匿名估计。

✓ 重复第四步到第六步，直到达到一个最低和最高估计的一致。

这几种估算方法和策略各有其优点和缺点，测试组织可以根据项目规模大小、是否有历史数据、项目团队的经验是否丰富等实际情况，采用最适当的估算方法或者结合多种方法尽可能对工作量做出相对准确的估算。

第三节　怎样规划年度测试预算

一、为什么需要预算管理

年度预算是测试组织年度测试工作计划的量化，这种量化的意义在于：

（一）预算是计划的数量化

预算不是简单的一个数字，而是一种资源分配，是考虑全年测试资源应如何分配到计划内的项目上，从而保障最重要、核心的项目质量的详细说明。通过编制年度预算可以使测试组织明确下一年度工作目标，以及测试组织价值体现的决策方向。

（二）年度预算是一种控制手段

预算以数量化的方式来体现管理工作的标准，从而对项目过程进行控制，而且贯穿事前、事中和事后。事前控制即通过编制年度预算，测试组织明确了为实现年度工作目标而要确定的工作标准和优先级。事中控制是一种协调、限制差异的行动，发现问题、风险并采取有效措施积极应对，保证预期目标的实现。事后控制可以总结经验，积累数据，为下一年度预算工作奠定基础。

二、测试计划和预算的关系

完成各项目测试成本估算这一过程后，我们就要进行年度预算编制，并将整体测试资源分配到各个项目的测试任务中。预算可以采用两种方法：其一是“自上而下”法，管理者根据自己的经验和判断，直接下达年度预算指标，根据项目规模按照一定的比例分配到各个项目中；其二是“一上一下”法，由各测试项目负责人首先进行预算估计，汇总到组织层面，再由测试组织负责人根据实际的资源总量和项目优先级进行平衡和协调。

年度预算规划是一种战略行为，预算制定必须追本溯源，有根有据。对测试组织来说，测试计划是预算制定的重要依据。测试组织需要对下一年度所有承接的项目的测试计划进行分析。将它们合并汇总，从而得到年度测试计划。

一般来说，年度测试计划包含两部分，项目计划和自建计划。

项目计划包括完成测试工作所需的开支等。其至少包括以下信息：每个项目的质量目标、测试范围、测试时间、测试类型和方法、测试工作量估算、所需资源（硬件、软件和人员）等信息。对于质量目标有要求，但测试组织暂无条件开展的测试工作经评估需外聘测试组织的也需要评估后列入年度预算。

自建计划主要包括人员能力培养经费、环境搭建管理经费、工具平台升级等。自建计划主要用于提升测试组织基础支撑能力、人员专业水平和组织运营成熟度。

三、如何制订年度测试计划和预算

测试计划和预算联系紧密，有了完整的测试计划，通过一些方法，就可转化为预算。制订年度测试计划需要遵循以下步骤：

（一）收集项目计划信息

收集所有正在进行和将要进行的项目信息，需要收集的项目信息包括：

每个项目的质量目标、测试范围和测试时间。

每个项目的测试方案和测试类型。

项目测试过程中包含的各项活动及其对应时间，例如测试需求分析、测试案例设计、自动化测试脚本开发、测试执行、测试报告等。

测试工作量估算。一般根据软件测试规模、以往项目的历史数据等对测试的工作量进行估算。

（二）分析测试资源需求并加入测试计划

在收集了项目的计划信息后，分析项目测试过程中各项活动所需要的资源种类、数量、使用时间，以及获得资源的渠道和方法。资源成本对测试成本有着不可估量的影响，因此要合理地进行资源分配，保证各项活动得到合适的资源，努力实现资源总量少、成本低、使用平衡。测试资源需求和分配计划都应编入测试计划中，如对于硬件、软件和人员等测试资源的描述等：

硬件需求信息包括进行测试所需的设备名称及数量，及何时到位的要求。

软件需求信息包括需要用到的测试管理及测试执行工具的名称、版本及并发用户数要求。

人员计划以职能为单位，以人员技能和级别区分，例如初级测试工程师、中级测试工程师、高级测试工程师；针对每个职能定义时间和人数需求，例如高级测试工程师在 1 月需要 10 名，在 2 月需要 8 名，以此类推。人员计划在满足项目要求的前提下，应尽量保持人员数量要求的平稳，便于人员工作安排。

（三）定义预算结构

要完成预算，需要定义预算结构，也就是预算包含那些类别和预算项。预算结构一旦定义，最好就不要轻易变动，以保持一致性。这样可以便于测试组织进行横向和纵向比较，不但可以和以往的预算记录进行比较，也可以和别的部门进行对比。

预算结构可以根据组织的习惯和实际情况而定，但必须保持分类明确，预算项需要覆盖所有花费但又不能彼此重合。例如：

硬件费用：维护、采购等。

软件费用：维护、采购、开发等。

人员费用：正式员工、外协人员。

运维和行政费用：培训、招聘等。

其他：办公用品、办公室使用、机房租赁、通信费用。

（四）制定年度预算

有了预算结构，只要针对每个预算项给出相应数字，就可以得到年度预算。而这些数字，大多可以通过测试计划获得。

例如，对于测试人员费用，可以将所需测试工作量（比如以“人月”为单位）乘以测试人员单位成本得到；对于设备采购，只要将明年需要的设备减去现在已经有的设备资产，增量部分就是需要采购的设备。

第四节　怎样做好测试成本控制

一、为什么要进行测试成本的控制

成本管理主要是由预算和控制组成的。预算和控制是相辅相成的。没有预算确定的目标，就不可能作出有效的控制；缺乏预算执行中的控制，也达不到预算的目标。

预算编制完成后，下一个核心环节就是预算的执行，通过执行监控、差异分析、考评激励等手段来保障预算目标完成。具体来说，在测试项目进行过程中，对项目实施控制，计算实际成本，及时发现预算执行偏差，主动分析其产生的原因，针对原因自行找出解决问题的措施，并付诸实施，使其按照计划进行。这个过程追求的是“做对的事情”和“把事情做好”，“做对的事情”比“把事情做好”更为重要。

二、如何进行测试成本控制

测试成本控制也可以分为事前控制、事中控制和事后控制。事前控制主要是估算测试成本和制定预算；事中控制包括监控测试实际成本，分析差异原因，及时采取措施，奖惩激励。事后控制是将执行结果与预算进行对比，反映实际与预算的差异，进一步分析差异形成的原因，属于管理方面的应及时解决；属于预算编制本身存在的问题，应重新审查预算标准并进行相应的修订，为以后预算的准确性打下基础。

（一）成本与进度的监控

成本与进度之间的联系非常紧密。成本支出、资金消耗量的大小与进度的快慢、提前或滞后都有直接的关系。有效地进行软件成本、进度管理的关键是监控实际成本与进度的状态，连续监督消耗在项目上的资金量，并与实际工作进度对比，及时分析项目执行的风险预测出测试结束时成本是否超过预算、进度是否落后或提前，结合其他可能发生的变化，采取必要的纠正措施，必要时需要修正或更新测试计划，确保项目质量目标。这种监控必须贯穿于项目的整个过程中。

（二）奖惩激励

在预算执行控制过程中，主要采取月/季度分析考核形式。

预算的考核具有两层意义：一是对预算执行者的考核评价。预算考核是发挥预算约束和激励作用的必要措施，预算考核评价不仅仅局限于财务指标，同样要考虑非财务指标。二是对勤于研究提高测试效率、节约测试成本的方法和技术，并取得成效的管理者要予以奖励。

第五节　怎样进行测试成本分摊

一、为什么需要进行成本分摊

任何服务和产品都是有成本的。测试服务本身应具有成本效益，而对使用测试服务的部门来说，测试服务需要物有所值。

而对银行来说，IT 资源总是有限的，测试资源同样如此。进行成本分摊的目的平衡测试服务供求双方对测试资源利用价值的理解，共同合作将有限的测试资源优先用在更重要的项目，应对程度更高的风险。

测试成本分摊是测试组织按照认定发生的费用，向服务使用者进行成本分配的活动。具体表现在以下几方面。

（一）促使服务使用者合理规划和使用服务

成本分摊可以向服务使用者收回成本，或仅仅提供账单，不管哪种方式，都可以让服务使用者意识到服务不是免费的，是有成本的，进而让使用者更合理地规划和使用测试服务。目前，国内银行较为普遍的情况是由测试组织编制年度测试费用预算，经向预算审批机构报告申请获批后，按计划执行。执行期间和结束后，将实际发生费用按“谁使用、谁承担”的原则进行分摊。当获批的总预算被压降或不足以满足所有测试计划时，测试组织会根据一定的原则将预算额度先分配给测试需求提出部门，要求实施总量控制。需求提出部门可以通过设置项目优先级或压降项目需求来进行控制。当然，对于重大项目，业务由项目责任部门统一申请开发测试费用的做法，单独实施项目预算控制。

（二）统一预算和计费基础

为了进行成本分摊，还必须定义合理的成本模型，并在测试服务使用部门和测试组织之间达成共识。统一的成本模型有助于使用统一的方式进行预算和计费管理。

（三）为节约成本提供依据

测试组织和测试需求提出部门可以对成本进行分析。尤其是服务使用部门，可以根据测试开展情况，将性价比不高的部分识别出来，并进行分析思考，从而为进行成本改进计划提供依据。

二、成本分摊原则

成本分摊的原则包括收益性原则、及时性原则、成本效益性原则、基础性原则、多元性原则。

受益性原则：成本分摊的受益性原则可以概括为两句话，即“谁受益、谁承担”；承担多少，视受益程度而定。这一原则，成本分摊标准能够客观反映服务使用部门获得价值的程度。

及时性原则：指要及时将各项成本费用分摊给服务使用部门，不应将本应在上期或下期分摊的成本费用分摊给本期。不及时分摊成本费用必然会影响到成本的及时计算和计算结果的准确性，也必然会影响成本信息的质量，造成管理决策的失误。

成本效益性原则：成本分摊也要讲究成本效益比，即成本分摊本身也是有成本的，

基础性原则：成本分摊要以完整的、准确的原始记录为依据，不能凭主观臆断乱分配，更不能故意搞乱成本分摊秩序，制造虚假成本信息。如果各项基础工作做不好，必然使成本分摊工作陷入被动局面。

多元性原则：成本分摊的标准、方法和目的都是多元的，因此在进行成本分摊时，要灵活地加以应用，不能固定不变地采用一个分配标准或一种分配方法。成本分摊遵循多元性原则，根据实际情况才能逐步科学化，才能更好地发挥其应有的作用。

三、成本分摊的步骤

实施成本分摊可分成两个步骤：第一步是确认成本分摊项，第二步是成本分摊。

（一）确定成本分摊项

要进行成本分摊，最重要的是确定成本分摊项，即哪些成本需要被分摊。成本分

摊项必须是易于理解的，便于进行沟通。例如，外协人员工作量单位（人月）就是一个合理的分摊项，也便于项目组合理安排资源，控制成本。当然，成本分摊项如果能尽可能符合业务视角，更接近交付物的计量单位，对于服务使用部门来说会更容易接受。例如，完成的测试案例数也可以作为分摊项，而测试案例数相对测试人员数量来说，就是一种更接近交付物的计量单位的分摊项。

使用外协人员工作量作为分摊项时，则：

✓ 测试组织承担较小的管理风险。

✓ 测试服务使用部门承担测试人员产出率的管理工作。

✓ 测试服务使用部门计算成本时并不是非常直观。

✓ 测试服务使用部门对测试人员工作安排有更大支配权。

如果将案例数作为分摊项，则：

✓ 测试组织承受更多管理压力，来保证测试产出率。

✓ 测试组织对于成本分析要求更高，在考虑案例执行的人员要求时，也要考虑其他资源的配合使用。

✓ 测试团队对于人员管理比较灵活，有更大自主权。

✓ 测试服务使用部门更关注项目中测试执行效果。

（二）成本分摊

成本分摊并不一定会产生费用的支付，但成本分摊信息，也就是账单一定需要提供给客户，使客户明确意识到自己使用了多少资源和服务，产生了多少费用。

分摊的具体步骤可以再细化为直接分摊、二次分摊和均摊。

1. 直接分摊

直接分摊就是将可以明确的直接成本按“谁提出，谁承担”的原则根据分摊项分摊给测试服务使用部门。既可以分摊到项目上，再汇总到项目发起部门，也可以直接分摊给测试服务部门。

2. 二次分摊（间接分摊）

测试组织内部的服务支持团队，如环境管理、工具研发、商务行政等，为直接对外提供测试服务的团队进行服务支持，其产生的成本可以先分摊到这些对外直接提供测试服务的团队，再按照直接分摊的办法分摊到测试服务使用部门。不断重复此步骤，直到将所有明确服务对象的成本全部分摊完毕为止。

3. 均摊

对于仍无法分摊的成本，如培训、工具升级、薪酬等，可以作为测试组织的管理成本，按照上述两个步骤中分摊给测试服务部门总成本的比例进行分摊，直到测试组织将所有产生的费用全部分摊完毕。

第六节　怎样进行服务计价

一、为什么需要进行服务计价

（一）什么是服务计价

服务计价实际上是会计学的概念，指的是企业在取得各项资产时付出的采购成本、加工成本以及达到目前场所和状态所发生的其他成本。我们这里说的服务计价，是关于测试组织在对业务部门提供测试服务时，该如何准确计算成本以及合理地报价。

以往IT部门都是通过预算申请的方式，定期向上级部门申请费用来支付人员工资、采购软硬件、房租、水电等成本。随着IT行业发展模式的转变，现在有些公司的IT部门开始考虑以“成本中心”逐步转变为“零成本中心”，甚至成为“中心”。银行的IT也开始走向公司化道路，从兴业银行到招商银行再到建设银行，甚至工商银行都成立了金融科技公司。因此这一节是在这个背景下探索当测试组织也随之一起成为公司化的一部分，可能转变不再通过申请预算的方式来获得费用，而是将部门的工作转化为服务目录并定价，业务部门与测试组织商议明确质量目标，测试服务级别和内容，双方签订服务协议，明确服务费用预算。该预算是由业务部门在项目立项时统筹规划，统一申请到位，并划拨给测试组织的。

（二）为什么要实施服务计价

通过实施服务计价，IT部门可以根据业务部门的服务订单，准确地知道部门要做的事情以及需要花费的成本。举个简单的例子，就像我们去饭店吃饭，肯定需要拿菜单点菜，菜单就是“服务目录”。菜单上一般有如下内容：菜名、菜价，我们可以明确地知道，我们能够吃到什么菜，这些菜是什么价格，吃多少能吃饱。同样，业务部门通过IT部门的服务目录，就可以知道他们能够得到什么样的服务和价格，从而达到业务目标。通常情况下，IT部门实施服务计价的方式，目的并不是盈利，而是使有效的资源用在刀刃上从而提供更优秀和更高效的服务，推动技术创新和行业发展。IT部门收回的费用除了覆盖已发生成本外，还可以用来培训人员技能、升级软硬件，或者直接通过返回给业务部门。

二、怎么实施服务计价

（一）服务计价包含哪些内容

1. 服务目录

服务计价的核心内容是服务目录，就是测试组织能够对外提供的服务类型，使业务部门通过服务目录就能知道他们有什么服务可以选择。服务目录通常要包含服务的类型、服务项、服务子项以及服务活动。

服务类型表示服务不同类型的区分，比如基础测试服务和高级测试服务，属于两种测试类型，这也往往用来区分测试服务的优先级。服务项表示属于该服务类型下具体的服务内容，业务部门选择基础测试服务类型，就进入了该服务类型的服务条目，例如功能测试、性能测试服务等。服务子项描述的是服务项下的具体实施条目，比如功能测试服务项下的需求分析、测试案例编写等服务子项。服务活动是服务子项细分的产物，但并不是每个服务子项都会存在相应的服务活动，例如测试案例编写服务子项可以分为两个服务活动，手工测试案例编写和自动化测试案例编写服务活动。

2. 服务角色

既然对外提供服务，那么必须有相应的服务人员，告诉业务部门谁在提供服务，谁在负责这项服务，有问题可以找谁。服务角色描述的是服务目录对应的负责人和岗位。

3. 服务级别

服务级别描述的是服务目录的优先级，服务目录里的服务项，都应该有对应的级别。测试组织可以通过设置服务项的级别，推动某些服务的应用和发展。例如自动化测试由于效率高、成本小。测试组织想重点推荐业务部门使用该项服务，就可以设置该服务项为高优先级，通过收费低、响应时间短等方式，引导业务部门使用该项服务。

4. 服务有效期

每个服务项都有相应的生命周期，当某服务项由于技术业务的发展或者基于其他原因，不再符合外部的需求，就可以淘汰该服务项并将其从服务目录中撤下。

5. 服务响应时间

服务响应时间描述的是业务部门从发起服务请求到 IT 部门响应请求，开始提供服务的时间。服务响应时间越短，表示服务越高效。

6. 成本模型

成本模型指的是服务实施需花费的服务成本和运营成本。成本通常包括服务成本和运营成本，服务成本是指实施该服务项需花费的人力成本、软硬件成本等直接相关的成本；运营成本是指管理成本、房租水电等非直接相关的成本。

7. 服务申请方式

服务申请方式表述的是测试组织通过何种途径，将服务目录展现给业务部门，业务部门通过何种途径，申请相关服务。

8. 计价单位

计价单位指的是服务内容如何收费。比如测试组织为业务部门安装一个操作系统，收费为一百元人民币，这一百元人民币就是计价单位。当然，具体服务的类型不同，相应的计价单位也有区别，比如测试组织为业务部门提供功能测试服务，可以按照每个测试案例来进行收费。测试组织在衡量计价单位时，需要同业务部门进行协商，在获得业务部门认可的前提下，才能实施计价单位。

9. 服务绩效

服务也是一种商品，客户有权对服务的质量进行评价。IT 部门内部也需要对提供的服务质量进行跟踪和考核，确保客户的满意度。服务绩效可以分为外部绩效和内部绩效，外部绩效是针对客户而言，例如服务的响应时间是否及时、服务结果是否满足用户需求、服务时间是否超时等。内部绩效是指实施过程是否达到规定要求、实施成本是否超支等。

10. 服务流程

服务流程，其实就是服务生命周期管理，通常有服务设计流程、服务转化流程以及服务运营流程三大类。服务设计流程包含服务目录管理、服务级别管理、能力管理、可用性管理等几项内容；服务转化流程包含转化计划和转化流程、服务验证和测试、变更管理等几项内容；服务运营流程包含问题管理、突发事件管理、访问管理等几项内容。以上三大流程，是根据 ITIL V3 的内容进行设计的。

（二）如何实施成本计价

之前的章节中也提到过，IT 部门的经费以前都是通过预算申请方式得到的，而在公司化的 IT 部门中，实施的则是“0” IT。所谓“0” IT，就是 IT 部门费用预算为 0、IT 项目投资预算为 0、IT 系统运营费用为 0，“0” IT 预期目的是降低每用户 IT 支出值、降低 IT 占企业营收比值、提高 IT 支持用户比值。“0” IT 的意义在于以价值管理为中心，能够准确度量 IT 价值，能够促使 IT 资源有效投入和合理使用得以双向约束；提升 IT 与业务间的契合匹配度；促使 IT 部门从对技术的关注，转向对客户、对业务、对服务和价值的关注；推动建立 IT 可持续发展的良性循环通道。

那么成本计价该如何实施呢？具体有哪些步骤？

1. 建立服务目录

通常情况下，可采用服务目录方式进行成本计价。创建和维护服务目录是个复杂的工程，首先需要将测试组织的工作转化为服务清单，列出服务项，并确定哪些服务项是业务部门需要的，哪些是测试组织自身运营需要的，然后根据服务项的性质进行区分和归类，形成服务类型，如功能测试服务、性能测试服务等。服务类型和服务项或者服务子项，形成了服务目录的雏形。

2. 进行服务设计

接着比较关键的步骤就是服务设计。测试组织在做服务设计时，需要考虑解决方案、管理工具、技术架构和管理流程、测量监控的系统、方法和指标等多个因素，这些因素构成了服务目录的骨骼。解决方案和技术架构描述的是服务项的总体工作思路和解决办法，是完成客户服务需求的技术指导原则和框架；既然有服务，则必然有相应的管理支持系统，管理工具是服务申请、处理等服务过程的支撑系统以及其他支持和管理系统的总称。

3. 核算服务成本模型

服务成本模型反映 IT 服务成本和收入情况。只有准确地计算成本，才能确定服务的价格。首先，需要统计构成服务成本的要素，例如资产投入、研发成本、运营成本等。再将各项成本分摊到各服务项中去，确立计价单位，形成服务价格。在服务目录的运营过程中，跟踪统计服务收入，得到长期营收损益，测试组织根据损益报表，可以确定是否需要调整服务价格、资产/费用投入情况等。当然，服务成本的计算牵涉到很多方面，但基本原理相对比较简单，一般采用比例系数来进行成本归集；服务收入也是同样的道理，归集各服务项的内部销售价格来计算服务收入。

4. 创建服务型业务模式

创建成本计价模式的测试服务，需要转变传统的业务模式，需要建立匹配服务型测试的业务新模式，建立基于客户端到端的、按服务交付过程的、细分客户和细分服务线的组织体系；建立基于按客户、按服务匹配资源的岗位和责任；基于 ITIL V3 建立服务生命周期管理（见图 18－6－1、图 18－6－2）。

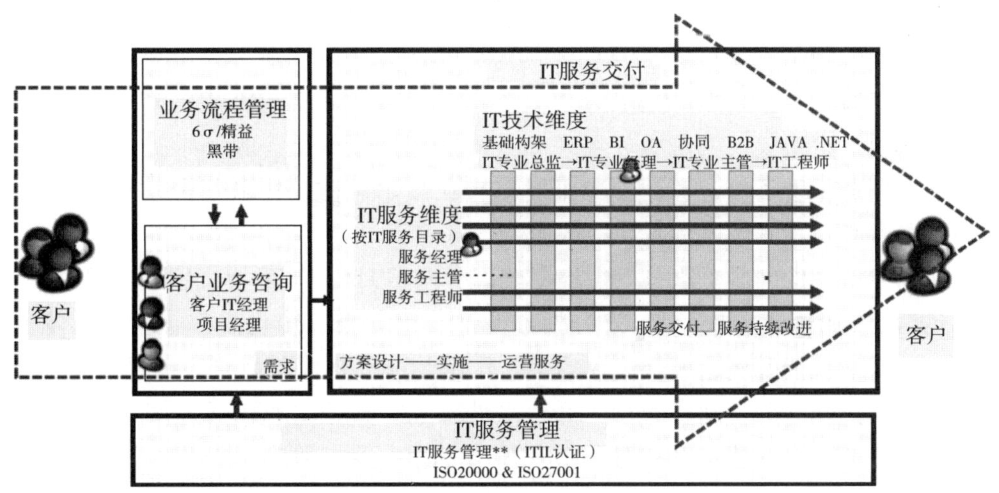

图 18－6－1

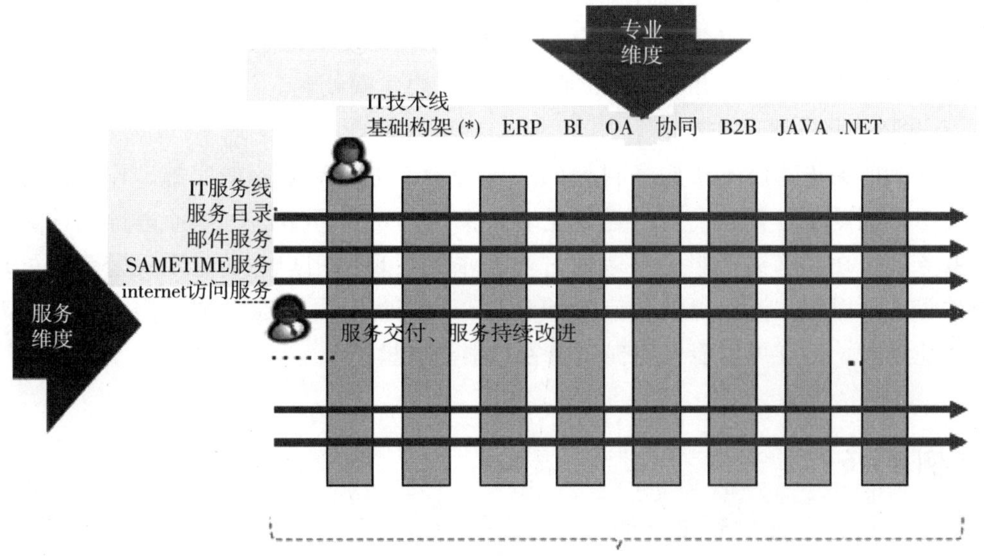

图 18－6－2

首先需要改变的是组织体系。根据测试服务交付过程，按服务目录形成矩阵式管理的组织形式，通常情况下，在整个矩阵式的管理体系中，会设立服务经理、技术经理、项目经理等角色。服务经理负责具体产品线的服务交付、持续改进等服务管理工作、负责与用户沟通管理工作；技术经理负责总体技术体系架构及解决方案的管理、负责专业技术领域的技术管理和交付工作；项目经理则通常由测试服务使用部门的项目协调人，或测试组织安排测试管理团队的专人来担当。如图 18－6－2 所示，邮件服务是一个服务项，隶属于服务目录，那么分配一个服务经理来负责这个服务项，当客户购买邮件服务时，则由该服务经理负责与客户沟通、受理、交付该邮件服务；为了交付邮件服务，需要牵涉到各个技术条线的工作，例如基础架构、OA、JAVA 等，这就需要技术经理来负责解决方案设计、搭建技术架构等工作，将各技术条线的工作分配给相应的工程师来完成。项目经理则是与服务经理进行沟通，提出需求并跟踪、监控整个服务交付过程。当然，这里只是简单介绍了服务目录矩阵式的管理模式，服务维护和技术维度也不仅仅就是服务经理和技术经理两个岗位，服务维护一般还会存在服务总监、服务主管等角色，而技术维度也存在技术总监、技术主管以及技术工程师等角色，各种角色在其维度都有相应的职责，这里不再一一介绍。

其次需要考虑的问题是服务生命周期管理，按照 ITIL V3 的模式，服务目录从设计到退出运营是一个完整的过程，分为服务设计流程、服务转化流程、服务运营流程。从字面上，我们就能看出这三个流程的主要作用。这里要重点关注的是服务运营流程，需要着重设计访问管理、问题管理、后台事件管理等典型的 ITIL 流程。服务转化流程需要注重的则是服务的评估和验证，确保服务的可行性。同时，既然是服务的生命周期管理，必然还有服务持续改进流程，包括服务度量、服务报告、服务改进等内容。

5. 设计服务流程

上述三个流程每一项服务流程都是一个大的概念和系统，分别是由多项子流程组成。之前也提到过，例如服务运营过程有访问管理、突发事件管理等子流程。子流程的设计需要根据实际的需求和环境来进行，并不需要生搬硬套。

6. 建设测试服务管理平台

我们提到的关于建设基于服务目录的成本计价，最终都要落地实施，作为流程和方案的支撑，测试服务管理平台的建设是非常关键的一个环节。例如业务部门购买服务通过业务系统在线购买；服务目录通过业务系统展现给用户；通过系统登记、处理突出事件等，所以三大流程以及相应的子流程，我们都是可以通过测试服务管理平台进行电子化处理，这样可以显著地提高服务效率和质量。

【同业实例 18－6－1】

某公司是以服务价值管理为核心的“成本中心制”部门，为充分体现 IT 价值，某公司 IT 从 2002 年起从运营模式、方法、流程、组织架构以及支撑系统五大方面进行全盘梳理和整合，逐步转型为以服务目录为基础的服务型IT。该部门于2008年起实现IT零成本，即以服务收入支撑IT部门的运营和发展，保持每用户IT支出不增长，IT效能持续增长，IT对公司运营和战略支撑能力持续增长。在服务型IT运营模式的支撑下，某公司IT部门仅需170名员工，即可为分布在全国各地的17000名集团员工提供高质效的IT服务，并保持90%以上用户满意度。

由职能型IT成功转型为服务型IT的IT，如今正在积极探索利用云技术等先进技术和理念，努力向战略性IT转型（见图18－6－3）。

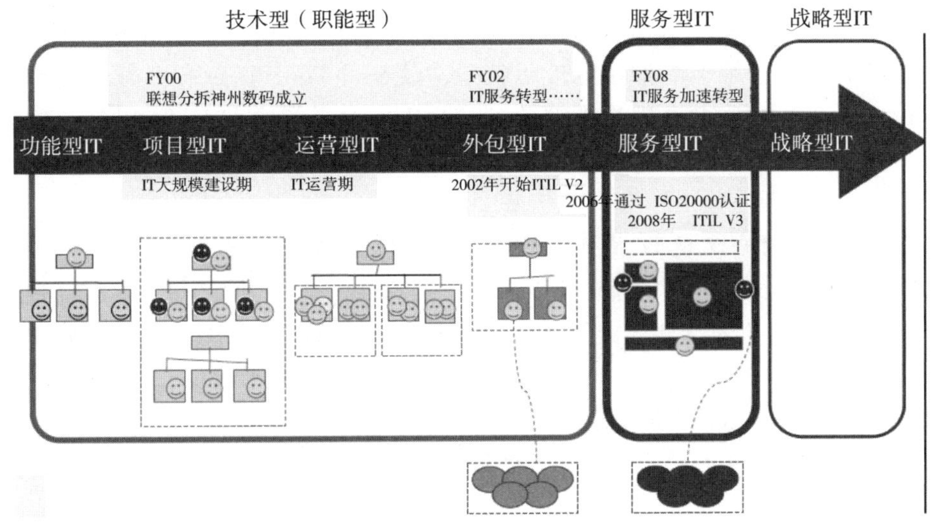

图18－6－3

（一）服务型模式

1. 建立面向用户的IT服务目录。

2000年该公司从联想拆分后开始IT大规模建设，其IT部门的运营模式与银行IT条线有些类似。IT部门的主要职责是根据业务部门提出的需求建设新系统，随着新系统的不断投产，系统运维工作急剧攀升，IT成本也随之攀升。为了实现盈亏平衡和IT成本最优化配置，该公司在2002年开始启动IT服务目录设计工作，以期建立面向用户的服务计价体系。

该公司的IT服务目录现已纳入48个服务项，涵盖该公司IT为所有业务部门提供的全部服务内容以及相关服务价格，实现了IT开放化和透明化。

业务部门作为服务目录的“消费者”，需根据自身的资金富余程度，在IT服务目录中按需“购买”服务；该公司IT作为服务目录的“生产者”，在服务设计时需综合多方面考虑用户需求，充分发挥IT价值，才能设计出“畅销”且“质量稳定”的服务。业务部门和IT部门通过IT服务目录良好互动，助推IT服务持续改进以及IT效益最大化。

2. 构建以IT服务价值管理为核心的成本管理体系。

该公司IT是以成本中心制运作的IT部门，IT服务的收入主要用于IT服务成本的支出以及支撑企业发展战略的项目费用。其以精细化、透明化、体系化的成本管理方法，实现IT成本的最优配置。

首先，该公司IT通过基于IT服务成本估算模型，综合相关服务成本、服务收入、费用投资、资产投资、长期损益等多维因素的全成本核算，精确核算服务成本，夯实成本管理基础。

其次，该公司IT充分利用价格和管理手段，引导IT需求合理化。其内部计价分为成本价、管理价（高于服务成本价）和创新体验价（低于服务成本价）。常规服务一般采用成本价，对于不推荐运用的服务，该公司IT一般会采用高于成本价的管理价，由此约束和引导用户尽量减少采用；对于一些新近主推的IT服务，通常会采用远低于服务成本价甚至是免费的创新体验价，引导用户使用，推动IT服务不断推陈出新。

业务化的成本管理实现IT价值的释放，推动IT业务的可持续发展。

（二）方法、流程及系统支撑

该公司IT的服务流程体系是基于ITIL V3和6sigema等体系方法上，梳理形成了158个标准化流程，形成企业IT服务管理的流程体系，并基于该流程体系建设了IT服务管理支撑系统ITss。IT服务目录中的所有服务均需遵循整体服务流程体系，构建标准化、专业化且质量稳定的IT服务，为IT效能持续提升，零成本IT的实施夯实了基础。

（三）组织架构

该公司IT部门的组织架构是基于客户的，按服务交付过程细分客户、细分服务线的组织体系。每项IT服务、每个用户均有指定的项目组负责，项目经理负责需求及与用户的咨询、沟通和交付，服务的成本和质量直接影响项目组绩效考核。由此形成对外服务的高效的组织架构。

第七节　银行测试如何做得更“经济”

信息化建设从辅助业务、实现业务到驱动业务，早已成为银行的核心竞争力。为了保证信息化建设过程质量，确保产品和服务满意度，银行测试逐步受到重视，进入了快速发展期，其投入也随之逐年增长。其实从投入产出的角度来讲，测试是成本和回报的博弈，两者并非是永恒的线性增长关系。目前大部分商业银行已跨越投入回报趋于线性变化的初级阶段，迈进了边际效益递减的成熟阶段。如何使得银行测试更加“经济”，已成为当前从业人员重点研究的课题。

一、什么是银行测试的“经济学”研究

在经济学中，投入产出比是用来评价经济效果的重要指标。如果用I表示为投资总

额，IN 表示为产出总和，其计算公式可以表示为 R = I/IN。该值越小，表明经济效果越好。在测试过程中，“投入”可以是开展测试活动所需人力、时间和环境等资源的成本，“产出”可以是通过测试解决缺陷、降低风险等手段最终提高的软件质量。因此，也可以通过分析投入产出之间的关系，来评价银行测试的经济效果。

二、银行测试为什么要进行“经济学”研究

近几年，新科技在金融领域的应用呈井喷式发展，人工智能、大数据、区块链、物联网、云计算等技术方法的广泛应用，引领了银行产品创新发展的新方向、新思路，也使得银行科技底层架构调整和开发新型产品的需求层出不穷。不断增长的需求、成本约束以及质量提升之间的矛盾日益突出。如果一味控制测试方面的投入，可能不足以及时识别和有效应对因软件缺陷造成的系统风险；如果一味追求质量保证和控制，则可能造成项目工期延误、成本失控，甚至高于系统所能带来的效益。那么该如何平衡需求、成本和质量之间的关系，发挥测试资源的最大效益呢？银行测试的“经济学”研究就是要利用经济学的理论知识，从测试过程中的投入产出入手，从而分析研究解决问题的有效举措。

三、“经济学”研究应用在银行测试的最佳实践

（一）适度测试

1. 适度测试的理论意义

测试规划阶段，设计者经常会纠结于人员、时间和环境资源有限，无法确保每个测试需求都能按期做到全量覆盖，需要合理分配有限资源，有所取舍，从而最大程度确保测试质量，也就是做到适度测试。

目前行业内普遍采用的适度测试实践有三种。一是基于经验的选择。由经验丰富的测试人员分析测试需求，根据发现缺陷的可能性程度确定测试的优先级别和资源需求，从而根据现有的资源现状缩小测试范围。这种方法多用于有历史数据积累和经验参考的项目。二是基于对本期开发变更可能影响业务范围的评估。这种方法在实施前，一般都建立了一套比较完备的“系统功能、接口与业务需求对应关系图”，根据开发人员修改变动的部分来分析评估可能影响到的业务范围，重点对这些业务范围进行测试。这种方法多应用于系统较为成熟的升级优化项目。三是基于缺陷预测。首先需要分析可能影响缺陷数量的各项因素，然后根据以往积累的数据，将各项影响因素与缺陷数量之间的关系建立数学模型。在新项目测试过程中，可将各项影响因素的现时数据导入模型，形成对缺陷数量的趋势分析。当缺陷出现明显收敛时，便可结束测试，从而避免造成资源浪费。这种方法多用于有大量数据积累的项目。

2. 适度测试的经济学意义

理论上来说，适度测试缩小了测试的范围，也设置了衡量测试结束的标准，应该是一种经济的方法。从经济学的角度来分析，假设某测试需求有 n 个测试功能点，每

个功能点的执行案例数分别为 PC_1，PC_2，…，PC_n，发现的缺陷数分别为 D_1，D_2，…，D_n，其投入产出比 R 就可以表示为 $R=\frac{PC_1+PC_2+\cdots+PC_n}{D_1+D_2+\cdots+D_n}$。根据前面提到的适度测试方法，更有针对性地选择 i 个功能点进行测试，公式可调整为 $R'=\frac{PC_1+PC_2+\cdots+PC_i}{D_1+D_2+\cdots+D_i}$。由于选择的功能点为关键功能点，可以覆盖绝大部分的缺陷，因此分母 $D_1+D_2+\cdots+D_i$ 并没有明显减小，而分子执行案例数 $PC_1+PC_2+\cdots+PC_i$ 则明显减少，因此 $R'<R$，投入产出比变小，由此表明经济效果更好。

3. 适度测试的风险和应对方法

适度测试的确起到了经济的效果，但选择的测试范围是否能够发现绝大多数的重大缺陷，确保测试质量，是一个潜在的风险点。相比之下，基于经验的适度测试完全取决于测试人员的个人能力，风险较高，可应用于探索性测试；另外两种方法则需要充分的积累，如果能不断完善优化“系统功能、接口与业务需求对应关系图”和数学模型，风险将能得到有效控制。

（二）众测

1. 众测的理论意义

众测是通过变革测试主体和统筹方法来提升测试效益的一种尝试。该模式利用众包的形式快速拓展测试人员属性族群，特别针对兼容性、用户体验等测试需求。当然，银行业出于信息安全的考虑，主要还是“内主外辅”，即由业务部门或分行用户参与测试，少数任务也有尝试通过外部机构组织公众用户来完成。

对银行测试来说，常规性的功能、非功能测试仍是主要测试方式，众测的价值则主要体现在：一是发现常规测试人员不能发现的问题。因为常规测试人员已经存在一定的思维定式，很难完全站在用户的角度进行体验测试，或者难以全面考虑所有的用户场景；二是特殊的激励机制能够进一步挖掘测试人员潜力。众测一般采取对测试任务和发现缺陷分别计费的方式，而且不重复支付，因此能够鼓励参与人员积极抢单，“千方百计”第一个发现缺陷，使得参与者更愿意发挥主观能动性。

2. 众测的经济学意义

常规测试方法，假设 P 为测试人员单位工作量的费用，M_1、M_2 为测试花费的工作量，D_1、D_2 为发现的缺陷数，则投入产出比 $R=\frac{P\times M_1+P\times M_2}{D_1+D_2}$。若在进行常规测试的同时，部分任务采用众测模式，即 M_2 的工作量由众测替代。假设常规测试部分，众测任务的奖励费用一般为测试任务数 J_2 乘以奖励单价 P_j，再加上发现缺陷数 D_2 乘以奖励单价 P_d，则投入产出比为 $R'=\frac{P\times M_1+(P_j\times J_2+P_d\times D_2)}{D_1+D_2}$。常规测试时，$M_2$ 以人月来进行衡量，P 是已经确定好的人月单价，也就是说测试人员的费用由服务的时间来决定，但在这段时间内，测试的产出会受到环境、版本等各种因素的影响，P 并没有“物尽其用”。如果采用众测的模式，总花费是由 J_2 和 D_2 共同决定的，也就是说“多干多得”“优者多得”。因此同样的任务，采用众测模式时可以使得花费尽量少，发现的缺陷却更多。从公式来看，分子中的 $P_j \times J_2 + P_d \times D_2$ 减小，分母中的 D_2 增大，因此 $R' < R$，投入产出比变小，由此表明经济效果更好。

3. 众测面临的风险和应对方法

众测作为一种新型的测试模式，对银行测试有一定的帮助作用，但众测并不是万能的，如众测人员缺乏统一管理，水平也参差不齐，对于重要系统的测试并不适合；另外，如果安排了不恰当的测试任务，很可能造成测试成本失控，众测成本远远大于常规测试成本，从而丧失它本身的优势。因此，目前众测模式多用于用户体验测试和兼容性测试。若想进一步推广众测，则需要在加强众测管理的同时，平衡好常规测试和众测之间的关系，真正实现“花小钱，办大事”的目标。

（三）自动化测试

1. 自动化测试的理论意义

自动化测试其实由来已久，为了改善传统测试依靠“人海战术”的模式，银行测试人员一直在研究利用自动化的方式提高测试效率。从最早的“录制回放”模式，到数据驱动的自动化测试模式，再到基于“关键字”的自然语言自动化框架，自动化测试在测试人不懈地钻研中飞速发展。无论采用哪种方式，主要的目的就是要提高测试执行效率，缩短软件交付周期，完成人工测试无法完成的测试任务。

2. 自动化测试的经济学意义

自动化测试的投入成本包括前期的建设成本（C_1），即自动化测试框架平台开发、测试设备准备、脚本编写等方面的花费，测试过程中脚本维护的成本（C_2），以及运行成本（C_3），其产出包括常规测试缺陷（D_1）和回归测试缺陷（D'_2），N' 为自动化测试的轮次，因此投入产出比 $R' = \frac{C_1 + (C_2 + C_3) \times N'}{D_1 + D'_2}$。如果采取手工测试，投入主要为人力成本（$C$），$N$ 为手工测试轮次，则投入产出比 $R = \frac{C \times N}{D_1 + D_2}$。由此可见，自动化测试前期建设成本较高，在短期内优势难以体现，甚至成本高于手工测试，只有自动化测试脚本不断被重复使用，即 $N = N'$ 越来越大，而每次脚本维护变动较少时，$C_2 + C_3$ 小于 C 且趋于 0，才能使得 $C_1 + (C_2 + C_3) \times N'$ 远小于 $C \times N$。另一方面，在同一个测试周期中，由于自动化测试效率远高于手工测试，N' 远大于 N，如果采用自动化测试进行回归测试，则可以有效扩大回归测试范围，提高缺陷产值，即 $D'_2 > D_2$。从而使得 $R' < R$，经济效果更好。

3. 自动化测试面临的风险和应对方法

一是自动化测试前期建设成本普遍较高，因此自动化测试的经济效益在短期内并不明显，只有长期使用才能体现出更大价值。二是自动化测试实施期间，同样存在较高的脚本维护投入，对于待测系统更新较快、变动较大的项目，也需要慎重考虑。当然，新科技的应用会给自动化测试的发展带来哪些新的契机，也可拭目以待。

（四）“实习生计划”

1. “实习生计划”的理论意义

目前绝大多数银行都会使用外协人员参与测试。这些银行会普遍性地遇到两个难题。一是较高的外协人员流失率造成难以降低的人员招聘和培训成本。二是外协人员的服务年限和级别逐年增长，存量人员的费用成本同样年年攀升。“实习生计划”是近几年在银行业测试梯队建设方面出现的一种创新。这种创新是通过银行、外协公司和高校的三方合作，招收大四学生作为实习生，到银行实际测试岗位开展实习，并签订“三方协议”；然后将通过实习具备合格能力的应届毕业生补充到正式测试组织，以填补人员流失缺口和替换高成本测试人员的方式。该计划让银行能够主动地控制测试外协人力成本。

2. “实习生计划”的经济学意义

假设 M 为测试工作量（人月），如果不使用实习生时平均人员单价为 P，D 为发现缺陷数，C 为人员流失成本，则投入产出比 $R=\frac{P\times M+C}{D}$。采用“实习生计划”后，实习期间银行需要投入基础设施成本（C'），优秀实习生留用成为正式外协人员后，P' 为平均人月单价，则投入产出比 $R'=\frac{C'+P'\times M}{D}$。表面上采用“实习生计划”增加了基础设施成本，但“实习生计划”形成了一个可持续的人员培养机制，短时间来看，实习期已经培养过的人员可以很快进入工作状态，也摆脱了招不到合适人员的困境，可以有效弥补人员流失成本 C；长时间来看，随着时间的推移，高成本的存量人员逐步被这些人员所替代，从而使得外协人员整体的平均单价降低，即 $P'<P$，当留用人员的人数达到一定比例，使得 $C'+P'\times M<P\times M$，采用“实习生计划”后的投入产出比将远小于不使用实习生的投入产出比，即 $R'<R$，投入产出比变小，由此表明经济效果更好。

3. “实习生计划”面临的风险和应对方法

“实习生计划”促使银行、外包服务供应商和实习生达到了三赢的效果，但也存在一定的风险。其关键点在于：一是要合理估算每期招收实习生的数量和实习周期，二是要在实习期间完善培养方案，确保较高的毕业入职转换率。因此，实施该计划的相关方还需要不断磨合和积极探索。

总的来看，银行测试对银行信息化建设的作用还是十分关键的。为了把好“最后一道关”，银行测试从业人员始终严阵以待，不敢松懈。随着新科技的不断引入，银行测试也将面临更严峻的考验。但不管怎样发展创新，高效的“投入产出”应该是银行测试从业人员和管理者永恒的追求。以上这些最佳实践仅仅是“经济学”研究应用在该领域的前期尝试，希望圈内同仁能共同探讨、研究和实践，寻求更多更好的方法来推动银行测试的进一步发展。

第十九章　如何归档测试资产

第一节　怎样建立和维护测试资产

一、什么是测试资产

在整个软件生命周期内，与测试相关的文档、数据、脚本等，都可以视为测试资产，比如测试案例、测试脚本、测试数据等。

测试资产的种类非常丰富，那么是不是所有的测试过程文档和结果文档都可以视为测试资产？我们如何进行区别分辨？首先，测试资产必须是要有意义的，并且是可以重复利用的，能够为将来的测试工作提供指导和帮助，从而提高测试工作的效率，节约测试成本。其次，测试资产必须是可存储、可查询、可共享的，而不是以信息孤岛方式存在的。但测试资产也不是无限制地存储，不被使用的测试资产应该存档或者被清除。

目前行业内对于测试资产的分类还没有明确的定义，通常情况下，测试资产分散在三个阶段以内，分别是测试初期阶段、测试过程阶段、测试收尾阶段。从测试资产的属性来看，基本可以分为测试规划类资产、测试产出类资产、测试配置类资产、软件工具类资产四种测试资产类型。其中测试规划类资产包括需求文档、测试计划、测试方案等；测试产出类资产包括测试案例、测试数据、测试脚本等；测试配置类资产包括工作指南、模板、网络访问、权限配置等；软件工具类资产包括测试中涉及的工具、平台等。也就是说，从测试初期的需求说明文档到测试收尾阶段的操作手册，都属于测试资产的范畴。

二、为什么要建立和维护测试资产

前面章节阐述了测试资产的范围和类型，那么为什么要建立和维护测试资产库呢？建立和维护测试资产有什么作用吗？

首先，测试资产是测试工作过程中的产出，是项目的工作成果。收集和保存测试资产是对劳动成果的重要保护措施，通过测试资产库，可以查询到测试相关的文档、数据等资料，为其他项目提供参考和帮助。

其次，建立测试资产库是测试资产复用的重要前提条件，由于测试资产的类型多样，并且分布在各个测试阶段，所以导致测试资产零碎且分散，容易丢失，而且不便于查询和使用。如果不建立统一的测试资产库，就无法有效地收集和利用测试资产。当然，有时追溯生产问题根源也会参考测试资产，用于回顾测试过程。

总而言之，测试资产库的建立有助于保护测试项目的劳动成果，通过统一的途径收集和整理测试资产，既便于回溯本次项目的测试过程，又可以为其他项目提供参考和帮助，是测试资产复用的前提和保障。同时，测试资产必须及时更新，为了保障测试资产的质量，将新的测试资产入库、更新经过改动的测试资产，使测试资产库在任何时候都处于最新和有效状态。

三、如何有效管理测试资产

测试资产的管理，重点在于如何获得、存储和利用，还要不断维护更新。大多数成熟的测试组织都会为此制定各种策略。测试资产的获得来源于测试全过程，它们按特定的方式存储，为后期复用或检查提供便捷。测试资产的存储过程和支持工具应简单、易操作和方便落地，还应避免几个常见的问题。比如使用一张固定不更新的表格对资产进行管理，资产存储过程和方式不严格不规范，存储的测试资产越来越多，无人梳理。

（一）寻找有效的测试资产管理办法

1. 建立测试资产存储过程规范

测试资产存储过程规范规定了重要的资产应如何存储以及在哪里存储。表19－1－1提供了不同测试资产的恰当的存储方式作为参考，有助于测试组织建立可靠的测试资产存储过程。

表19－1－1

测试资产	存储方式建议
工作指南/模板	银行内网测试组织主页下载
测试案例/测试数据	测试管理工具
自动化测试脚本	版本控制工具
……	……

但事实上，建立存储过程规范并不像表中所讲的那么简单，需要考虑到很多细节方面的问题，如测试资产所需的存储容量，一定时间段内资产容量的预期增长情况，测试资产所需的工具和使用许可、组织目标和约束等。

2. 选择适合的测试资产存储工具

测试资产存储工具的选择应尽量从测试组织、部门中选择已有的工具。利用现有工具不一定实现测试资产存储的大幅优化，但是考虑到购买新工具的成本，以及人员培训花费的时间成本等间接费用，两者的选择还是值得推敲的。

（二）制定测试资产库的更新维护策略

测试资产库是需要更新维护的，不进行定期维护的测试资产库是没有价值的。随着时间的推移，测试工作中产生的测试资产越来越多，例如测试案例可能进行了修改，测试数据有了增加，测试日志已经过了有效保留期，这就需要定期地维护测试资产库，确保它处于最新的状态。测试组织应该根据测试资产的类型，制定相应的测试资产库更新维护策略，使测试资产库处于高效、可用状态。

第二节　怎样有效利用测试资产

一、为什么要重视测试资产的复用

测试资产的复用，对测试组织非常重要。在之前的章节中我们提到，测试资产可以为测试组织提供参考和帮助，无法做到这一点的测试资产是没有较大存在意义的。

测试资产的复用，是建设测试资产库最重要的目的。测试组织在某个项目的测试过程中，编写了大量的测试案例和测试数据，测试结束后，可以将测试案例和有效的测试数据作为测试资产存入测试资产库。新项目在测试过程中，如果需要这些测试案例或者测试数据，可以直接在测试资产库中获取，而不必再花费大量的时间和人力重新编写。而且测试资产基本都是经过实际验证，相对于新编写的测试案例和数据，质量是可以保证的，同时还缩短了评审时间。同样，测试资产库也适用于维护型的项目，功能点经过修改后，通过测试资产的复用，只需要更新经过改动的功能点测试案例，其他的未经更改的功能点测试案例就可以直接使用。通过这样的测试资产的复用，可以大幅提高测试效率和测试质量，节约测试成本。

综上所述，通过有效利用测试资产，可以节约大量的测试时间和成本，大幅提高测试效率，缩短测试周期。

二、如何有效复用测试资产

1. 建立测试资产目录，合理存放测试资产

我们在论述如何建立测试资产库的章节中，重点阐述了测试资产的分类，所以如果想有效地使用测试资产库，首先必须明确测试资产目录，然后构建测试资产库，将测试资产分门别类入库。测试资产库在设计时需要考虑到使用的便利性和经济性，比如便于查询和调用。

2. 测试资产需要及时更新维护

众所周知，测试过程中的文档、案例、数据等测试资产，随着时间的推移，会出现很多问题。比如，测试资产库中的文档版本与项目团队的需求版本不一致；测试数据已经失效无法使用；软件需求已经更新，但是测试资产库中案例库没有同步更新等，这些问题都可能导致测试资产库变得冗余和失去价值。所以，及时更新测试资产库，保持测试资产的版本与外部同步，是测试资产能够有效复用的前提条件之一。

3. 依托测试工具，测试资产可以更好地管理和复用

测试资产能够复用的前提条件之一是能够便利地被查找到。不能被查找到的测试

资产就是信息孤岛，没有存在的意义。我们可以依托测试工具，为测试资产库建立索引，便于测试人员查询和调用。同时，可以建立测试管理系统与测试资产库之间的关联，测试人员在执行测试任务，如需求分析、案例编写、测试执行时，均可以直接查询、调用测试资产库相关内容。

【同业实例19－2－1】

某银行测试中心一体化测试平台通过科学的业务需求分解和串联体系，按照业务种类、业务流程、业务交易和功能点的层级构建了“业务全视图”，将全行业务系统的主业务流程进行细分，分解出基础功能点的组合，建立了功能点与业务流程的影响关系视图，并通过构建与“业务全视图”匹配的业务场景和案例体系，形成配套的案例库。同时，平台通过提供菜单式的测试需求选取界面，使得测试设计人员可以便捷地定义测试范围，系统自动产生待测案例集；通过在系统中预设计算模型，平台会根据选择的测试范围自动判断待测案例集的覆盖度和冗余度，形成案例补充和精简建议，方便测试设计人员进行案例精简和补充；通过配置测试轮数、每轮侧重、回归范围等参数，平台可以自主生产测试方案；最后，平台根据测试方案，自动提取和汇总每轮测试所需测试数据、物料需求等信息，方便进行测试数据和物料的准备。与此同时，由于“业务全视图”统一了业务描述方式，还可以在业务人员设计需求、技术人员进行概要设计，以及为最终用户提供业务操作和管理培训时发挥较大的辅助作用。

通过该方法创新，平台实现了测试设计的智能化，使得测试设计过程在很大程度上减少了对人员经验的依赖，并实现了“以最精简的案例集达到最大覆盖度”的目标。

该平台通过整合与“业务全视图”测试案例库相关联的自动化测试脚本库和测试数据库，搭建了一个手工测试与自动化测试一体化管理平台，测试设计人员可以依据“业务全视图”统一进行测试设计。平台通过提供测试案例执行方式选择界面，测试管理人员或执行人员可以根据项目实际情况自行选择手工或自动化方式进行测试案例执行。同时，平台通过服务目录的方式，展示可以进行自动化铺设的数据列表，向测试执行人员提供菜单式的自动化测试服务选项，由测试管理人员按照测试任务内容、目标、成本要求等条件自主申请。此外，平台通过对各子系统底层数据的整合，达到测试结果数据的实时汇总分析，实现了手工与自动化测试结果数据分析的一体化。

通过该方法创新，该平台实现了手工测试与自动化测试的统一管理模式，特别是以简单易用的方式面向测试执行人员提供了统一的执行方式选择途径，面向测试管理人员提供了统一的自动化数据准备服务列表，改变了传统测试模式中两种测试类型割裂的情况，实现了7×24小时全天候的测试，以及高覆盖、高效率的回归测试以及测试数据的铺设和养护（见图19－2－1）。

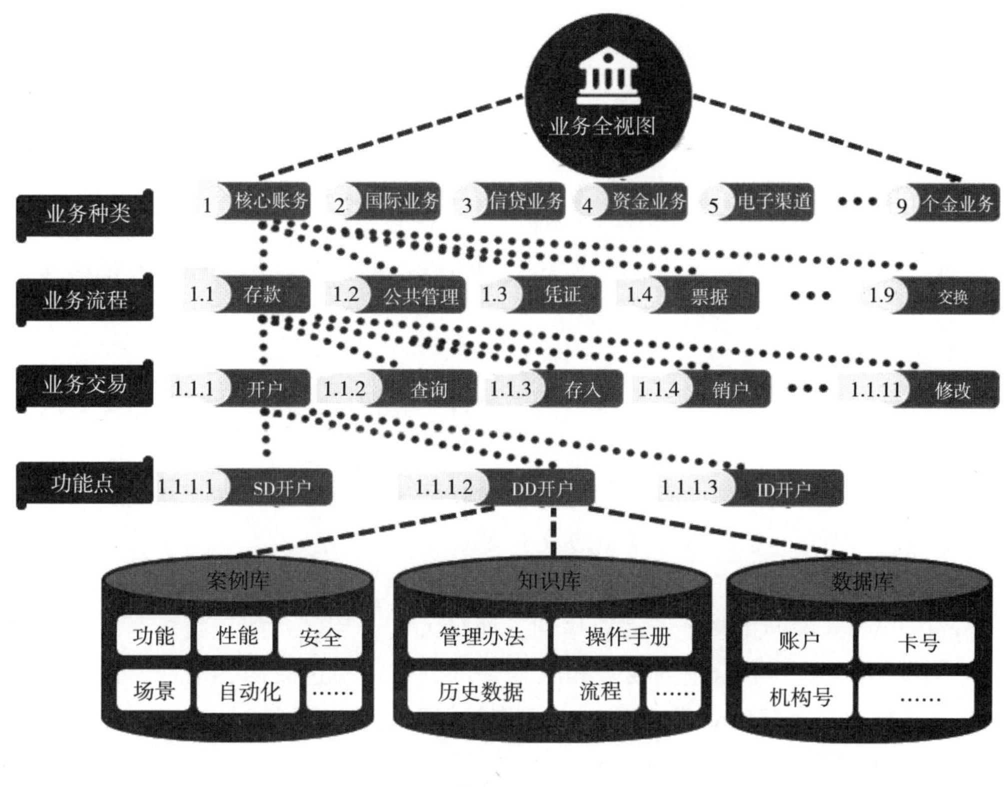

图 19－2－1

第三节　测试资产管理实例

一、怎样建立和维护测试案例库

（一）为什么需要测试案例库

测试案例是软件测试全过程的核心，也是测试执行环节的基本依据。项目在实施测试的过程中会将测试案例保存到“测试案例库”中，并对其进行维护和管理，以便今后查阅和复用。

由于测试案例往往涉及多重选择和循环嵌套，需要测试人员花费大量精力去熟悉需求方能完成，并且要在需求变化时及时更新测试案例，占用了测试周期的宝贵时间。

所以构建保存了大量可复用测试案例的测试案例库成为帮助测试者快速设计更新案例，缩短软件测试周期，提高测试质量的必要手段。

案例库建好以后，进一步将其中的案例进行结构化，梳理按照一定的规则编排，比如与测试功能点、业务流程等做好关联，就可以形成清晰的测试案例视图。这样既便于案例库今后的更新复用，更重要的是为测试过程中和结束后对测试覆盖等质量指标的评估工作提供可靠及便捷的手段，甚至还能实现智能化决策。

（二）如何建立测试案例库

建立测试案例库需要经过以下步骤：

1. 选择合适的测试案例库工具

一般的测试案例库管理工具包括以下几种：

（1）专业测试案例库管理工具。

专业的测试案例管理工具功能非常强大，具有良好的多层次文件夹形式的管理，可以对测试案例无限分级。良好的用户和权限管理，便于测试组协作。但价格往往比较贵，对于测试人员的技能要求也比较高。

（2）开源测试案例库管理工具。

开源软件是免费的，和专业测试案例库管理工具相比，开源的管理工具有成本优势，而且这些开源的工具，功能也比较强大，美中不足的是，它们往往不能通过定义配置来符合项目测试的要求，而必须通过修改代码来实现一些个性化功能。另外，如果软件出现使用问题，往往没有专业的技术支持。

（3）使用 Excel 和 Word 文档管理。

Excel 和 Word 的使用几乎不需要培训，而且人人会用，功能也很灵活。但另一方面，也有许多不便，没有合适的权限和版本管理，很容易造成内容的冲突，维护也比较麻烦。因此 Excel 和 Word 只适用于小型项目的测试案例库管理。

2. 设计测试案例库

测试案例库的设计主要包含以下两个方面：

（1）测试案例库的结构设计。

测试案例库需要对测试案例进行逻辑分类。分类要采用符合测试习惯并且便于理解的结构，这样才能方便今后检索。

比如可以按照测试系统模块或质量属性来设计，可以分多层嵌套。假设某个测试案例库结构分为模块 A、模块 B 和模块 C，每个模块下层可以分功能测试、性能测试、安全性测试等。

（2）对单个测试案例的要求。

案例库中的案例需要符合统一规范，保证信息完整，也方便其他项目成员理解案例。尤其重要的是，测试案例的命名规范，良好的命名是识别测试案例的依据，命名通常需要包含测试案例标号、测试项目名、测试功能模块名、详细测试功能点描述等。

3. 编写测试案例

大型项目的测试案例往往由多人完成，在编写测试案例过程中，务必要保证测试案例符合规范要求，并将案例放到案例库中合理的位置。

（三）如何维护测试案例库

测试案例的维护是一个持续的过程，维护的主要内容包括下述几个方面。

1. 删除无用的测试案例

测试案例库里的案例有时会变得无用。比如因需求变更等原因可能会使某个测试案例不再适合被测试系统，这些测试案例就会过时。所以，系统每次修改后都应对过时的测试案例进行删除。

2. 删除冗余的测试案例

如果存在两个或者更多个测试案例针对相同的功能点进行测试，那么这些测试案例是冗余的。冗余测试案例的存在降低了测试的效率，提高了测试成本，需要定期整理测试案例库，删除冗余的案例。

3. 增添新的测试案例

现有系统的与新建系统存在接口调用、数据依赖等关系，那么为了保证测试覆盖，应该编写新测试案例重新对其进行测试。

4. 调整测试案例库的结构

随着时间的推移，测试案例的分类可能会变得杂乱，甚至有时会需要增设新的逻辑分类来存放新增类别的测试案例，因此需要梳理和调整案例库的分类结构。

【同业实例 19 -3 -1】

某银行通过建设一套基础的测试案例库管理工具，为测试中心建设一套可复用的测试案例库（包括各开发中心的多个应用系统），具体内容如下：

实现跨系统测试案例管理。

支持把 Excel 格式测试案例大纲导入测试案例库中。

支持平台基础测试数据库的接口，能使用平台基础测试数据库的数据设计测试案例数据。

能够方便业务人员进行测试案例设计和维护，并实现与现有测试管理工具建立案例接口，支持把选定测试案例导入中，并将执行后的结果回写测试案例数据库中，方便测试案例的结果分析。

【同业实例 19 -3 -2】

某银行通过建立测试案例的数据库，实行测试案例数据的集中管理，用户可随时复用核心库案例，缩短测试案例编写耗时，提高测试效率。

核心案例库维护工作主要由案例设计师、项目组长共同完成。案例设计师负责测试案例入库的整理；项目组长负责监督管理测试案例入库流程。

核心案例库的维护流程如下：

1. 测试项目组根据测试资产的管理和维护规范，要求案例设计师整理其编写的测试案例。

2. 案例设计师收到指令，检查测试过程或结束后的测试案例的价值及入库状态。如所编写的测试案例可复用，案例设计师将其入库，案例入库状态从未整理变更为已入库（有效）。如所编写的测试案例不可复用，案例设计师将其从未整理标识为已整理（无效）。

3. 案例设计师整理工作完成后，通知项目组长进行案例入库整理成果的验收确认。项目组长检查案例设计师的案例入库整理工作。如确认无案例需再次整理，则通知案例设计师案例整理工作验收通过。如确认入库案例有误，则由项目组长在核心案例库操作设置案例无效。如确认案例可复用尚未入库，则通知案例设计师进行案例的入库操作。

二、怎样管理自动化测试脚本库

（一）自动化测试脚本库的组成

自动化测试脚本库包括所有为完成自动化测试所需的文件，包括配置文件、对象库、测试函数库、测试脚本库、测试数据、运行日志、测试结果、测试文档等。

配置文件一般是一个 XML 文件，里面存放环境变量、服务器地址等。

对象库里存放着所有对象文件。测试人员获取对象并按规定命名保存以后，将其存放在对象库对应的目录位置。

测试函数库是一个 VBS 文件，里面包括所有自动化测试框架可能会使用到的公共函数。

测试脚本库里保存的是自动化脚本，即脚本化的测试案例。

测试数据存放的是所有测试脚本要调用的测试数据。当然，有的银行会将数据存放在企业级的工具平台上。

运行日志记录着自动化脚本运行的日志。

测试结果即自动化脚本的运行结果、截图、报告等。

测试文档通常包括自动化测试框架使用说明文档、规范约束文档、案例文档等。

（二）为什么需要自动化测试脚本库

自动化测试项目本质上也是软件开发项目，它并不是简单地录制回放脚本，而是涉及需求案例分析、框架设计、代码实现、脚本维护等一系列工作。就像任何软件开发项目都需要有良好的版本控制一样，自动化测试项目也一样。

建立并维护好自动化测试脚本库，无论是对于项目还是对于组织，都有着非常重要的意义。无论对于银行测试组织还是自动化测试组织自身而言，有了自动化测试脚本库，会方便项目组相关人员查阅和跟踪项目情况，同时如果有新人加入项目，也有了合适的资源以供学习和研究。

（三）自动化测试脚本库管理要点

管好自动化测试脚本库需要注意以下几个方面。

1. 注意健全文档

为了使测试脚本可重用并且更容易维护，要将所有可执行测试脚本、测试脚本的头文件，以及执行测试脚本的特殊条件等信息进行文档化标注，举例如下：

✓ 调整显示器设置，比如统一将屏幕分辨率调整为1366×768。

✓ 列出所有有依赖的测试脚本，比如某些特定案例一定要在其他指定脚本运行之后或者之前才可以执行，专门列出这些依赖条件。

✓ 指出为了执行脚本需要的权限级别或用户的角色，比如有的脚本必须是管理员用户才可以执行。

✓ 在什么条件下脚本会失败，以及重新运行脚本的绕行方法。

✓ 需要在脚本运行过程中打开或关闭的应用程序，比如涉及IE的自动化测试，脚本运行之前或者运行过程中，最好不存在用户手动打开的IE以防对自动化运行造成干扰。

✓ 指明数据的格式，例如使用欧洲日期格式还是美国日期格式等。

2. 注意健全脚本描述

脚本需要包含一个文件夹，描述脚本的用途，以及脚本的作者、所有者、创建和修改日期、脚本可以追溯到的需求识别符、脚本所支持的业务范围、脚本中的变量和参数数量等相关信息。这样才能在今后使用和维护时，更加便捷有效。

3. 注意遵循测试脚本的命名标准

测试脚本应当遵循测试组织内部约定的资产库命名标准，方便测试资产统一管理和维护测试资产。比如命名标准应包含如下要素：

项目的名称、版本号、主题或测试种类、有序的测试案例编号、标题或将要测试的功能、自动化脚本的编码规则等。

4. 注意测试脚本的版本

自动化测试脚本库应具备版本记录或控制功能，这样便于问题追溯和维护复用。

三、怎样管理测试数据库

在第五章介绍功能测试时，我们提到了数据铺设的三种方式。其中使用测试环境历史数据就是将测试过程数据保存到测试数据库中，以备今后使用的方式。

（一）为什么需要测试数据库

在测试过程中，测试数据对于测试工作来说是举足轻重的，但要使测试数据准确、有意义而又易于维护，却并不简单。测试数据的准备和维护有几个主要的难点：

✓ 测试数据的准备需要漫长的时间，要去除不用的垃圾数据，保存有价值的数据，在测试过程中不易于维护。

✓ 从生产环境数据库中提取测试数据存在一定风险隐患。对这些敏感信息不加以保护，会对银行声誉和业务都造成巨大的损失。

✓ 频繁的数据备份，占用了大量的昂贵的存储空间。

测试数据库通过对测试数据的统一和集中管理，可以达到以下目的：

一是缩短测试周期。使用测试数据库的数据降低了测试数据准备的难度，缩短了准备时间，也就缩短了测试周期。根据测试质量级别对数据进行屏蔽，这是成功测试数据管理的关键，同时确保数据隐私。二是提高测试数据的可靠性。从测试数据库中寻找测试数据要比临时制造数据更为可靠，并且可以即取即用。三是防止数据风险。使用测试数据库中的数据，可以避免因导入生产数据造成测试过程中的数据泄露风险，提高了合规性。

（二）测试数据库分类

对于测试数据库的分类，不能只考虑单个项目，要考虑测试组织有项目均可使用的情况，应该从项目群或组织角度制定尽可能完整的测试数据库分类策略。

1. 按数据类型划分

在测试数据库中，可以按数据类型进行分类。比如，可以分为基础数据子库、基本业务数据子库、过程业务数据子库等。基础数据子库存储最基本的基础数据，如用户、权限、配置、参数等。基本业务数据子库存储为业务系统的业务基础数据，如账号、流水号、保证金账号等。过程业务数据子库存储为业务系统处于某种特定交易状态的数据，比如经过已经截息的个人存款账号、已经做过摊销的押汇账号等，此类数据为测试过程数据。

2. 按测试阶段划分

在测试数据库中，可以根据测试的目的进行分类。比如单元测试、数据子库系统测试、数据子库验收测试等。

3. 按测试环境划分

在测试数据库中，可以按数据导入的测试环境进行分类。比如，测试环境数据子库、性能测试环境子库、安全测试环境子库等。

（三）测试数据库的管理

测试数据库的管理可分为定义阶段、实施阶段和维护阶段。

1. 定义阶段

该阶段需要定义测试数据库管理规范，管理规范包括以下几点：

（1）人员权限管理规范。

对于任务和人员规模较大的测试组织而言在整个测试过程中，几乎所有测试人员甚至其他项目成员，都不同程度接触测试数据，这些人员的权限需要进行区分。比如测试设计工程师可以查看所有测试数据，测试执行工程师只能查看和某个测试案例相关的数据，测试数据库管理员可以对测试数据库进行修改。多层次的权限管理是测试数据库有效管理的保障。

（2）安全性管理规范。

尽管测试数据经过脱敏，已没有真实的数据，但仍需要定义如何管理测试数据以满足相关安全、合规的要求。

（3）测试数据管理维护。

测试数据库的数据要不断积累和管理，在测试过程中或结束后将有价值的数据存入，对不符合今后使用标准、过时和冗余的数据剔除，还可能涉及多个数据版本。因此，测试数据的管理维护任重道远，“养数据”工作永不停息。

（4）数据备份和恢复管理规范。

测试数据库作为测试管理中的重要资产，如果损坏或数据丢失，会对测试进度造成极大影响。因此，需要定期备份数据，尤其是在变更前后，若发生数据损坏或错误便可以快速恢复。

2. 实施阶段

实施阶段主要包括工具的选择，测试数据的建模和测试数据的生成。

（1）选择测试数据库管理工具。

测试数据库管理工具包括存储数据的工具和管理数据的工具。现在有许多针对测试数据管理的工具，可以通过快速数据准备、子集创建和遮蔽功能来提高测试数据管理效率，一般这类工具应具备以下主要功能：

✓ 加快创建测试所需的大型数据子集。

✓ 通过满足数据隐私需求消除风险。

✓ 通过清理和子集生产数据降低存储成本和要求。

✓ 高效处理不同的数据输出类型。

✓ 可以和其他测试工具集成。

当手动准备测试数据或处理大量测试数据时，如果不使用结构化和自动化的工具，产生人为错误的概率会很大，多个测试循环的重复数据子集创建工作将很快让人感觉不堪重负。

（2）测试数据库建模。

数据模型定义了未来可能会将哪些测试数据放入测试数据库中。通过建模可以清晰地描绘整个测试数据库的框架结构，在任何时候都可以展现真正的测试数据表和表之间的关系。

（3）导入测试数据。

通常情况下，可以根据系统实际情况，按照如下类别来准备数据：

导入生产脱敏的数据：如果系统前一版本发布后，能够拿到这些生产数据脱敏后来测试，那是最为理想的。

迁移个别系统的数据：对于个别系统，也可以利用数据迁移工具导入。

手工输入数据：可以从工具界面上输入少量数据但要注意数据的一致性和时效性。

用脚本导入数据：对于数据量较大，没法一条一条地通过界面输入的数据，可以考虑用脚本来导入。

3. 维护阶段

对于已经成形的测试数据库，仍然需要仔细地维护。维护分为两个方向，一方面要避免测试数据库因为维护不当，造成数据破坏；另一方面还要提升测试数据库的质量。

要避免破坏测试数据库，最重要的是遵守测试数据库变更管理规范，避免不恰当的变更；其次要遵守数据备份的管理规范，定期备份。比如在重要变更前后要进行备份，这样即便测试数据库出现什么问题，也能尽快恢复，不至于影响测试进度。

提升测试数据库的质量是一种主动改进，包括对数据存储方式或数据本身质量的改进。在测试过程中，感觉有可提升条件的，就可以进行分析并落实，最后对改进结果进行评估，其实螺旋式提升可以保证测试数据库能更好地服务于测试要求，即前文提到的“养数据”。

【同业实例 19 -3 -3】

某银行对测试数据有严格的管理和维护规范。管理和维护目标为：

建立测试数据的数据库，实行测试数据集中管理，防止数据泄露。

确保测试数据的正确性和可用性。

缩短测试开始前数据准备和铺设时间。

测试数据管理工作主要由申请方测试组员、申请方测试经理、受理方经理、受理方组员、自动化铺设员共同完成。

申请方测试组员的职责为测试数据需求申请。

申请方测试经理的职责为审核测试组员的测试数据需求。

受理方经理的职责为审核申请方的测试数据需求。

受理方组员的职责为手工铺设数据。

自动化铺设员的职责为自动化铺设数据。

测试数据的管理流程如下：

申请方测试组员根据测试计划的测试方案，向所在测试团队的测试经理提交测试配套数据的需求。

申请方测试经理收到申请后，审核数据申请需求，如审核不通过，退回申请。测试组员可重新编辑提交或存档。审核通过后，系统会根据数据申请需求中的物料类型建议物料申请的准备方式，如没有实现自动化，默认选择准备方式为“人工”。

如用户选择“手自一体”提交时，系统根据配置表判别物料准备方式，拆分不支持自动化的物料为新物料子单，只提交支持自动化的数据物料，不支持自动化的则不提交。自动化平台收到申请，自动化铺设员检查数据需求申请，负责进行数据铺设，并将结果数据以链接形式返回给申请人员。

如用户选择“人工”提交时，系统自动提交给受理组的项目经理。

受理方经理收到申请后，审核数据需求申请。

如数据需求申请合理，受理方经理可以分配给所在组的多个组员负责进行数据铺设。如数据需求申请不合理，则受理方经理退回申请方的测试数据需求。

申请方测试组员获取测试数据，通知测试组员进行测试活动。

测试结束后，申请方测试组员办结数据需求申请，并给予反馈意见。

四、怎样管理测试知识库

（一）为什么需要测试知识库

测试组织在不断地完成测试项目中，可以积累大量的测试和管理经验。如果没有测试知识库，那么这些宝贵的经验会随着时间消失。测试知识库是将知识固化下来，将个人的知识变成项目和组织的知识。

知识库的作用主要有：

✓ 使新员工快速了解测试的基础知识。

✓ 帮助老员工在测试技术和管理上达到进步与突破。

✓ 保留测试管理的资料。有类似项目出现时，解决问题，评估时可进行参考和决策支持。

（二）测试知识库的内容

知识库可以分类建立，主要有以下类别：

1. 员工培训类

包括适合对员工进行培训的基础知识文档、基础规范、模板项目等。

2. 技术类

包括测试知识文档、新技术新工具、疑难解答类文档等，有助于测试人员在技术上拓展。

3. 项目类

可包括具体项目的需求理解记录、测试计划、测试总结报告、个人总结（测试技巧、心得、效率等）、问题解决清单、质量监控报告、风险识别、应对相关文档等。

（三）测试知识库管理要点

1. 建立组织有序的知识库框架

建立知识库，必定要对原有的信息和知识做一次大规模的收集和整理，按照一定的方法进行分类保存，而且分类建立必须要考虑今后可能的扩展和变化。

2. 建立知识库完善更新机制

知识库需要更新机制的驱动，如果需要对现有的知识资产更新，或增加新的知识资产，可以将建议提交给一个由测试组织内部的专家组成的评审小组。评审小组对这些建议进行审核，把最好的知识资产存入知识库。

对知识库的更新还需要配合宣传，可以通过内部网的新闻或邮件告知变更信息，可以让大家得知最新的知识库动态，有助于在日常工作中判断是否可以从知识库获得帮助和支持。

3. 维护最新的知识库索引

让所有人都知道在哪里可以找到哪些资源，是建立和维护知识库的难点之一。我们可以建立并持续维护一个知识库索引，索引可以放在知识库一级目录，也可以显示在团队门户网站上。知识库索引能够告诉每个团队成员两件重要的事情：第一，在哪里可以找到与他的角色相关的知识资产；第二，如果有知识资产需要提交，可以存储在哪里。

【同业实例 19 -3 -4】

某银行通过建立产品风险的数据库，实行产品风险数据的集中管理，用户可进行系统—产品—功能—产品风险—测试案例的双向溯源，提高测试效率。

产品风险库维护工作主要由案例设计师、BA 分析师、测试经理共同完成。案例设计师负责设计与产品风险相关的测试案例。BA 分析师负责分析测试相关的产品风险。测试经理负责监督管理产品风险入库流程。

产品风险库的维护流程如下：

1. 测试中心将产品风险的需求分类分为 UAT 缺陷、生产缺陷、其他，测试团队根据测试资产的管理和维护规范，在进行产品风险的入库操作过程中分门别类。如产品风险的需求分类为 UAT 缺陷，则可以建立与开发类缺陷的关联关系；如产品风险的需求分类为生产缺陷，则可以建立与生产缺陷的关联关系，同一个生产缺陷可以是多个产品风险的主缺陷和附属缺陷；如产品风险的需求分类为其他，则可以建立除开发类缺陷、生产缺陷以外的缺陷关联关系。

2. BA 分析师编写测试大纲，新增产品风险，并指派案例设计师设计与该产品风险相关的测试案例。案例设计师收到指令，进行测试案例编写。测试结束后，测试经理要求 BA 分析师整理其下的产品风险。

3. BA 分析师收到指令，依据测试案例的执行结果，检查其下的产品风险，如所编写的产品风险可复用，将其入库，产品风险入库状态从未整理变更为已入库（有效）；如所编写的产品风险不可复用，将其从未整理标识为已整理（无效）。

BA 分析师整理工作完成后，通知测试经理进行产品风险入库整理成果的验收确认。测试经理检查 BA 分析师的产品风险入库整理工作。

如确认无产品风险需再次整理，则通知 BA 分析师产品风险整理工作验收通过；如确认入库产品风险有误，则由测试经理在产品风险库操作设置产品风险无效；如确认产品风险可复用尚未入库，则通知 BA 分析师进行产品风险的入库操作。

后　　记

本书汇编的用户验收测试方法和案例主要来自中国银行业软件测试领域的最佳实践，是行业从业人员集体智慧的结晶。

银行软件测试工作与开发不同，由于各行测试组织的成立背景、职能定位、人员构成等差异，各行的测试方法论和管理机制也呈现多样化的发展趋势。近几年，随着TMMi 和 ISTQB 等国际软件测试标准在中国银行业受到普遍关注，银行软件测试也进入从实践到理论层面的提升，这无疑为行业提供了更广泛的发展空间。根据多年的银行测试从业经历，笔者认为这个发展空间属于行业协作，包括银行、企业、行业标准化组织（非营利机构）和培训机构（高等院校和在职专业培训机构）等。就如交通银行测试中心总经理、TMMi 中国分会荣誉顾问张欣女士在“中国银行业软件测试成果交流会”上指出“未来银行业测试将会从建立中国银行业软件测试标准体系、建立行业人才培养共建共享数据库或平台、探索基于历史测试数据的银行系统质量度量模型等各个方面开展银行业测试领域‘共享共建’”的观点，在这个领域还有很大提升的可能和发展机遇。

感谢中国金融学会金融科技专业委员会秘书长兼主任委员、中国人民银行科技司原巡视员、副司长杨竑女士在本书序言里对广大从业人员的殷切勉励！本书作为推动行业协作浪潮中的一朵浪花，旨在“抛砖引玉”，欢迎广大读者提出宝贵意见和建议。相信通过行业的共同努力，必能共创中国银行软件测试行业辉煌的未来！

特别感谢

本书系由全体作者在高强度工作间隙利用碎片化的业余时间撰写完成。庆幸这个时代有“云文档”共享写作工具，让这样的写作模式得以实现。写作过程大家经历了“抓耳挠腮”“废寝忘食”，甚至“痛哭流涕”，总算草草结尾。尽管很不成熟，但能够完成仍满心喜悦，心存感激，且作为“抛砖引玉”。

在这里，我谨代表全体作者向帮助和支持我们的领导、前辈、同事、朋友和家人表示诚挚的感谢！

感谢中国金融学会金融科技专业委员会秘书长兼主任委员、中国人民银行科技司原巡视员、副司长杨竑女士，感谢杨司对中国银行业软件测试行业的关怀和指导！相比金融 IT 的其他领域，银行业测试由于部门设置、职能定位、人员构成等差异，尽管也各有贡献成就，但很长一段时间仍处于“自顾不暇”“闭门造车”的状态。杨司多次强调了银行业软件测试的责任使命，不断为行业发展指明了方向，始终对从业人员给予支持和鼓舞。近几年，银行业测试进入了发展的“快车道”，科技创新成果如雨后春笋，不少项目荣获了“银行科技发展奖”，这些成绩都承载着杨司的殷切期望和鼓励！本书的编撰和出版同样得到了杨司的支持，并十分荣幸由杨司亲自撰写序言。全体作者备受鼓舞，将继续在杨司指明的道路上奋勇前进。

感谢交通银行测试中心总经理、中国软件测试认证委员会（CSTQB）理事、TMMi 基金会中国分会（TMMiCN）荣誉顾问张欣女士。她是交通银行测试中心的创始人和首任总经理。2011 年 11 月 29 日，交通银行测试中心成立，是中国银行业第一个专业从事“用户验收测试”的测试组织，可谓“前无古人，前途未卜”。张总从北京到上海，只身一人组建这个部门，整章建制，厉兵秣马；栉风沐雨，含辛茹苦；披荆斩棘，乘风破浪。并在近几年先后两次获得了人民银行“科技发展奖”二等奖。97% 的员工通过考试获得了国际软件测试资质认证委员会（ISTQB）高级水平认证证书。2017 年 12 月 8 日，交通银行测试中心通过了国际软件测试成熟度模型集成（TMMi）4 级认证，成为中国首家获得此项认证的测试中心，也使交通银行成为目前全球五家获得此项认证的机构之一（其中银行仅有德意志银行和交通银行）。而张总也从 7 年前的银行基层经营管理精英成功转型为测试行业的领军人物和资深专家。在此感谢张总在悉心指导我们工作、耐心培养我们成长过程中付出的心血，以及对于本书撰写和出版的鼓励和支持！感恩之心，无以言表！

感谢中国金融出版社赵华主任、肖丽敏独立出版人和其他编辑。2016 年首届“银行业软件测试成果交流会”在北京的成功举办是行业发展的重要里程碑。赵主任和她的精英团队为每年一届“银行业软件测试成果交流会”的成功举办呕心沥血。正如杨司在序言中的评价“每年一届的交流会都受到了行业的广泛关注，成果交流、经验分享、对标国际、共同推进，已成为了银行业‘测试人’重要品牌的盛会”，相信每一位与会者，无论是银行从业者、企业、高校和第三方组织的领导、专家，都和我们一样翘首企盼，受益匪浅。交流会已经成为我们更新行业认知的“补给站”，不可或缺。肖丽敏编辑为本书的编撰和出版付出了大量的劳动，贡献巨大，我们深表感激。

感谢同济大学软件学院博士生导师、中国软件测试认证委员会（CSTQB）首席代表、TMMi 基金会中国分会副理事长刘琴教授、中国软件测试认证委员会（CSTQB）副理事长周震漪老师和其他老师及博士生团队。他们作为学科领军人物和行业资深专家，始终在为测试行业的理论研究、实践推广和人才培养方面无私奉献。在他们的大力推动下，TMMi 和 ISTQB 等国际软件测试标准在中国银行业受到普遍关注，为银行测试组织和人员专业能力提升贡献了积极的力量。感谢刘教授对本书指导的推介！

感谢在我们日常工作中辛勤培养我们成长，指导和支持我们工作的领导、前辈和同事们。经历了数据大集中工程、新一代信息系统建设等重大“登月”工程，交通银行的信息化建设在交行 IT 人的共同努力下，始终生机勃勃，硕果累累。本书作者也是在这光辉岁月中茁壮成长的一分子，我们必将继续为交行的事业前赴后继，努力奉献！

感谢奋斗在各行测试岗位上的领导和同仁们。自从首届“银行业软件测试成果交流会”举办以后，我们与同业测试组织开展了频繁的交流互访，尝试开展联合攻关，集思广益，如沐春风。本书汇编的工作方法和最佳实践均来自业内从业者的无私分享和耐心指教。在此深表感激！

最后，感谢家人和朋友们！他们在精神上支持我们，在生活上照顾我们，让我们能够心无旁骛，排除万难。寸草春晖，铭感不忘。谨以此书，献给你们！

叶旻

2019 年 9 月 14 日